Die Krieger des alten Japan

Roland Habersetzer

Die Krieger des alten Japan

Berühmte Samurai, Rônin und Ninja

Aus dem Französischen
von Frank Elstner

Palisander

Der Verlag dankt dem Museum Schloß Lichtenwalde, insbesondere Frau Birgit Mix, für die Zurverfügungstellung der in diesem Buch abgebildeten Farbholzschnitte zur Reproduktion. Weiterhin dankt der Verlag Hans-Jürgen Greiner-Petter (Berlin), Janett Kühnert, Norbert Wölfel und Jens Regner (Chemnitz), für die fachliche Unterstützung bei der Redaktion.

Deutsche Erstausgabe
1. Auflage November 2008
Titel der Originalausgabe (Teil I und II): Les Paladins du Soleil Levant

Titel der Originalausgabe (Teil III): Ninja: Les Guerriers de l'Ombre

Deutsch von Frank Elstner

Umschlaggestaltung: Anja Elstner, unter Verwendung eines Holzschnitts von Yoshikazu Utagawa
Lektorat: Palisander Verlag
Redaktion & Layout: Palisander Verlag
Druck- und Bindearbeiten: druckspecht offsetdruck & service gmbh
Printed in Germany
ISBN 978-3-938305-07-2

www.palisander-verlag.de

Der Autor

Roland Habersetzer, Jahrgang 1942, ist seit 1957 Praktizierender der Kampfkünste. Bereits 1961 erhielt er den 1. Dan und wurde so zu einem der ersten französischen „Schwarzgurte" im Karate. Zu recht wird er sowohl als Spezialist der japanischen Kampfkünste (Budô) als auch der chinesischen (Wushu) angesehen. Nachdem er verschiedene Graduierungen in Frankreich, Japan und China erhalten hatte, wurde Roland Habersetzer im April 2006 in Japan durch O-Sensei Tsuneyoshi Ogura (Schüler von Yamaguchi Gôgen und Gima Makoto) der 9. Dan, Hanshi, sowie der Titel eines Sôke (Meister-Gründer) für seinen eigenen Kampfkunststil „Tengu no michi" (Tengu ryû Karatedô, Kobudô, Hôjutsu) verliehen. Damit wurden seine außerordentlichen Bemühungen bei der Verbreitung der Kampfkünste und die hohe Effektivität seines Wirkens gewürdigt. Nicht zuletzt stellt dies auch die Legitimierung seines eigenen Konzepts der Praxis der Kampfkünste dar, des „Weges des Tengu" („Tengu no michi").

Im Jahre 1968 erschien Roland Habersetzers erstes populärwissenschaftliches Buch über die Kampfkünste. Heute besteht sein Werk aus über 70 Büchern, was ihn zum Autor der weltweit bedeutendsten Buchreihe auf diesem Gebiet werden läßt. Seine Bücher, die in mehrere Sprachen übersetzt worden sind, gelten in allen frankophonen Ländern als historisches, technisches und pädagogisches Standardwerk. Auch in vielen anderen Ländern besitzen sie hohes Ansehen.

Sein erster Roman, „Li, le Mandchou", erschien im Jahre 1976 bei Trévise, in der Folge veröffentlichte er drei weitere Romane mit kampfkunstbezogener Handlung im renommierten französischen Verlag Pygmalion. Seine Erzählungen über berühmte Samurai und Rônin wurden 1988 publiziert. Die im vorliegenden Band enthaltenen Ninja-Erzählungen werden hiermit erstmals veröffentlicht.

Roland Habersetzer
Centre de Recherche Budo (CRB)
7b Chemin du Looch
F-67530 Saint-Nabor
Internet: www.karate-crb.com

Deutsche CRB-Website :
www.wslang.de/karatecrb

Illustrationen

Die Farbabbildungen sind Reproduktionen japanischer Holzschnitte aus der Sammlung Brühl, Schloß Lichtenwalde, mit Ausnahme der Abbildungen auf S. 82/83 (lizenzfreie Quelle) und S. 84/85 (Archiv des Autors). Die Zeichnungen im Buch stammen vom Autor, die anderen Schwarzweißabbildungen entstammen dem Archiv des Autors, lizenzfreien Quellen und der Sammlung Brühl, Schloß Lichtenwalde (S. 9 und S. 322). Die Landkarten auf S. 141 und S. 377 wurden von Maria Nitschke gezeichnet. Das Foto des Autors wurde von Gabrielle Habersetzer angefertigt.

Den Starken und den Reinen
von überall und aus allen Zeiten.

Roland Habersetzer

Hana wa sakura gi hito wa bushi.
Was unter den Blüten die Kirschblüte, ist unter den Menschen der Krieger.

Wie eine Kirschblüte

Sie waren im Kampfe grausam und unerbittlich, vermochten aber auch, in Gedichten tiefe Gefühle auszudrücken. Ihr Wille war unbeugsam, und doch waren sie außerordentlich empfindsam. Jederzeit waren sie zum Sterben bereit, aber ihre Siegesgewißheit war grenzenlos. Sie waren stolze Ritter und trugen aus mehreren Schichten bestehende Rüstungen in schillernden Farben. Als Zeichen ihrer Privilegien führten sie zwei Schwerter mit sich, die sie als ihre lebendigen Begleiter betrachteten. Dies waren die Samurai.

Über ihr bewegtes Leben ist viel berichtet worden. Es ist nicht einfach, sich heute ein realistisches Bild von ihnen zu machen, durch den Nebel der Legenden hindurch, die über die Jahrhunderte um sie gewoben wurden. Wie bei den Recken unserer Heldenlieder oder den Helden der nordischen Sagenwelt vermischte sich ihre Geschichte mit dem Mythos, und die Erzählungen ihrer großen Taten wurden über Generationen hinweg durch ein Volk, das seine Helden bewunderte, überliefert. In den Geschichten sind daher die Grenzen zwischen historischer Wahrheit und Märchen mitunter fließend, und manche Einzelheiten werden vielleicht etwas unglaubwürdig klingen. Doch dies ist kein Makel. Man sollte die Erzählungen in dem Bewußtsein des zeitlichen Abstands lesen und sich dabei vom Gefühl des Wunderbaren, das sie durchdringt, erfüllen lassen. Ein wenig Begeisterung und ein wenig Träumerei sind vielleicht genau das, dessen unser Zeitalter bedarf.

Es ist kaum möglich, unberührt zu bleiben angesichts des Lebens, des Charakters und der Ethik der Berufskrieger des japanischen Mittelalters. Einige von ihnen erlangten schon früh einen Ehrenplatz in der Geschichte, anderen wurde er erst später zuteil. Nicht alle erreichten die Berühmtheit eines Minamoto Yoshitsune, eines Takeda Shingen oder eines Kusunoki Masashige. In der japanischen Geschichte gibt es derartig viele blutige Geschehnisse, in denen sich Männer, aber auch Frauen, ruhmvoll hervorgetan haben, daß von zahlreichen Helden nicht einmal die Namen überliefert wurden. Viele ihrer außergewöhnlichen Taten wurden in früheren Zeiten als etwas Alltägliches betrachtet.

Ruhm konnte ein Krieger sowohl durch den Erfolg als auch durch die

Niederlage erlangen. Die japanische Tradition kennt den Begriff *hôgan biiki*, die Würde des Gescheiterten. Auch wenn ihr Mut, ihre Treue und ihre Entschlossenheit überragend waren, haben doch viele Samurai und Rônin – dies waren Samurai, die keinem Herren dienten – ihr Leben im Kampf gegen übermächtige Kräfte verloren oder wurden Opfer niedriger Intrigen. Ihr Geschick war oft tragisch. War ein Samurai den Mächtigen nicht mehr nützlich, konnte es geschehen, daß er unbarmherzig verfolgt wurde. So war es keine Seltenheit, daß ein Samurai einsam in der Verbannung starb oder zu rituellem Selbstmord gezwungen wurde. Oft war der Ruhm der Helden flüchtig und zerbrechlich, ein magischer Augenblick, der schon verstrichen war, kaum daß man zu glauben begann, er würde ewig dauern.

Der Samurai begegnet uns häufiger als ein zutiefst empfindsamer Mensch denn als unüberwindlicher Held. Aber das trug um so mehr dazu bei, daß er nicht vergessen wurde. Im Gegensatz zur westlichen Welt, wo man sich am liebsten der siegreichen Helden erinnert, liebt man in Japan vor allem die unglücklichen Helden. Sie sind die schillernden Figuren der *kabuki-* und *nô*-Theaterstücke, der Balladen, Erzählungen und Filme. Der Bericht von ihrem Lebensweg, so nüchtern er auch sein mag, wirft auch nach Jahrhunderten stets die gleichen Fragen auf: Bedeutet ihr Tod Sieg oder Niederlage? Ist der Sieger wirklich immer derjenige, der überlebt? Welchen Sinn haben Opfertaten? Warum triumphiert so oft das Böse oder das Mittelmaß?

Die tapferen Krieger, über die hier berichtet wird, verkörpern die Tugenden eines verflossenen Zeitalters. Ihre Geschichten erinnern uns daran, daß der Mensch selbst in den schwersten und unruhigsten Zeiten die Fähigkeit bewahren kann, Werte aufrechtzuerhalten, nach denen wir auch heute noch streben, um in der modernen Gesellschaft Halt zu finden. Ich glaube, daß sie es verdienen, immer wieder erzählt zu werden, weil sie beispielhaft sind und weil sie Hoffnung geben.

Alle Geschichten in diesem Buch sind wahr. Alle Persönlichkeiten, von denen berichtet wird, haben existiert, und ihre Rolle in der japanischen Geschichte wird auf authentische Weise wiedergegeben. Auch die Daten sind streng historisch. Man muß hierbei aber berücksichtigen, daß nach japanischem Brauch ein Kind, das zur Welt kommt, bereits ein Jahr alt ist. Dies erklärt, warum in den Quellentexten, je nachdem, ob es sich um japanische oder nichtjapanische handelt, manche Daten oder Altersangaben zu den Protagonisten dieser epischen Abenteuer unterschiedlich sein können.

Es war meine Absicht, mit meinen Worten die großen Krieger des alten Japan wieder zum Leben zu erwecken. Ihre Zeitgenossen glaubten, daß diese Helden etwas hatten, das sie von gewöhnlichen Menschen unterschied: Für einen Augenblick, der wie ein kräftiger Windstoß war, besaßen sie eine Ausstrahlung, die jenem einzigartigen Schimmer glich, welcher der Kirschblüte (*sakura*) zu eigen ist, kurz bevor sie zu welken beginnt.

Fragt dich jemand
nach dem Geiste Japans:
Es ist eine Kirschblüte,
die ihren Duft in der aufgehenden Sonne verströmt.

Motoori Norinaga (1730-1801)

Samurai unter blühendem Kirschbaum. Japanischer Holzschnitt (Detail).

I

Heilige und Helden

„Der Weg des Samurai liegt im Tod.“
Aus dem Hagakure[1]

Samurai – eine Kunst zu leben und zu sterben

Der Samurai gilt in der Kriegertradition Japans als Urbild des tapferen, einzelgängerischen und romantischen Menschen, der treu ist bis zu seinem Tode. Für unzählige Generationen von Japanern war dieser Kriegertypus, der sich zugleich durch Stolz und Bescheidenheit, durch Kraft und Empfindsamkeit auszeichnete, ein Muster der Tugendhaftigkeit. Während 700 Jahren spielten die Samurai eine entscheidende Rolle in der bewegten Geschichte ihres Landes. Sie brachten Fürstenfamilien an die Macht und stürzten sie. Sie schlugen sich im Dienste rivalisierender Parteien, sie trotzten auf allen Schlachtfeldern dem Tode und lebten nach ihren eigenen Regeln.

Das Wort Samurai entwickelte sich phonetisch aus *„saburai“*, das wiederum abgeleitet ist von *„sabura“*, „zur Seite stehen, bewachen, dienen“. Der Begriff kam zwischen dem 9. und dem 11. Jahrhundert auf. Als Samurai wurde zunächst eine Elite bezeichnet, die aus den Familien der großen Lehnsherren des Landes stammte und unter denen jene ihre Vasallen auswählten. Die ersten Samurai waren demzufolge von geringer Zahl, und jeder von ihnen verfügte über eigene Truppen. Sie waren damit den Grafen des europäischen Mittelalters vergleichbar. Diese Vertreter des Kriegeradels (*buke*) standen anfangs im Schatten der kaiserlichen Macht. Im 12. Jahrhundert änderten sich jedoch die Machtverhältnisse. Im Ergebnis verheerender Bürgerkriege wurde einer der ihren zum Shôgun[2] und damit zum tatsächlichen Machthaber im Lande. Nachdem der Klan der Minamoto (auch Genji[3] genannt) den mächtigen Taira-Klan (auch als Heike-Klan[4] bezeichnet) vernichtend geschlagen hatte, wur-

---

[1] Yamamoto, Tsunetomo: Hagakure. Die Weisheiten des Samurai. Erftstadt: Area 2006. – Dieses Zitat wird mitunter auch mit „Der Weg des Samurai liegt im Sterben“ übersetzt. – Anm. d. Übers.

[2] Shôgun: jpn. Japanischer Militärtitel für Anführer aus der Kriegerkaste der Samurai. Ursprünglich entsprach der Rang eines Shôguns etwa dem eines europäischen Herzogs. Im Laufe der Zeit wurde der Shôgun jedoch zum eigentlichen Herrscher Japans, der die faktische Macht im Lande innehatte, während der Kaiser (Tennô) nur noch eine symbolische Machtposition einnahm.

[3] Genji: Sinojapanische Lesart der chinesischen Schriftzeichen (*kanji*) für Minamoto (*gen*) und Familie (*uji* oder *ji*).

[4] Heike (auch Heishe): Sinojapanische Lesart des chinesischen Schriftzeichens für Taira.

de im Jahre 1192 das Oberhaupt des Siegerklans, Minamoto-no-Yoritomo, zum Seii Taishôgun ernannt, d. h., zum „Oberbefehlshaber mit dem Auftrag, die Barbaren zu unterwerfen". Damit hatte das „Zeitalter der Krieger" (*buke jidai*) begonnen, das erst 1868 zu Ende ging. Dieses Zeitalter läßt sich in zwei Epochen unterteilen: Die ersten vier Jahrhunderte (1192-1603), die Ären Kamakura, Muromachi und Azuchi-Momoyama, waren geprägt durch zahlreiche Bürgerkriege, in denen die Kriegerklane miteinander um die Macht stritten. Das ganze Land wurde durch Feuer und Schwert verwüstet. Mit Anbruch der Tokugawa-Ära, die von 1603 bis 1868 andauern sollte und die durch Tokugawa Ieyasu gegründet wurde, stabilisierten sich die Machtverhältnisse, und die Kaste der Samurai wurde gezwungen, sich zu disziplinieren. Dieses Zeitalter fand 1868 mit der „Meiji-Revolution" ein Ende. Unter Führung des jungen Kaisers Mutsuhito begann eine grundlegende Modernisierung des Landes. Die Samurai wurden hierfür nicht mehr benötigt, und somit endete unwiderruflich ihre Zeit.

Es waren vor allem die Samurai der Tokugawa-Ära, die als Typus ihrer Gattung in das Bewußtsein des Volkes eingingen. Diese Zeit wurde durch starke Zentralisierung der Regierungsgewalt geprägt. Während die Kaiser in Kyôto residierten, regierten die Shôgune das Land von der Stadt Edo aus, dem heutigen Tokio. Den Tokugawa gelang es, im ganzen Land den Frieden durchzusetzen. Dieser „Pax Tokugawa", der vom Shôgun auferlegt wurde, stützte sich vor allem auf die unter seiner Kontrolle stehenden lokalen Herrscher, die in Burgen lebenden Daimyô[5]. Den Samurai wurde somit mehr und mehr die Grundlage ihrer Existenz genommen, denn sie lebten für den Kampf.

[5] Daimyô: jpn. „großer Name". Bezeichnung für einen großen Lehnsherren bzw. Militärgouverneur im japanischen Mittelalter. Ursprünglich wurde damit eine Person bezeichnet, die eine Fläche urbar gemacht hat, welche groß genug für die Anlage eines Reisfeldes war und deren Eigentümer sie wurde. Um diese Ländereien von denen des Staates (*kôden*) zu unterscheiden, bezeichnete man sie als *myôden*. Der Eigentümer wurde dementsprechend als Myôju bezeichnet. Solange das Eigentum vom Umfang her wenig bedeutend war, wurde er Shomyô genannt. Besitzer bedeutender Ländereien hießen Daimyô. Im Mittelalter wurden aus den Bezeichnungen Shomyô und Daimyô Titel, welche Familien des Militäradels (*buke*) vorbehalten waren, die ab dem 10. Jahrhundert im Rang über den Adelsfamilien (*kuge*) standen. Die Ländereien der Daimyô wurden echte Lehnsgüter, auf denen sie Festungen errichteten und Armeen, die durch Samurai angeführt wurden, unterhielten. Zur Zeit des Pax Tokugawa gab es 327 dieser großen Lehnsgüter, mit 3 Millionen Kriegern, unter ihnen 500 000 Samurai. Die Bevölkerungszahl Japans zu jener Zeit betrug 20 Millionen. – Habersetzer, R. u. G.: Encyclopédie des Arts Martiaux. Paris: Amphora 2004.

Die Zeiten waren günstig für den Stand der Kaufleute, die immer reicher wurden, während die Krieger mehr und mehr ohne Beschäftigung waren und in Vergessenheit, schließlich gar ins Elend gerieten. Erstaunlicherweise entstand gerade in jener Epoche das romantische Bild des Samurai als Heldentypus, und das *bushidô*[6], das seine Lebensregel, seinen Ehrenkodex darstellte, wurde populär. Daß solch eine verklärte Darstellung der Vergangenheit, die half, die Gegenwart zu ertragen, sich verbreitete, lag nicht zuletzt darin begründet, daß sie sehr gut ins Konzept der Machthaber paßte. Die Tokugawa-Shôgune waren zu allen Zeiten darauf angewiesen, daß die Samurai ihnen auch unter den widrigsten Bedingungen treu und ergeben blieben. Sie waren der beste Garant dafür, daß ihre Herrschaft im Lande bestehen blieb. Nachdem nun die Zeit der unaufhörlichen Kriege zwischen den rivalisierenden Klanen vorüber war, mußten andere Möglichkeiten gefunden werden, den Samurai einen Daseinszweck zu vermitteln. Ihre gewaltige Energie mußte so gelenkt werden, daß sie den Herrschenden nicht gefährlich würde. Zum einen wurde daher der Umgang mit den Waffen auf die Art kodifiziert, wie sie oft auch heute noch in den japanischen Kampfkünsten besteht. Auf diese Weise entwickelten sich zunächst das *bugei*[7] und daraus das *bujutsu*[8], die Techniken des Kriegers, und schließlich bildete sich das *budô*[9] heraus, der Weg des Kriegers. Zum anderen förderte das Shôgunat

---

[6] *Bushidô*: jpn. Weg (*dô*) des Kriegers (*bushi*). Ehren- und sozialer Verhaltenskodex der Berufskrieger. Das Konzept entwickelte sich seit dem 12. Jahrhundert mit dem „Weg des Bogens und des Pferds“ (*kyûba-no-michi*), der eine erste formulierte Ethik des japanischen Kriegers darstellte. Während des Gempei-Krieges (vgl. S. 25 ff.) flossen Elemente der Shintô-Religion ein, wohingegen mit Beginn des Tokugawa-Zeitalters (1603) zunehmend Lehren des Konfuzianismus und des Zenbuddhismus Eingang in den Ehren- und Verhaltenskodex der japanischen Krieger fanden. Der Begriff *bushidô* tritt zum ersten Mal im 17. Jahrhundert auf. – Habersetzer, R. u. G.: Encyclopédie des Arts Martiaux. Paris: Amphora 2004.

[7] *Bugei*: jpn. „Methode für den Kampf“. „*Bu*“ bedeutet „kriegerisch“, „*gei*“ bedeutet „Kunst“. Gesamtheit der Techniken, die durch die Krieger (*bushi*) des hohen japanischen Mittelalters eingesetzt wurden. Diese Techniken waren kodifiziert und mußten gründlich erlernt werden. Unter dem Einfluß ethischer Lehren entwickelte sich das *bugei* zu *budô*. – Habersetzer, R. u. G.: Encyclopédie des Arts Martiaux. Paris: Amphora 2004.

[8] *Bujutsu*: jpn. „Kampftechniken“ oder „Techniken des Kriegers“. Gesamtheit der Techniken, deren sich die Krieger des alten Japan bedienten, um den Feind auf dem Schlachtfeld zu besiegen. – Habersetzer, R. u. G.: Encyclopédie des Arts Martiaux. Paris: Amphora 2004.

[9] *Budô*: jpn. „Weg des Kampfes“ oder „Weg des Kriegers“. Zusammengesetzt aus *bu* (kriegerisch) und *dô* (Weg). Gesamtheit der japanischen Kampfkünste, die als ethischer Weg (*dô* oder *michi*) praktiziert werden, als Weg zur Vervollkommnung des Menschen auf der Suche nach sich selbst. – Habersetzer, R. u. G.: Encyclopédie des Arts Martiaux. Paris: Amphora 2004.

die höhere Bildung der Samurai, mit dem Ergebnis, daß aus ihren Reihen viele Dichter hervorgingen. Auf diese Weise wurde der Samurai des klassischen Zeitalters geboren. In den Zeiten der Bürgerkriege hatte er die Überlebensregeln gelernt, die ihn noch immer zu einem furchteinflößenden Wesen machten. Aber zu seinem unerschütterlichen Siegeswillen war Eleganz hinzugetreten, seine Gewalttätigkeit war gezähmt worden – er wurde ein zivilisierter Mensch.

Der Typus des Samurai hat sich also im Laufe der Geschichte gewandelt. Doch sein Wesenskern blieb unverändert: Der Samurai lebte, um zu dienen, allen Widrigkeiten zum Trotz und bis in den Tod hinein. Wenn es geschah, daß seine Bindung zu seinem Herren verlorenging, weil z. B. der Klan, dem er diente, im Kriege unterging und aufhörte zu existieren, wurde der Samurai zum Rônin[10]. Befreit von seinem Eid und seiner Pflicht, wurde er entweder zum Verteidiger der Schwachen oder aber zum Wegelagerer. Sein ganzes Vermögen, das er stets bei sich trug, waren seine Waffen. Der Rônin, der zum Helden vieler Romane wurde, trat mitunter auf seinen Reisen in verschiedenen *dôjô*[11] als Lehrer auf und vermittelte seine Kampferfahrungen. Manchmal gründete er auch eine eigene Kampfschule (*ryû*), für gewöhnlich auf dem Gebiet des Schwertkampfes (*kenjutsu*).

Mit der Zeit öffnete sich die Samurai-Elite der ersten Jahrhunderte, so daß auch Menschen aus nichtaristokratischen Schichten Zugang zu ihren Kreisen fanden. Die soziale Herkunft wurde zweitrangig bei der Rekrutierung neuer Samurai. Was zählte, waren allein die Tapferkeit im Kampf und die Bereitschaft, sich für den Herrn, an den sie sich banden, aufzuopfern. Im Lauf der Zeit führte diese Entwicklung zu einem gewissen Verfall der sehr strengen Sitten, die einst dazu geführt hatten, daß die alte Kriegerkaste zu solch einer

---

[10] Rônin: jpn. „Wellenmann", d. h., jemand, der wie eine Welle umherschweift und getrieben wird. Ursprünglich bezeichnete der Begriff Bauern, die sich, um die Zahlung von Steuern zu umgehen, auf herrenlosen Ländereien niedergelassen hatten, auf die weder Adelsherren noch Klöster Ansprüche hatten. Während des Tokugawa-Shôgunats (1603-1868) verstand man unter Rônin Berufskrieger (Samurai), die keine Herren besaßen, da sie entweder aus ihrem Klan ausgeschlossen worden waren oder keine Anstellung fanden, oder weil die Familie ihres Herren durch Kriegshandlungen oder durch kaiserliche Ungnade vernichtet worden war. Da sie ohne Verpflichtungen waren, gingen diese Krieger auf Wanderschaft. Manche von ihnen wurden Wegelagerer, andere Leibwächter, wieder andere, wie z. B. der berühmte Miyamoto Musashi, gründeten Kampfkunstschulen. – Habersetzer, R. u. G.: Encyclopédie des Arts Martiaux. Paris: Amphora 2004.

[11] *Dôjô*: jpn. „Ort des Weges". Raum, in dem Kampfkünste geübt werden.

Samurai-Helm.

Größe und Reinheit gelangen konnte. Doch trotz dieser „Demokratisierung“ unterschied sich ihre Klasse nach wie vor aufs deutlichste von der der gewöhnlichen Krieger. Letztere wurden als unwürdiges Fußvolk (*ashigaru*) betrachtet. Die *ashigaru* waren wesentlich leichter bewaffnet, und in Schlachten wurden sie als Hilfstruppen eingesetzt. Ihr Motiv für den Kampf waren eher die bei Plünderungen zu erwartenden Gewinne als die Ehre.

Ob er sich nun auf dem Kriegspfad befand oder nicht, der Samurai hatte stets das Recht auf äußere Zeichen seines besonderen Standes. Eines dieser Vorrechte bestand darin, in der Stadt den *hakama* tragen zu dürfen, einen bis zu den Knöcheln reichenden Hosenrock. Ein weiteres Privileg bestand darin, ein Paar Schwerter unterschiedlicher Länge, *daishô* genannt, zu tragen. Das *katana* war das Langschwert, und das *wakizashi* das Kurzschwert. Die Schwerter steckten im Gürtel, und ihre Schneiden zeigten nach oben, so daß es unmittelbar nach dem Ziehen des Schwertes möglich war, damit einen Schnitt auszuführen (*iai-jutsu*). Der Schädel des Samurai war von vorn bis zur Kopfmitte rasiert. Das Haar trug er sorgfältig geknotet und nach hinten frisiert. Dieser Haarknoten (*chonmage*) wurde abgeschnitten, sobald der Samurai in den Ruhestand trat oder zum Rônin wurde. Wenn er in den Kampf zog, trug der Samurai eine Rüstung (*yoroi*, später den leichteren *dômaru*), die im Vergleich mit den Panzerungen europäischer Ritter relativ wenig wog, dafür aber auch leichter zu durchdringen war. Sie bestand aus lackierten Eisenplatten oder aus beweglich angeordneten Lederplättchen, die sich manchmal überlagerten und die miteinander durch farbige Bänder verbunden waren (die Farbe war das Unterscheidungsmerkmal für die Zugehörigkeit zu einem bestimmten Klan). Auf dem Kopf trug er einen Eisenhelm (*kabuto*) mit Visier und einem großen Nackenschutz. Geschmückt war der Helm mit Flügeln, Hörnern oder sogar mit der Nachbildung eines Tieres in Bronze oder Leder. Manchmal bedeckte eine Maske aus Metall oder Leder das ganze Gesicht (*sômen*), oder, was häufiger der Fall war, die untere Gesichtshälfte (*menpo*). Die Maske sollte sowohl das Gesicht schützen als auch furchteinflößend auf den Gegner wirken. Es war üblich, daß der Samurai sich

1
2
3
4
5
6
7
8
9
10
11
12
13
14
15
16

Ankleiden eines Samurai.

vor der Schlacht schminkte und parfümierte, damit er im Falle seines Todes ein schönes Haupt auf dem Schlachtfeld zurücklassen konnte. Entweder auf dem *jimbaori*, einer ärmellosen Weste, die der Samurai über der Rüstung trug, oder auf einem Wimpel (*sashimono*) an einem Schaft, der am Rückenteil der Rüstung befestigt war, waren Wappen (*mon*) gestickt. Auf diese Weise konnte man stets die Familie oder den Klan, dem der Samurai angehörte, erkennen.

Die Geschichte kündet durchaus auch von Niedertracht, Korruption, Treuebruch, Intrigen und unnötigen Grausamkeiten von Seiten der Samurai. Dies mag das Bild vom edlen Samurai trüben, aber nichtsdestotrotz überwogen andere, weit positivere Eigenschaften bei der Mehrzahl dieser hartgesottenen Männer, die dem Leid mit Härte begegneten und Schicksalsschläge ergeben hinnahmen. Tatsächlich bedeutete das Dasein als Samurai in erster Linie eine Lebenskunst. Je tapferer diese Krieger waren, desto feinfühliger waren sie auch. Ihre Empfindsamkeit war oft außerordentlich, aber sie wußten ihre Gefühle zu beherrschen, denn niemals durfte es soweit kommen, daß ein Samurai das Gesicht verlor.

Der klassische Samurai war sehr empfänglich gegenüber den pathetischen Aspekten der Dinge (*mono-no-aware*) und der unabwendbaren Macht des Schicksals (Karma)[12]. Den Verlierern (*hôgan biiki*) galt sein tiefes Mitgefühl.

[12] Karma: Sanskrit. Gesetz der Kausalität, gemäß welchem alle Handlungen, Worte und Gedanken über eine Dichte und eine dynamische Kraft verfügen, die im Verlauf aufeinanderfolgender Existenzen (Samsura) zum Ausdruck gebracht wird, bis das Karma vollständig aufgebraucht (zerstört) ist, was zur endgültigen Erlösung (Nirwana) führt. Dieses religiöse und philosophische Konzept stammt aus dem Hinduismus (Upanishaden) und wurde von Buddhismus und Zen übernommen. – Habersetzer, R. u. G.: Encyclopédie des Arts Martiaux. Paris: Amphora 2004.

Es konnte geschehen, daß er von einer Welle der Melancholie überrollt wurde, so daß man ihn kaum wiederzuerkennen vermochte. Er konnte dann plötzlich zerbrechlich wie ein Kind sein, und er verwandelte sich in einen Dichter oder einen Musiker. Der traditionelle Typus des Samurai entsprach weder einem mit allen Wassern gewaschenen Haudegen noch einem übernatürlichen, wie aus Stein gemeißelten Heldenwesen. Falls er dennoch in den Augen der anderen wie ein Übermensch wirkte, so lag das daran, daß er aufgrund seiner speziellen Ausbildung in der Lage war, Herr seiner Schwächen zu sein und auf außerordentliche Kraftreserven zurückzugreifen.

In der Anfangszeit der Geschichte der Samurai war die Ausbildung zweifelsohne sehr spartanisch und darauf ausgerichtet, die für den Kampf nötigen Reflexe zu entwickeln. Aber es ging stets auch darum, den Lernenden für Kunst, Kultur und Religion empfänglich zu machen, für eine Philosophie, die danach strebte, den Menschen in ein harmonisches Verhältnis zum gesamten Universum zu stellen. Dieser Harmonie sollte die echte Effektivität entspringen, sowohl auf dem Schlachtfeld als auch in Bezug auf alle anderen Dinge. Shintôismus, Konfuzianismus und schließlich der Zenbuddhismus beeinflußten diese Menschen, die es gewohnt waren, dem Tod ins Auge zu blicken, zutiefst. Die Erfahrung, immer wieder mit den Schrecken des Krieges konfrontiert zu werden und immer wieder dem Tode knapp zu entrinnen brachte sie dazu, nach einem aufs äußerste verfeinerten Leben zu streben und es wertzuschätzen. Das Bewußtsein, jeden Augenblick vom Tod ereilt werden zu können, ließ sie in Friedenszeiten nach Luxus und Eleganz trachten. Diese unerschrockenen Krieger waren Ästheten, wenn die Umstände es erlaubten. Sie lebten ganz im Augenblick, sowohl in der Schlacht als auch im Alltag. Die Liebe zur Schönheit und der Wunsch nach Vollendung fanden selbst in ihrer Bewaffnung Ausdruck. Auch wenn der eigentliche Zweck der Waffen darin bestand, mit ihnen den Gegner zu besiegen, wurden sie im Laufe der Zeit zu echten Kunstwerken. Auf diese Weise wollten sie sogar dem Tode Schönheit verleihen, denn der Tod war der wahre Begleiter der Samurai. Er wich ihnen nie von der Seite, er war Teil ihres Lebens. Von frühester Jugend an bereiteten sie sich auf ihn vor, und durch diese Vertrautheit mit ihm nahmen sie ihm den Charakter der Bestrafung, des Bruchs. In gewisser Weise gelang es ihnen, den Tod zu zähmen. Er stand ihnen zeit ihres Lebens zur Verfügung.

Samurai sein bedeutete auch, zu sterben zu wissen. Jeder Samurai lernte bereits in jungen Jahren, wie man „gut stirbt“, den Regeln entsprechend und in der richtigen Haltung. Nichts durfte dem Zufall überlassen werden, oder zumindest so wenig wie möglich. Der Idealfall bestand darin, selbst den Zeitpunkt des Todes zu bestimmen, ihn sich selbst zu geben, wenn keine andere Möglichkeit mehr bestand, die eigene Ehre oder die des Herren zu retten. Der Freitod erfolgte auf langsame Weise und wenn möglich in der Öffentlichkeit. Diese Todesart war ein Weg, den Lebenden seinen Mut ins Antlitz zu schleudern. Sie war auch ein Mittel des Protestes. Zudem gab sie alles, was sich weiterhin ans Leben klammerte, der Lächerlichkeit preis. Im Lauf der Jahrhunderte entwickelte sich auf diese Weise ein ganzer Kodex des freiwilligen Todes, des Todes als öffentliches Schauspiel, bei dem man sich den Bauch aufschnitt. Das Ritual war bis in die Einzelheiten festgelegt, und es verlieh den letzten Augenblicken des Samurai, der beschlossen hatte, auf diese Weise aus dem Leben zu scheiden, eine ethische Dimension, die seiner Kultur entsprach. Dieses Ritual wurde *seppuku* genannt. Bekannter ist es unter dem volkstümlichen Begriff des *hara kiri*, was wörtlich „den Bauch aufschneiden" bedeutet; der Bauch wurde als Sitz des Atems und der Lebensenergie betrachtet.

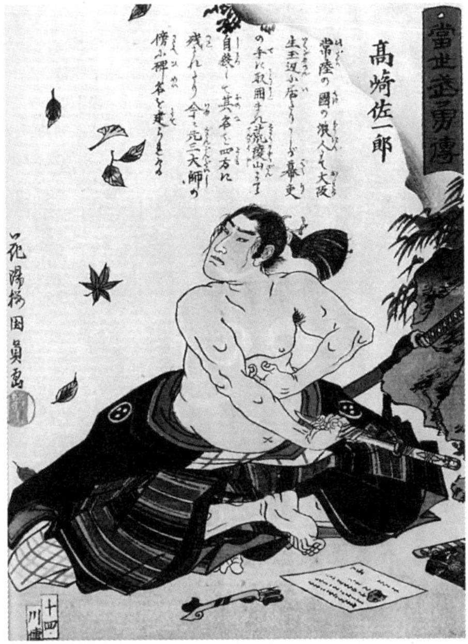

Darstellung eines *seppuku*. Holzschnitt.

Seppuku wurde mit dem kleineren der beiden Schwerter des Samurai durchgeführt oder mit einem Dolch (*tantô*). Nachdem er – wie es üblich war – ein Abschiedspoem verfaßt hatte, kniete sich der Samurai nieder. Sein Oberkörper war frei. Er schnitt sich den Bauch von links nach rechts auf und vollendete die Bewegung, indem er die Klinge in der Wunde nach oben drehte und so die Schnittwunde vergrößerte. Wenn er danach noch die Kraft dazu hatte, zog er die Klinge wieder heraus, um sie sich ins Herz oder in die Kehle zu stoßen. Die Tradition verlangte, daß man es dem Mann überließ, seinen Schmerz zu beherrschen und daß niemand eingreifen durfte, bevor das Ritual nicht

„glücklich" zu Ende gebracht worden war. Nur auf diese Weise konnte ein Mann in dieser Situation seinen Mut beweisen, und nur, wenn ihm dies gelungen war, konnte man ihm auch nach seinem Tode noch Respekt entgegenbringen. Die ganze Zeit über stand hinter dem Samurai der Assistent (*kaishaku-nin*) mit erhobenem Schwert. Aber erst ganz am Ende durfte er der Agonie des Sterbenden ein Ende setzten, indem er ihn mit einem einzigen schrägen Hieb enthauptete.[13] Diese Rolle war heikel, da sowohl ein zu frühes als auch ein zu spätes Eingreifen falsch gewesen wäre. Der *seppuku* begehende Samurai mußte durch leichtes Neigen des Hauptes anzeigen, daß er seine Tat vollendet hatte, erst dann durfte der *kaishaku-nin* seine Aufgabe erfüllen. Als *kaishaku-nin* agieren zu dürfen, galt als außerordentliche Ehre, und in der Regel wurde sie nur einem Verwandten oder einem sehr engen Freund zuteil. Eine Variante des rituellen Selbstmordes war das *junshi*. Es bedeutete, daß ein Samurai das *seppuku* ausführte, um seinem Herren in den Tod zu folgen, denn es hieß, daß ein Samurai in seinem Leben nur einem einzigen Herren dienen sollte.

All die Tugenden, die den „Weg des Kriegers" (*bushi-no-michi*) ausmachten und dem „Wort des Kriegers" (*bushi-no-ichi gon*) Gewicht verliehen, wie auch die Kunst, „gut" zu leben und zu sterben, waren Bestandteil des Ehrenkodex der Samurai. Im 17. Jahrhundert kam hierfür der Begriff *bushidô* auf. Zuvor sprach man vom *shidô*, dem Weg des Edelmannes, vom *mononofu-no-michi*, dem Weg des Kämpfers, vom *masurao-no-michi*, dem Weg des Helden oder auch vom *kyûba-no-michi*, dem Weg des Bogens und des Pferdes. Der Begriff *bushidô*, Weg des Kriegers, vereinte all diese alten Begriffe und ersetzte sie schließlich. Aus dem 17. Jahrhundert stammen auch die ersten schriftlichen Aufzeichnungen zu dieser Thematik. Zuvor war das Wissen ausschließlich mündlich überliefert worden. Die erste systematische Darstellung der Konzepte des Weges der Krieger stammt aus der Feder von Yamaga Sokô (1622-1685). Sein Werk ist eine komplexe und detaillierte Darstellung der moralischen Prinzipien, nach denen ein Krieger sich streng zu richten hatte. Dies bezog sowohl die Ausübung des Waffenhandwerks als auch die anscheinend unbedeutendsten Einzelheiten des täglichen Lebens mit ein, für alles wurde klar definiert, was richtig und was falsch sei. Auch verlangte er, daß ein Krieger dem Tode gegenüber bewußt gleichgültig zu sein habe.

---

[13] Teilweise wurde auch verlangt, daß das Haupt dabei nicht vollständig abgeschlagen würde, sondern daß ein Hautlappen es am Ende noch mit dem Rumpf verbinden sollte. – Anm. d. Übers.

Aber erst in der Ära der Tokugawa kam es zur Blüte des *bushidô*-Konzepts. Anfang des 18. Jahrhunderts, im Jahre 1716, erschien ein Werk, das ein großer Klassiker werden sollte: das Hagakure. Hierbei handelt es sich um die gesammelten Schriften des Samurai Yamamoto Tsunetomo (1659-1719), herausgegeben durch Tashiro Tsuramoto. Das Hagakure[14] („Verborgen unter den Blättern“) bringt auf vollendete Weise den Samurai-Geist zum Ausdruck. Im Mittelpunkt des Werkes stehen die Tugenden, die dem Leben eines Kriegsmannes seinen Sinn verleihen: Dazu zählten *giri* (Pflicht), *yû* (Mut), *enryo* (Todesverachtung), *reigi* (Höflichkeit), *makoto* (Aufrichtigkeit, Wahrheitsliebe), *hontô* (Tatsächlichkeit), *chûgi* (Loyalität, absolute Treue), *gishi* (Rechtschaffenheit), *shiki* (Entscheidungskraft), *ninyô* (Menschlichkeit), *bushi-no-nasake* (Mitgefühl), *doryô* (Edelmut) und *ansha* (Freigebigkeit). All diese Werte beruhten auf folgendem Grundsatz: „Wenn der Samurai sich zu jeder Zeit selbstkritisch beobachtet und wenn er darüber hinaus bereit ist, sein Leben zu lassen, wann und wo dies erforderlich ist, wird er in allen Kampfkünsten vollendet sein, und er wird ein Leben führen, das rein ist wie ein Diamant.“ Diese Ideen lebten im japanischen Geiste fort, selbst nach der kaiserlichen Restauration von 1868 (*meiji jidai*).

Dennoch änderte sich der Status der Samurai mit der Meiji-Restauration radikal. Sie verloren ihre Privilegien, ihren Daseinsgrund. Das neue Japan hatte sich für eine Armee modernen Typus entschieden, die auf der Zahlung von Sold beruhte und nicht mehr auf dem Schwur der Samurai, der sie zu lebenslanger Treue einem einzigen Herren gegenüber verpflichtete. Insbesondere wurde ihnen das Tragen der Schwerter verboten (*haitôrei*-Edikt von 1876). Dieser Angriff auf die geheiligte Tradition des *yamato kokoro* (Geist des alten Japan) stieß auf Unverständnis und führte zu Unruhen und offenem Aufruhr. Der bekannteste dieser Aufstände war die Satsuma-Rebellion (*Satsuma-no-ran*) unter Saigô Takamori. Aber die Neuausrichtung der japanischen Gesellschaft erwies sich als unumkehrbar. 1872 wurde der Status des Samurai abgeschafft, und die ehemaligen Krieger wurden nun entweder den Shizoku (Adlige) oder den Heimin (Bürgerliche) zugeordnet. Zu Beginn des 17. Jahrhunderts, als die Bevölkerung Japans 20 Millionen zählte, gab es 500 000 Samurai. Zur Zeit der Meiji-Reform gab es bis zu 2,1 Millionen Shizoku, während die Einwohnerzahl des Landes auf 46,6 Millionen gestiegen war.

[14] Siehe Fußnote 1 auf S. 13.

Samurai in der Schlacht, mit blank gezogenem *katana* und einem *sashimono* auf dem Rücken.

Allen Reformen zum Trotz ist die japanische Kultur noch heute von den Werten, denen die Samurai einst ihr Leben verschworen hatten, durchdrungen, wenn dies auch manchmal nicht ohne weiteres erkennbar ist. Sie waren bereits die Helden der melancholischen Balladen, die die im Mittelalter von Burg zu Burg ziehenden japanischen Troubadoure, die *biwa hôshi*, begleitet von Lautenmusik zum besten gaben. Und noch immer bringen die Schauspieler der *kabuki-* und *nô*-Theater[15] mit den beispielhaften Lebensgeschichten der alten Samurai ihr Publikum zum Träumen, und auch aus den alten populären Romanen, Märchen und Legenden sind diese Krieger des alten Japan nicht wegzudenken.

In diesem Buch werden nun einige der Heldentaten der Samurai, die in den Augen ihrer Zeitgenossen oft an Zauberei grenzten, erzählt. Bis heute werden sie als Heilige, Heroen, Unbesiegbare angesehen, und man sagte über sie, daß ein einziger von ihnen tausend gewöhnliche Kämpfer aufwog.

[15] *Kabuki*: jpn. Epischer Theaterstil, der im 17. Jh. entstanden ist. In den *kabuki*-Theaterstükken werden Geschichten über die Taten der historischen Helden Japans in farbenprächtiger und realitätsnaher Darstellung aufgeführt. – Habersetzer, R. u. G.: Encyclopédie des Arts Martiaux. Paris: Amphora 2004.
Nô: jpn. Im 14. Jh. entstandener lyrischer Theaterstil. Traditionell wurden *nô*-Theaterstücke nur von Männern gespielt bzw. getanzt und musikalisch begleitet. Meist trägt der Hauptdarsteller (*shite*) eine Maske. Die traditionellen Themen betreffen meist japanische oder chinesische Mythologie oder Literatur. In der Edo-Zeit (1603-1868) war es ein Privileg der Samurai, *nô*-Theater zu spielen und es zu besuchen. Damals besaßen *nô*-Schauspieler den erblichen Samuraistatus. – Anm. d. Übers.

„Der Klang der Glocke vom Gion-Tempel ist das Echo der Unbeständigkeit der Dinge. Die verblassende Farbe der Teebaumblüte erzählt uns, daß alles, was blüht, einst welken muß. Ja, nur einen Augenblick lang ist der Held ein Held, wie eine abendliche Träumerei im Frühling. Die Starken werden stets vernichtet. Sie sind wie Staub im Wind.“

Aus dem Heike Monogatari, Ende 12. Jahrhundert

Minamoto-no-Yoshitsune

Aristokraten und Krieger

Kyôto, Residenzstadt des Kaisers, in der Mitte des 12. Jahrhunderts. Seit dem Jahre 1156 war es zu Ausbrüchen offener Gewalt zwischen rivalisierenden Parteien am Hofe gekommen.[16] Der Kaiser, dessen Macht theoretisch unumschränkt war, hatte inmitten dieser unaufhörlichen Streitigkeiten allen Einfluß verloren. Das Herrschaftssystem war am Ende der Heian-Zeit[17] nicht mehr lebensfähig. Allzu deutlich hatte die Aristokratie ihre Unfähigkeit zum Regieren unter Beweis gestellt, und überall im Lande, selbst in der Hauptstadt, herrschte Anarchie. Nur die Anführer der Kriegerklane würden in der Lage sein, ein Mindestmaß an zentralistischer Ordnung aufrechterhalten zu können, denn nur sie waren stark genug und verfügten über die nötigen Strukturen, damit ihre Entscheidungen umgesetzt würden.

Die Kriegerkaste (*buke*) hatte sich seit dem 10. Jahrhundert im Schatten der mächtigen Familie Fujiwara etablieren können. Jene Hof-Aristokraten waren mehr an Kultur als an kriegerischen Belangen interessiert. Sie bezogen ihre Einkünfte aus Besitzungen, die in ganz Japan verstreut waren. Den Schutz und auch die Verwaltung ihrer Güter vertrauten sie den Kriegsleuten an. Die politische Stabilität, die Frucht der sogenannten Fujiwara-Kultur war, begünstigte

---

[16] Hierbei handelte es sich um die Hôgen-Rebellion (*hôgen-no-ran*), eine Auseinandersetzung zwischen Kaiser Go-Shirakawa und seinem zurückgetretenen Vorgänger Sutoku (beide waren Söhne von Kaiser Toba (1103-1156)), bei der es zum einen um die Thronfolge und zum anderen um das Fortbestehen der Vorherrschaft des Adelsgeschlechts der Fujiwara ging. Go-Shirakawa ging siegreich aus den Kämpfen hervor, zugleich vergrößerte sich aber der Einfluß der Klane der Minamoto und der Taira, deren nunmehrige Oberhäupter, Minamoto-no-Yoshitomo und Taira-no-Kiyomori, beide auf der Seite Go-Shirakawas gestanden hatten. – Anm. d. Übers.

[17] Heian-Zeit: 794-1185. – Siehe auch Zeittafel auf S. 378.

die Herausbildung einer Klasse von Berufskriegern, deren Stellung vererbbar wurde. Mit der Zeit kristallisierten sich unter den Kriegern zwei Klane heraus, jener der Taira und jener der Minamoto[18]. Die Klane waren sich einig gegen die Klasse der Aristokraten, denen sie gerade gut genug waren, um gegen Bezahlung für sie zu arbeiten. Was jedoch die Nachfolge der Macht anging, so herrschte zwischen den Klanen unerbittliche Rivalität. Die Taira unter ihrem Anführer Kiyomori[19] lagerten in den westlichen Provinzen, und die Minamoto unter der Führung Yoshitomos[20] befanden sich im Osten des Landes.

Als die Fujiwara schließlich die Gefahr witterten, die von den zur Macht drängenden Samurai-Klanen ausging, war es zu spät. Den Aristokraten war die reale Herrschaft bereits entglitten. Sie zu stürzen, würde ein Leichtes sein. Mit Einwilligung des Kaisers ergriff schließlich im Jahre 1159 Taira-no-Kiyomori die Macht. Bereits im selben Jahr brachen die Feindseligkeiten zwischen den Klanen aus. Die Heiji-Rebellion (*Heiji-no-ran*) hatte begonnen, das Vorspiel zum langen und schrecklichen Gempei-Krieg, in dessen Verlauf das Kriegsglück der Parteien häufig wechselte.[21] In jenem Jahre wurde auch der jüngste Sohn Yoshitomos, Minamoto-no-Yoshitsune[22], geboren.

Die Heiji-Rebellion endete mit einer vernichtenden Niederlage der Minamoto. Damit die Macht der Taira nie wieder in Frage gestellt würde, befahl Taira-no-Kiyomori Massenhinrichtungen unter den Familien der Minamoto. Jene Anführer der Minamoto, die die Schlachten des *Heiji-no-ran* überlebt hatten, wurden an den Ufern des Flusses Kamo enthauptet, einem traditionellen Hinrichtungsort. Dem Oberhaupt des rivalisierenden Klans, Minamoto-no-Yoshitomo, war es zwar gelungen, nach der Niederlage nach Owari zu fliehen, aber bereits im darauffolgenden Jahr, 1160, wurde er durch einen seiner eigenen Offiziere, Osada Tadamune, beim Bade ermordet. Der Mörder schickte seinen Kopf unverzüglich nach Kyôto.

---

[18] Die Taira wurden auch als Heike bezeichnet und die Minamoto als Genji, siehe Fußnoten 3 und 4 auf S. 13. Der Übersichtlichkeit halber werden im Text ausschließlich die Bezeichnungen Taira und Minamoto verwendet. – Anm. d. Übers.

[19] Taira-no-Kiyomori (1118-1181).

[20] Minamoto-no-Yoshitomo (1123-1160).

[21] Der Gempei-Krieg (1180-1185) ist u. a. Gegenstand der klassischen japanischen Werke Heike Monogatari („Geschichten der Heike") und Gempei Seisuiki („Aufstieg und Fall der Taira und der Minamoto"). Der Begriff Gempei ist aus der sinojapanischen Lesart der Klannamen der Minamoto (Genji) und der Taira (Heike) abgeleitet.

[22] Minamoto-no-Yoshitsune (1159-1189).

Dieser erste Schlag versetzte das ganze Land in Schrecken. Wer auf Seiten der Minamoto das Massaker überlebt hatte, versuchte zunächst alles, um nicht aufzufallen, in Vergessenheit zu geraten. Aber die Unterlegenen selbst vergaßen nichts. Es waren nicht mehr viele, durch deren Adern das Blut der Minamoto rann, aber es waren noch genügend an der Zahl, daß das Verlangen nach Rache nicht zum Erlöschen kam und nur auf den Tag harrte, an dem seine Glut zur Flamme würde.

Die Offenbarung

Zunächst jedoch war der Sieg Kiyomoris so überwältigend, daß er es sich gestattete, Großmut zu beweisen. Zwanzig Jahre später, auf seinem Totenbett, sollte er dies zutiefst bedauern. Seiner selbst und seines Sieges sicher, ließ er das Leben mehrerer Söhne Minamoto-no-Yoshitomos schonen. Dies betraf den dritten Sohn, den 13jährigen Yoritomo[23], und drei jüngere Söhne, die Yoshitomo von seiner Konkubine, der schönen Tokiwa Gozen[24] bekommen hatte. Der jüngste von ihnen, der erst wenige Monate zählte, hieß Ushiwaka. Er sollte später den Namen Yoshitsune annehmen.

Die erstaunliche Großmut Kiyomoris hatte ihre Ursache in der außergewöhnlichen Schönheit der Dame Tokiwa. Die Frau war nach der Niederlage der Minamoto mit ihren Kindern nach Norden geflohen und hatte im Dorf Ryûmon Unterschlupf gefunden. Doch Kiyomori nahm ihre Mutter als Geisel, und Tokiwa Gozen lieferte sich daraufhin dem Oberhaupt der Taira aus. Von ihrer Schönheit geblendet, machte Kiyomori sie zu seiner Mätresse und verschonte die Kinder. Was sollte er von der Zukunft schon fürchten? Yoritomo, dessen Mutter von höherem Rang als Tokiwa gewesen war, wurde nach Izu verbannt, wo er unter strenger Aufsicht stand. Die anderen Kinder durften zunächst bei Tokiwa bleiben.

Kiyomori war es gelungen, im Ergebnis des Krieges seine Familie zu den höchsten Würden gelangen zu lassen. Er ließ sich zum Regierungschef unter

---

[23] Minamoto-no-Yoritomo (1147-1199).

[24] Tokiwa Gozen (1123-1180). Der Name entspricht der deutschen Bezeichnung „Dame Tokiwa“. „Tokiwa“ bedeutet „beständiges Laub“. Ob sie Ehefrau oder Konkubine Yoshitomos war, ist umstritten. – Anm. d. Übers.

einem Marionettenkaiser ernennen. Weitere Schlüsselpositionen der Macht besetzte er mit seinen Kindern. Mit der Zeit wurden die Taira den letztendlich mehr beneideten als gehaßten Fujiwara-Aristokraten immer ähnlicher. Ihre Lebensweise verfeinerte sich, und sie führten ein eleganteres Dasein. Manche gingen so weit, sich Ahnennachweise zu kaufen, um als Adlige auftreten zu können.

Flucht der Tokiwa Gozen mit ihren Kindern durch den Schnee. Holzschnitt von Utagawa Kuniyoshi.

Der Taira-Klan verweichlichte, und er wiegte sich in trügerischer Sicherheit. Dieses Gefühl der Sicherheit wurde zum ersten Mal erschüttert, als der junge Thronfolger Mochihito in der Folge einer dunklen Palastintrige, in die auch Kaiser Go-Shirakawa verwickelt war, versuchte, mit Hilfe der überlebenden Minamoto die Macht zu ergreifen. Die Minamoto hatten sich in mehreren Provinzen erhoben. Minamoto Yorimasa brachte den Thronfolger in Sicherheit und versperrte den Truppen der Taira mit nur 300 Samurai den Weg. Er hatte hierfür die Brücke über den Fluß Uji in der Nähe des Biwa-Sees ausgewählt. Yorimasa hatte den Belag in der Mitte der Brücke entfernen lassen, und als die Taira im nebligen Morgengrauen angriffen, stürzten viele von ihnen durch die Öffnung in den Tod. Diese Finte und zahllose Heldentaten der Aufständischen kostete Hunderte der Taira-Ritter das Leben. Aber deren Übermacht war so überwältigend, daß die Minamoto von vornherein chancenlos waren. Die Rebellen wurden vernichtend geschlagen. Yorimasa, der durch einen Pfeil verletzt worden war, beging, auf seinem Fächer sitzend, im nahegelegenen Tempel Byôdô-in rituellen Selbstmord.[25]

Erneut triumphierte Taira-no-Kiyomori, und er begann, an seine Unbesiegbarkeit zu glauben. „Wer kein Taira ist, besitzt kein menschliches Antlitz“, verkündete der von Ruhm und Macht Trunkene. Es schien, daß er das Land fest im Griff hatte. Ein sehr wirksames Instrument seiner Schreckensherrschaft war eine aus etwa 300 jugendlichen weiblichen Pagen, den *kamuro*, bestehende Einheit. Die *kamuro* trugen rote Uniformen, und ihre Aufgabe bestand im Spionieren und Denunzieren. Jeder, der durch sie des kleinsten Zeichens der Ungehorsamkeit oder Unzufriedenheit gegenüber dem allmächtigen Herrschaftsklan überführt wurde, wurde unverzüglich verhaftet.

Kiyomori überließ Tokiwa Gozen schließlich seinem Schatzmeister, Fujiwara-no-Naganari, welcher sie heiratete. Von da an verlief das Leben der Dame Tokiwa sehr traurig, denn sie mußte mit ansehen, wie die drei bei ihr verbliebenen Söhne Yoshitomos einer nach dem anderen in ein Kloster geschickt wurden. Dies geschah auf Befehl Kiyomoris, der damit der Gefahr der Blutrache vorbeugen wollte. Ihr jüngster Sohn, Ushiwaka, wurde im Alter von sieben Jahren ins Kloster Kurama-dera geschickt. Zu jener Zeit ahnte er noch nichts von seiner wahren Herkunft, er hielt sich für einen leiblichen Sohn Naganaris.

Während seiner Novizenschaft in der Obhut der Mönche des wilden Kurama-Gebirges galt er zunächst als verschlossener Einzelgänger. Doch eines Tages offenbarte ihm ein alter Mönch, daß er der neunte und letzte Sohn des Minamoto-no-Yoshitomo sei und daß es seine Pflicht sei, dessen Andenken zu rächen. Der junge Ushiwaka war von dieser Enthüllung überwältigt, und unter Tränen schwor er Rache für das vergossene Blut der Minamoto, das Blut der Seinen. Sein wahres Wesen konnte sich nun frei entfalten. Er war von unab-

---

[25] Minamoto Yorimasa (1106-1180) zählte zu Beginn des Gempei-Krieges zu den Anführern der Minamoto-Samurai. In den Jahrzehnten zuvor hatte es bereits des öfteren Zusammenstöße zwischen den Minamoto und Taira gegeben. Yorimasa, der sich vor allem als Dichter sah, hatte dabei versucht, sich so weit wie möglich aus der Politik herauszuhalten und für keine der beiden Seiten Partei zu ergreifen. Eine Zeitlang war er sogar mit Taira-no-Kiyomori befreundet. Seine den Taira wohlgesonnene Haltung ermöglichte während der Heiji-Rebellion von 1160 den Sieg der Taira über die Minamoto. 1179 entschied er sich, Kiyomori nicht länger zu unterstützen, da er nicht mehr gegen seinen eigenen Klan kämpfen wollte. Im Mai 1180 sandte er einen Aufruf an andere Minamoto-Führer und an verschiedene Tempel, die Kiyomori gegen sich aufgebracht hatte. Die erste Schlacht am Fluß Uji im Jahr 1180, in der Yorimasa versuchte, gemeinsam mit Samurai seines Klans und Kriegermönchen aus Mii-dera die Taira von der Eroberung des Mii-dera-Tempels abzuhalten, gilt als Beginn des Gempei-Krieges. Minamoto-no-Yorimasas *seppuku* ist das früheste aufgezeichnete Beispiel für den Suizid eines Samurai angesichts einer Niederlage. – Sansom, G: A History of Japan to 1334. Stanford, Kalifornien: Stanford University Press 1958, S. 278 f. – Anm. d. Übers.

hängiger, unzähmbarer Natur, und die klösterliche Disziplin widerstrebte ihm. Es war ihm unmöglich, irgendeine Form von Autorität anzuerkennen. Der Legende nach lehrten niemand anders als die berühmten Tengu[26], diese mysteriösen Wesen, die im Gebirge hausten, Ushiwaka bei seinen zahllosen Streifzügen durch die Wälder die Kunst des Umgangs mit dem Schwert sowie die Kunst des Kampfes mit bloßer Hand und mit dem eisernen Fächer (*tessen*).

Von der Gewißheit getrieben, dem Ruf seines Schicksals folgen zu müssen, verließ Ushiwaka um das Jahr 1174 Kurama-dera und begab sich nach Norden. Wenig ist wirklich bekannt aus diesem Lebensabschnitt des künftigen Yoshitsune, doch dieser Mangel an Wissen erwies sich als reicher Nährboden für Legenden. Bis zum Jahr 1180, in dem es ihm gelang, sich mit Yoritomo zu verbünden und von dem an sein Leben Gegenstand der Geschichtsschreibung ist, sind nur Hypothesen möglich über das, was sich ereignet haben mag. Es ist schwer vorstellbar, daß der halbwüchsige Ushiwaka sich ganz allein auf einen so langen und gefährlichen Weg bis zur nördlichen Spitze der Insel Honshû gemacht hat. Man sagt, daß Kichiji, ein Goldhändler, der von der wahren Identität Ushiwakas erfahren hatte, eines Tages nach Kurama-dera kam und dem Jungen anbot, ihn heimlich nach Hiraizumi, der Hauptstadt der Provinz von Mutsu (Ôshû) zu bringen, bis zu welcher der Einfluß der Taira nicht reichte. Es heißt auch, daß das Angebot des Händlers nicht ganz uneigennützig gewesen sein soll und er sich davon eines Tages großen Vorteil erhoffte.

Hiraizumi konnte es an Reichtum und Eleganz mit Kyôto aufnehmen. Der

---

[26] Tengu: jpn. Mythische Wesenheiten des alten Japan, die in der Einsamkeit der Berge hausten und die – laut den im Volk kursierenden Legenden – für ihre Kenntnisse auf dem Gebiet der Kampfkünste berühmt waren, die sie mitunter auch Menschen zuteil werden ließen. Zahlreiche Krieger und Samurai, die eigene Schulen (*ryû*) gegründet haben, insbesondere auf dem Gebiet des Schwertkampfes (*kenjutsu*), behaupteten, auf unverhoffte Weise von einem Tengu inspiriert worden zu sein. Manchmal soll sich dies in Gestalt eines Traumes ereignet haben, während sie sich freiwillig ins Gebirge zurückgezogen hatten, um dort durch Askese (*musha shugyô*) ihren „Weg" (*dô*) zu finden. Das Wort Tengu ist die japanische Lesart der chinesischen Schriftzeichen „Tien-kou" („Hund des Himmels"). Die Legende von diesen übernatürlichen Wesen gelangte im 6. und 7. Jahrhundert nach Japan. Der Tengu wird oft als Wesen mit Menschenkörper und Vogelkopf dargestellt. Der sogenannte „kleine Tengu" (*ko Tengu*) ist ein geflügeltes Wesen, und der *konsha Tengu* hat ein menschliches Gesicht mit sehr langer Nase. Der oberste Herr dieser Berggeister trägt den Namen Sojobo. Er wird mit langer roter Nase und langem weißen Haar dargestellt. Seine Macht wird durch einen aus sieben Federn bestehenden Fächer symbolisiert. Oft wurden die Tengu auch mit den Yamabushi, furchteinflößenden Bergmönchen, gleichgesetzt. – Habersetzer, R. u. G.: Encyclopédie des Arts Martiaux. Paris: Amphora 2004.

Yoshitsune bei den Tengu. Zwei Holzschnitte eines Triptychons von Utagawa Kunisada.

dort lebende Herrscher war Fujiwara-no-Hidehira, der auf der Seite der Minamoto stand. Hier würde Ushiwaka in Sicherheit sein. Es wird auch berichtet, Ushiwaka habe auf seinem Weg dorthin in Owari (Nagoya) Rast gemacht, um den Tempel von Atsuta-jingû zu besuchen, wo er aus dem Munde des Tempelvorstehers von der Existenz seines älteren Halbbruders Yoritomo erfahren haben soll. Jener Tempelvorsteher soll es auch gewesen sein, der ihn beschwor, Yoritomo aufzusuchen und sich mit ihm zu vereinen, damit die Brüder den Klan der Minamoto um sich scharen könnten. Es könnte auch in jener Nacht gewesen sein – oder aber, anderen Berichten zufolge, ein Jahr später in Mutsu –, daß Ushiwaka zur *gempuku*-Zeremonie[27] zugelassen wurde und dabei seinen Männernamen, Yoshitsune, erhielt, unter dem er berühmt werden sollte.

[27] *Gempuku*: jpn. „Aufsetzen des Hutes". Zeremonie im alten Japan, die den Übergang ins Erwachsenenalter markierte – je nach Region wurde die Zeremonie im Alter zwischen 10 und 16 Jahren durchgeführt. Die Söhne der Aristokraten erhielten dabei eine Kopfbedeckung, die ihrem Rang entsprach (*kamuri* oder *eboshi*) und die ihnen durch einen Verwandten oder Freund übergeben wurde. Des weiteren erhielten sie bei dieser Gelegenheit ihren Männernamen. – Habersetzer, R. u. G.: Encyclopédie des Arts Martiaux. Paris: Amphora 2004.

Auch soll es während dieser Reise gewesen sein, daß er sich auf recht ungewöhnliche Weise mit dem Werk „Die Kunst des Krieges" vertraut gemacht hat. Um Zugang zu dem seltenen Werk des chinesischen Strategen Sun Tsu[28] zu erhalten, das sich im Besitz eines Taira-Herren befand, verführte er dessen Tochter und besuchte sie während 16 aufeinanderfolgenden Nächten. Dabei soll er auch die Zeit gefunden haben, das berühmte Traktat zu studieren.

Benkei, ein Gefährte fürs Leben

Einst reiste der junge Yoshitsune auch durch Kyôto, wo er Benkei[29] kennenlernte. Benkei, dessen Name untrennbar mit dem Yoshitsunes verbunden ist, ist eine weitere legendäre Persönlichkeit der japanischen Mythologie. Er soll der Sohn eines Bonzen[30] aus dem Tempel von Kumano in der Provinz von Kii gewesen sein, es heißt aber auch, er sei ihn Wahrheit der Sohn eines Tengu, dem seine Mutter auf einem Waldweg begegnet ist. Nicht weniger als drei Jahre soll die Schwangerschaft seiner Mutter gedauert haben, und als er schließlich zur Welt kam, soll er schon lange Haare und all seine Zähne gehabt haben. Aufgewachsen ist er im Tempel Enryaku-ji, dessen Hütern er anvertraut worden war. Man verlieh ihm dort aufgrund seiner spontanen und gefährlichen Streiche den Spitznamen „Dämonenkind" (*oniwaka-maru*). Als er Bonze wurde, nahm er den Namen Musashibô an. Aber mit einer Körpergröße von acht Fuß[31] war er ein höchst ungewöhnlicher Mönch, und er hatte zudem den Ruf, die Kraft von Dutzenden Männern zu haben.

Es gibt in Japan noch heute Gegenstände, die mit seiner Person in Beziehung stehen, wie z. B. einen Kessel und eine Glocke, die im Tempel von Miidera aufbewahrt werden. Hiermit hat es folgende Bewandtnis. Benkei hatte den Tempel Enryaku-ji verlassen, da er ein zurückgezogenes Leben in einer kleinen Einsiedelei anstrebte. Eines Tages befiel ihn jedoch der unwiderstehli-

---

[28] Sun Tsu, auch Sunzi oder Sun Wu, war ein chinesischer General und Militärstratege, der zwischen ca. 534 v. Chr. und ca. 453 v. Chr. lebte. „Die Kunst des Krieges" ist ein aus 13 Kapiteln bestehendes Werk, das als erstes und eines der besten Bücher über Strategie gilt. – Anm. d. Übers.

[29] Saitô Musashibô Benkei (1155-1189).

[30] Bonze: Buddhistischer Mönch. Abgeleitet vom japanischen Begriff *bôzu* oder *bonsô*.

[31] 8 Fuß entsprechen ungefähr 2,40 m. Im Alter von 17 Jahren soll Benkei bereits 2 m groß gewesen sein.

che Drang, den seiner Ansicht nach allzu trübseligen Mönchen von Mii-dera einen Streich zu spielen. Er begab sich dorthin, und man gewährte ihm das Gastrecht. Eines Nachts zerschnitt er den Strick, an dem die Bronzeglocke hing, deren klarer Klang im ganzen Land bekannt war. Er lud sich die außerordentlich schwere Glocke auf die Schultern und trug sie ins Gebirge. Dort wollte er die Gemeinschaft von Mii-dera im Morgengrauen damit überraschen, daß er die gestohlene Glocke zum Klingen brachte. Er stellte sie zu Boden und schlug mit einem jungen Baum, den er ausgerissen hatte, gegen sie. Der Klang war natürlich kläglich. Benkei geriet darüber in Zorn und stieß die Glocke mit dem Fuß, so daß sie unter großem Getöse zu Tale rollte. Die empörten Mönche verlangten von Benkei, daß er die Glocke zurückbrachte und wieder dort aufhing, wo sie hingehörte. Für einen Kessel voll Bohnen war Benkei denn auch gern bereit, dies zu tun.

Später befand sich dieser furchterregende Kriegermönch (Yamabushi) in Kyôto. Seine Beschäftigung bestand darin, jedem, der die Gojo-Brücke passieren wollte, das Schwert abzunehmen. Er hatte den Schwur geleistet, mit dem Erlös aus dem Verkauf von tausend auf diese Weise entwendeten Schwertern einen Tempel wiederaufzubauen. Die Legende erzählt, daß eines Nachts die Zeit gekommen war, daß er das tausendste Schwert erwartete. Er trug eine schwarze Rüstung, die seine stahlharten Muskeln bedeckte und hielt eine *naginata*[32] in der Hand. Der riesenhafte, breitgebaute Mann versperrte den Durchgang wie eine feste Mauer. Er spähte mit furchteinflößendem Blick unter seinen dichten Augenbrauen hervor in die Finsternis. Plötzlich vernahm er den zarten Klang einer Flöte und sah, wie sich ihm die grazile Silhouette eines Jungen näherte. Der Junge war in einen recht unförmigen Umhang gehüllt, und er schlenderte unbekümmert vor sich hin. Benkei hatte jedoch nur Augen für das wundervolle Schwert, das aus dem Umhang des Reisenden hervorragte und dessen lackierte Scheide im Mondschein schimmerte. „Das ist genau das, was ich brauche, um meine Sammlung zu vollenden“, murmelte er vor sich hin. Er machte einen gewaltigen Satz, senkte die Hellebarde und rief: „Bürschchen, gib mir dein *katana*, und ich lasse dich deines Weges ziehen!“

Yoshitsune, der noch nicht einmal zu ihm aufgeblickt hatte, beendete sein Flötenspiel und richtete schließlich den Blick auf die riesenhafte Gestalt, die im Mondschein vor ihm aufragte. „Ach, Ihr seid es, der Schwertdieb. – Ihr

---

[32] *Naginata*: jpn. Lanze mit gekrümmter Schwertklinge (japanische Hellebarde).

müßt verrückt sein, wenn Ihr glaubt, daß ich Euch mein *katana* aushändige. Ihr solltet lieber schlafen gehen", antwortete er mit sanfter Stimme.

Benkei stand vor Verblüffung der Mund offen. „Was für ein dummes und überhebliches Bürschchen!" dachte er. Wütend darüber, daß seine Bedrohung nicht ernst genommen wurde, wirbelte Benkei seine Hellebarde einmal herum und stieß sie nach vorn. Zu seinem größten Erstaunen vollbrachte es der Jungen, dem Stoß auszuweichen, hinter seinen Rücken zu gelangen und ihm einige Male mit dem *tessen*[33] auf den Rücken zu schlagen. Immer wieder versuchte Benkei, Yoshitsune zu treffen, aber dieser hielt ihn regelrecht zum Narren. Man sagt sogar, daß selbst die Tengu erfolglos versuchten, ihm in dieser Nacht zu helfen, damit er zu seinem tausendsten Schwert gelangte.

Doch schließlich stieß Benkei versehentlich seine *naginata* so tief in das Holz eines Brückenpfeilers, daß sie steckenblieb. Halb besinnungslos vor Zorn versuchte Benkei, die Waffe zu befreien, als plötzlich der Jüngling seinen Umhang abwarf. Er war in eine rote Rüstung gekleidet. „Es reicht", sagte Yoshitsune und zog das Schwert. „Ihr benötigt offenbar wirklich eine Lektion."

Der Kampf war schnell und kurz. Der Riese sank verwundet auf die Knie, verblüfft über solch eine unglaubliche Geschicklichkeit in der Kunst des Kämpfens, und erwartete den Gnadenstoß. „Ich bitte nur um eines", keuchte er, „sagt mir Euren Namen, junger Herr!"

„Ich bin Minamoto-no-Yoshitsune", erwiderte der Jüngling und reichte ihm die Hand. „Eure Wunde muß behandelt werden", fügte er hinzu.

„Nun, Minamoto-no-Yoshitsune, lasset mich den Rest meiner Tage an Eurer Seite verbringen!" rief Benkei, indem er sich rückhaltlos vor seinem Besieger zu Boden warf. Und so geschah es. Von diesem Tage an war Benkei der Schatten Yoshitsunes. Bis zu seinem letzten Tag sollte er seinen Meister aufrichtig bewundern und ihm grenzenlos ergeben bleiben.

Tatsächlich gibt es über diese Zeit auch eine Legende, nach welcher Yoshitsune einen Wegelagerer namens Ise-no-Saburô auf ähnliche Weise „bekehrte". Doch dieser spielt in der weiteren Lebensgeschichte Yoshitsunes keine Rolle.

---

[33] *Tessen*: jpn. Eiserner Fächer – eine Waffe der Samurai.

Tödliche Eifersucht

Sobald Yoshitsune in Hiraizumi anlangte, stand er unter dem Schutz des örtlichen Machthabers Hidehira. Er blieb hier fünf Jahre und vervollkommnete seine militärische Ausbildung bei ausgezeichneten Kriegern.

Unterdessen führte Yoritomo, der noch immer nichts von der Existenz seines jüngeren Halbbruders wußte, erzwungenermaßen eine seßhafte Lebensweise, denn er stand nach wie vor unter ständiger Bewachung. Es war ihm jedoch gelungen, seine Bewacher durch seine Intelligenz und sein Gespür für Politik für sich einzunehmen. Insgeheim schmiedete er bereits Pläne für die Restauration der Minamoto. Doch wie hätten die Spione der Taira ahnen sollen, daß sich hinter seiner offenkundigen Oberflächlichkeit, die sich in seinem Kleidungsstil, seiner Lebensweise und seinen Worten ausdrückte, irgendein Wille zur Rache verbergen könnte? Yoritomo führte sie alle hinters Licht, und Kiyomori glaubte, ruhig schlafen zu können in Kyôto. Aber unter der Asche schwelte die Glut.

Schon bald gab Yoritomo zum ersten Mal seine Zurückhaltung auf. Er wollte die Tochter eines Aristokraten ehelichen, und dies sollte sein erster Schritt auf dem Weg zur Macht werden. Dazu hatte er die junge und schöne Masako auserkoren, die älteste Tochter der Familie Hôjô, die im Gebiet zwischen Izu und Sagami herrschte. Er beschloß, sie zu entführen, und zu diesem Zweck schlich er sich eines Nachts in den Palast der Hôjô. Ein Wächter überraschte ihn und wagte ihn zu fragen, wer er sei. Dem Unglücklichen blieb kaum die Zeit, die Antwort, die „Minamoto!“ lautete, zu verstehen, denn kaum, daß der Name gefallen war, fiel auch schon das abgetrennte Haupt des Wächters. Yoritomo gelang es, Masako zu ehelichen, und damit war er plötzlich zum Herren über ein Lehen und sogar über eine kleine militärische Einheit geworden. Der Wiederaufstieg des Klans der Minamoto hatte begonnen.

1181, zwanzig Jahre nach der Ermordung Yoshitomos, starb Taira-no-Kiyomori eines natürlichen Todes. Im selben Jahr begannen Entwicklungen großer Tragweite. Es begann der Aufstand des Klans der Minamoto. Erneut sollten deren weiße Feldzeichen und die roten Standarten der Taira in der Schlacht aufeinanderstoßen. Drei mächtige Armeen standen einander gegenüber: Die Armee der Taira unter Taira-no-Koremori[34], die in Kyôto stationiert

[34] Taira-no-Koremori (1160-1184).

war, die Streitmacht der Minamoto unter Yoritomo in Kamakura, und die der Minamoto unter dem Befehl seines Cousins Yoshinaka, die in der Provinz Shinano lagerte. Yoshinaka wurde durch seinen Onkel Yukiie unterstützt, der als erster Feindseligkeiten gegen die Taira vom Zaun gebrochen hatte, aber zunächst eine schwere Niederlage erlitten hatte.

Im Mai 1183 näherte sich Yoshinaka schließlich mit einer großen Streitmacht Kyôto, wo infolge einer Reihe von Mißernten Seuchen und Hunger wüteten. Der junge Taira Koremori, ein Enkel Kiyomoris, versuchte, mit einer gewaltigen Armee aus 100 000 Männern den Weg zur Hauptstadt zu versperren. Doch die Führung seiner Armee war desorganisiert, und die Truppen standen in einem bereits verwüsteten Land, dessen Bevölkerung ihnen nach der langen Schreckensherrschaft nichts als Haß entgegenbrachte. All dies bremste den Marsch der Truppen Koremoris gegen das Heer Yoshinakas. Eine Woche, nachdem sie die Hauptstadt verlassen hatten, traf die Vorhut der Taira auf die Streitkräfte der Minamoto. Die entscheidende Schlacht fand in der Nähe des Berges Tonami statt, in der Provinz Etchû.

Am 1. Juni 1183, dem Vorabend der Schlacht, schlugen die Taira-Truppen ihr Lager nahe dem Kurikara-dani-Paß, in einem Gebiet namens Tonamiyama, auf. Am darauffolgenden Tag tat Yoshinaka alles, um seine Gegner hinzuhalten. Er ließ seine Truppen jeder ernsthaften Auseinandersetzung aus dem Wege gehen und gab seinen Samurai Anweisung, sich nur in kleineren Gruppen in Scharmützel verwickeln zu lassen. Auf diese Weise erreichte er, daß der Tag ohne Entscheidung verstrich. Mit Anbruch der Nacht zogen sich die Taira in ihr Lager zurück. Hier jedoch wurden sie von einer Kriegslist Yoshinakas überrascht. Dieser hatte heimlich eine Rinderherde hinter das gegnerische Lager treiben lassen. Die Hörner der Tiere waren mit Strohbündeln umwickelt. Das Stroh wurde in Brand gesetzt und die Herde, Hunderte Rinder, kopflos vor Angst, wurde mit Schreien, Trommelwirbel und den schrillen Klängen der Kriegstrompeten ins Lager der schlafenden Taira getrieben. Panik griff um sich. Zehntausende Taira suchten das Heil in der Flucht in Richtung des Kurikara-Tals. Zu spät begriffen sie, daß sie in eine enge Schlucht getrieben worden waren, die in einen Abgrund mündete. Durch die nachdrängenden Menschen und die Rinder, die ihnen noch immer auf den Fersen waren, stürzten Unzählige hinab in die Tiefe. 60 000 Taira verloren auf diese Weise ihr Leben. Die Bergbäche mischten sich mit Strömen von Blut, und die Leichen bildeten einen Hügel. Sie wurden später unten im Tale verbrannt. Man sagt, daß man noch heute in diesem Tal Überreste von Pfeilen und Schwertern finden kann.

Tonamiyama wurde zum Grab für die Blüte der Taira-Kavallerie. Die Überlebenden zogen sich im Eilmarsch in Richtung der Hauptstadt zurück, wo sich mit der Nachricht von der verheerenden Niederlage Panik ausbreitete. Man versuchte dennoch, die Hauptstadt zu halten, aber allein der Anblick der weißen Banner der anrückenden Minamoto trieb die Taira dazu, ihre Truppen abzuziehen. Den jungen Kaiser Antoku und die Kronjuwelen nahmen sie mit sich. Der frühere Kaiser Go-Shirakawa hingegen eilte zu einem Treffen mit Yoshinaka und schloß sich diesem bei seinem Marsch auf die Hauptstadt an. Dies ermöglichte ihm einen triumphalen Wiedereinzug in Kyôto in Begleitung von Yoshinaka und Yukiie.

Somit waren die Minamoto wieder in Besitz der Hauptstadt. Zumindest galt dies für Minamoto Yoshinaka. Tatsächlich war Yoritomo über den grandiosen Erfolg seines Cousins in hohem Maße verärgert und eifersüchtig, denn er sah sich selbst in der Rolle des tatsächlichen Anführers des Aufstands. Er mußte also schnell handeln, um nicht ins Hintertreffen zu geraten. Dabei sollte ihm sein Halbbruder Yoshitsune helfen, den er kurz zuvor endlich kennengelernt hatte. Kaum, daß Yoshitsune davon gehört hatte, daß sein Bruder im Begriff stand, eine Minamoto-Streitmacht aufzustellen, war er zu ihm geeilt, begleitet von 2000 Reitern aus seiner Wahlheimat Mutsu. Die erste Begegnung der Halbgeschwister hatte in der Provinz Suruga, nahe dem Fluß Kise, stattgefunden. Yoshitsune wünschte nichts weiter, als Yoritomo, den er zutiefst bewunderte, dienen zu dürfen.

Yoritomo betraute Yoshitsune unverzüglich mit seiner ersten Mission: Er sollte um jeden Preis seinen Cousin Yoshinaka dazu bringen, innezuhalten und seinen Ehrgeiz zu zügeln. Tatsächlich hatte sich Yoshinaka schon bald nach seinem Einzug in Kyôto sehr unbeliebt gemacht. Die Zivilbevölkerung hatte die Minamoto zunächst als Befreier betrachtet, mußte aber ihre Erwartungen rasch zurückstecken. Die Truppen Yoshinakas und Yukiies verhielten sich wie Besatzer auf erobertem Gebiet. Sie suchten die leidgeprüfte Stadt mit Plünderungen heim und mißbrauchten ihre Macht aufs ärgste. Yoshinaka unternahm nichts, um ihrem Treiben Einhalt zu gebieten und die Ordnung wiederherzustellen. Das mag daran gelegen haben, daß ihn andere Sorgen quälten. Benommen von seinem Erfolg, hatte er Go-Shirakawa unter Hausarrest gestellt. Damit wollte er erreichen, daß dieser die Maßnahmen, die er selbst für die Verwaltung der Stadt durchsetzen wollte, sanktionierte und ihnen durch sein kaiserliches Ansehen Gewicht verlieh. Doch es blieb ihm wenig Zeit, seine Vorhaben zu verwirklichen. Im Februar 1184 wurde ihm zugetragen, daß eine große Armee unter Führung von Yoshitsune auf die Stadt zumarschierte.

Nachdem alle Verhandlungen erfolglos geblieben waren, befahl Yoshinaka, der selbst in Kyôto blieb, zwei seiner besten Generäle, die Truppen Yoshitsunes am Fluß Uji, der zwischen Kyôto und Nara lag, so lange wie möglich aufzuhalten. Sein Plan bestand darin, hierfür dieselbe Brücke, an der schon vier Jahre zuvor Minamoto Yorimasa versucht hatte, dem Ansturm der Taira standzuhalten, zu nutzen. Zu diesem Zweck ließ er den Brückenbelag entfernen und zahlreiche Pfähle mit Hilfe von Seilen fest im Flußbett verankern. Doch Yoshitsunes Kavallerie gelang es, den durch die Schneeschmelze angeschwollenen Fluß in einem Schwung zu durchqueren. Sie schlossen sich mit den Truppen von Minamoto Noriyori, einem weiteren Bruder Yoshitsunes, zusammen, die den Fluß bei Seta überquert hatten.

Der Armee Yoshinakas blieb keine andere Wahl, als sich nach Kyôto zurückzuziehen. Noch einmal versuchte Yoshinaka, durch einen Gegenangriff das Kriegsglück zu wenden. Doch trotz der Tapferkeit seiner Samurai und nicht zuletzt auch der seiner Gefährtin Tomoe Gozen, die eine furchteinflößende Kriegerin war, scheiterte er. Einer seiner engsten Waffengefährten, Imai Kanehira, ein Bruder Tomoes, bot ihm an, ihm lange genug den Rücken freizuhalten, damit er entsprechend den Regeln *seppuku* begehen konnte. Aber Yoshinaka blieb selbst diese letzte Genugtuung versagt, die jeder Samurai sich wünschte, wenn es galt, aus dem Leben zu scheiden. Sein Pferd glitt auf einer gefrorenen Pfütze aus. Er verlor im Sattel das Gleichgewicht, und in eben diesem verhängnisvollen Moment durchbohrte ein Pfeil den Hals des Mannes, dem es gelungen war, die mächtigen Taira zu besiegen. Zwei gegnerische Samurai stürzten sich unverzüglich auf ihn, um ihn zu enthaupten. Als er sah, daß sein Plan, seinem Herren die Möglichkeit zu schenken, auf ehrenvolle Weise aus dem Leben zu scheiden, vereitelt worden war, beging Imai Kanehira auf spektakuläre Weise Selbstmord. Nachdem er den beiden Samurai einen letzten Fluch entgegengeschleudert hatte, nahm er die Spitze seines Schwertes in den Mund und stürzte sich mit dem Kopf voran vom Pferd. Tomoe Gozen wurde gefangengenommen. Später wurde sie begnadigt. Sie entsagte der Welt und zog sich in ein Kloster zurück, um Priesterin zu werden.

Der Gempei-Krieg trat in seine letzte Phase. Damit brach die große Zeit des Minamoto-no-Yoshitsune an.

Die Schlacht von Ichi-no-Tani

Nachdem Yoshitsune Kyôto eingenommen hatte, empfing ihn Go-Shirakawa und beherbergte ihn im kaiserlichen Palast. Doch er blieb nur wenige Tage in der Hauptstadt. Yoritomo beauftragte ihn, die verbliebenen Taira-Truppen aus ihren zahlreichen befestigten Schlupfwinkeln an der Küste der Inlandsee zu vertreiben. Diese Festungen galten als uneinnehmbar, und die Taira waren zudem hervorragende Seefahrer. Wer anders als der ungestüme Yoshitsune hätte mit solch einer schwierigen Aufgabe betraut werden sollen?

Die erste Schlacht fand bei Ichi-no-Tani statt, einer von den Taira errichteten Verschanzung, die sich auf einem schmalen Küstenstreifen unterhalb einer schroffen Felswand befand. Nach Süden hin, zum Meer, war das Lager der Taira weit offen. Hier ankerte ihre Flotte. Die Felswand im Norden hinauf führte ein in Serpentinen verlaufender Pfad, der so steil war, daß selbst die behenden Affen ihn mieden. Die üblichen Belagerungsmethoden konnten für diese Seefestung somit nicht angewendet werden.

Yoshitsune befahl seinem Bruder Noriyori, den Gegner aus Richtung Osten kommend an der Küste anzugreifen. Er selbst begab sich in weitem Bogen mit seinen Kriegern auf dem Landweg nach Westen, um so die Festung der Taira in die Zange zu nehmen. Siebentausend seiner Leute setzten den Marsch fort, während Yoshitsune das direkte Kommando über dreitausend von ihnen übernahm, mit denen er den Angriff auf Ichi-no-Tani von hinten, also von Norden aus, wagen wollte. Mitten in der Nacht begab er sich mit diesen in die Berge, weit hinter dem Angriffsziel. Eile war geboten, denn der konzertierte Angriff sollte zu Tagesanbruch stattfinden. Im Fackelschein wanderten sie durchs Gebirge, und schließlich standen sie oben auf der Felswand und blickten hinab auf das Lager der schlafenden Taira. Sobald der erste Sonnenstrahl am Horizont sichtbar wurde, drang Kriegsgeschrei aus dem Wald von Ikuta. Noriyori hatte seinen Angriff aus dem Osten begonnen. Yoshitsune beschloß, seinen aberwitzigen Plan in die Tat umzusetzen. Er ließ zwei reiterlose Pferde auf den Pfad, der am Hiyodori-Paß begann, treiben und beobachtete ihren langsamen Abstieg. Als die Tiere unten angelangt waren, gab er den zweihundert besten unter seinen Reitern den Befehl, ihnen zu folgen. Zum Erstaunen seiner Leute wagte er selbst als erster den Weg in den Abgrund, gefolgt vom treuen Benkei. Sein kleiner, sorgfältig ausgewählter Samuraitrupp folgte ihm unverzüglich. Sie ritten so dicht hintereinander, daß immer wieder Geräusche von aufeinandertreffenden Rüstungen und Waffen zu vernehmen waren. Als sie den halben Abstieg hinter sich gebracht hatten, trieben die Samurai, ermutigt durch die Entschlossenheit ihres Anführers, ihre Pferde an und begannen Kampfschreie auszustoßen. Im Lager der Taira, die sich von drei Seiten angegriffen sahen, brach heillose Panik aus. Die waghalsigen Männer Yoshitsunes legten, sobald sie das Lager erreicht hatten, Feuer. Angefacht durch einen kräftigen Westwind breitete es sich rasch in Richtung Meeresküste aus, so daß die Taira fürchteten, daß die Flammen auf ihre Flotte übergreifen könnten. In vollkommener Auflösung flohen die Überlebenden der Schlacht zu ihren Schiffen, um dort Schutz zu suchen. Ihre Stellung auf dem Festland war verloren.

Viele Samuraigeschichten haben ihren Ursprung in dieser Schlacht. Die ergreifendste davon ist jene über den Tod des jungen Samurai Taira-no-Atsumori. Im Lager der Taira herrschte bereits Panik. Wiehernd und in wildem Galopp versuchten die vor Angst kopflosen Pferde, mit oder ohne Reiter, dem Schlachtenlärm, dem Rauch und dem Feuer in Richtung des Meeres zu entkommen. Die letzten Verteidiger von Ichi-no-Tani zerstreuten sich gleich Spinnenkindern, deren schützender Kokon zerrissen war. Kumagai-no-Naozane, ein Yoshitsune nahestehender Samurai, zügelte sein Pferd und musterte die Szenerie mit ruhigem Blick. Er hatte in der Schlacht bereits viele Gegner mit dem Schwert erschlagen, und das *sashimono*[35] mit dem *mon*[36] der Minamoto, das der Wind flatternd gegen seinen Rücken schlug, war blutgetränkt. In leichtem Trab ritt er mit seinem Fuchs den Strand entlang, in der Hoffnung, den Tag mit einem wertvollen Fang beschließen zu können. Da erblickte er einen gegnerischen Reiter, dessen Ausrüstung schön gearbeitet war. Kein Zweifel, es mußte sich um einen Anführer der Taira handeln. Dieser hatte sein Schlachtroß bereits ins Wasser getrieben, um mit ihm eines der in der Bucht ankernden Schiffe zu erreichen. Kumagai galoppierte unverzüglich in seine Richtung. Sobald er in Rufweite des Flüchtenden gekommen war, rief er: „He, du da unten! Komm zurück, wenn du kein Feigling bist! Wage es, um dein Leben zu kämpfen!"

Der Taira-Reiter wendete unverzüglich sein Pferd und kam zum Ufer zurück. Wie er aus den Wogen auftauchte, zeigte sich eine schlanke Silhouette, gehüllt in eine violette Rüstung, die mit schwarzem Leder geschnürt war und

[35] *Sashimono*: jpn. Standarte, die am Rückenteil der Rüstung eines Kriegers befestigt ist. Auf dem *sashimono* befindet sich das *mon*.

[36] *Mon*: jpn. Wappenzeichen von Persönlichkeiten oder Familien im japanischen Mittelalter.

in der sich Lichtreflexe spiegelten. Auf seinem Rücken, hinter dem Helm mit dem roten Pfeilschutz, der auf seine Schultern fiel, trug er einen Bogen und Pfeile mit schwarzen Federn. Zweifelsohne ein Glücksgriff, sagte sich Kumagai. Dennoch, als er den langsam näherkommenden Gegner genauer musterte, beschlich ihn ein ungutes Gefühl, dessen Ursache ihm unklar war. Als der Reiter das Festland erreicht hatte, sprang er von seinem Pferd, legte seinen Köcher ab und zog sein Schwert. Auch Kumagai ließ sich rasch aus dem Sattel gleiten und kreuzte unverzüglich mit dem Gegner die Klinge. Schließlich rollten sie aneinandergeklammert im Sand, wobei Kumagai schnell die Oberhand gewann. Sein Gegner lag reglos unter seinem schweren Körper, und Kumagai nahm ihm den Helm ab, um ihm den Kopf abzutrennen. Unverhofft blickte er in das ruhige Antlitz eines Jünglings von 16 Jahren. Er dachte an seinen eigenen Sohn, der das gleiche Alter hatte und auch an der Schlacht teilgenommen hatte. „Dein Name", sagte er, „nenn mir deinen Namen, und ich verschone dich."

„Das spielt keine Rolle. Aber wisse, daß ich kein unwürdiger Gegner für dich bin. Nimm meinen Kopf und zeige ihn den Minamoto. Es wird welche geben, die mich erkennen werden."

Verwirrt zögerte Kumagai. Doch um sie herum wimmelte es von Minamoto-Rittern, und wenn er den jungen Taira nicht tötete, würde es einer von ihnen tun. Er faßte einen Entschluß. „Wenn du schon sterben mußt, so soll es von meiner Hand geschehen. Ich werde dafür sorgen, daß für dich gebetet wird, damit du mit einem besseren Karma wiedergeboren wirst."

„Dann laß es geschehen."

Ein trüber Schleier legte sich für einen Moment vor die Augen Kumagais, als er sein Schwert mit zitternder Hand hob. Er mußte all die Selbstbeherrschung eines alten Kriegers aufbringen, um sich zu zwingen, die Klinge auf das Genick des Jünglings herabfallen zu lassen. Dieser starb, ohne auch nur die leiseste Geste zu seiner Verteidigung gemacht zu haben.

Als er das abgetrennte Haupt in ein Stück Tuch wickelte, entdeckte er eine Flöte, die im Gürtel des Enthaupteten steckte. Und Kumagai brach in Tränen aus. Dieser Jüngling war es also gewesen, der in der Nacht vor der Schlacht auf so wunderbare Weise Flöte gespielt hatte. Er erinnerte sich an die leichten Töne, die aus dem schlafenden Lager aufgestiegen waren und die ihn einen Moment lang in Träumerei versetzt hatten. Kumagai Naozane verfluchte sich dafür, den Jüngling herausgefordert zu haben, wo er doch bereits auf dem besten Wege gewesen war, das rettende Schiff zu erreichen.

Es war niemand anders als Yoshitsune, der ihm den Namen seines jungen Opfers nennen konnte. „Das ist Atsumori, ein Enkel von Taira Tadamori." Und gedankenverloren streichelte Yoshitsune die Flöte, von der er wußte, daß sie direkt vom ehemaligen Kaiser Toba stammte, und er erinnerte sich an seine eigene Kindheit auf dem Berg Kurama.

Von diesem Tag an war Kumagai Naozane ein anderer Mensch. Er trug Trauerkleidung für Taira Atsumori. Schließlich wurde er unter dem Namen Rensho Mönch, um den Weg des Friedens zu suchen.

Die Schlacht von Ichi-no-Tani endete für die Taira in einem Desaster. Einer der Söhne von Kiyomori, Taira Tomomori, derselbe, der 1180 in der Schlacht am Fluß Uji über Minamoto Yorimasa den Sieg errungen hatte, war der Oberbefehlshaber der Stellung gewesen. Seine Bogenschützen hatten so lange wie möglich dem direkten Angriff der Truppen von Noriyori standgehalten, mußten sich aber schließlich auch auf die Schiffe zurückziehen. Tomomori war der letzte der Taira, der das Festland verließ. Es gelang ihm nicht, sein Pferd mit aufs Schiff zu nehmen. Aber anstatt den prächtigen Hengst zu töten, damit er dem Feind nicht in die Hände fiele, ließ er ihn zum Strand zurückkehren. Die Minamoto brachten das Tier in die kaiserlichen Pferdeställe, denn es war ein Schlachtroß von hohem Wert.

Der Überfall auf Yashima

Die überlebenden Taira flohen auf die Insel Shikoku. Den Kindkaiser Antoku nahmen sie mit sich. Dies war für die siegreichen Minamoto der einzige Makel der Schlacht von Ichi-no-Tani, aber in den Augen Yoritomos war dies eher nebensächlich. Zunächst ließ er den Feldzug unterbrechen, um die Kräfte seiner Truppen wiederherzustellen. Außerdem trachtete er danach, die für seinen Geschmack allzu brillant begonnene Laufbahn seines Halbbruders so schnell wie möglich enden zu lassen. Er mißgönnte ihm seinen Erfolg.

Yoshitsune hatte bei Ichi-no-Tani bemerkenswertes taktisches Gespür, Kühnheit und ausgeprägtes Entscheidungsvermögen an den Tag gelegt. Er war ein kalkuliertes Wagnis eingegangen und hatte gewonnen. Sein Wagemut gefiel aber nicht allen. Selbst einige seiner Offiziere machten vor Yoritomo keinen Hehl aus ihren Vorbehalten gegenüber Yoshitsune.

Yoritomo war nun das Oberhaupt des wiederhergestellten Klans. Sein

Hauptquartier befand sich in Kamakura. Bei aller Eifersucht auf den Erfolg seines jüngeren Bruders konnte er es ihm natürlich nicht zum Vorwurf machen, auf spektakuläre Weise das Lager des Feindes eingenommen zu haben. So zügelte er seinen Groll und beschloß, zunächst einmal nichts gegen die wachsende Popularität Yoshitsunes zu unternehmen, auch wenn diese seinen eigenen Ambitionen zuwiderlief. Man hatte Yoshitsune einen triumphalen Empfang vor den Toren von Kyôto bereitet. Der ehemalige Kaiser Go-Shirakawa verlieh ihm den Titel eines Offiziers der kaiserlichen Polizei, verbunden mit dem Privileg des Zugangs zur Kammer der Höflinge des Kaisers. Das war ganz und gar nicht im Interesse Yoritomos. Dieser wollte seine Macht auf einer neuartigen Hierarchie gründen, deren Titel er allein verlieh. Er fand die Ehre, die der Ex-Kaiser seinem Bruder zuteil werden ließ, übertrieben, und er warf Yoshitsune, der schließlich von geringerer Geburt war als er selbst, vor, die Ehrungen angenommen zu haben, ohne ihn zuvor um seine Meinung dazu gefragt zu haben. Yoshitsune war auf dem besten Wege, zu einer Gefahr für die neue Ordnung, von der Yoritomo träumte, zu werden. In jedem Fall war er ein ernstzunehmender Konkurrent. Denn es war denkbar, daß das Volk und auch die Samurai dem jüngeren Bruder den Vorzug geben könnten, wenn es darum ging, wer die Macht ausüben sollte. Somit war es eher Furcht und nicht, wie häufig behauptet wird, Haß, welche Yoritomos Handlungen gegen den jungen Helden antrieb.

Zunächst beraubte er Yoshitsune der Früchte seines Erfolges im Kampf gegen die Taira, indem er seinen anderen Halbbruder, Noriyori, der sich ihm gegenüber liebedienerischer verhielt, zum Oberbefehlshaber der Minamoto-Truppen ernannte. Zudem nötigte er den darüber verständlicherweise verärgerten Yoshitsune, mehrere Monate lang tatenlos in der Hauptstadt zuzubringen. Doch bereits zu Beginn des darauffolgenden Jahres wurden die Feldzüge gegen die Taira wiederaufgenommen, und erneut gelang es Yoshitsune, sich im Kampf mit Ruhm zu bedecken, während Noriyori mit seinen wenig motivierten Truppen kaum Erfolge vorzuweisen hatte. Doch diesmal hatte Yoritomo dafür gesorgt, daß Kajiwara-no-Kagetoki, einer seiner treuesten Gefolgsleute, sich Yoshitsune anschloß, um ihn zu beobachten und über seine Taten Bericht zu erstatten.

Nach ihrer Niederlage bei Ichi-no-Tani hatten die Taira ihr neues Hauptlager in Yashima, auf der Insel Shikoku, eingerichtet. Zwar waren die Taira auf dem Land besiegt worden, aber auf dem Meer hatten sie ihre Vorherrschaft bewahren können. Sie waren keineswegs gewillt, die Macht aufzugeben, und so hatten sie sogar am Fuße des Yashima-Gebirges einen Palast errichtet, wo der 7jährige Antoku residierte, der trotz seiner jungen Jahre noch immer als offizieller Kaiser galt.

Die Aussicht, mit den Taira auf deren Terrain, dem Meer, konfrontiert zu werden, schreckte die Minamoto-Samurai, die sich vor allem als gute Reiter auszeichneten und deren bevorzugtes Gelände die Berge waren. Nichtsdestotrotz wurde an der Küste von Watanabe, auf der Shikoku gegenüberliegenden Seite der Inlandsee, eine Flottille zusammengestellt. Doch es war keineswegs die Absicht Yoshitsunes, den Taira den Vorteil einer offenen Seeschlacht zu verschaffen. Tatsächlich wollte er erneut aus unverhoffter Richtung über den Feind herfallen, um ihn so der Möglichkeit gut organisierter Verteidigung zu berauben.

Die Vorbereitungen für den Angriff führten zu einem heftigen Streit mit Kajiwara Kagetoki, den von Yoritomo eingesetzten Spion. „Ich denke, daß unsere Schiffe mit Rudern ausgerüstet werden sollten", sagte Kajiwara.

Yoshitsune erwiderte: „Wozu soll das gut sein?"

„Damit unsere Schiffe auch umkehren können."

Mit schneidender Stimme sagte Yoshitsune: „Umkehren? An dem Tag, an dem Ihr das Kommando übernehmt, könnt Ihr die Schiffe mit so vielen Rudern ausrüsten, wie Ihr wollt. Aber solange ich die Verantwortung trage, weigere ich mich, irgend etwas zu unternehmen, das auch nur die Möglichkeit eines Rückzugs in sich birgt!"

„Wollt Ihr etwa meinen Sachverstand und meine Loyalität in Frage stellen?" schrie Kajiwara, rot im Gesicht vor Scham und Wut. Es fehlte wenig, und die beiden hätten sich geschlagen.

Am 22. März 1185 waren die Vorbereitungen abgeschlossen, und die Flottille stach in See. Sie näherte sich ihrem Ziel in einem weiten Bogen, südlich an der Insel Awaji vorbei, um auf Shikoku in der Provinz Awa zu landen und Yashima auf diese Weise von hinten erreichen zu können.

Die Taira wiegten sich in jener Nacht in Sicherheit, denn es wütete ein Taifun, der eine Landung unmöglich zu machen schien. Doch die Truppen Yoshitsunes gelangten ohne Schwierigkeiten ans Ufer, schwangen sich sogleich auf ihre Pferde und ritten nach Yashima, wo man die Flotte der Minamoto noch immer in Watanabe wähnte. Gleich einem Tsunami stürmten die Krieger das Lager der Taira. Sie setzten die Küstenanlagen in Brand, aber dennoch war es zuvor zahlreichen Taira gelungen, sich auf ihre Schiffe zu flüchten und den jungen Kaiser und seine Mutter mitzunehmen. Die Flotte der Taira blieb jedoch in unmittelbarer Nähe der Küste, und ihre Bogenschützen beschossen die Minamoto-Krieger, die nun die gesamte Küste eingenommen hatten, mit Pfeilen. Auf diese Weise entspann sich eine ebenso ungewöhnliche wie heftige Schlacht zwischen Seefahrern und Kavallerie.

Unter Ausnutzung der Ebbe näherten sich die Minamoto mit ihren Pferden soweit wie möglich den Schiffen. Bis zur Brust trieben sie die Kampfrosse ins Wasser. Yoshitsune kämpfte an vorderster Front. Als die Schlacht am heftigsten tobte, lenkte Noritsune, der als bester Bogenschütze der Taira galt, sein Schiff in Richtung Küste. Er hatte den jungen Anführer der Minamoto und seinen treuen Begleiter Benkei inmitten ihrer tapferen Krieger ausfindig gemacht und war ihnen sehr nahe gekommen. Unbeeindruckt vom Schlachtengetümmel spannte er seinen Bogen und zielte in aller Seelenruhe auf Yoshitsune. Der Samurai Sato Tsuginobu sah dies und schrie, um Yoshitsune zu warnen, aber es war zu spät. Kurzentschlossen warf er sich mit seinem Körper in die Flugbahn des Pfeils. Er starb auf der Stelle. Yoshitsune trauerte sehr um seinen Lebensretter, der bereits zu der Zeit, als er in der Provinz Mutsu weilte, zu seinen Getreuen gezählt hatte und den er in all den Jahren hoch zu schätzen gelernt hatte.

Wenig später, während er in einen Schwertkampf verwickelt war, verlor Yoshitsune seinen Bogen. Obwohl die Taira ihn mit Pfeilen beschossen und Haken nach ihm schleuderten, um ihn zu ihren Schiffen ziehen zu können, suchte er in aller Seelenruhe nach der verlorenen Waffe. Seine Offiziere flehten ihn an, die lebensgefährliche Suche aufzugeben. Doch Yoshitsune hörte nicht auf sie und fand den Bogen endlich im Wasser wieder. Später, nachdem er die Schlacht unversehrt überstanden hatte, erklärte er ihnen lachend den Grund für seine Hartnäckigkeit: „Ja, wäre dieser Bogen einer von der Sorte gewesen, wie ihn mein Onkel Tametomo[37] benutzt, dann hätte ich ihn dem Feind bedenkenlos überlassen. Um so einen Bogen zu spannen, braucht man die Kraft von zwei oder drei Männern. Aber mein Bogen ist schwach und von geringer Reichweite. Ich hätte mich in den Augen des Feindes lächerlich gemacht, wenn ihnen eine so gewöhnliche Waffe in die Hände gefallen wäre!"

Eine weitere Episode aus dieser Schlacht wurde bis in unsere Tage überliefert, die Geschichte der unglaublichen Tat des Nasu-no-Yoichi Munetaka. Die Taira hatten an einem am Bug eines ihrer Schlachtschiffe aufgestellten Mast

---

[37] Siehe S. 266, *Minamoto Tametomo – ein Pfeil für ein Schiff.*

Der Bogenschütze Nasu Munetaka schießt einen Fächer vom Mast eines Taira-Schiffes. Holzschnitt von Yôshû Chikanobu.

einen roten Fächer angebracht. Dies war zum einen eine Provokation für die Bogenschützen der Minamoto und zum anderen ein geschickter Schachzug, durch den sie veranlaßt wurden, ihre Pfeile zu vergeuden. Tatsächlich hatten die Bogenschützen der Minamoto bald nichts anderes mehr im Auge als den in der Luft flatternden Fächer, auf den eine goldene Sonne gemalt war, und sie wetteiferten darum, ihn zu treffen. Aber der Fächer stellte alles andere als ein leichtes Ziel dar, und die Taira auf ihren Schiffen spotteten über das Ungeschick der Minamoto. Unter diesen befand sich jedoch der 18jährige Samurai Nasu Munetaka, der trotz seiner jungen Jahre ein Meister im Bogenschießen war. Er beschloß, sein Glück zu versuchen, während um ihn herum eine ganze Armee ebenso wütend wie vergeblich versuchte, den provokanten Fächer abzuschießen. Mit großer Sorgfalt legte er einen Pfeil an die Sehne, atmete ein, spannte den Bogen und schoß den Pfeil ab, während er zugleich einen Schrei, der aus seinem tiefsten Innern kam, ausstieß. Einen Augenblick darauf zerfetzte sein Pfeil den Fächer und die Bruchstücke fielen in die Wogen. Es gab großen Beifall für den Meisterschuß, selbst die gegnerischen Bogenschützen auf ihren Schiffen kamen nicht umhin, zu applaudieren. Die Nachkommen Munetakas erhielten das Recht, in ihrem Familienwappen, dem *mon*, einen Fächer, auf den eine Zielscheibe gezeichnet war, darzustellen.

Als die Sonne sank, war die Schlacht entschieden. Die Flotte der Taira zog sich in den Schutz der weiter östlich gelegenen Shido-Bucht zurück. Die Minamoto verbanden ihre Wunden am Strand von Yashima und wuschen das Salz von ihren vom Meerwasser getränkten Rüstungen, damit diese nicht rosteten.

Einige Tage später nahmen die Taira Kurs auf die Westspitze von Kyûshû, um ihre letzte Zuflucht, Kagoshima, zu erreichen. Damit entfernten sie sich noch weiter von Kyôto, der Hauptstadt, die sie dem Feind hatten überlassen müssen.

Die Seeschlacht von Dan-no-Ura

Yoshitsune ließ den Taira keine Zeit, ihre Kräfte zu sammeln. Er wollte den endgültigen Sieg über den feindlichen Klan, und dies so schnell wie möglich. Die Schlacht von Yashima hatte ihm bedeutende Vorteile gebracht: Etliche Anführer der Taira waren zu ihm übergelaufen. Sie boten ihm an, seine Truppen mit ihren eigenen Schiffen zur Basis von Kagoshima zu bringen. Niemand bezweifelte mehr, daß dort die endgültige Entscheidung im Krieg zwischen den Taira und den Minamoto fallen würde.

Am 25. April 1185 trafen die Flotten der Gegner in den tiefen Gewässern der Meerenge von Dan-no-Ura aufeinander, in der Inlandsee, auf Höhe der Inseln Honshû und Kyûshû. Als Taira Tomomori, der Anführer der Flotte, die in Hikoshima lag, erfuhr, daß die Schiffe der Minamoto sich näherten, ließ er seine eigenen Schiffe unverzüglich in See stechen, um Yoshitsune auf hoher See, dem Terrain, auf dem die Taira Meister waren, begegnen zu können. Doch gegen die 400 Schiffe der Taira zogen nicht weniger als 800 Schiffe der Minamoto, unter denen sich auch zahlreiche Seefahrzeuge abtrünniger Taira befanden. Die Gegner waren zum äußersten entschlossen. Im Morgengrauen begannen die Bogenschützen ihre Arbeit. Zunächst gewannen die Taira die Oberhand, denn sie waren geschickter darin, die Gezeiten und die Strömungen in dieser Meeresgegend zu ihren Gunsten zu nutzen. Um elf Uhr waren die Flotten einander sehr nahe gekommen, und die Bogenschützen der Taira konzentrierten sich, dem Rat Taira Kagekiyos folgend, auf das Schiff, welches das Wappen Yoshitsunes trug. Der riesenhafte Benkei verschoß von dort aus mit einem gewaltigen Bogen seine Pfeile. Fast wäre es den Taira gelungen, Yoshitsune gefangenzunehmen, doch er konnte sich auf ein anderes seiner Schiffe retten, während einer seiner Samurai, Noritsune, ihm den Rücken freihielt. Dieser schleuderte den ersten Taira-Krieger, der das Schiff enterte, ins Meer; zwei weitere packte er und riß sie mit sich in die Fluten, wo sie gemeinsam den Tod fanden.

Mitten im heftigsten Gefecht wechselte der Taira Taguchi Shigeyoshi die Seiten. Er holte die rote Flagge der Taira ein und hißte das weiße Kriegsbanner der Minamoto. Kaum hatte er sich den Minamoto angeschlossen, verriet er Yoshitsune, an Bord welchen Schiffes sich der kindliche Kaiser Antoku befand. Der Angriff der Minamoto konzentrierte sich unverzüglich auf jenes Seefahrzeug. Den Bogenschützen wurde Befehl gegeben, vorrangig auf die Ruderer und die Steuermänner zu zielen.

Taira Tomomori spürte, wie ihm die Kontrolle über die Schlacht entglitt. Er erklärte daraufhin der Witwe Kiyomoris, der Großmutter des kleinen Antoku, daß ihr nur noch der Selbstmord bliebe, damit sie nicht in die Hände des Feindes fiele. Daraufhin nahm die alte Kaiserin das Kind in ihre Arme und begab sich unmittelbar hinter ihre Krieger, die dicht an dicht als letzter Schutzwall am Bordrand standen. Als wäre es das selbstverständlichste von der Welt, ging sie zwischen ihnen hindurch und ließ sich ins Meer fallen. Mit sich nahm sie den jungen Kaiser, der das heilige Schwert *Kusanagi*[38] an sich gepreßt hielt. Bevor die Minamoto begriffen hatten, was geschehen war, waren die beiden schon in den von Blut rotgefärbten Wogen versunken.

Der Selbstmord der Kaiserin löste den größten kollektiven Selbstmord in der Geschichte der Samurai aus. Kenreimon-in, die Mutter des Kaisers Antoku, wollte ihrem Sohn hinterherspringen, aber es gelang, sie an den Haaren festzuhalten. Die Frau des Verräters Shigeyoshi wollte sich ebenfalls in die Fluten stürzen, doch ein Pfeil nagelte einen Ärmel ihres Kimonos an das Holz der Reling. Um sich befreien zu können, legte sie die Schatulle, die sich bei sich trug, zu Boden. Schließlich sprang sie, aber sie vergaß, die Schatulle mitzunehmen, welche den heiligen Spiegel in sich barg, ein anderes Element des kaiserlichen Schatzes, das somit in die Hände der Minamoto fiel. Nun aber gab es kein Halten mehr. Die Taira-Generäle Norimori, Tsunemori, Sukemori, Arimori und viele andere nahmen sich das Leben, indem sie sich an die Anker ihrer Schiffe banden und sich, auf diese Weise beschwert, in die Fluten fallen ließen. Tomomori, der Oberbefehlshaber der Flotte, tötete sich als letzter. Er warf sich zwei schwere Rüstungen über und stürzte sich ins Meer. Auch das Klanoberhaupt Taira Munemori sprang ins Wasser, aber er plante, schwimmend zu entkommen. Jedoch wurde er gemeinsam mit seinem Sohn Kiyomune gefangengenommen und auf dem Weg nach Kyôto, kurz hinter Shinohara, hingerichtet.

Die Minamoto-Krieger hieben mit ihren Schwertern bis in die Nacht hinein mit großem Ungestüm die gegnerischen Truppen nieder. Erst, als die roten Banner der Taira gleich gefallenen Blättern auf dem Wasser schwammen und ihre

---

[38] Das Schwert *Kusanagi* gehört zu den *san shu no shinki*, den drei heiligen Schätzen Japans, welche die kaiserliche Macht symbolisieren. Die anderen Schätze sind ein Spiegel, *Yata no kagami*, und Schmuck aus Krummjuwelen, *Yasakani no magatama*. Krummjuwelen sind kommaförmige Jadesteine. – Anm. d. Übers.

letzten führerlosen Schiffe an den Klippen der Meeresküste zerschellten, endete das Gemetzel. Man behauptet, daß seit jener Zeit die Panzer der Krabben der Inlandsee menschliche Züge tragen und daß dies die Manifestation der Geister der in jener Schlacht ums Leben gekommenen tapferen Taira-Krieger sei.

Es existieren verschiedenen Versionen über den Ablauf dieses letzten Gefechts zwischen den Taira und den Minamoto. Eine davon betont vor allem Yoshitsunes taktisches Gespür. Er soll beispielsweise die Gezeitenströmung ausgenutzt haben, die ab drei Uhr nachmittags aus Richtung Westen in die Inlandsee Japans gerichtet ist, und mit ihrer Hilfe die Taira in Strömungsrichtung bis zum Einbruch der Nacht verfolgt haben. Die Schiffe der letzteren waren durch Brandpfeile beschädigt. Zudem hatten die Minamoto die Steuermänner besonders intensiv beschossen, so daß die Schiffe in der schwellenden Flut kaum noch manövrierfähig waren und unaufhaltsam gegen die Riffe getrieben wurden. Sicher ist, daß Yoshitsune eine für den Ausgang der Schlacht erstrangige Rolle spielte. Er ließ Yoritomo unverzüglich Nachricht von dem triumphalen Sieg zukommen und sandte den heiligen Spiegel und das kaiserliche Siegel nach Kyôto. Das heilige Schwert hingegen war für immer verloren.

Yoshitsune folgte den Boten auf dem Fuße. Sein Ansehen und seine Beliebtheit überstiegen jedes Maß. So zog er seinem Bruder entgegen, nicht ahnend, daß die Eifersucht diesen bereits in seinen erbittertsten Feind verwandelt hatte. Der Sieg von Dan-no-Ura, der dem Klan der Taira den jähen Untergang gebracht hatte, sollte den Höhepunkt der strahlenden militärischen Laufbahn Yoshitsunes darstellen.

Die lange Treibjagd

Es dauerte nicht lange, und Yoshitsune begriff endlich, daß er sich den Haß seines Halbbruders eingehandelt hatte, denn Yoritomo machte keinen Hehl aus seiner Feindseligkeit ihm gegenüber. Von dieser Erkenntnis zutiefst niedergeschlagen, zog Yoshitsune sich zurück, und sein Kampfgeist und sein Lebenswille erlahmten. Dies wirft ein bezeichnendes Licht auf das empfindsame Wesen dieser starken Kriegerpersönlichkeit.

Der erste, der ihn im Stich ließ, war Go-Shirakawa, der Kaiser im Ruhestand, der ihm zunächst seinen Schutz und seine Anerkennung hatte zukommen lassen, doch nun ohne zu zögern Partei für den politisch geschickteren

Yoritomo ergriff. Letzterer war mehr denn je dazu entschlossen, dem ihm lästig gewordenen Halbbruder allen Ruhm wieder zu entreißen. In seinem Palast in Kamakura lauschte er dem gehässigen Bericht des Kajiwara-no-Kagetoki, der glücklich darüber war, sich für die Kränkung, die er durch Yoshitsune am Vorabend der Schlacht von Yashima erlitten hatte, rächen zu können. Schon bald machten Verleumdungen die Runde, deren Ziel es war, die Hochachtung, die die Mehrheit der Minamoto-Krieger Yoshitsune entgegenbrachte, zu erschüttern und ihn letztendlich zugrunde zu richten. Man brachte sogar das Gerücht in Umlauf, daß Yoshitsune plane, sich mit seinem Onkel Yukiie zu verbünden, um Kamakura zu erobern.

Yoshitsune beschloß wenige Wochen nach seiner Rückkehr nach Kyôto, sich persönlich zu Yoritomo zu begeben, um ihm zu berichten, wie die Ereignisse sich tatsächlich zugetragen hatten. Auch wollte er ihm die gefangenen Taira, die noch nicht hingerichtet worden waren, ausliefern. Doch in Koshigoe, unweit von Kamakura, übermittelte ihm ein Bote einen Befehl Yoritomos, der besagte, daß die Truppen und auch die Gefangenen ihren Weg fortsetzen sollten, daß es aber Yoshitsune selbst bis auf Widerruf strengstens untersagt sei, die Stadt zu betreten. Er gehorchte. Als ihm nach und nach die Hintergründe für das Verhalten seines Bruders bewußt wurden, verfaßte er einen langen Brief, in dem er ihm die Aufrichtigkeit seiner Absichten und seine tiefe Ergebenheit ihm gegenüber darlegte. Er erinnerte ihn an die gemeinsamen Blutsbande und appellierte an sein Mitgefühl. Dieses „Schreiben aus Koshigoe" gestattet tiefe Einblicke in die Seele dieses Mannes, der über unerschöpfliche Kräfte zu verfügen schien und der auf dem Schlachtfeld ein rücksichtsloser Kämpfer war. Hinter dieser Fassade zeigte sich ein Mensch von großer Unschuld, der den Ränkespielen seiner Gegner mit großer Naivität begegnete. Sein Brief fand kein Gehör, und er mußte sich nach Kyôto zurückbegeben, ohne von seinem Bruder empfangen worden zu sein. Also zog er sich dorthin zurück und verbrachte seine Zeit auf angenehme Weise, doch zum Müßiggang gezwungen, mit der Frau seines Lebens, Shizuka. Eines Tages wurde ihm ein Befehl Yoritomos überbracht, der ihn zum Gouverneur über die weit entfernte Provinz Iyo auf Shikoku ernannte. Doch dann wurde an seiner Stelle ein Verwalter berufen, so daß Yoshitsune weiter in Kyôto blieb.

Wenig später verlangte Yoritomo, daß Yoshitsune ihm seinen Onkel Yukiie ausliefere. Yoshitsune täuschte eine Krankheit vor, um dem Befehl nicht nachkommen zu müssen. Der Herr von Kamakura war außer sich vor Wut. Er beschloß, sich seines Halbbruders zu entledigen, der in seinen Augen noch immer ein Hindernis auf dem Weg zur absoluten Macht im Lande darstellte. Er entsandte den Kriegermönch Tosabo Shôshûn und mehrere Dutzend Krieger, damit diese Yoshitsune in seinem Haus in Kyôto ermordeten. Der Angriff fand in einer Nacht statt, doch Benkei und sein kleiner Trupp getreuer Anhänger waren schon seit längerem auf der Hut gewesen, und es gelang ihnen, den Angriff abzuwehren und die Häscher Yoritomos zu erschlagen. Nach diesem Mordversuch gab es für Yoshitsune keine Zweifel mehr an den Intentionen seines Halbbruders. Eine Versöhnung war undenkbar geworden, und in Kyôto war er nicht mehr sicher. Gemeinsam mit Yukiie und einigen Samurai beschloß er, in See zu stechen und zu versuchen, Verbündete zu finden. Das überraschte Yoritomo, der sich bereits Gedanken darüber gemacht hatte, was geschehen wäre, hätte Yoshitsune beschlossen, direkt auf Kamakura zu marschieren. Zweifelsohne hätten sich ihm unterwegs zahlreiche Verbündete angeschlossen. Doch obgleich Yoshitsune zutiefst gekränkt war durch das Verhalten seines Bruders, den er doch stets respektiert hatte, lag ihm der Gedanke fern, selbst zu versuchen, die Oberherrschaft über den Klan der Minamoto zu erstreiten.

Seiner Expedition war kein Glück beschieden. Ein Großteil seiner Flottille wurde durch einen Taifun vernichtet. Zwar überlebten er, seine Frau Shizuka und sein Getreuer Benkei, doch ohne Mitstreiter waren sie gezwungen, ein Leben im Verborgenen zu führen. An jenem Tag begann die größte Menschenjagd in der Geschichte Japans. Yoshitsune wurde für vogelfrei erklärt, und der Bann des Kaiserreiches lag auf ihm.

Zunächst verbargen sich die Flüchtigen in Yamato, später in den Bergen von Yoshino, und schließlich kehrten sie nach Kyôto zurück. Ein landesweiter Suchbefehl wurde ausgegeben, alle Grenzposten des Landes wurden darüber informiert. Man durchsuchte Wohnhäuser und Tempel, und man verpflichtete sogar Priester, Yoshitsune festzunehmen, wenn sie seiner habhaft werden könnten. Die Suche nach dem Untergetauchten wurde für Yoritomo zur Obsession. Doch ein ganzes Jahr lang gelang es den Gesuchten, sich erfolgreich zu verbergen. Aber die Maschen des Netzes wurden immer dichter, und Yoshitsune beschloß, in den Norden des Landes zu gehen, nach Mutsu (Ôshû), wo er Schutz bei Fujiwara Hidehira finden würde, wie bereits in seinen Jugendjahren. Fujiwara war ein naher Verwandter, und er war stark genug, der aufstrebenden Macht aus dem Süden des Landes die Stirn bieten zu können.

Begleitet von Benkei und einer Handvoll tapferer Getreuer, die ihm bis in die Hölle gefolgt wären, begab er sich nach Norden. Seine Frau mußte er jedoch in

Kyôto zurücklassen, da sie schwanger war und somit den Strapazen der heimlichen Reise nicht gewachsen gewesen wäre. Kaum hatten sie die Stadt verlassen, begannen die Reiter Yoritomos, sie zu jagen. Immer wieder wurden sie in Kämpfe verwickelt, aus denen sie siegreich, doch mit Verlusten hervorgingen. Ihr kleiner Trupp schmolz dahin wie Schnee in der Sonne. Jeder dieser Siege war nur eine Verlängerung der Galgenfrist, und einer nach dem anderen bezahlten die Begleiter Yoshitsunes für ihre bedingungslose Treue mit ihrem Leben.

Bald war außer Yoshitsune und Benkei nur noch Sato Tadanobu am Leben, der Bruder von Tsuginobu, der sich bei Yashima für seinen Meister aufgeopfert hatte, indem er den für diesen bestimmten Pfeil mit seinem Körper abgefangen hatte. Und auch Tadanobus Ende verdient es, erzählt zu werden. Sato war ein begnadeter Schwertkämpfer, der zu Recht gefürchtet war und dessen Ruf in ganz Kyôto bekannt war. Yoshitsune hatte auf dessen Drängen die Rüstung mit ihm getauscht und ihm gestattet, zurückzubleiben, um den Verfolgern so lange wie möglich den Weg zu versperren und somit Yoshitsune und Benkei einen wertvollen Vorsprung zu verschaffen. Tadanobu setzte Yoshitsunes Helm auf und verbarg die untere Gesichtshälfte unter seinem *menpo*[39], damit ihn niemand erkennen konnte. Daraufhin verbeugte er sich vor seinem Meister und sagte ihm Lebewohl. Gleich einem unheilbringenden *kami*[40] preschte er der Kolonne der Verfolger entgegen. Da dieser tollkühne Angriff vollkommen unerwartet erfolgte, gelang es ihm, etwa 20 von ihnen den Kopf abzuschlagen, bevor der Reitertrupp sich von seiner Überraschung erholt hatte. Schließlich hatten sie ihn eingekreist, doch unverhofft riß er sein Pferd herum und durchbrach den Kreis seiner Feinde, was noch mehr von ihnen das Leben kostete. Die Reiter Yoritomis verfolgten ihn, den sie für Yoshitsune hielten, doch im Schutz der Dämmerung gelang es ihm, nach Kyôto zu entkommen. Er hoffte, hier neue Kräfte sammeln zu können, um sich später, in Mutsu, Yoshitsune wieder anschließen zu können. In der Stadt angelangt, suchte er Unterschlupf im Haus einer Frau, die er kannte. Doch diese erwies sich als Verräterin, und in der Morgendämmerung hatten zweihundert bewaffnete Männer das Haus umzingelt. Tadanobu, den ein leises Geräusch alarmiert hatte, sprang aus dem Bett, tötete

---

[39] *Menpo*: jpn. Halbmaske, die die untere Hälfte des Gesichts (von den Augen abwärts) schützte und verbarg. – Anm. d. Übers.

[40] Als *kami* werden die im Shintô verehrten Wesenheiten bezeichnet. Es kann sich dabei um Gottheiten, Naturgeister oder auch die Seelen Verstorbener handeln. – Anm. d. Übers.

die beiden ersten Samurai, die ins Haus eingedrungen waren und kletterte aufs Dach. Er erkannte sofort, daß er diesmal keine Chance haben würde, zu entkommen. Niemals wieder würden seine Augen die großen Wälder des Nordens erblicken. Überall standen Bogenschützen, bereit, ihre Pfeile abzuschießen, und in den umliegenden Gassen wimmelte es von den Soldaten Yoritomos.

„Bande von Feiglingen!" schrie er, und alle blickten zu ihm hinauf, wie er auf dem Dach stand. „Einen schlafenden Samurai anzugreifen! Wenn ich es wollte, könnte ich im Kampfe sterben, und zuvor würden viele von euch den Tod gefunden haben, denn ich würde kämpfen, bis meine Klinge schartig ist. Aber ich will nicht, daß am Ende einer von euch sich eines Tages damit brüsten kann, Sato Tadanobu besiegt zu haben." Nachdem er diese Worte gerufen hatte, wandte er die Spitze seines Schwertes gegen sich und gab sich den Tod.[41]

Yoshitsune und Benkei, die sich als Pilgermönche verkleidet hatten, setzten ihren Weg nach Norden fort. Zweifelsohne fanden sie auf ihrer gefährlichen Wanderschaft immer wieder Helfer, vor allem unter den Bonzen und den Kriegermönchen, die sich in der Gegend gut auskannten. In der Geschichte dieser langen Treibjagd auf Yoshitsune tritt mehr und mehr die Persönlichkeit Benkeis in den Vordergrund. Während Yoshitsune zunehmend pessimistischer wurde, erwies sich sein riesenhafter Begleiter als einfallsreich und sprühend vor Energie. Wiederholt war es nur seiner List und seinem Geschick zu verdanken, daß die beiden dem sicheren Tod entkamen. Das bekannteste Beispiel hierfür ist das Passieren von Ataka-no-Seki. Diese Episode ist auch Gegenstand eines *nô*-Theaterstücks.

Die beiden Männer näherten sich dem Grenzposten von Ataka. Es war offensichtlich, daß dort bereits bekannt war, daß sie als Bettelmönche verkleidet reisten, denn auf einem Brett waren die bereits verwesenden Köpfe mehrerer Mönche, die während der letzten Tage erschlagen worden waren, zur Schau gestellt. Der Anblick war entsetzlich, und der Gedanke an den Tod all der Unschuldigen ließ ihre Herzen schneller schlagen. Doch für die Umkehr war es zu spät, die Wächter hatten sie bereits erblickt und erwarteten sie. Benkei, der in das wollene braune Gewand der Bettelmönche gekleidet war, wechselte einen kurzen Blick mit seinem Meister, der ein Stück hinter ihm ging, verkleidet als Träger seines eigenen Gepäcks, auf dem Kopf einen großen Strohhut, den er tief ins Gesicht gezogen hatte.

---

[41] Diese Episode ist auch Gegenstand der Kôdan-Geschichte „Verrat und Treue". Siehe S. 290.

„Halt! Wer seid Ihr?“

Benkei hatte seine Antwort bereits parat, und gelassen erwiderte er: „Wir sind zwei Mönche auf der Reise, die ausgesandt wurden, um Geld zu sammeln für den Wiederaufbau des Todai-Tempels.“

„Zeigt mir Euren Auftrag.“

Auch dies hatte Benkei vorausgesehen. Er durchwühlte ein Gepäckstück und zog eine Schriftrolle hervor, welche er ein Stück aufrollte. Er hielt dabei die Arme ausgestreckt vor sich, hatte sich aber so hingestellt, daß der Wächter nicht erkennen konnte, daß das Papier unbeschrieben war. Mit unglaublicher Dreistigkeit begann er mit lauter Stimme im Singsang eine lange Litanei vorzutragen, die von der unglücklichen Geschichte des Todai-Tempels handelte und in die er immer wieder unverständliche Gebetsformeln einflocht. Er tat dies auf solch vollendete Weise, daß der andere geradezu hypnotisiert war. Doch irgendwann war es dem Wächter zuviel und er unterbrach Benkei: „Und der andere?“ fragte er, indem er Yoshitsune, der sich zum Vortrag Benkeis mit dem Gesicht nach unten auf den Boden geworfen hatte, mit dem Fuß anstieß. Benkei reagierte unverzüglich und eilte zu ihm, während er rief: „Steh auf! Was soll das schon wieder? Antworte gefälligst dem Herrn Offizier! Ich habe langsam genug von dir und deinen Späßchen!“ Mit diesen Worten begann Benkei mit aller Kraft auf Yoshitsune einzuprügeln. Der Offizier lachte, als er das Schauspiel sah. Dieser arme Teufel, der sich verprügelt wie ein Hund im Staub wälzte, konnte unmöglich Yoshitsune, der Bruder des großen Yoritomo sein. Kein Diener hätte je gewagt, seinen Meister auf solche Art zu erniedrigen. Er gab ihnen ein Zeichen, daß sie ihres Weges ziehen konnten.

Ein Stück weiter, hinter der ersten Wegbiegung, fiel Benkei auf die Knie, brach in Tränen aus und flehte seinen Meister um Vergebung an. Yoshitsune hieß ihn, sich zu erheben und dankte ihm von Herzen für seine ausgezeichnete Geistesgegenwart.

Schließlich, Ende 1187, erreichten sie die Provinz Mutsu. Hier, weit entfernt von Kyôto, lag das Lehen des Fujiwara Hidehira, eine rauhe Gegend. Sein Herrschaftsgebiet, dessen Hauptstadt Hiraizumi war, stellte die letzte Bastion gegen die Vorherrschaft von Kamakura dar, und er war nicht gewillt, Yoritomo den Treueid zu leisten. Er konnte sich auf hervorragende Krieger verlassen, die in seinen Diensten standen. Yoshitsune und Benkei wurden mit offenen Armen empfangen. Sie fühlten sich endlich in Sicherheit bei diesem großen Lehnsherren des Nordens, der ihnen eine Unterkunft nahe des Flusses Koromo bauen ließ.

Der Beginn der Legende

Hidehira, der Herr von Hiraizumi, hatte zu jener Zeit das für die damalige Epoche seltene Alter von 91 Jahren erreicht. Schon bald, nachdem er Yoshitsune und Benkei bei sich aufgenommen hatte, starb er. Vor seinem Tode hatte er von seinem Sohn Yasuhira verlangt, daß er das Wort, das er den beiden gegeben hatte, respektieren solle. Als Yoritomo vom Tode Hidehiras erfuhr, entsandte er einen Boten nach Mutsu. Dieser überbrachte die Botschaft, daß Yoritomo Yasuhiras Lehen verschonen würde, wenn er ihm Yoshitsune auslieferte. Yasuhira erblickte hierin seine große Chance. Er hielt die Idee, den für vogelfrei Erklärten weiter zu unterstützen, für höchst unvernünftig und wollte lieber auf die Vorteile, die ein Bündnis mit Kamakura bringen würde, spekulieren. Er entschied sich also, die Seiten zu wechseln und die Verpflichtung seines Vaters zu verraten. Er würde Yoritomo den Kopf Yoshitsunes liefern.

Im April 1189 ereignete sich das, was übertriebenerweise als Schlacht am Koromo-gawa bezeichnet wird. Tatsächlich fand sich Yoshitsune, in dessen Begleitung sich außer Benkei noch neun weitere Krieger befanden, von einer Streitmacht von nicht weniger als 20 000 Kämpfern umzingelt. Die Tatsache, daß er seinen Feinden offenbar so viel Furcht einflößte, brachte ihn fast zum Lachen. Aber er besann sich und begriff, daß die Zeit gekommen war, sich auf den Tod vorzubereiten. Ein letztes Mal versammelte er seine tapferen Männer um sich, bevor sie sich in den Kampf stürzten. Die Gewißheit ihres unmittelbar bevorstehenden Todes verzehnfachte ihre Kräfte, und sie beflügelte der Wille, so viele Verräter wie nur möglich mit in den Tod zu nehmen. Keiner ihrer Schläge verfehlte sein Ziel, und bald schon häuften sich die Leichen ihrer Gegner um sie herum. Die Leute von Fujiwara Yasuhira erkannten, daß sie im Nahkampf diese Gegner nicht besiegen würden und beschlossen, sie aus sicherer Entfernung mit ihren Pfeilen zu töten. Yoshitsune und Benkei fanden sich plötzlich allein auf dem Schlachtfeld wieder. Yoshitsune ergriff die Gelegenheit, seinen letzten Getreuen zu bitten, dafür zu sorgen, daß er sich in ihr kleines Haus zurückziehen könne, um dort in aller Würde seinen rituellen *seppuku* begehen zu können. Diese Anweisung bedeutete zugleich das Lebewohl des Meisters gegenüber seinem treuen Diener. Die beiden Helden wollten sich die rührselige Banalität irgendwelcher letzter Worte ersparen. Sie blickten einander ein letztes Mal mit größter Intensität in die Augen, und sie begriffen, daß sie am Ende ihres Weges angelangt waren. Unwiderruflich.

Benkei stand nun allein den lärmenden Gegnern gegenüber. Noch einmal verwandelte er sich in einen wahren Dämon und hieb mit *naginata* und *katana* auf alles, was sich in seiner Reichweite befand, ein, auf Menschen und Pferde. Seine Rüstung war von Pfeilen übersät, und etliche Pfeile hatten sie bereits durchschlagen, doch während er den Hieben der Gegner auswich und zugleich selbst den Tod verbreitete, schien er unverwundbar zu sein. Es war ein wahrer Todestanz. Der Kreis um ihn wurde enger, aber niemand wagte, sich ihm weiter zu nähern. Tatsächlich war Benkei jedoch bereits stehend gestorben, auf seine Lanze gestützt. Doch die Furcht ließ die Reiter wie versteinert auf den Riesen starren. Es herrschte eine große Stille. Endlich versetzte einer von ihnen sein Pferd in Trab und ritt an Benkei vorüber, wobei er ihn seitlich berührte. Benkei schwankte leicht und stürzte dann, sich durch den Impuls des Stoßes um die eigene Achse drehend, zu Boden. Das laute Scheppern der Rüstung durchbrach die Stille. Nach einem letzten ungläubigen Zögern näherten sich die Krieger, um ihm den Kopf abzutrennen.

Unterdessen hatte Yoshitsune in seinem Haus, unterstützt durch den Samurai Kanefusa, Selbstmord begangen. Kanefusa setzte daraufhin das Haus in Brand und stürzte sich in die Flammen. Es gelang den Gegnern jedoch, den Körper Yoshitsunes aus den Flammen zu retten. Man enthauptete seinen Leichnam und legte seinen Kopf in ein mit Reisschnaps gefülltes Gefäß, um ihn Yoritomo zu schicken.

Um den Tod Yoshitsunes ranken sich verschiedene Legenden. So wird behauptet, daß das Haupt, das nach Kamakura geschickt wurde, nicht Yoshitsunes gewesen sei und daß, als das Gefäß Yoritomo erreichte, der Zustand des Kopfes es nicht mehr erlaubte, ihn eindeutig zu identifizieren. Andere Legenden erzählen davon, daß es Yoshitsune und Benkei in Wahrheit noch einmal gelungen sei, zu entkommen und daß Yoshitsune später unter dem Namen Gikyô-dai-myôjin König der Ainu auf der großen Insel Ezo (Hokkaidô) geworden sei. Selbst eine Geschichte, die besagte, daß er nach China entkommen sei, wo niemand geringeres als der berühmte Dschingis Khan, der „Blaue Wolf", aus ihm geworden sei, wurde erzählt.

Der Verrat blieb auch dem Verräter Fujiwara Yasuhira nicht erspart. Yoritomo, der natürlich nicht einen Moment daran gedacht hatte, dem neuen Lehnsherren von Mutsu seine Unabhängigkeit zu lassen, entsandte eine starke Armee gegen ihn. Fujiwaras Truppen wurden geschlagen. Er selbst versuchte nach Ezo entkommen, doch einer seiner eigenen Offiziere ermordete ihn.

Minamoto-no-Yoritomo. Seidenmalerei aus dem 12. Jahrhundert.

Auch die schöne Shizuka wurde verraten und nach Kamakura ausgeliefert, gemeinsam mit dem Sohn Yoshitsunes, den sie zur Welt gebracht hatte. Die Häscher Yoritomos brachten das Kind unverzüglich um, indem sie es gegen die Klippen der Bucht von Yuigahama schmetterten.

Shizuka erwies sich als würdige Frau eines Samurai. Man zwang sie, die eine hervorragende Tänzerin war, in Gegenwart Yoritomos und anderer Edler im Tempel des Kriegsgottes Hachiman zu tanzen. Sie nutzte die Gelegenheit zu einem langen Klagelied über ihre Liebe zu Yoshitsune. Doch trotz dieser Beleidigung blieb sie verschont, da Yoritomos Frau sich für sie einsetzte. Sie starb ein Jahr später, nachdem sie sich von der Welt zurückgezogen hatte. Das übergroße Unglück hatte ihr das Herz gebrochen.

Yoritomo, dem Sieger, gelang es, das Land zu vereinigen und seinen Vorstellungen gemäß zu zentralisieren. Im Jahre 1192 nahm er in Kamakura den Titel Seii Taishôgun, „Generalissimus gegen die Barbaren", an. Der Gründer des Bakufu[42], ein kaltherziger, berechnender und politisch denkender Mensch, war vor nichts zurückgeschreckt, um die höchste Macht im Lande zu erlangen. Wie Bauern auf dem Schachbrett hatte er jedermann gegeneinander ausgespielt. Es heißt jedoch, daß seine Gefühlsarmut dazu führte, daß er von Alpträumen heimgesucht wurde. Im Jahre 1199, im Alter von 53 Jahren, stürzte er vom Pferd und starb an den Folgen seiner Verletzungen. Man raunte sich zu, daß das Pferd des übermächtigen Shôguns vor der plötzlichen Erscheinung des Geistes des schmachvoll verratenen jüngeren Bruders gescheut habe, und daß dies eine letzte Geste Yoshitsunes und Benkeis aus dem Jenseits gewesen sei.

---

[42] Bakufu: jpn. „Zeltregierung" (im Sinne von Militärregierung). Bezeichnung für das Shôgunat.

Der junge Minamoto-no-Yoshitsune und sein ergebener Diener, der riesenhafte Kriegermönch Benkei, sind aus dem Epos über die ersten Samurai noch heute die beliebtesten Helden. Niemand verkörperte das Starke und das Reine dieser Krieger so wie sie. Ihr tragisches Epos ist unserem Rolandslied nicht unähnlich. Wie durch einen romantischen Nebelschleier hindurch dringt aus ihrer Geschichte das Schöne und das Große, aber auch das Anrührende zu uns, die Tugenden des alten bushidô in ihrer reinsten Form. Yoshitsune war intelligent und ungestüm, von Idealen beseelt. Er vereinte die Stärke des Kämpfers und die Zerbrechlichkeit des aufrechten Mannes, der am Ende von widrigem Schicksal zu Boden geworfen wird. Yoshitsune zählte erst 31 Jahre, als er traurig und schicksalsergeben starb. Aber sein kurzes Leben war intensiv und erfüllt, geprägt von klarer Bestimmung, flüchtig und schön wie die Kirschblüte. Yoshitsune und Benkei erlangten durch ihren beispielhaften Tod unvergänglichen Ruhm. Ihre Taten sind häufiger Gegenstand von Märchen, Gedichten, volkstümlichen Erzählungen, nô- und kabuki-Theaterstücken oder auch von Holzschnitten, als die jedes anderen Helden der japanischen Geschichte.

Die Loyalität des Kusunoki Masashige

Ein Baum im Süden

Im Japan des anbrechenden 14. Jahrhunderts standen sich zwei unversöhnliche Mächte gegenüber, die des Shôguns Hôjô Takatoki, der in Kamakura ein ausschweifendes, luxuriöses Leben führte, und die des Kaisers Go-Daigo. Hôjô Takatoki entstammte der Familie der Gemahlin des Minamoto-no-Yoritomo. Ihm mangelte es vollkommen an jener Integrität, die dem Klan der Minamoto stets zu eigen gewesen war. Auf seiner Seite stand die Realität der Macht, doch diese Macht war nicht mehr unerschütterlich. Die Kriegerkaste war immer weniger gewillt, die wuchernde und allgegenwärtige Korruption und den absoluten Autoritätsanspruch des Shôgunats hinzunehmen. Dies galt um so mehr, als der letzte Sieg über die Mongolen, die am Ende des 13. Jahrhunderts versucht hatten, das Land zu erobern, sich für sie nicht in Form von Ländereien oder Reichtum ausgezahlt hatte.

Die Autorität des Kaisers war durch die mächtige Kriegerkaste zur Bedeutungslosigkeit degradiert worden. Natürlich wurden dem Tennô nach wie vor alle Zeichen der äußerlichen Ehrerbietung dargebracht, aber alle waren sich über die tatsächlichen Machtverhältnisse im Klaren. Seit den Zeiten der Fujiwara waren die Kaiser durch die Kriegerkaste nach Gutdünken eingesetzt, gestürzt und manipuliert worden. Die Aristokraten des Hofes fühlten sich zunehmend durch die Kriegerkaste (*buke*) an den Rand gedrängt, was ihr Ehrgefühl in hohem Maße verletzte. Doch da sie über keine eigenen Militärkräfte verfügten, mußten sie sich ihrem Geschick ergeben. Mit dem Tode des Kaisers Go-Saga im Jahre 1272 hatten sich die Verhältnisse noch verschlimmert. Die Nachkommen seiner beiden Söhne übten nun im Wechsel die formale kaiserliche Macht aus, die auf diese Weise gegenüber der faktischen Macht, die in den Händen der Familie der Hôjô konzentriert war, noch mehr an Bedeutung verlor. Somit konnte der Kaiserhof nicht das geringste ausrichten angesichts der himmelschreienden Ausschweifungen der Shôgune von Kamakura.

In dieser Situation erfolgte im Jahre 1318 die Thronbesteigung durch Kaiser Go-Daigo. Dieser war eine starke, hochgebildete Persönlichkeit. Er war Künstler und Poet, zeichnete sich jedoch auch durch Eitelkeit und Arroganz aus. Er schöpfte Hoffnung aus dem sittlichen Verfall der Hôjô-Regenten und glaubte, daß die Gelegenheit gekommen war, die kaiserliche Autorität wiederherstellen zu können. Er begann darüber nachzusinnen, wie die Vorherrschaft der Shôgune, die seit 200 Jahren in Kamakura herrschten, zu brechen sei. Er faßte einen sehr einfachen Plan. Er wollte ihm ergebene Gefolgsleute ausfindig machen, die bereit sein würden, sich im Kampf für seine Rückkehr an die reale Macht aufzuopfern.

Go-Daigo war Anhänger des Sung-Konfuzianismus, der eine enge Beziehung zwischen Herrn und Untertan lehrte und unbedingten Gehorsams von Seiten des letzteren forderte. In jener Zeit erlebte die Religion gerade eine Erneuerung. Vor allem der Zenbuddhismus pries eine strenge körperliche und geistige Disziplin und das Losgelöstsein von den Realitäten dieser Welt. Dies war eine Philosophie, die hervorragend zur Mentalität der Samurai paßte, Krieger, die auf der Suche nach einem Lebensideal waren und nach einem Sinn des Todes, jenseits der Erscheinungen der materiellen Welt. Im Zusammenspiel mit anderen Gedankenströmungen, wie dem Shintô[43] oder den Lehren, wie sie die Sekten der Nichiren-Shôshû oder Jôdô verbreiteten, stellte dies eine Philosophie des aufrichtigen und engagierten Handelns dar, wie auch der Entsagung. Diese Philosophie war natürlich auch offizielles Glaubensbekenntnis jener, die an der Spitze der sozialen Pyramide standen. Da auf diese Weise der geistige Nährboden hierfür bereitet war, fand Go-Daigo, der 96. Kaiser Japans, mit seinen Ideen bei vielen Samurai Anklang.

Im Jahre 1331 war Go-Daigo gezwungen, aus Kyôto zu fliehen, nachdem seine ersten Versuche, Verschwörungen gegen das Bakufu zu organisieren, gescheitert waren. Er fand Unterschlupf in einem Kloster am westlich von Nara gelegenen Berg Kasagi. Das Kloster war eine natürliche Festung, die von Kriegermönchen, Yamabushi, gehalten wurde, welche ihm treu ergeben waren. Hier hatte er eines Nachts einen hellseherischen Traum, der im Taiheiki überliefert worden ist, einer anonymen Chronik aus dem 14. Jahrhundert. In diesem Traum sah sich Go-Daigo umgeben von einem Kreis aus Kurtisanen,

[43] Shintô: jpn. „Weg der Götter". Einzige Urreligion Japans, bevor der Buddhismus dort Fuß faßte. Sie beruht auf einem Schamanismus, in dem die *kami* (Naturkräfte und höhere Wesenheiten) verehrt werden. Die Mythologie des Shintô ist sehr komplex. Die Sonnengöttin Amaterasu nimmt eine zentrale Stellung ein, und sie ist auch Grundlage der Legitimation der japanischen Kaiser (Tennô: jpn. „Sohn des Himmels"). – Habersetzer, R. u. G.: Encyclopédie des Arts Martiaux. Paris: Amphora 2004.

die in seinem Garten in Kyôto saßen. Ein Platz aber war leer geblieben. Dieser Platz befand sich unter einem riesigen Baum, südlich von dessen Stamm. Das Blattwerk war über dieser Stelle besonders dicht. Alle schienen auf etwas zu warten. Plötzlich erschienen zwei Kinder, in denen er die Bodhisattvas[44] Nikkô und Gakkô erkannte. Die Kinder knieten vor ihm nieder, um ihm zu offenbaren, daß der leere Platz für ihn selbst bestimmt war, und daß dies der einzige sichere Platz für ihn sei. Als er erwachte, versuchte er, einen Sinn in dieser Traumbotschaft zu finden. Er erkannte, daß, wenn man die Zeichen für „Baum" und „Süden" kombinierte, man den Begriff „Kampferbaum" (*kusunoki*) lesen konnte. Er fragte Jojubo, einen Priester des Tempels, ob er von einem Krieger gehört habe, der diesen Namen trug. Tatsächlich stellte sich heraus, daß es in der Provinz Kawachi, westlich vom Berg Kongô, einen Samurai gab, der so hieß. Man schickte einen Boten nach ihm. Kusunoki Masashige, der sich der Ehre, die ihm zuteil wurde, bewußt war, begab sich unverzüglich zum Kaiser und schwor ihm den Treueid.

Die Belagerung von Akasaka-jô

Kusunoki[45] wurde 1294 geboren. Er war der Sohn des Lehnsherren Masato, eines kleinen Landadeligen aus der zwischen Ôsaka und Nara gelegenen Provinz Kawachi. Die Überlieferung besagt, daß seine Mutter, die lange Zeit kinderlos geblieben war, sich einst für hundert Tage in den auf dem Berg Shigi stehenden Tempel des Gottes Bishamon, auch Tamon-ten genannt, zurückgezogen hatte. Dort soll ihr die bevorstehende Geburt ihres Sohnes in einem Traum offenbart worden sein. Aus Dankbarkeit für die erhörten Gebete gab

---

[44] Bodhisattva: Sanskrit. Auf Japanisch *bosatu*. Im Mahayana-Buddhismus bezeichnet der Begriff jemanden, der den Buddhazustand erreicht hat, d. h., einen Zustand der inneren Erleuchtung, durch den er ein Niveau unmittelbar nach dem Buddha erlangt. Im Unterschied zum Arhat (jemand, der durch Erleuchtung in den Zustand des Nirwana eingegangen ist) ist ein Bodhisattva von messianischer Natur. Für ihn gilt das Heil der anderen mehr als das eigene. Er wird alles unternehmen, und sei es um den Preis der Verweigerung, selbst ins Nirwana einzugehen, um den Weg dorthin anderen zu ermöglichen. Während für einen Arhat die (nach innen gekehrte) Weisheit den höchsten Wert darstellt, gelten für einen Bodhisattva (die nach außen gekehrte) Barmherzigkeit und Nächstenliebe für ebenso wertvoll wie die Weisheit. – Habersetzer, R. u. G.: Encyclopédie des Arts Martiaux. Paris: Amphora 2004.
[45] Kusunoki Masashige (1294-1336).

sie ihm den Namen Tamonmaru, Kind des Tamon. Des weiteren sagt die Überlieferung, daß der Junge seine Kindheit im Tempel von Kanshinji verbracht habe. In den Tempelarchiven sollen Aufzeichnungen zu finden sein, die davon berichten, daß er sich durch einen beispielhaften Charakter und vielseitige Begabungen auszeichnete, vor allem auf kämpferischem Gebiet. Im Alter von 15 Jahren verlieh man ihm bei der *gempuku*-Zeremonie den Namen Masashige. Aus ihm entwickelte sich ein gebildeter, kultivierter Mann, der zugleich ein erprobter, unabhängiger Kriegsherr war.[46] In seinen jungen Jahren hatte er zweifelsohne Gelegenheit gehabt, auf Handelsreisen die Hauptstadt zu besuchen, denn seine Provinz war in Japan der Hauptproduzent für Quecksilbererz, aus dem man Zinnober extrahierte, eine Substanz, die als Kosmetikum sehr geschätzt war. Aber alles in allem gab es in seinem Leben nichts Bemerkenswertes bis zu dem Tag, an dem er Go-Daigo die Treue schwor.

Die Truppen des Shôguns machten Jagd auf Go-Daigo. Sie belagerten den Berg Kasagi. Doch sein neuer Gefolgsmann Kusunoki Masashige und dessen Leute leisteten ihnen über Monate Widerstand. Gemeinsam mit einem der jungen Söhne des Kaisers, Prinz Morinaga, machte er ihnen das Leben im Gebirge schwer, indem er einen Guerillakrieg gegen sie führte. Schließlich gelang es ihnen aber doch, den Kaiser gefangenzunehmen.

Um jeden neuerlichen Widerstand im Keim zu ersticken, wollten sie auch Kusunoki ergreifen und ihn töten. Dieser war jedoch in die Akasaka-Festung geflohen, ein rechteckiges Gelände, das von Holzpalisaden, verstärkt durch einige Türme, umgeben war. Im Frühjahr 1333 standen die Truppen aus Kamakura, nicht weniger als 100 000 Mann unter Führung des jungen und ehrgeizigen Heerführers Ashikaga Takauji, schließlich vor Akasaka-jô. Sie waren zunächst etwas enttäuscht darüber, eine Festung mit solch kläglichem Schutz vorzufinden. Sollten sie tatsächlich so leichtes Spiel mit dem Mann haben, der ihnen in den Bergen monatelang widerstanden hatte? Es gab nicht einmal einen Festungsgraben. Alles deutete darauf hin, daß die Angelegenheit noch vor Anbruch der Dunkelheit erledigt sein würde.

Es wurde Signal zum Angriff gegeben, und die Truppen stürmten auf die Palisaden zu, in einem unbeschreiblichen Gedränge. Jeder hoffte, sich den leicht zu erringenden Ruhm holen zu können, als erster in die Festung ein-

---

[46] Manche Quellen behaupten, daß Kusunoki, bevor er sich dafür entschied, für Kaiser Go-Daigo zu kämpfen, ein einfacher „Räuberhauptmann“ (*akuto*) war. – Anm. d. Übers.

zudringen. Doch hatten sie nicht mit dem Einfallsreichtum des Belagerten gerechnet. Hinter den Palisaden standen 200 Bogenschützen bereit. Die Angriffswellen der Truppen des Shôguns wurden förmlich niedergemäht. Als Ashikaga schließlich Befehl zum Rückzug erteilte, mußte er 1 000 tote Kämpfer vor den Palisaden der Festung zurücklassen.

Vom Kampf erschöpft, schlugen die Truppen ihr Lager auf. Sie legten ihre Rüstungen ab, pferchten die Pferde ein und begaben sich in ihre Zelte, um in der Nacht Kraft für einen neuen Angriff am nächsten Tage zu schöpfen. Sie ahnten nicht, daß der Bruder Kusunokis, Shichirô, und sein Verbündeter, Wada Gorô Masato, sich bereits den ganzen Tag mit 300 Reitern auf einem bewaldeten Hügel, entfernt vom Schlachtfeld, verborgen gehalten hatten. In zwei Gruppen kamen die Reiter aus dem Wald und stürmten das Lager der Samurai des Shôguns aus zwei Richtungen. Im Handumdrehen war es verwüstet. Plötzlich öffneten sich drei Tore in den Palisaden von Akasaka-jô, und weitere Reitertrupps Kusunokis, die während des Tages ihre Kräfte geschont hatten, schlossen sich den nächtlichen Angreifern an. Panik ergriff die Truppen des Shôguns, und Hals über Kopf flohen sie zu den Ebenen des Ishikawa-Flusses, wobei sie Tote, Verwundete, Waffen und Pferde zurückließen.

Dennoch gab Ashikaga nicht auf. Er sammelte seine Truppen und beschloß eine reguläre Belagerung der Festung. Mehrmals versuchte er, der Belagerung ein schnelles Ende zu bereiten, aber die wenigen tausend Kämpfer Kusunokis ließen alle Angriffe scheitern. Der raffinierte Gefolgsmann des Kaisers ersann immer neue Kriegslisten. Er erwies sich als erfahrener Kriegsherr, der in der Lage war, mit höchst ungewöhnlichen Methoden einem zahlenmäßig weit überlegenen Feind, der nur mit herkömmlichen Kampfsituationen vertraut war, die Stirn zu bieten. So geschah es beispielsweise eines Tages, daß auf Truppen der Belagerer, die an einem steilen Hügel vorbeiritten, plötzlich Felsblöcke und Baumstämme herabrollten, welche Kusunokis Leute oben mit Stricken festgebunden hatten, die sie nun alle gleichzeitig kappten. An einem anderen Tag gerieten sie in eine ausgeklügelte Falle. Kusunoki hatte Anweisung gegeben, daß man die Angreifer unbehelligt an einer Flanke der Festung die Palisade hinaufklettern lassen solle. In vollkommener Stille warteten seine Männer auf der anderen Seite auf den Feind, der bereits an den sicheren Sieg glaubte. Doch kaum war die Palisade von Angreifern bedeckt, ließ er die Seile kappen, die sie hielt. Diese Palisade war in Wirklichkeit eine Attrappe gewesen. Die Samurai Ashikagas stürzten zu Boden und fanden sich plötzlich vor dem echten Burgwall wieder, von dem aus Steine und Pfeile auf sie niederprasselten. 700 von ihnen mußten an jenem Tag ihr Leben lassen. Auch am nächsten Tag erging es den Truppen der Angreifer nicht besser, als sich plötzlich von oben kochendes Wasser in wahren Fluten über sie ergoß, und weder ihre Helme noch ihre Rüstungen konnten sie vor schweren Verbrühungen schützen.

Doch in der Festung wurden allmählich die Lebensmittel knapp, und Kusunoki beschloß, mit seinen verbliebenen Kriegern die Festung zu verlassen. Zuvor plante er jedoch noch eine letzte Überraschung für die Belagerer. Es war eine regnerische Nacht. Die Männer Kusunokis errichteten einen riesigen Scheiterhaufen, auf den sie die Leichen der gefallenen Kämpfer legten. Daraufhin verließen die Belagerten in aller Heimlichkeit in kleinen Gruppen die Festung und schlichen unbehelligt durch die Reihen der Belagerer, deren Aufmerksamkeit durch Müdigkeit und das schlechte Wetter nicht sehr hoch war. Ein einziger Samurai Kusunokis war noch innerhalb der Palisaden geblieben. Dieser setzte schließlich den Scheiterhaufen in Brand. Als die Flammen hoch hinaufschlugen, eilten die Belagerer in die Festung, die durch keine Verteidiger mehr geschützt war. Sie glaubten, die Belagerten hätten kollektiven Selbstmord begangen, aber umsonst suchten sie unter den verkohlten Leichen die sterblichen Überreste Kusunokis. Der Mann des Kaisers und seine Samurai waren bereits in weiter Ferne, und er war entschlossen, eines Tages wieder für Go-Daigo in den Kampf zu ziehen.

Die Belagerung von Chihaya-jô

In der Zwischenzeit hatte man Go-Daigo all seine Rechte aberkannt und ihn auf die Insel Chiburi-jima des Oki-Archipels verbannt, das sich zwischen Kyûshû und der Koreanischen Halbinsel befindet. Seine Güter waren konfisziert worden und ebenso die Besitztümer aller, die ihn unterstützt hatten. Doch sein Sohn, Prinz Morinaga, der ins Yoshino-Gebirge geflohen war, verkündete, den Kampf fortsetzen zu wollen. Er wußte, daß er nach wie vor auf Kusunoki Masashige zählen konnte, der nun im ganzen Land für seinen Mut und seinen Einfallsreichtum berühmt geworden war und dem von überallher neue Gefolgsleute zuströmten, die sich mit ihm unter dem Banner der Kaisertreuen versammelten. Sein hohes Ansehen beruhte nicht zuletzt auch darauf, daß ihm das Leben seiner Mitstreiter nicht gleichgültig war und daß er sie respektvoll behandelte.

Zunächst einmal zog sich Kusunoki mit einer Gruppe seiner Krieger wieder in seine Festung von Akasaka zurück. Um die Reise unbehelligt zu überstehen, hatten sie sich als Bauern getarnt. Sie konnten dort aber nicht länger als einen Monat ausharren, denn den Truppen des Shôguns war es gelungen, ihnen die Wasserversorgung abzugraben. Doch erneut gelang es ihm und seinen Leuten, unbemerkt aus der belagerten Festung zu entkommen.

Wenige Meilen weiter südlich hatte er eine neue Festung errichten lassen, Chihaya-jô. Die Festung war reich mit Vorräten ausgestattet und dafür vorgesehen, einer sehr langen Belagerung standhalten zu können. Dorthin begab er sich nun, und sein Ziel bestand zunächst darin, die Kräfte von Ashikaga Takauji, dem Oberbefehlshaber der Truppen des Shôguns Hôjô, dort so lange wie möglich zu binden. Jener war fest entschlossen, diesmal eine endgültige Entscheidung herbeizuführen. Eine wahre Lawine aus berittenen Kämpfern strömte aus Kamakura zum Ort der Belagerung. Drei Divisionen, insgesamt etwa 100 000 Mann, kamen, um Kusunoki zu vernichten. In der Festung standen ihnen nicht mehr als knapp 1 000 Krieger gegenüber. Doch diese Tausendschaft vermochte es, Chihaya-jô zwei lange Monate hindurch zu halten und Tausenden Angreifern den Tod zu bringen, die immer aufs neue an den Verteidigungsmaßnahmen scheiterten, die der schier unerschöpflichen Erfindungsgabe des Generals des Kaisers entsprangen.

Die Belagerung der Burg von Chihaya im Jahre 1333 gilt in der Geschichte der Samurai als strategisches Musterbeispiel. Chihaya-jô war auf einem Bergplateau angelegt worden. Zwischen dem Berg und dem restlichen Gebirge lag ein tiefes Tal. Auf diese Weise war die Anlage auf natürliche Weise hervorragend geschützt und von mehreren Seiten uneinnehmbar. Bereits an den ersten Tagen, an denen die Belagerer versuchten, die Festung zu stürmen, mußten sie gewaltige Verluste hinnehmen. Es wird berichtet, daß mehrere Schreiber ununterbrochen damit beschäftigt waren, die Namen der Toten aufzuzeichnen.

Man versuchte nun, wie bei Akasaka die Wasserzufuhr zu unterbrechen. Doch Kusunoki hatte dagegen längst Vorkehrungen getroffen, indem er Leitungen aus Bambus unterirdisch zu verborgenen Gebirgsquellen hatte verlegen lassen.

Ungeachtet aller Mißerfolge versuchten die Belagerer unaufhörlich, Chihaya-jô zu erobern. Trotz der geringen Truppenstärke, über die Kusunoki verfügte, setzte er den Angreifern äußerst hart zu. Im Taiheiki[47] wird berichtet, daß Tag für Tag mehr als 5000 Opfer unter ihnen zu verzeichnen waren. Es verging kein Tag, an dem Kusunoki keine neue Kriegslist ersann. So starben Hunderte der feindlichen Samurai beim Einsturz einer Brücke, die die Zimmerleute Ashikagas über eine tiefe Schlucht gelegt hatten. Die Belagerten schleuderten zuerst flüssiges Pech auf die Holzkonstruktion und setzten sie dann mit Brandpfeilen in Flammen. Bei einer anderen Gelegenheit stellten Kusunokis Leute über Nacht Figuren, die mit Rüstungen bekleidet waren und Schilde trugen, verteilt in dem Hochwald auf, der an die Festung grenzte. Am Morgen begannen aus dem Wald heraus Bogenschützen Kusunokis, die Truppen des Shôguns zu beschießen, doch kaum begann der Gegenangriff, zogen sie sich unverzüglich zurück. Die Angreifer hielten die als Krieger verkleideten Figuren für die Nachhut des Feindes und stürmten voll Elan in den Wald, um sie zu vernichten. Als sie merkten, daß man sie zum Narren gehalten hatte, war es zu spät. Von der Höhe der Festungswälle prasselten Tonnen von Felsgestein und Holzstämmen auf sie herab. 300 starben auf der Stelle, und mehr als 500 wurden zu Krüppeln gemacht. In einer anderen Nacht geschah es, daß Kusunoki Verrat vortäuschen ließ und einen Trupp feindlicher Samurai auf diese Weise durch eine geheime Ausfallpforte in die Festung hineinließ. Dort wurden sie jedoch von solch unbarmherzigem Pfeilbeschuß empfangen, daß ihnen nur der sofortige, überstürzte Rückzug blieb. Doch der teuflische Plan Kusunokis sollte noch fatalere Folgen für diesen Trupp haben. Da sie wie von Dämonen verfolgt aus der Burg stürmten, hielten ihre eigenen Leute sie für Samurai aus der Festung, die einen Massenausfall wagen wollten und nahmen sie sofort unter Beschuß. Auf diese Weise verloren Hunderte Männer Ashikagas ihr Leben von der Hand ihrer Waffengefährten.

Es besteht kein Zweifel daran, daß die lange Dauer, während der Chihaya der Belagerung standhielt, den Anhängern Go-Daigos im ganzen Lande zugute kam. Da wegen des hartnäckigen Widerstands eine enorme Truppenstärke benötigt wurde, wurden aus etlichen Regionen die Samurai des Shôguns vollständig abgezogen. Dies wiederum ermunterte die Kaisertreuen zu

---

[47] Das Taiheiki ist ein historisches Epos, das im späten 14. Jahrhundert verfaßt wurde. Es beschreibt hauptsächlich das Namboku-chô, die Zeit der Auseinandersetzung zwischen dem Nördlichen Kaiserhof unter Herrschaft von Ashikaga Takauji in Kyôto und dem Südlichen Kaiserhof des Kaisers Go-Daigo in Yoshino.

zahlreichen Angriffen auf die verbliebenen Stellungen des Feindes. Somit war die Belagerung von Chihaya allein schon aus psychologischer Sicht ein unbestreitbarer Sieg der Anhänger des Kaisers. Es hatte sich gezeigt, daß die Samurai des Bakufu nicht unbesiegbar waren, und an dieser Erkenntnis hatte Kusunoki Masashige maßgeblichen Anteil.

Go-Daigos vorzeitige Rückkehr

Im Februar 1333, als die Belagerung von Chihaya-jô noch im Gange war, ließ Kusunoki Go-Daigo eine Botschaft zukommen, in der er diesen ausdrücklich dazu aufforderte, die Insel, auf der er in der Verbannung lebte, zu verlassen. Der inzwischen im ganzen Land ausgebrochene Aufstand gegen die Hôjô bedurfte der symbolhaften Gegenwart des Kaisers. In einem Fischerboot verborgen, verließ Go-Daigo die Oki-Inseln. Kaum, daß seine Flucht und Ankunft in Japan bekannt wurden, wurde ihm die gesamte Streitmacht des Shôguns entgegengeworfen. Da der Hauptgegner wieder im Lande war, zog man die Truppen unverzüglich von Chihaya-jô ab.

Angeführt wurde das Heer des Bakufu wieder durch Ashikaga Takauji. Der erst 28jährige Oberbefehlshaber war die letzte Hoffnung der Hôjô. Doch gerissen und ehrgeizig, wie er war, begriff er, daß sich ihm eine einzigartige Chance aufgetan hatte. Niemand aus dem Umfeld des Shôguns Hôjô Takatoki, dem Erzfeind des Kaisers, hätte die Wendung erahnen können, die die Geschichte plötzlich nahm. Ashikaga, der erst noch mit äußerster Verbissenheit gegen Kusunoki Masashige gekämpft hatte, erklärte, von nun an auf der Seite des Kaisers zu stehen. Dies war ein schrecklicher Schlag für die Hôjô, doch es blieb nicht bei diesem einen. Auch die Armee von Nitta Yoshisada, eines Vetters von Takauji, wandte sich gegen die Hôjô. Und all das war letztendlich das Ergebnis des hartnäckigen Widerstands Kusunokis, dem es gelungen war, die Ohnmacht des Regimes für alle Welt augenscheinlich werden zu lassen.

Takauji ließ seine Truppen auf Kyôto marschieren und nahm die Stadt im Handstreich. Er ließ alle Vertreter des Bakufu und zahlreiche Getreue der Hôjô hinrichten. Wenig später standen drei Divisionen unter der Führung Nitta Yoshisadas vor Kamakura. Aber die anderthalb Jahrhunderte zuvor durch Minamoto Yoritomo zur Festung ausgebaute Stadt war nicht ohne weiteres einzunehmen. Alle Wege, die zu ihr führten, verliefen durch enge, gut zu

Kusunoki Masashige. Holzschnitt von Yorikuni Tachibana.

Ashikaga Takauji. Gemälde aus dem 14. Jahrhundert.

verteidigende Schluchten. Also beschloß Nitta, den Angriff vom Meer aus zu führen. Die Legende berichtet, daß er auf einen Felsen oberhalb der Küste bei Inamuragasaki gestiegen sein soll und dort zur Sonnengöttin Amaterasu gebetet habe, damit diese das Meer zurückweichen lasse. Daraufhin soll er sein Schwert in die Fluten geschleudert haben, woraufhin das Meer tatsächlich auf wundersame Weise zurückgewichen sein soll. Vermutlich hatte er jedoch wohl einfach die Ebbe abgewartet, damit seine Truppen auf dem Uferstreifen vom Süden her in die Stadt einfallen konnten. Am 5. Juli 1333 fiel Kamakura in seine Hände. Als er die Aussichtslosigkeit seiner Lage begriff, beging der Shôgun Hôjô Takatoki den rituellen Selbstmord in Begleitung von Hunderten seiner Vasallen.

Go-Daigos Traum war Wirklichkeit geworden. Die Macht im Lande lag wieder bei ihm und dem Kaiserhaus. Im Triumphzug kehrte er in seinen Palast zurück. Unverzüglich ernannte er seinen Sohn, Prinz Morinaga, zum neuen Shôgun. Doch Go-Daigo erwies sich als ungeschickt im Umgang mit der Macht. Die Kriegerkaste, durch deren Treue er die Macht zurückgewonnen hatte, fühlte sich nicht auf angemessene Weise belohnt. Der Kaiser teilte seiner Familie, seinen Günstlingen und seinen Höflingen die konfiszierten Ländereien und Besitztümer der Hôjô zu, und für die ihm treu ergebenen Generäle blieb am Ende wenig übrig. Allein Kusunoki Masashige wurde auf angemessene Weise belohnt. Er erhielt den Titel des Kawashi-no-Kami[48] und die Regierungsgewalt über die Provinzen Settsu, Kawashi und Izumi. Ashikaga Takauji, dessen Wechsel auf die Seiten Go-Daigos von entscheidender Bedeutung gewesen war, erhielt die Provinzen Musashi, Shimousa und Hitachi. Aber er war zutiefst enttäuscht, daß nicht ihm der Titel des Shôguns angeboten worden war. Andererseits fanden es nicht wenige der Adligen bereits übertrieben, daß dem jungen Emporkömmling die Herrschaft über drei Provinzen anbetraut wurde. Auf diese Weise entstand eine explosive Situation.

Schließlich beschloß Go-Daigo, den ehrgeizigen Ashikaga beseitigen zu lassen. Doch dieser ergriff die Initiative. Er verschanzte sich in Kamakura und ernannte sich kurzerhand selbst zum Shôgun (Seii Taishôgun). Wieder herrschte Krieg im Lande. Und Kusunoki Masashige, der sich bislang aus allen Streitereien im Umfeld des Palastes herausgehalten hatte, wurde unausweichlich in den Strudel der Ereignisse hineingezogen.

Die Schlacht von Minatogawa

Go-Daigo erklärte Ashikaga Takauji zum Rebellen und entsandte die Armee des Nitta Yoshisada gegen ihn. Es gelang Nitta, Ashikaga zunächst bei Mikawa und anschließend bei Suruga zu schlagen, so daß der selbsternannte Shôgun sich ins Hakone-Gebirge zurückzog. Doch das Kriegsglück wendete sich schon bald. Nahe dem Berg Fuji bereitete er den kaiserlichen Truppen eine blutige Niederlage, deren Anführer niemand anders als Kusunoki Masashige gewesen war, sein alter Widersacher. Dieser Sieg bahnte Ashikaga den Weg nach Kyôto. Er nahm die Kaiserstadt am 25. Februar 1336 ein. Go-Daigo ergriff die Flucht und fand Unterschlupf in einem Kloster am Berg Hiei. Aber eine endgültige Entscheidung stand noch aus. Yuki Munehiro, Nawa Nagatoshi, Nitta Yoshisada, Kusunoki Masashige und Kitabatake Akiie marschierten mit einer großen Armee gegen Ashikaga, so daß dieser sich gezwungen sah, nach Kyûshû zu fliehen. Doch es gelang ihm, die mächtigen Klane des Südens, die Shimazu, die Shôni und die Ôtomo auf seine Seite zu ziehen und mit ihrer Unterstützung wieder nach Norden zu marschieren. Der in der Gegend von Hakata ansässige kaisertreue Klan der Kikuchi versuchte,

---

[48] Kawashi-no-Kami: jpn. Gouverneur der Provinz Kawashi.

Kaiser Go-Daigo und sein General Kusunoki Masashige. Holzschnitt von Kobayashi Kiyochika.

den Marsch zu verhindern, wurde aber in einer Schlacht in der Bucht von Tadara besiegt.

Am 14. April stach Ashikaga Takauji, mächtiger als je zuvor, mit seinen Truppen in See. Die Nachricht davon löste in Kyôto, wo Go-Daigo inzwischen wieder residierte, große Unruhe aus. Die Lage hatte sich inzwischen so entwickelt, daß der Kaiser erneut auf kaum jemanden mehr sicher zählen konnte, als auf den treuen und unbeugsamen Kusunoki Masashige. Doch letzterer gab sich keinen Illusionen hin. Aus dem Süden kamen immer beunruhigendere Neuigkeiten über das Nahen eines gewaltigen Flottenbündnisses. Eine Flotte stand unter dem Kommando von Ashikaga Takauji, eine weitere wurde durch seinen Bruder Tadayoshi angeführt und eine dritte durch Shôni Yorihisa. Dem Bündnis schloß sich unterwegs noch der Flottenverband der Hosokawa, der von der Insel Shikoku kam, an. Anfang Juli warfen die Schiffe von Ashikaga Takauji Anker im Hafen von Akashi, während die seines Bruders bei Ichi-no-Tani vor Anker gingen, worin man ein gutes Omen sah.[49]

Kusunoki war sich im Klaren darüber, daß er, selbst, wenn er seine Kräfte mit denen von Nitta Yoshisada, des anderen kaisertreuen Anführers, vereinte, in einer regulären Schlacht gegen solch eine Übermacht keine Chancen hätte. Er schlug daher Go-Daigo vor, sich erneut auf den Berg Hiei zurückzuziehen,

[49] Siehe S. 39. In der Schlacht von Ichi-no-Tani hatte Minamoto-no-Yoshitsune den Taira eine schwere Niederlage zugefügt.

während er selbst die feindlichen Truppen in einem Guerillakrieg, geführt durch seine darin erfahrenen Samurai und Gruppen von Kriegermönchen, zermürben würde. Und wenn der Gegner auf diese Weise dezimiert worden sei, würden die Truppen Nittas ihnen in den Rücken fallen. Go-Daigos strategisches Gespür war allerdings nicht besser entwickelt als sein Gespür für Politik, das so kläglich versagt hatte, als es darum ging, jene zu belohnen, die ihm die Rückkehr aus dem Exil ermöglicht hatten. Er gab Befehl, die Truppen Ashikagas bei Hyôgo[50] frontal anzugreifen, was ein vollkommen unsinniges Unterfangen war. Kusunoki Masashige, der den Gegner besser kannte als jeder andere, wußte, daß dies seine letzte Schlacht sein würde. Aber seine Treue kannte keine Grenzen. Er beugte sich dem kaiserlichen Befehl, ohne darüber zu diskutieren und bereitete sich auf die Begegnung mit dem Feinde vor.

Dabei befolgte er auf musterhafte Weise den Ehrenkodex der Samurai. Zunächst verfaßte er sein Abschiedsgedicht[51]. Daraufhin ließ er seinen Erstgeborenen, den 10jährigen Masatsura, zu sich kommen und erklärte ihm, warum er in eine Schlacht ziehen würde, die er unausweichlich verlieren mußte. Das Taiheiki überliefert seine letzten Anweisungen mit den folgenden Worten: „Drei Tage nach der Geburt ihres Jungen stößt es die Löwin von einem Felsen in die Tiefe. Wenn das Löwenjunge stark genug ist, wird es auf sich selbst gestellt überleben. Du bist jetzt mehr als zehn Jahre alt. Erinnere dich an meine Worte und diene eines Tages selbst der Sache des Kaisers."

Kusunoki bezog Stellung auf dem rechten Ufer des Minato-Flusses bei Hyôgo. Mit dem Rücken zum Fluß erwartete er am 5. Juli 1336 den Ansturm von drei Einheiten der gegnerischen Armee, insgesamt 35 000 Männer. Die Kaisertruppen verfügten über 17 000 Krieger, aber ihr Heer war zweigeteilt, und bei Kusunoki befanden sich lediglich 4 000 Kämpfer, die anderen unterstanden Nitta. Ashikaga Tadayoshi, der Bruder von Takauji, stand zum frontalen Angriff bereit. Shôni, der mit seinen Truppen das Ufer entlangmarschiert kam, und Shiba, der auf einer kleinen Anhöhe zu seiner Rechten stand, bedrohten ihn an den Flanken.

Nitta hielt das gegenüberliegende Flußufer und lauerte der Flotte Hosokawas auf, um zu verhindern, daß sie landete und Kusunoki von hinten überfiel.

---

[50] Das einstige Fischerdorf Hyôgo ist heute ein Stadtteil von Kôbe.

[51] *Hi ri ho ken ten*: Darin wird der Sieg des Wahren, *ri*, über das Falsche, *hi*, beschworen und schließlich der Triumph des Himmels, *ten*, über alles andere.

Es gelang ihm tatsächlich, den ersten Landungsversuch zu vereiteln. Das war der Auftakt für eine Schlacht, die von 10 Uhr am Vormittag bis um 17 Uhr dauern sollte. Hosokawa ließ seine Boote weiter nach Osten treiben, bis zum Ikuta-Fluß, wo es ihm gelang, seine Truppen an Land gehen zu lassen. Nitta marschierte ihnen unverzüglich entgegen. Shôni war inzwischen über den Minato übergesetzt und begann ihn zu verfolgen. Von zwei Seiten bedrängt, sah sich Nitta gezwungen, mit seinen überlebenden Kriegern vom Schlachtfeld zu fliehen.

Die Stunde der Entscheidung war gekommen. Kusunoki stand allein dem Feind gegenüber. Es war ein drückend heißer Tag, und eine unbarmherzige Sonne tauchte an diesem Nachmittag die Lebenden und die Toten in grelles Licht. Kusunoki Masashige begriff, daß er am Ende seiner Reise angelangt war. Die Rüstungen seiner Samurai troffen von Schweiß und von Blut, und durch den Kampf hatte sich ihr Sitz gelockert. Aufgrund der unaufhörlichen Angriffe wurde dermaßen viel Staub aufgewirbelt, daß die Kämpfer das Gefühl hatten, ersticken zu müssen. Aber die Tapferkeit der Leute Kusunokis kannte keine Grenze, sie schlugen sich bis zum Schluß, auch wenn es am Ende um nichts mehr ging als um die Ehre.

Von den Männern, die Kusunoki in die Schlacht von Minatogawa geführt hatte, waren bald nur noch 70 am Leben, unter ihnen Masasue, sein jüngster Bruder. Mehrmals hatten sich die Brüder im Schlachtgetümmel aus den Augen verloren. Schließlich sah Kusunoki, wie Masasue, von Pfeilen übersät wie ein Igel, schwankend inmitten zahlloser Leichen stand und mit dem Schwert auf seine Gegner einschlug. Plötzlich wußte Kusunoki, daß das Ende gekommen war, und es erfaßte ihn eine tiefe Sehnsucht nach Ruhe und Frieden. Er blutete aus elf Wunden, doch er verspürte in diesem Augenblick keinerlei Schmerzen. Er hielt inne und blickte zum Himmel, der noch immer eine Hitze ausstrahlte wie geschmolzenes Blei. Es schien ihm, daß er durch das Geschrei und den Schlachtenlärm hindurch das besänftigende Geräusch der Wellen des Flusses hören konnte. Ja, das Ende war gekommen. Jetzt und hier.

Er gab seinem Bruder und einigen Samurai, die sich in seiner Nähe wie Löwen schlugen, Zeichen. Unweit von ihnen lag ein kleiner Bauernhof. Er hatte sich dafür entschieden, dort zu sterben, wie es sich schickte, wenn alles außer der Ehre verloren war. Die letzten seiner Heldenschar hielten den Brüdern den Rücken frei, damit sie sich unbehelligt zu dem Gehöft begeben konnten. Schließlich lächelte Kusunoki und fragte Masasue: „Welches ist dein letzter Wunsch?“

„Sieben Leben in dieser Welt zu haben", erwiderte jener mit Nachdruck, „um die Feinde des Kaisers vernichten zu können."[52]

Sie wechselten einen letzten Blick und stießen sich gegenseitig ihre Schwerter in den Leib, so daß sie wie aneinandergenagelt starben. Ihre letzten Getreuen, die ihnen gefolgt waren, taten es ihnen gleich, um sich Gefangenschaft und Schande zu ersparen.

43 Jahre war Kusunoki Masashige, als er starb. Der berühmt gewordene kurze Dialog mit seinem Bruder im Augenblick ihres Selbstmords ging in die Geschichte als „Shichisei Hôkoku" („dem Kaiser sieben Leben lang dienen") ein und wurde später zum patriotischen Wahlspruch bei Kamikaze-Operationen im Zweiten Weltkrieg.

Drei Tage nach der Schlacht am Minato-Fluß zog Ashikaga Takauji in Kyôto ein und erklärte den Kaiser Go-Daigo erneut für abgesetzt. Go-Daigo war noch die Zeit zur Flucht geblieben. Diesmal zog er sich in eine Gemeinde auf dem Berg Hiei zurück, wo er drei Jahre später starb. Zuvor hatte er Kusunoki posthum den Titel des Sakon-e-chûjô und den kaiserlichen Rang des Shô San-i zuerkannt. Nitta Yoshisada, dessen überstürzter Rückzug die Niederlage beschleunigt hatte, blieb dem Kaiser treu und setzte seinen Kampf gegen die Ashikaga fort. Aber noch im gleichen Jahr ereilte ihn in einer Schlacht sein Schicksal. Er war 38 Jahre alt geworden.

Der Sohn Kusunokis, Masatsura, trat in die kaisertreuen Fußstapfen seines Vaters. Nach der Niederlage am Minatogawa konnte seine Mutter ihn nur mit Mühe davon abhalten, seinerseits Selbstmord zu begehen, nachdem er mit dem schrecklichen Anblick des abgetrennten und bereits verwesenden Hauptes seines Vaters konfrontiert worden war. Takauji hatte es der Witwe des Helden zukommen lassen – verbunden mit dem Ausdruck seines Bedauerns. Fast zwölf Jahre nach diesen Geschehnissen, am 4. Februar 1348, griff das erwachsen gewordene Löwenjunge mit seinen kaisertreuen Truppen, die es um sich gesammelt hatte, das Heer von Kô-no-Moronao und Kô-no-Moroyasu, der Generäle des Shôguns Ashikaga Takauji, an. Die Schlacht fand bei Shijônawate statt. Der 23jährige Kusunoki Masatsura und mit ihm der Klan der Kusunoki wurden vernichtend geschlagen.

---

[52] Diese Äußerung entspringt dem buddhistischen Glauben an die Wiedergeburt. Masasue brachte damit zum Ausdruck, daß es sein Wunsch sei, immer wieder als Mensch wiedergeboren werden zu können, um die Feinde des Kaiserhofes vernichten zu können. – Schmidt, J.: Kusunoki Masashige und Ashikaga Takauji. In: Samurai. Ostfildern: Thorbecke 2008. – Anm. d. Übers.

Der Untergang Kusunoki-Klans bei Shijônawate. Nach einem Holzschnitt von Utagawa Kuniyoshi.

Ashikaga Takauji[53], der große Sieger in dieser Geschichte, war bereits 1338 offiziell zum ersten Shôgun der Familie der Ashikaga erklärt worden. Der Regierungssitz des neuen Shôgunats wurde in Muromachi, einem Stadtteil von Kyôto, eingerichtet. 1339 ließ Ashikaga einen Zen-Tempel erbauen, den Tenryû-ji, den er dem Andenken an seinen kaiserlichen Gegner, Go-Daigo, widmete.

In der Galerie der tapferen Krieger des alten Japan gilt Kusunoki Masashige als eine Persönlichkeit, deren Treue zu ihrem Ehrenwort sprichwörtlich wurde. Aber der Nachruhm Kusunoki Masashiges, des großen und edlen Verlierers in dieser Geschichte, begann erst lange Zeit nach seinem Tode. Im Jahre 1563, als noch immer die Nachkommen Ashikaga Takaujis die Macht im Lande ausübten, wurde er offiziell amnestiert. Jedoch galt er zunächst lediglich als wenig bedeutsamer, treuer Samurai, der für eine verlorene Sache gekämpft hatte. Erst im 17. Jahrhundert, unter den Tokugawa, begann seine Glorifizierung. Noch größere Verehrung wurde ihm während der Meiji-Restauration am Ende des 19. Jahrhunderts zuteil. 1872 wurde an dem Ort, an welchem er sich den Tod gab, ein Shintô-Tempel errichtet. Seinen Höhepunkt erlebte der Nachruhm Kusunokis während der Zeit der japanischen Militärherrschaft zwischen 1930 und 1945. 1945 wurde der Gegenangriff der Kamikaze-Flieger auf die amerikanische Pazifikflotte unter dem Codenamen „Kikusui" durchgeführt. Kikusui bedeutet „Chrysantheme auf dem Wasser", und der Name sollte an die Chrysantheme erinnern, die das Wappen des

[53] Ashikaga Takauji (1305-1358).

großen Samurai zierte. Noch heute kann man eine Reiterstatue aus Bronze mitten auf der Esplanade des Kaiserpalastes in Tokio bewundern, die die Inschrift „Kusunoki Masashige“ trägt. Früher war der Name noch mit dem Zusatz dainankô, „der Große“, versehen, doch im Zuge der traumatischen Niederlage der Japaner von 1945 wurde der Zusatz entfernt. Während zahlreiche Statuen ähnlicher Art, die in den Parks und in den Schulhöfen gestanden hatten, nach dem Zweiten Weltkrieg zerstört wurden, hat man die des treuen Dieners des Kaisers Go-Daigo verschont.

Doch unabhängig davon, wie die verschiedenen politischen Parteien seinen Namen für ihre Zwecke ausnutzten, bleibt der Gefolgsmann des Go-Daigo in der Geschichte des japanischen Mittelalters ein Musterbild an Loyalität, Vaterlandsliebe und Heldenmut bis zur Selbstaufopferung. Er verkörperte den Typus des einsamen Getreuen, der zum Märtyrer wurde. Er war das vollendete Beispiel eines Samurai, der lange Zeit unbesiegbar war, weil er seine Kraft aus seiner Aufrichtigkeit (makoto) schöpfen konnte, und dies in einer Zeit, die durch Intrigen und das Trachten nach persönlichem Vorteil geprägt war. Seine Niederlage, aber auch sein Ruhm, erwuchsen daraus, daß er nicht mehr und nicht weniger war als ein ergebener Diener, und dies aus freien Stücken. Sein Dasein war von dramatischer Schicksalhaftigkeit geprägt, und es ist von jener für Japan charakteristischen Melancholie angesichts der Vergänglichkeit aller Dinge (mono-no-aware) durchdrungen.

Die nachhaltigste Spur, die Kusunoki Masashige in der Geschichte seines Landes hinterlassen hat, betrifft allerdings die Militärordnung. Zu Beginn des 14. Jahrhunderts war die Kriegskunst bedeutenden Wandlungen unterworfen. Die unaufhörlichen Kleinkriege, mit denen Kusunoki die Truppen Ashikagas bedrängte, führten zu entscheidenden Veränderungen in der Ausrüstung der Kämpfer. Die Krieger mußten sich während der Auseinandersetzungen in den bergigen Regionen daran anpassen, daß sie zu Fuß kämpfen mußten und daß es häufig zu Zweikämpfen kam. Der Guerillakrieg, wie ihn Kusunokis Samurai während der Belagerungen der Festungen von Akasaka und Chihaya führten, offenbarte, daß leichtere Rüstungen und leichtere Waffen von Vorteil sein würden. Auch zeigte sich, wie wichtig es war, daß sowohl die Angriffs- als auch die Verteidigungswaffen für den Nahkampf geeignet waren. Somit war die Kriegsführung des Kusunoki Masashige der Auftakt für einen tiefgreifenden Wandel der Kriegstaktik.

Tsukahara Bokuden – der „Schwertheilige" aus Kantô

Das Genie aus Kantô

Tsukahara Bokuden[54], der in der Geschichte auch unter den Namen Urabe Takamoto und Tsukahara Shinemon bekannt wurde, wurde 1489 in dem Dorf Tsukahara[55] geboren. Sein Kindername war Yoshikawa Kotarô. Sein Heimatdorf lag in der Nähe des Shintô-Tempels von Kashima, Kashima-jingû, der seit Jahrhunderten von den Kriegern Ostjapans als Sitz ihres Kriegsgottes Hachiman angesehen wurde. Er war der zweitgeborene Sohn von Urabe Kakuken, eines Priesters dieses Tempels, der auch sein erster Lehrer im Schwertkampf, *kenjutsu*, wurde. Er liebte das Fechten mit dem Holzschwert (*bokken*[56]) über alles. Es heißt sogar, daß er als Kind, wenn er weinte, nur dadurch getröstet werden konnte, daß er trainieren durfte.

Tatsächlich war das Umfeld, in dem Kotarô aufwuchs, einzigartig. Die nur 15 Kilometer voneinander entfernten Tempel von Kashima und Katori waren beide den Göttern der Kampfkünste geweiht, und sie waren Zentren des *Shinden-ryû*, einer Schule des Schwertkampfes. Direkt aus Kashima stammte eine alte Kampfkunst, die die dortigen Priester über Generationen unter dem Namen *Kashima Shin-ryû* bzw. *Kashima-no-tachi* überliefert hatten. Letztere Bezeichnung spielt auf die Zeit an, in der das Langschwert, *tachi*, gebräuchlich war und noch nicht das *katana*, ein Schwert mit kürzerer Klinge. Der Tempel von Katori existiert noch heute. Er befindet sich auf dem Gebiet der Provinz Shimousa. Dort hatte Iizasa Chôisai Ienao eine berühmt gewordene mystische Vision, in deren Folge er seine Schule *Tenshin Shoden Katori Shintô-ryû* gründete.[57]

---

[54] Tsukahara Bokuden (1489-1571).

[55] Tsukahara lag in der Provinz Shimousa.

[56] Das *bokken* wird oft auch als *boku-tô* bezeichnet. *boku* bedeutet Holz, *tô* bedeutet Schwert. – Anm. d. Übers.

[57] Iizasa Chôisai Ienao (1387-1488). Samurai und Experte des *kenjutsu* (Schwertkampf) und des *sôjutsu* (Speerkampf). Bereits in jugendlichem Alter nahm er an verschiedenen Schlachten teil. In der Folge zog sich Ienao auf den Berg Umeki in der Nähe des Katori-Tempels, der aus dem 7. Jahrhundert v. Chr. stammen soll, zurück. Nach einer langen Zeit strenger geistiger Disziplin, des Trainings in den Kampfkünsten und des Fastens hatte Ienao eine Vision. Nachdem er tausend Tage damit verbracht hatte, mit seinem Holzschwert auf Baumstämme einzu-

Bokuden hatte also das Glück, von den Meistern zweier Schwertschulen lernen zu können, auch wenn der Schwerpunkt seiner Ausbildung auf den Lehren des Kashima-Stils lag. In seinem zwölften Lebensjahr wurde er durch Tsukahara Tosa-no-Kami Yasumoto adoptiert. Dieser war der Herr der nahegelegenen Burg und auch ein großer Anhänger der Kampfkunst mit dem Schwert. Ein Freund seines Vaters, Matsumoto Naokatsu, hatte Kotarô dem Burgherren vorgestellt. Matsumoto war ebenfalls ein ruhmreicher Samurai, der in verschiedenen Schlachten bereits Hunderte Feinde getötet hatte. Auch hatte er einst Tsukahara Yasumoto selbst die Kunst des *Kashima Shin-ryû* gelehrt, so daß seine Empfehlung, den Jungen zu adoptieren, gern angenommen wurde. Seine neue Familie gab Kotarô den Namen Tsukahara Shinemon Takamoto. Seine ungewöhnlichen Fähigkeiten wurden schnell erkannt. Er machte rasche Fortschritte. Seine Lehrer zählten zu den größten Experten der „sieben Schulen aus Kantô", welche die sieben Regionen in der Umgebung von Edo (Tokio) vertraten. Der Jüngling wurde schon bald in der ganzen Gegend für sein Können berühmt, und man gab ihm den Spitznamen „Genie aus Kantô".[58] Er war vom Schwertkampf geradezu besessen und trainierte unaufhörlich. Aber sein bescheidener und sanfter Charakter veränderte sich nicht im geringsten.

„Vater", sagte eines Tages der Jüngling zu seinem Adoptivvater, „bitte helft mir dabei, daß ich meine Schwerttechnik verbessern kann."

„Das ist sicher keine schlechte Idee", erwiderte dieser. „Aber von wem könntest du denn noch etwas lernen?"

„Um ehrlich zu sein, ich habe mir erlaubt, Matsumoto Sensei um Rat zu

---

schlagen, soll ihm die Gottheit Futsunushi in Gestalt eines Jünglings erschienen sein, der auf dem Ast eines Baumes saß, an welchem Ienao gerade hartnäckig mit dem Schwert übte. Die Gottheit soll ihm einen Text über Kampfstrategie übergeben und ihm prophezeit haben, daß er ein großer Meister des Schwertkampfes werden würde. Nach dieser klassischen Erfahrung – viele Stilgründer beriefen sich darauf, ihre Kenntnisse auf ähnliche Weise durch Tengu erhalten zu haben – gründete er seinen Kampfkunststil *Tenshin Shoden Katori Shintô-ryû* (*tenshin shoden* bedeutet göttliche Inspiration). Als er in seinem 102. Lebensjahr verstarb, hinterließ er einen Kampfstil, der härtestes physisches Training mit einer tiefen spirituellen Suche vereinte. Zu seinen Schülern zählte der Shôgun Ashikaga Yoshimasa (1435-1490). – Habersetzer, R. u. G.: Encyclopédie des Arts Martiaux. Paris: Amphora 2004.

[58] Kantô ist die Region, in der Tsukahara Bokuden aufgewachsen ist. Sie umfaßt die große Ebene im östlichen Honshû, mit den historischen Provinzen Kôzuke, Shimotsuke, Hitachi, Shimousa, Kazusa, Awa, Sagami und Musashi. – Anm. d. Übers.

fragen wegen eines neuen Lehrmeisters. Aber natürlich werde ich nichts tun, womit Ihr nicht einverstanden seid.“

„Nun gut, welchen Namen hat Matsumoto Sensei denn genannt?“

„Er sagte, daß Ihr und ich jeweils einen Namen auf ein Blatt Papier schreiben sollen, und wenn wir beide den Namen aufschreiben, den Matsumoto Sensei selbst notiert hat, dann sollte das der geeignete Lehrer sein.“

Jeder schrieb einen Namen auf ein Blatt Papier. Und tatsächlich stand auf jedem Blatt ein und derselbe Name, Kamiizumi Ise-no-Kami Nobutsuna[59]. Dieser war ein Meister des *Shinkage-ryû*. Takamoto begab sich also, versehen mit Empfehlungsschreiben seines Adoptivvaters und seines Lehrers, nach Minowa, wo sich das *dôjô* von Nobutsuna befand. Er war zu jener Zeit 17 Jahre alt.

Für die Ehre des Kamiizumi-dôjô

Kamiizumi Nobutsuna hatte früher gemeinsam mit Matsumoto Naokatsu das *Kashima Shin-ryû* erlernt. Er war schließlich in seine Heimat Minowa zurückgekehrt und hatte dort die Schule des *Shinkage-ryû* gegründet, in die er seine Kenntnisse aus dem *Shin-ryû* und die Techniken des *Aizu Kage-ryû* einfließen ließ. Letztere Kampfkunst war durch Aizu Ikôsai[60] begründet worden. Nobutsuna hatte sie von seinem Vater Hidetsuna erlernt. Der Meister aus Minowa war bereits hochberühmt, als der junge Takamoto zu ihm kam. Sein *dôjô* ähnelte einer kleinen Burg. Zu seinen Schülern zählten Hikida Bungoro, Shingo Izu, Yagyû Muneyoshi, Matsuda Oribenosuke, Okudaira Kyngasai und viele andere, die ihrerseits allesamt in der Folge bedeutende Lehrmeister des Schwertkampfes wurden.

Dank seiner Empfehlungsschreiben wurde Takamoto vorbehaltlos aufgenommen. Dies galt zumindest für den Meister. Da es sehr ungewöhnlich auf dem Gebiet der Kampfkünste war, daß ein Anwärter ohne weiteres in eine Schule aufgenommen wurde, waren die anderen Schüler zunächst skeptisch und wollten erst einmal die Fähigkeiten ihres neuen Mitstreiters mit eigenen Augen begutachten. Aber sie mußten sehr schnell erkennen, daß der Neuan-

---

[59] Kamiizumi Ise-no-Kami Nobutsuna (1508-1577). Ise-no-Kami bezeichnet die Eigenschaft Nobutsunas als Provinzgouverneur von Ise. – Anm. d. Übers.

[60] Aizu Ikôsai (1452-1538).

kömmling ihnen trotz seiner jungen Jahre gewachsen war. Nachdem er sich, wie der Brauch es verlangte, höflich vor ihnen verneigt hatte, stellte er sich jedem einzelnen der Schüler nacheinander im Wettstreit mit dem *bokken*. Er besiegte sie alle, und dies ohne die geringsten Schwierigkeiten.

Als er 21 Jahre alt war, geschah etwas Außergewöhnliches. Nobutsuna selbst forderte seinen Schüler heraus, ihn mit dem *bokken* anzugreifen, und diesem gelang es, seinen Lehrer zu besiegen. Die Nachricht verbreitete sich in Windeseile, und Takamoto wurde nun „der beste unter den Japanern aus Minowa" genannt. Nobutsuna bewies Seelengröße. Er war nicht im mindesten gekränkt, sondern freute sich darüber rückhaltlos. Er lehrte Takamoto sogar die geheimsten Lehren (*okuden*) seiner Schule. Nobutsuna ernannte ihn zu seinem Gehilfen, der nun selbst Unterricht erteilen durfte.

Wenig später hatte Takamoto Gelegenheit, sich für das Wohlwollen seines Meisters zu revanchieren. Enkai, ein räuberischer Kriegermönch (Yamabushi) von riesenhaftem Wuchs, überfiel mit einer Gruppe Yamabushi aus den in der Provinz Dewa gelegenen Haguro-Bergen das *dôjô* Nobutsunas. Dank der überragenden Fechtkünste Takamotos konnte der Angriff jedoch abgewehrt und die furchterregenden Yamabushi in die Flucht geschlagen werden. Damit war die Ehre seines Meisters und seiner Schule gerettet worden.

Das Turnier im Tempel von Kashima

Im Jahre 1511 erreichte eine Botschaft des Shôguns Ashikaga den Tempel von Kashima. Der Shôgun verlangte, daß man den besten Vertreter der „sieben Schulen von Kashima" nach Kyôto entsandte, damit er dort im Zweikampf gegen den Meister der Kaiserstadt antrat. Die „acht Schulen aus Kyôto" standen in klassischer Rivalität zu den Kampfkunstschulen aus der Gegend um Kashima, der Region Kantô. Der Herr von Kashima beschloß daraufhin, ein Auswahlturnier zu organisieren. Am dafür festgelegten Tag kamen zahlreiche Samurai nach Kashima, die gewillt waren, die Herausforderung anzunehmen und um die Ehre zu streiten, Kashima in Kyôto zu vertreten. Der Tempel, in dem es sonst sehr ruhig zuging, füllte sich mit Zuschauern, die teilweise von sehr weit angereist waren, um dem Schauspiel beizuwohnen. Jede Kampfkunstschule aus der Region Kantô stellte einen Kandidaten. Die Zweikämpfe versprachen äußerst spannend zu werden.

Dem 23jährigen Urabe Tsunetaka, einem älteren Halbbruder Takamotos, wurde die Ehre zuteil, die Schule seiner Familie zu repräsentieren. Doch die Dinge liefen nicht so ab, wie sie geplant worden waren. Von den ausgewählten sieben Kandidaten standen am Tag des Turniers lediglich vier auf dem Kampfplatz. Zwei der Anwärter waren am Abend zuvor in Streit miteinander geraten und hatten sich gegenseitig getötet. Und Tsunetaka wurde an der Teilnahme durch einen hinterhältigen Angriff gehindert: Kaum hatte er sich zu Bett begeben, sprang einem Schatten gleich ein Angreifer aus seinem Versteck und hieb ihm den rechten Arm ab. Bevor Tsunetaka in Ohnmacht fiel, konnte er noch um Hilfe rufen, was ihn wahrscheinlich vor einem zweiten, tödlichen Schwerthieb bewahrte. Natürlich konnte er unmöglich am Turnier teilnehmen. Aber als er aus seiner Ohnmacht erwachte, bat er ohne zu zögern darum, daß Takamoto unverzüglich an seiner Stelle zum Kandidaten berufen würde, damit er die Ehre der Familie und ihrer Schule verteidige.

Einer Überlieferung zufolge war es bei dieser Gelegenheit, daß der neuernannte Meisterkandidat der Familie Tsukahara, Takamoto, den Namen Bokuden erhielt. Eine andere spricht allerdings davon, daß erst viele Jahre später Takamoto selbst diesen Namen für sich wählte.

Der hinterlistige Angreifer war über die Berufung Takamotos bereits auf dem Laufenden, denn noch in derselben Nacht versuchte er, den neuen Kandidaten auf die gleiche Weise aus dem Felde zu schlagen wie seinen Bruder. Doch Bokuden schlief nicht. Er war überzeugt, daß der Angriff auf seinen älteren Bruder nur deshalb hatte erfolgreich sein können, weil dieser einen Moment lang seine Aufmerksamkeit hatte erlahmen lassen. All seine Sinne waren angespannt. Plötzlich spürte sein hellwacher Geist den *sakki*, die schreckliche Tötungsabsicht im Bewußtsein des Meuchelmörders, der sich zusammengekauert im Schatten verbarg. Er erahnte den metallischen Blitz, der aus dem Dunkel auf ihn geschleudert wurde, mehr, als daß er ihn sah, und warf sich zur Seite. Schon stand er kampfbereit, das blank gezogene Kurzschwert in der Hand. Der Angreifer stieß erneut mit seiner Lanze zu, doch er verfehlte ihn. Der Schatten des Angreifers verschwand in den Tiefen des Gartens des Hauses der Tsukahara, aber Bokuden konnte für einen Augenblick im Mondschein seine Silhouette erkennen. Mit einer knappen Bewegung schleuderte er sein Schwert in deren Richtung und traf den Flüchtigen an der linken Wade. Dennoch gelang es diesem, unerkannt zu entkommen. Bokuden setzte die Verfolgung nicht fort, er war sich sicher, ihn am nächsten Tag erkennen zu können.

一立斎廣重画
忠孝仇討圖會
團扇堂
伊賀越　柳下亭種員筆記
某侯の藩士和田志津摩伊賀国上野の城下
鍵屋が辻にて亡父の讐澤井又五郎を討
志津摩が姉聟唐木政右衛門ハ劔法の達人
にて是に助太刀なし敵の与力一流の極意を
得たる者三十六人を討取従者石留池添も
諸共に勇をふるひ首尾よく本意を遂たり
従是東南上野領
石留武助
渡辺志津摩
池添孫八
荒木政右衛門
彫工房次郎

武蔵坊弁慶
一勇斎國芳画

義經一代記
五條ノ橋之圖
源牛若丸

源平盛衰記内 頼朝初陣之圖
應需
楳堂小國政

山口藤太夫
十九

太平記長嶋合戦
十九
一寿斎
芳員画

宇治常悦
豊国画

Er hatte guten Grund zu der Annahme, daß es sich um denselben Angreifer handelte, der wenige Stunden zuvor seinen Bruder so feige überfallen hatte. Der Morgen graute bereits. Das Turnier versprach in der Tat außerordentlich interessant zu werden.

Der Vormittag war den Opferzeremonien für die Götter und den rituellen Reinigungen vorbehalten. Die Turnierkämpfe würden am Nachmittag beginnen. Der Turnierplatz im Tempelhof war durch einen Bambuszaun von den Zuschauern abgetrennt. Es wurden zahlreiche Wetten abgeschlossen. Die Regeln waren einfach. Derjenige, der aus einem Kampf als Sieger hervorgehen würde, blieb in der Einfriedung und kämpfte daraufhin mit dem nächsten Gegner. Aus Sicherheitsgründen sollten die Zweikämpfe mit dem Holzschwert ausgefochten werden. Als sein Name aufgerufen wurde, begab sich Bokuden festen Schrittes in die Mitte des Turnierplatzes. Aber als sein Gegner, ein Kämpfer namens Ogano Sadamichi, von der anderen Seite her den Platz betrat, stutzte er einen Augenblick lang. Ogano hinkte leicht. Er versuchte es sichtlich zu verbergen, aber dem aufmerksamen Blick Bokudens entging nicht, daß er das linke Bein ein wenig nachzog. Es konnte niemand anders sein, als der nächtliche Angreifer! „Ich verlange, daß der Kampf mit dem echten Schwert geführt wird!“ rief Bokuden zur allgemeinen Verblüffung laut aus.

Die Schiedsrichter versuchten ihm begreiflich zu machen, daß niemand hier Interesse an einem Kampf auf Leben und Tod hatte, aber Bokuden beharrte auf seinem Willen. Er wollte seinen Bruder rächen, der, wie er fest glaubte, von Oganos Hand verstümmelt worden war. Er erklärte den Umstehenden den Grund für seine Forderung und verlangte, daß Ogano seine linke Wade entblöße. Oganos Gesicht wurde bleich, und er verlangte Genugtuung für diese unerhörte Beleidigung. So sollte der Kampf also mit scharfer Klinge ausgefochten werden! Die Schiedsrichter bewahrten die Fassung und willigten schließlich ein. Die Zuschauer verstummten, ergriffen von der Dramatik der Ereignisse. Bokuden blickte haßerfüllt auf seinen Gegner, während jener leicht auf seinem verletzten Bein schwankte. Einer von ihnen würde sterben.

Ogano ging mit erhobenem, gegen die Brust Bokudens gerichtetem Schwert vor, während letzterer den Abstand mit kleinen Gleitschritten aufrechterhielt und sehr langsam das Schwert schräg über seine rechte Schulter hob. Die Spannung war nahezu unerträglich. Plötzlich ergriff Bokuden die Initiative und verkürzte den Abstand, der ihn von seinem Gegner trennte. Sofort griff

Ogano an, und genau das war es, was Bokuden gewollt hatte. Bokuden drehte sich zur Seite, parierte und schlug zurück. Ogano verspürte einen scharfen Schmerz im Ellbogen. Er stürzte zu Boden und sah zu seinem Entsetzen, daß dort bereits sein rechter Unterarm in einer Blutlache lag. Ogano wurde vom Turnierplatz getragen und zu den Seinen gebracht, wo seine Wunde versorgt wurde. Doch eine derartige Entehrung vermochte er nicht zu ertragen. Kaum, daß man ihn allein gelassen hatte, beging er nach allen Regeln den rituellen Selbstmord, *seppuku*.

Samurai mit Lanze.

Nun waren noch vier Kontrahenten im Spiel. Higuchi Mitsuyoshi, der den *Nen-ryû* praktizierte, Matsumoto Masanobu Naokatsu, Bokudens alter Lehrer, der im Turnier den *Shin-ryû* vertrat, Kamei Shinjûrô, ein Kämpfer mit der Lanze (*yari*) aus dem *Muhen-ryû*, den man den „Phönix der Lanze" nannte, und schließlich Bokuden, der für den *Shinkage-ryû* eingeschrieben war, da er am Turnier als Schüler Kamiizumi Nobutsunas teilnahm. Jeder der vier galt als herausragender Meister, und die Zuschauer durften einen Wettkampf ersten Ranges erwarten. Zunächst wurden Kamei Shinjûrô und Higuchi Mitsuyoshi aufgerufen. Bokuden beobachtete sehr aufmerksam ihren Kampf, denn gegen den Sieger würde er möglicherweise antreten müssen. Große Überraschungen gab es nicht. Kamei Shinjûrô setzte seine Lanze mit großem Geschick ein, und Higuchi Mitsuyoshi wehrte die Angriffe nicht minder geschickt ab. Doch sein *bokken* war gegenüber der Lanze einfach zu kurz, und all seine Ausweichmanöver bewahrten ihn nicht davor, das Gleichgewicht zu verlieren und zu Boden zu fallen. Er hatte versucht, seinem Gegner allzu nahe zu kommen, und das hatte sich als taktischer Fehler erwiesen. Bokuden dachte, daß es klüger gewesen wäre, die Lanze von Kamei Shinjûrô anzugreifen, statt ihren Träger zu attackieren.

Tatsächlich wurde er als nächster in die Umzäunung gerufen. Entschlossen

Samurai mit Schwert.

ging er in Bereitschaftsstellung. Shinjûrô begann sogleich, ihn mit der Lanze anzugreifen, mit Stößen und fegenden Schlägen, doch es gelang ihm, allen Angriffen auszuweichen. Plötzlich schlug Bokuden mit außerordentlicher Gewalt sein *bokken* gegen den Lanzenschaft, so daß dieser glatt zerbrach. Wie ein Wirbelwind drehte er sich um die eigene Achse und griff Shinjûrô von der Seite an. Aber in diesem Moment ereignete sich etwas Seltsames. Vor den wie versteinert dastehenden Zuschauern schwang sich Shinjûrô, seinem Namen „Phönix der Lanze" gerecht werdend, auf den Rest seiner Waffe gestützt, vertikal in die Höhe und über den Vorhang hinweg, hinter dem die Kandidaten darauf warteten, den Turnierplatz zu betreten, bevor Bokuden ihn auch nur mit seinem *bokken* berühren konnte. Ein großer Tumult brach aus. Die Zuschauer schrien vor Begeisterung, aber es gab auch Wutschreie von jenen, die mit hohem Einsatz auf Shinjûrô gewettet hatten. Doch Shinjûrô kam nicht auf den Turnierplatz zurück. Man raunte, daß er eine Technik, die den Namen „Flug des Tengu" (*Tengu tobi kiro-no-jutsu*) trug, eingesetzt hatte. Die Schiedsrichter diskutierten kurz miteinander und erklärten darauf Bokuden zum Sieger.

Ein Kampf blieb noch zu bestehen. Bokuden mußte gegen Matsumoto Masanobu antreten, und dieser war nicht irgend jemand. Nicht nur, daß Matsumoto doppelt so alt war wie er und sein Ruf als vollendeter Krieger unerschütterlich war – er war einst sein Lehrer gewesen und Schüler seines Vaters!

Bokuden hatte ihm vieles zu verdanken, und das Bewußtsein davon machte die Angelegenheit für ihn nicht einfach. Dennoch fand der Kampf statt, und er war von Anfang bis Ende vom Geiste gegenseitigen Respekts durchdrungen. Matsumoto verfügte über größere technische Erfahrung, Bokuden über die Energie der Jugend. Plötzlich zerbrach Bokudens *bokken* unter einem Schlag der gegnerischen Waffe. Er warf den Rest des Holzschwertes zu Boden und verlangte, daß der Kampf unbewaffnet, mit bloßen Händen fortgesetzt würde. Dies war eine in solchen Situationen verbreitete Praxis. Matsumoto, der ein ehrenhafter Mann war, warf sofort seine eigene Waffe weg. Die beiden Männer ergriffen einander und rollten über den Boden. Dem 44jährigen Krieger ging bald der Atem aus. Mit einer raschen Bewegung setzte Bokuden Matsumoto seine Handkante an die Kehle. Wäre es eine Klinge gewesen, so wäre Matsumoto ein toter Mann gewesen. Die Schiedsrichter erklärten, daß Matsumoto den Kampf mit dem Schwert gewonnen habe und Bokuden den unbewaffneten Kampf. Das Ergebnis sei deshalb unentschieden. Matsumoto jedoch erklärte edelmütig seinen ehemaligen Schüler zum Gewinner. Auf diese Weise wurde Tsukahara Bokuden zum Meisterkandidaten gekürt, der zum Turnier, das bald in der Kaiserstadt Kyôto stattfinden sollte, antreten würde.

Die feinste Klinge Japans

Es gab sehr viele Schwertkämpfer in Kyôto, seit zu Anfang des 14. Jahrhunderts der Sitz der Militärregierung, des Bakufu, von Kamakura dorthin verlagert worden war. Kyôto war seither das politische und kulturelle Zentrum des Landes und auch Hauptstadt der Kampfkünste. Die Legende besagt, daß die „acht Schulen von Kyôto" auf den buddhistischen Mönch Kiichi Hogen zurückgingen, der im 11. Jahrhundert eine besondere Schwertkampfkunst entwickelt haben soll. Weiter heißt es, daß er diese Kunst acht Mönchen vom Berg Kurama gelehrt habe, von denen jeder in der Folge eine eigene Schule gründete. Sämtliche Schwertkämpfer aus Kyôto gehörten einer dieser Schulen an. Alle acht Schulen vermittelten eine Kampfkunst auf gleichermaßen hohem Niveau. Auch in Kyôto gab es demzufolge ein Auswahlturnier in Vorbereitung des großen Wettkampfes. Es fand im Garten des Ministers Hosokawa statt. Am Ende standen sich der 47jährige Okamoto Shunko und der 31jährige Ochiai Yoshitsugu gegenüber. Es gab in diesem letzten Kampf keinen klaren Sieger, aber die Schiedsrichter erklärten schließlich Okamoto Shunko zum Gewinner. Diese Entscheidung wurde durch den darüber in höchstem Maße erzürnten Ochiai angefochten, aber seinem Einspruch wurde nicht stattgegeben.

Somit war entschieden, daß Okamoto Shunko in den Tempelgärten von Kiyomizu (Kiyomizu-dera) in Gegenwart des Shôguns Ashikaga Yoshitada gegen Bokuden zum Zweikampf antreten würde. Am Tag der Entscheidung drängten sich zahlreiche Vasallen des Shôguns und angesehene Persönlichkeiten aus Kyôto um den Turnierplatz, der durch Stoffbahnen von den Zuschauern getrennt war. Die beiden Meisterschaftskandidaten erschienen. Sie verneigten sich ehrfurchtsvoll vor dem Shôgun, dann vor den Schiedsrichtern und nahmen schließlich wenige Meter voneinander entfernt Bereitschaftshaltung ein. Bokuden sah seinen Gegner, der vom Alter her sein Vater hätte sein können, zum ersten Mal. Er konzentrierte sich auf seine Atmung und versuchte, seine Aufmerksamkeit nicht vom gegnerischen *bokken* fesseln zu lassen, das völlig bewegungslos im Raum zu stehen schien. Als er plötzlich angriff, war es, als hätte sein Schwert die Entscheidung hierfür gefällt, der Regel entsprechend, daß das Schwert gleichsam aus der Oberfläche eines ruhigen Gewässers hervorbrechen möge. Okamoto parierte den Schlag, wie Bokuden es erwartet hatte. Aber der junge Kämpfer hatte den Schlag nicht mit vollem Einsatz geführt, so daß er sein *bokken* blitzschnell zurückziehen und unmittelbar darauf einen heftigen Schlag auf die gegnerische Waffe ausführen konnte. Das *bokken* Okamotos zerbarst, und Bokuden, der seine Waffe vollendet unter Kontrolle hatte, setzte energisch deren Spitze an den Hals des Gegners. Der Kampf war beendet. Er war nun unangefochten der beste unter den Schwertkämpfern Japans, und der Bericht von dem Kampf verbreitete sich in Windeseile in der Stadt und bald auch im ganzen Lande.

Bokuden beschloß, für einige Zeit in Kyôto zu bleiben. Seine Berühmtheit war bereits so groß, daß er regelmäßig von den Persönlichkeiten der Stadt eingeladen wurde. Auch führte sein Ruf schon sehr bald verschiedene Schwertkämpfer zu ihm, die ihn darum baten, von ihm unterrichtet zu werden. Es heißt, daß die Erfindung des Bambusschwerts auf ihn zurückgeht, auch wenn manche Chronisten sie Kamiizumi Hidetsuna, der eine Generation später auf den Plan trat, zuschreiben. Das Bambusschwert, *fukuro-shinai*, bestand aus Bambuslamellen, die in eine Lederhülle gestopft wurden. Es war dafür bestimmt, das *bokken* für die Trainingskämpfe im *dôjô* zu ersetzen. Die Schläge wurden durch die verhältnismäßig flexible Klinge gedämpft. Diese Erfindung erlaubte sehr harte Trainingspraxis, ohne daß dabei schwere oder gar tödliche Unfälle, wie sie beim Umgang mit dem *bokken* oft vorgekommen waren, in Kauf genommen werden mußten.

Mit 23 Jahren war Bokuden bereits eine Persönlichkeit ersten Ranges. Keinem, der ihm beim Fechten zusah, konnte sein ausgeprägtes Gespür für den Kampf entgehen. Exemplarisch hierfür ist die folgende verbürgte Begebenheit. Eines abends war er bei Rokkaku, einem hohen Herrn, zum Abendessen geladen gewesen. Nachdem er sich verabschiedet hatte, begleitete ihn ein Diener zum Ausgang, der sich am Ende eines langen Korridors befand. Plötzlich befiel ihn ein deutliches Gefühl drohender Gefahr. Es äußerte sich in einem anhaltenden Schauder entlang seiner Wirbelsäule. Ohne auch nur einen Augenblick nachzudenken, zog er in dem Moment, als er an einem großen Wandschirm vorüberging, sein Kurzschwert, das *wakizashi*. Seine Bewegung war kaum wahrnehmbar, aber der leichte Stoff zerriß und färbte sich sofort mit Blut, und es war ein dumpfes Geräusch hinter dem Schirm zu vernehmen. Der Diener rief sogleich um Hilfe, und man entdeckte hinter dem Schirm die in sich zusammengesunkene Gestalt eines schwarzmaskierten Mannes, dessen Körper von der Schulter bis zum Bauch aufgeschlitzt war. Die Verblüffung wuchs noch mehr, als man den Leichnam als den des Ochiai Yoshitsugu identifizierte, jenes Kämpfers, der so vehement gegen den Sieg Okamoto Shunkos Einspruch erhoben hatte. Er hatte die Kränkung, daß der Fremdling Bokuden die örtlichen Meister deklassiert hatte, nicht ertragen können. Als man Bokuden fragte, warum er denn nicht daran gedacht habe, sein *katana* zu verwenden, das über eine längere Klinge verfügte, antwortete er ganz selbstverständlich, daß er wohl intuitiv daran gedacht haben mußte, daß auf diese Entfernung und in einem solch engen Korridor sein Langschwert nicht geeignet gewesen wäre, denn es wäre ihm nicht einmal die Zeit geblieben, es zu ziehen.

Der Kenshi

Bokuden war zum unangefochtenen Meister geworden. Er galt nun als *kenshi*, als „Heiliger des Schwerts“, dessen Fähigkeiten die der gewöhnlichen Sterblichen überstiegen. Die Schnelligkeit, mit der er seine Techniken ausführte, und dies stets vollkommen beherrscht und auf natürlichste Weise, grenzte ans

Wunderbare. Er war *das* Gesprächsthema in Kyôto. Natürlich waren auch etliche Frauen in den schönen jungen Mann verliebt, der so voll Kraft und Anmut war. Nachdem er sechs Monate lang in der Stadt geweilt hatte, entschloß er sich dennoch, sie zu verlassen, nicht ohne zu versprechen, wiederzukommen. In dieser Zeit geschah es, daß er Yuki kennenlernte, die Tochter eines Priesters im Tempel von Kashima.

Dies ereignete sich während eines Festessens, das im Frühjahr anläßlich des Kirschblütenfestes stattfand. Bokuden saß am selben Tisch wie Okamoto Toshinao, der Sohn Okamoto Shunkos, den er während des Turniers von Kyôto besiegt hatte. Toshinao war während des Turniers nicht in Kyôto gewesen, und er hatte nicht begreifen können, wie es möglich gewesen war, daß sein Vater den Zweikampf verloren hatte. Er hatte daraufhin Bokuden zum Kräftemessen herausgefordert, doch dieser hatte ihn im friedlichen Wettstreit klar besiegt. An jenem Tage sah er seine Chance für eine Revanche gekommen, und dies vor einem großen Publikum. Unverhofft erhob er sich von der Tafel und ging in den Garten zu einem Kirschbaum. Alle Blicke folgten ihm. Man sah kaum, daß er eine Bewegung gemacht hatte, aber alle hatten seinen kraftvollen *kiai*[61] vernommen. Verblüfft sahen die Gäste, daß Toshinao in der Linken einen abgetrennten Zweig des Kirschbaums hielt und in der Rechten sein *katana*, während Blütenblätter auf ihn herabschneiten. Toshinao begab sich zu einer jungen Frau und überreichte ihr den Zweig mit den folgenden Worten: „So ist es am Hofe von Kyôto Brauch, wenn ein Mann der schönsten Frau einer Gesellschaft die Ehre erweisen will." Dabei warf er einen kurzen, selbstgefälligen Blick auf Bokuden, während die Höflinge ihm für seine Glanzleistung applaudierten.

Bokuden fühlte sich genötigt, es Toshinao gleich zu tun, auch wenn es ihm widerstrebte. Nach einigem Zögern zuckte er mit den Schultern und begab sich ebenfalls zu dem Baum. Man vernahm kaum seinen *kiai*, den er mit sehr

---

[61] *Kiai*: jpn. In der Praxis des *budô* ein Kampfschrei, der in der entscheidenden Phase einer Technik ausgestoßen wird und der die Einheit von Willen und Handlung zum Ausdruck bringt. Einen *kiai* ausstoßen bedeutet, seine Energie, *ki*, gegen den Gegner zu richten. Tatsächlich kann ein *kiai* auch lautlos sein (*kensei*). In der Regel handelt es sich jedoch um einen im Bauch (*hara*) gebildeten Laut. Der *kiai* ist sowohl eine Geisteshaltung (*shin*) als auch eine Technik (*waza*, *gi*) der Stimme. Es ist die Kunst, all seine physische und mentale Energie mit unerschütterlicher Entschlossenheit auf ein Objekt zu fokussieren. – Habersetzer, R. u. G.: Encyclopédie des Arts Martiaux. Paris: Amphora 2004.

tiefer Stimme ausstieß. Schon steckte sein Schwert wieder in der Scheide, und er hielt einen Kirschzweig in der rechten Hand. Kein einziges Blütenblatt taumelte zu Boden. Vor einer Zuschauerschaft, die vor Ergriffenheit stumm war, überreichte er Yuki, in die er verliebt gewesen war, seit er sie zum ersten Male gesehen hatte, den Blütenzweig.

Zutiefst verärgert beschloß Toshinao, die Schmach mit Blut zu bereinigen. Als der Abend kam, verbarg er sich im Garten und wartete den Einbruch der Nacht ab. Das Schicksal schien ihm zu lächeln, denn während des Abends verließ Bokuden die Festgesellschaft und ging in den Garten, um sich ein wenig an die frische Luft zu begeben. Er setzte sich auf einen Stein, um die Sterne zu betrachten. Kaum hatte er Platz genommen, kam ein zahmes Reh zu ihm und ließ sich von ihm den Kopf streicheln. Aber sein außerordentliches Gespür für drohende Gefahr ließ ihn auch diesmal nicht im Stich. Er fühlte plötzlich, wie dem Dunkel des Gartens ein leichter, unerklärlicher Windhauch entströmte. Ohne etwas zu sehen, wußte er ohne den geringsten Zweifel, daß sich vor ihm jemand befand, der bereit war, mit seiner Lanze einen tödlichen Stoß gegen ihn zu führen. Plötzlich erklang das Geräusch von Metall, das auf Stein schlägt. Toshinao hatte seine Waffe fallenlassen. Das Schwert, daß Bokuden mit der linken Hand gezogen hatte, hatte ihn von oben nach unten aufgeschlitzt. Die rechte Hand Bokudens, der noch immer auf dem Stein saß, hatte unterdessen ruhig auf dem Hals des Rehs gelegen.

Eine andere Geschichte über den berühmten *kenshi* erzählt davon, wie er im Gebirge dem Samurai Asakura Shûzen begegnete. Ein unerbittlicher Kampf entspann sich, und Bokuden geriet ernsthaft in Bedrängnis. Schließlich ließ er sich absichtlich vom *wakizashi* Shûzens an der linken Schulter treffen, um Gelegenheit zu einem entscheidenden Gegenschlag zu bekommen. Mit einem Rückhandschwertstreich trennte er daraufhin seinem hartnäckigen Gegner das Haupt vom Rumpf.

Auch wenn er diesen Kampf gewonnen hatte, so ging ihm an jenem Abend doch der Gedanke durch den Kopf, daß es im Lande wahrscheinlich etliche Samurai gab, die zwar kaum bekannt waren, aber deren kämpferische Fähigkeiten tatsächlich so groß waren, daß seine Schwerttechnik ihn nicht sicher vor bösen Überraschungen schützen würde. Er grübelte lange darüber nach, und das Gesicht Aizu Ikôsais trat vor sein inneres Auge. Dieser Mann von 65 Jahren war Schiedsrichter bei seinem letzten Kampf in Kyôto gewesen. Er hatte ihm dafür gratuliert, daß es ihm gelungen war, den Mordversuch Ochiai

Yoshitsugus, der hinter dem Wandschirm auf ihn gelauert hatte, vereitelt zu haben. Er erinnerte sich an die Worte, die er zu ihm gesagt hatte, und deren Sinn er bisher nicht vollständig hatte begreifen können: „Seid nachsichtig gegenüber dem, was ich Euch sagen werde, denn nur ein alter Mann, wie ich es bin, darf es sich erlauben, solches zu sagen. Es ist sehr gut, daß es Euch gelungen ist, die Mordabsicht von Ochiai zu erfassen. Das hat Euch zweifelsohne das Leben gerettet. Aber Ihr seid noch nicht zum höchsten Wissen gelangt, denn hättet Ihr die Mordabsicht früher wahrgenommen, dann hättet Ihr nicht nur Euch selbst, sondern auch Ochiai das Leben retten können. Ihr müßt wissen, in meinem Alter zieht man es vor, zu handeln, ohne zu töten."

Das ist es, dachte Bokuden. Er brauchte noch etwas anderes als seine Geschicklichkeit. Aizu Ikôsai hatte es auf den Punkt gebracht. Jener hatte ihm anvertraut, daß er sich in seiner Jugend in eine Höhle auf der Insel Kyûshû zurückgezogen hatte, um dort zu meditieren und für sich allein zu trainieren. Es hieß, daß Aizu Ikôsai dort echte Erleuchtung erfahren hatte, die zweifelsohne auf das Eingreifen einer Gottheit zurückzuführen war. In der Folge hatte er seine eigene Kampfkunstschule gegründet, das *Kage-ryû*, die Schule des Schattens. Nachdem ihm all diese Gedanken und Erinnerungen durch den Kopf gegangen waren, faßte Bokuden einen Entschluß. Auch er würde sich in die Einsamkeit zurückziehen, und zwar für nicht weniger als tausend Tage!

Die eintausend Tage

Sennichi-gyô, die tausendtägige Übung, war der Name des Rituals, das Bokuden vollziehen wollte. Tatsächlich verstand man darunter weit mehr als bloßes körperliches Training. In der Einsamkeit und der Kargheit eines verlorenen Zufluchtsorts in den Bergen zu trainieren, verlangte eine außerordentliche geistige Hingabe. Gelangte man auf diesem Weg an seine physischen Grenzen, so war es möglich, auch die Grenzen des gewöhnlichen Bewußtseins zu überschreiten. Auf diese Weise konnte der einsame Kämpfer in der unmittelbaren Handlung eine solche Einheit aus Körper und Geist erreichen, daß er zu geradezu übernatürlicher Effektivität gelangte. Alle großen Meister der Kampfkünste haben durch solch eine hingebungsvolle Askese die höchste Stufe ihrer Kunst erreichen können. Hinzu kommt, daß zahlreiche Legenden davon berichten, daß die berühmten Tengu, Berggeister, die halb Mensch und halb Vogel waren und von denen es hieß, daß sie unübertreffliche Meister im Schwertkampf waren, manchem Auserwählten ihr Wissen zukommen ließen. Jene, denen dieses Geschenk zuteil wurde, mußten sich jedoch dessen erst als würdig erweisen, indem sie sich langewährendem harten Training und Selbstkasteiung hingegeben hatten.

Tengu.

Bokuden wählte den Tempel von Kashima als seinen Rückzugsort, nachdem er die Erlaubnis des obersten Tempelpriesters eingeholt hatte. Drei Jahre lang würde für ihn die Welt an den Grenzen dieses Tempels enden. Sein Dasein wurde nun bestimmt durch Abgeschiedenheit, Meditation, Übungen mit dem Schwert, Fasten und Reinigungsrituale. Auf diese Weise gelangte er mehr und mehr zur Einheit mit seiner natürlichen Umgebung, deren Rhythmus er im Laufe der Zeit zu fühlen und deren Sinn er zu begreifen begann. Er atmete mit den Bäumen und gewann das Gefühl, die Sprache der Vögel zu verstehen. Er empfand sich nur noch als winzigen Teil eines großen Ganzen. Er hatte die Grenzen des gewöhnlichen Bewußtseins gesprengt. Er war zum reinen *Dasein* gelangt. Und eines Tages hatte er eine Vision der Art, wie sie gemäß der Überlieferung nur den Menschen reinen Herzens gegeben wird. Bereits unzählige Tage war er damit beschäftigt gewesen, mit seinem *bokken* unermüdlich gegen Bäume zu schlagen, als handelte es sich um reale Gegner. Plötzlich nahm er mit äußerster Deutlichkeit wahr, daß der gesamte Wald um ihn herum zum Leben erwacht war und daß Dutzende Bäume sich unverhofft in Schwerter verwandelt hatten, die ihn aus allen Richtungen angriffen. Er war bereits am Rande der Entkräftung und fühlte sich rettungslos umzingelt. Mit letzter Kraft sammelte er seine Aufmerksamkeit, die durch die Vielzahl der Bedrohungen zerstreut gewesen war, um wenigstens einen der gesichtslosen Gegner mit sicherem Schlag niederstrecken zu können, bevor er unter der Übermacht zugrunde ging. In diesem Augenblick geschah etwas Außerordentliches. Es schien ihm plötzlich, als würden all die vorgespiegelten Schwerter zu einem einzigen Schwert verschmelzen, das gegen ihn gerichtet war. Er hatte die Wahrnehmung eines Pfeils aus reinem Licht, der seinen Geist durcheilte, und aus der Tiefe seines Herzens stieg die Offenbarung empor: „Selbst Millionen Schwerter werden zu einem einzigen Schwert." Und sein *bokken*, das nach vorn zeigte, war mit einem Mal von einer eigenen Kraft durchdrungen, der des Tengu von Kashima. Bokuden hatte seine eigene Wahrheit gefunden. Er nannte seine neue Technik *Hitotsu-no-tachi*, „ein einziges Schwert". Später würden seine Schüler sie als *Bokuden-ryû* oder auch als *Shintô-ryû* oder als *Kashima Shintô-ryû* bezeichnen.

Bokuden wandte von nun an seine Erkenntnis auf all seine Schwertkampftechniken an, wodurch er alles, was er bis dahin gekannt hatte, auf eine neue Ebene hob. Außerdem nahm er Schüler an. Sein Name wurde bald in ganz Japan bekannt. Kampf war für ihn nun nichts weiter als ein Spiel geworden, denn seit seinem Erlebnis in den Bergen hatte er ein vollendetes Selbstvertrauen gewonnen und sah sich allen Situationen gewachsen.

Im Alter von 45 Jahren erlitt er einen Schicksalsschlag, der ihn zutiefst erschütterte. Seine Frau starb. Er entschied sich jedoch, seine Lehrtätigkeit fortzuführen, damit sein Leben nicht seinen Zweck verlor. Tausende Schüler aus dem ganzen Land lernten bei ihm die Kunst des Umgangs mit dem Schwert.

1552, 40 Jahre nach dem denkwürdigen Turnier von Kiyomizu-dera, kehrte er nach Kyôto zurück. Dort wurde er der Lehrer im Schwertkampf und im Kampf mit der Lanze für den jungen Shôgun Ashikaga Yoshiteru. Bokuden zählte zu jener Zeit 63 Jahre, und sein erlauchter Schüler war 17. Beide achteten einander und gewannen zueinander Vertrauen. Bokuden empfand respektvolle Zuneigung zu dem jungen Mann, der sein Enkel hätte sein können. Er blieb jedoch nur ein Jahr in Kyôto. Ashikaga Yoshiteru wurde später Opfer einer jener blutigen Palastrevolten, wie sie das Land damals häufig erlebte. Im Jahre 1566 wurde der Shôgun durch Gefolgsleute von Matsunaga Hisahide angegriffen, und er nahm sich, nachdem er sich bis zuletzt hartnäckig gegen seine Feinde verteidigt hatte, das Leben.

1553, nach seinem einjährigen Aufenthalt in Kyôto, wollte Bokuden auf der Handelsstraße von Tôkaidô, die Kyôto mit Edo verband, reisen, aber sein Weg führte ihn zunächst zum Daimyô Kitabatake Tomomori, dem Herrn der Provinz Ise. Jener besaß ebenfalls den Ruf, ein hochbegabter Schwertkämpfer zu sein, und er bat Bokuden, eine Zeitlang sein Gast zu sein und ihn die Feinheiten seiner Kunst zu lehren. Bokuden glaubte, daß der 35jährige Daimyô in der Lage sein könnte, seine Technik des *Hitotsu-no-tachi* zu begreifen. Man sagt, daß er ihm in der Folge das Wesen seiner Kampfkunst beigebracht habe.

Bokuden hatte im Alter viele hochrangige Schüler, so zum Beispiel die Generäle Hosokawa Fujitaka, Yuki Masakatsu, Miyoshi Nagayoshi, und auch bereits renommierte Meister wie Saitô Denki, Matsuoka Noritaka oder Makabe Domu nahmen bei ihm Unterricht. Alles in allem beriefen sich Tausende Schüler auf ihn, manche zu Recht, andere zu Unrecht.

Zwischen seinem 21. und seinem 72. Lebensjahr nahm er darüber hinaus für den Herren der Provinz Awa an 37 Kriegen teil, in deren Verlauf er mit eigener Hand 212 Menschen getötet haben soll, selbst jedoch nur 6mal durch Pfeile verwundet wurde.

Auch focht er an die 100 Zweikämpfe mit dem *bokken* aus, aus denen er stets als Sieger hervorging. Etwa 20 Meister traten gegen ihn im realen Duell an, von denen keiner den Kampfplatz lebend verließ.

Am Ende seines Lebens fühlte er, daß seine Gewandtheit nachzulassen begann. Er beschloß, sich wieder ins Gebirge zurückzuziehen und dort über den *Weg*[62] nachzudenken. Er begriff schließlich, daß der Weg des Schwertes ein zweifacher war: Die Übung mit dem blanken Schwert stand für das Leben, und die Meditation über das in der Scheide steckende Schwert war die Kontemplation des Lebens und führte zu dessen tiefstem Verständnis in Stille und Bewegungslosigkeit. Schwert und Zen waren eins.[63]

Viele junge Samurai suchten den weißhaarigen alten Meister in seiner Klause auf und baten ihn um Unterweisung in seiner Kunst, und mitunter gab er solchen Bitten statt.

---

62 Das komplexe Konzept des „Weges“ wird als *dô* bezeichnet. Der japanische Begriff *dô* bezeichnet gleichermaßen einen Zustand wie ein Voranschreiten. Es ist der Weg der Weisen, der einem auch im Konfuzianismus begegnet. Um diesen Weg beschreiten zu können, bietet der Ferne Osten verschiedene Techniken, die, werden sie erst einmal beherrscht, zu einem „richtigen“ Körper führen, in dem die innere Energie frei zirkulieren kann und die damit dem Geist ermöglicht, ebenfalls „richtig“ zu werden. Welche der Techniken hierfür genutzt wird, ist nicht von Belang. Ob es sich um *chadô*, den Weg des Tees, *ikebana (kadô)*, den Weg der Blumen, *budô*, den Weg der Kampfkünste handelt, immer ist die Technik nichts weiter als ein Mittel zu dem Ziel, ein vollendeter Mensch zu werden. – Habersetzer, R.: Koshiki Kata – Die klassischen Kata des Karatedô. Chemnitz: Palisander Verlag 2005.

63 *Ken zen ichi*: jpn. „Schwert und Zen sind eins.“ Aphorismus von Takuan Sôhô Zenshi (1573-1645), einem buddhistischen Mönch der Rinzai-shu-Richtung des Zen-Buddhismus. Er war

Tsukahara Bokuden, einer der größten *kenshi*, die Japan gekannt hat, starb 1571, im zweiten Jahr der Genki-Ära, im Alter von 83 Jahren friedlich in seinem Bett. Am Fuße eines Hügels von Kashima ist noch heute sein Grab zu sehen, nahe dem seiner Gemahlin. Es heißt, daß sich an jenem Ort gelegentlich seltsame Dinge abspielen. So wird berichtet, daß dort nachts mitunter ein weißer Blitz aus dem Boden schlägt, gefolgt von einem Windhauch, der den Wald von Kashima durchweht.

Bokuden ist es nicht gelungen, seine Kunst vollkommen weiterzugeben. Man kann vielleicht davon ausgehen, daß der Daimyô Kitabatake das Wesentliche von ihm übernommen hat und dies Tsukahara Hikoshirô, dem Adoptivsohn Bokudens vermittelt hat, der es nicht geschafft hatte, zu Lebzeiten seines Vaters die höchste Stufe der Schwertkampfkunst zu erreichen. Doch beide Männer starben, bevor es ihnen vergönnt war, ihr Wissen weiterzugeben. Kitabatake beging im Jahre 1576 Selbstmord, nachdem er zuvor etwa 20 der Angreifer getötet hatte, die ihn bedrängten. Hikoshirô verlor bei einer 1591 stattfindenden Schlacht gemeinsam mit seinem Sohn Gozaemon das Leben. Niemand kann daher heute mit Sicherheit sagen, was heute noch von der Kunst des *Hitotsu-no-tachi* übriggeblieben ist. Doch es ist denkbar, daß manche *kenjutsu*-Schulen, deren Meister auf ihrem Weg Bokuden begegnet sind, zumindest teilweise das Wesentliche der Kunst des „Genies aus Minowa" in ihre Lehren integriert haben.

Die alten Chronisten und Historiker berichten allesamt, daß Tsukahara Bokuden ein Genie des Schwertes war, eine jener Ausnahmeerscheinungen, wie sie jede Generation nur ein einziges Mal hervorbrachte. Über ihn werden zahllose Geschich-

---

außerdem Poet, Maler, Kalligraph, Meister der Teezeremonie (*chadô*) und Meister im Schwertkampf. Er ist berühmt für seine Schriften über das Verhältnis von Zen und den Kampfkünsten seiner Zeit, insbesondere mit Bezug auf das *kenjutsu*. 1608 wurde er Vorsteher des Daikoku-ji-Tempels von Kyôto. Auf Bitte des Shôguns Tokugawa Iemitsu begab er sich nach Edo (Tokio) und gründete den Tempel Tôkai-ji in Shinagawa. Auf Wunsch seines Schülers und Freundes Yagyû Munenori verfaßte er einen Brief (*taiaki*), welcher tatsächlich eine echte Anleitung für die Praxis der Kampfkünste im Geiste des Zen darstellt (*fudûchi shinmyû roku*). Darin entwikkelt er das Konzept des *mushin* („leerer Geist", Zustand der Absichtslosigkeit) und stellt vor allem die Beziehung zwischen dem Geistigen (*ri*) und der Technik (*gi* oder *waza*) heraus, die er in seinem berühmten Aphorismus „Schwert und Zen sind eins" zusammenfaßt. Seine Lehren beeinflußten auch die Forschungen seines Zeitgenossen Miyamoto Musashi. – Habersetzer, R. u. G.: Encyclopédie des Arts Martiaux. Paris: Amphora 2004.

ten erzählt, von denen einige ohne Zweifel stark übertrieben sind, denn selbst für einen kenshi, einen „Heiligen des Schwerts" gibt es Taten, die er nicht vollbringen kann. Manche Volkserzählungen sind auch offenkundig historisch falsch. So wird beispielsweise berichtet, daß Bokuden Sasaki Kojirô die „Kunst, die Schwalbe im Flug zu töten" beigebracht haben soll, eine Schwerttechnik, durch die Kojirô berühmt wurde. Eine andere Geschichte besagt, daß auch Miyamoto Musashi, der Kojirô in einem Duell tötete, ebenfalls Schüler Bokudens gewesen sein soll und von ihm die „Kunst des Flugs des Dämonen" gelernt haben soll. Tatsächlich war jedoch Miyamoto zum Zeitpunkt des Todes Bokudens erst 13, und sein späterer Kontrahent war sogar noch jünger an Jahren. Auch für die Geschichte von den „drei Söhnen des Bokuden"[64], eine jener berühmten „Dôjô-Geschichten", gilt, daß sie aller Wahrscheinlichkeit nach zu den Legenden gehört, wie sie unvermeidlich nach dem Tode jedes außergewöhnlichen Menschen gesponnen werden.

Doch Tsukahara Bokuden hat genügend Spuren in seiner Zeit hinterlassen, so daß es möglich ist, ein Bild von ihm zu gewinnen, das der Wirklichkeit sehr nahe kommt. Er war ein außergewöhnlich begabter Kämpfer, und dies seit seiner frühesten Jugend. Sein Ruf war bereits zu seinen Lebzeiten so groß, daß Schüler aus ganz Japan zu ihm kamen, und er war der Lehrer von Tausenden. Unter ihnen waren große Generäle, wie z. B. Ashikaga Yoshiteru, der Shôgun wurde, Kitabatake Tomomori, der Daimyô der Provinz Ise, Hosokawa Fujitaka oder Yuki Masakatsu. Begab Bokuden sich auf Reisen, wurde er stets von mehreren hundert seiner Anhänger, zu Fuß oder zu Pferd, eskortiert, als wäre er ein großer Herr. Solcher Ruhm und solche Ehre waren allerdings in jenen unruhigen Zeiten, die durch die Feudalkriege der Muromachi-Zeit geprägt waren, nicht ungewöhnlich für eine starke Persönlichkeit. Doch darüber hinaus blieb Bokuden einem Lebensideal verpflichtet, das bereits die Haltung der großen Samurai der nachfolgenden Ära, der Edo-Zeit (1603-1868) vorwegnahm. Dieser faszinierende Mensch, in dem sich ein außergewöhnlich starker Geist mit einem Körper, der wie für den Kampf geschaffen war, vereinte, wich zeit seines Lebens nicht von diesem Ideal des Weges des Schwertes ab.

Zudem war Bokuden einer der ersten Meister des Schwertkampfes, die danach strebten, in das Innerste ihrer Kunst vorzustoßen und die stärker an der spirituellen als an der technischen Seite der Schwertkampfkunst interessiert waren. Er war der erste, der die Theorie aufstellte, daß das Wesen der Kampfkunst darin besteht,

---

64 Siehe S. 301.

auszuweichen, genau wie ein Tuch, gegen das ein Stein geschleudert wird, zurückweicht und so seinen Aufprall abdämpft. Erst am Ende, wenn die Wucht des Angriffs sich erschöpft hat, sollte aktiver Widerstand geleistet und so der Gegner leichter besiegt werden. Im äußersten Fall sollte man, wenn dies möglich war, gar auf den Kampf verzichten. Diese Theorie wurde später durch Miyamoto Musashi aufgegriffen, den Autor des Gorin no Sho[65]*. Bokuden lehrte, daß die wahre Effektivität in jener unerschütterlichen Körper- und Geisteshaltung (fudôshin) wurzelte, die Teil der grundlegenden Lehren des Zen ist.*

[65] „Das Buch der Fünf Ringe". Siehe S. 166.

Fû rin ka zan
„Schnell wie der Wind,
still wie der Wald,
brennend wie das Feuer,
reglos wie das Gebirge."
Wahlspruch des Takeda Shingen

Aufstieg und Fall des Klans der Takeda

Der ewige Sieger

Takeda Shingen[66] war der Sohn des Takeda Nobutora, des tyrannischen Herrschers der bergigen Region von Kai. Die Provinz lag in der Nähe der heutigen Stadt Kôfu im zentralen Teil Japans. Das Gebiet verfügte über keinerlei Zugang zum Meer, eine für Japan seltene Gegebenheit. Seine Abgeschiedenheit war vielleicht die tiefste Ursache des Gefühls der Beengtheit, das Takeda Shingen schon sehr bald dazu trieb, nach neuem Lebensraum für den Takeda-Klan zu streben. Auch sein Vater war bereits von diesem Drang besessen gewesen.

Der Knabenname Shingens war Katsuchiyo oder auch Harunobu, was „ewiger Sieger" bedeutet. Der Name wurde ihm aus dem einfachen Grund verliehen, daß er an einem Tag geboren wurde, an dem sein Vater gerade eine von vielen Schlachten gewonnen hatte.

Schon in seiner Kindheit fiel er durch Scharfsinn und Durchtriebenheit auf. Eines Tages wollte er gemeinsam mit gleichaltrigen Kameraden Lerchennester ausheben. Er kletterte auf einen Baum und beobachtete von dort aus eine Zeitlang den Flug der Lerchen. Nach einer Weile überraschte er seine Kameraden damit, daß er sie zielstrebig zum gesuchten Nest führen konnte. Er erklärte ihnen, daß er herausgefunden hatte, daß die Lerchen zwar darauf achteten, nicht in der Nähe ihres Nestes aufzufliegen, sich aber bei der Rückkehr ohne alle Vorsicht wie ein Stein fallenließen und genau auf dem Nest landeten.

An einem Frühlingstag des Jahres 1536 wurde Katsuchiyo in einer *gempuku*-Zeremonie in die Welt der Erwachsenen aufgenommen. Man rasierte ihm die Haare des vorderen Kopfbereiches und band ihm die restlichen Haare auf dem Hinterkopf zu einem Knoten. Somit war er ein Samurai geworden, und damit hatte er das Recht erworben, am nächsten Feldzug seines Vaters

[66] Takeda Harunobo Shingen (1521-1573).

teilnehmen zu dürfen. Die Gelegenheit hierfür, die er mit großer Ungeduld erwartete, sollte sich im Herbst desselben Jahres ergeben.

300 Krieger für Unnokuchi

Seit langen Wochen schon standen die Truppen Takeda Nobutoras mit einer Stärke von 8 000 Mann vor der Festung von Unnokuchi, deren Herr, Hiraga Genshin, sich offenbar gut darauf vorbereitet hatte, einer langen Belagerung standhalten zu können. Es war bereits Dezember. Takeda beschloß, die Belagerung abzubrechen und gab seinen von der Kälte zermürbten Samurai den Befehl, sich nach Kai zurückzuziehen. Shingen spürte, daß seine große Chance gekommen war. Er bat seinen Vater, ihm den Befehl über eine kleine Nachhut von 800 Kriegern zu geben. Dieser hatte nichts dagegen einzuwenden, auch wenn er nicht sah, wozu dies gut sein sollte. Obgleich starker Schneefall herrschte, begannen die Truppen Takedas noch am selben Abend, sich in geordnetem Marsch zurückzuziehen. Etwa zehn Kilometer von Unnokuchi entfernt errichteten sie ihr Lager. Die Verteidiger der Festung feierten unverzüglich das unverhoffte Ende der Belagerung mit einem großen Gelage. Shingen, der nichts anderes erhofft hatte, kehrte im Gewaltmarsch mit seiner Truppe zur Burg zurück, wo die Überraschung vollkommen war. Panik ergriff die feiernde Besatzung der Zitadelle, als die Samurai Shingens gleich Dämonen der Nacht aus dem Dunkel hervorbrachen. Man glaubte zudem, daß es sich nur um die Vorhut des großen Heeres Takedas handelte, und derart demoralisiert leisteten die Krieger von Unnokuchi nicht lange Widerstand. Am Morgen hatte sich der Schnee rot gefärbt, und auf dem Wehrturm der Burg, die Shingen auf Gnade oder Ungnade ausgeliefert war, wehte ein Banner, auf dem die Kalligraphie eines berühmten Gedichtes aus dem Sunzi-bingfa[67] zu sehen war, welches wie folgt lautete: „Schnell wie der Wind, still wie der Wald, brennend wie das Feuer, reglos wie das Gebirge" (*fû rin ka zan*).[68] Diese Zeilen sollten künftig bei allen Feldzügen Takeda Shingens im Winde tanzen.

---

[67] „Die Kunst des Krieges" von Sun Tse. Vgl. Fußnote 28 auf S. 32.

[68] Es ist auch denkbar, daß hier die Legende zugunsten des frühreifen Kriegers vorgreift und daß Shingen das Banner, das in der Folge berühmt werden sollte, erst wesentlich später zu verwenden begann.

Zunächst einmal trug ihm dieser glänzende und unerwartete Sieg das Mißtrauen und die Eifersucht seines Vaters ein, der sogar versuchte, ihn zugunsten seines zweitgeborenen Sohns, Nobushige, zu enterben. Aber Shingen kam diesem Schachzug zuvor, indem er eine zeitweilige Abwesenheit seines Vaters nutzte, die Macht in Kai zu ergreifen. Sein Gewaltstreich gelang, und zahlreiche Vasallen der Takeda scharten sich ohne weiteres um den Sohn des Takeda Nobutora. Shingen zählte damals gerade 22 Jahre, und ihm war bewußt, daß von ihm viel erwartet wurde. Er verstand es, die hohen Erwartungen, die in ihn gesetzt wurden, nicht zu enttäuschen.

Im Jahre 1543 eroberte der junge Heißsporn die Suwa-Region. Der Herr von Suwa war seit kurzem Shingens Schwager, und sah keinerlei Grund, Shingen zu mißtrauen. So wurde er durch den Angriff der 20 000 Krieger, die Shingen gegen ihn entsandte, vollkommen überrascht. Er wurde gefangengenommen und sah keinen Ausweg, als sich das Leben zu nehmen. Somit war der erste erfolgreiche Feldzug Shingens auf Verrat gegründet. Doch der Ehrgeiz des neuen Herren der Kai-Region war gerade erst erwacht. Die Truppen der Takeda eroberten mühelos die umliegenden Gebiete und nahmen die Burg von Ogasawara Nagatoki ein, der zunächst Zuflucht bei Murakami Yoshikiyo, dem Herrn der Provinz Shinano, fand. Doch Takeda Shingen ließ seine Truppen auch in diese Provinz einmarschieren. Auf diese Weise wurde er Herr über ein Gebiet, das bis zur Grenze der Provinz Echigo reichte, welche ihrerseits Zugang zum Japanischen Meer besaß. Dort herrschte allerdings ein Mann, der ihm ebenbürtig war, der Daimyô Uesugi Terutora, bekannter unter dem Namen Uesugi Kenshin.[69] Dessen Ehrgeiz stand dem Shingens in nichts nach, und er hatte nicht die geringste Absicht, tatenlos zuzusehen, wie vor den Toren seines Herrschaftsbereichs ein derart bedrohlicher Nachbar unaufhörlich an Macht gewann.

Die Jugendjahre des Uesugi Kenshin

Niemand hätte vorausahnen können, daß den dritten Sohn des Nagao Tamekage, eines Vasallen der Familie Uesugi, ein außergewöhnliches Schicksal erwarten würde. Der im Jahre 1530 Geborene verließ im Alter von elf Jahren die Burg

[69] Uesugi Terutora Kenshin (1530-1578).

von Echigo, auf der sein ältester Bruder seit dem Tode seines Vaters herrschte. Er trug zu dieser Zeit noch seinen Kindernamen Kagetora. Sein Wunsch war es, Bonze zu werden, und aus diesem Grunde nahm er vorübergehend den Namen Shushimbo an. Er reiste in seiner Jugend viel durchs Land, und so gelangte er auch zum Berg Hiei, dem Wohnsitz der Ikkô-ikki-Kriegermönche[70], Anhänger des Jôdô-shinshû[71], die einen furchterregenden Ruf besaßen. Auch zahlreiche als Eremiten lebende Kriegermönche, Yamabushi, lebten hier. Sie alle besaßen in der Zurückgezogenheit des Gebirges eine Unabhängigkeit, wie sie in den Städten der Ebene, die unter strenger Kontrolle der rivalisierenden Kriegsherren standen, undenkbar gewesen wäre. Hier begegnete der Jüngling einem Mann namens Usami Sadayuki, der ihn zutiefst zu beeindrucken wußte und der ihn schließlich dazu aufforderte, in seine Heimat zurückzukehren und dort die Macht zu ergreifen. Kagetora war erst 13 Jahre alt, als er dieser Aufforderung Folge leistete. Tatsächlich gelang es ihm, seinen Bruder zu entmachten, und gemeinsam mit Sadayuki, der als sein Berater fungierte, begann er, die Herrschaft auf seinen Ländereien auszuüben.

Die Tatsache, daß er eine religiöse Laufbahn hatte einschlagen wollen, prägte ihn nachhaltig. Er sollte sich zu einem Mann der Tat und einem gefürchteten Krieger entwickeln, aber zeitlebens blieb er zutiefst gläubig, und er trug den Schädel nach Art der Mönche vom Berg Hiei rasiert und bedeckte ihn wie diese mit einem Tuch aus weißer Seide. Im Unterschied zu seinem Kontrahenten, Takeda Shingen, enthielt er sich auch sein ganzes Leben lang aller

[70] Ikkô-ikki: jpn. Gemeinschaften (*ikki*) von Kriegermönchen, Anhängern (*ikkô*) der buddhistischen Sekte Jôdô-shinshû (siehe folgende Fußnote), die vor allem in den Provinzen Kaga und Mikawa zahlreich vertreten waren. Sie stellten im 15. und 16. Jahrhundert eine bedeutende militärische Macht dar, und es kam häufig zu offenen Auseinandersetzungen mit den Armeen der Samurai. Die Ikkô-ikki wurden in den politischen Kämpfen im Prozeß der japanischen Einigung zur Zeit von Oda Nobunaga und Tokugawa Ieyasu in großem Maßstab durch die verschiedenen Parteien eingesetzt. Die Tempel, in denen ihre Mitglieder (*monto*) lebten, waren tatsächlich Garnisonen, die schlagkräftige Armeen beherbergten. – Habersetzer, R. u. G.: Encyclopédie des Arts Martiaux. Paris: Amphora 2004.

[71] Jôdô-shinshû: jpn. „Wahre Schule des Reinen Landes". Buddhistische Sekte, die 1224 durch Shinran Shônin (1173-1263) gegründet wurde. Shinran lehrte, daß das Heil nicht durch Taten oder Gebete erreicht werden konnte, sondern nur durch das Erbarmen des Buddha Amida (von Amitâbha: Sanskrit. „Buddha des Unermeßlichen Lichtglanzes"; sein Reich ist *jôdô*, „das Reine Land", ein Synonym für die Erlösung). Diese Sekte, die sich in zehn Zweige aufspaltete, wurde zur bedeutendsten buddhistischen Strömung in Japan. – Habersetzer, R. u. G.: Encyclopédie des Arts Martiaux. Paris: Amphora 2004.

weltlicher Vergnügungen, um sich voll und ganz seiner Mission als Klanoberhaupt widmen zu können.

Im Jahr 1547 bat Murakami Yoshikiyo, der Herr von Shinano, den jungen Kagetora um Beistand gegen den Takeda-Klan, durch dessen Expansionsbestrebungen er sich in höchstem Maße bedroht sah. Daraufhin kam es zur ersten Konfrontation zwischen Shingen und Kagetora, aus der aber niemand als klarer Sieger hervorging. Weitere Begegnungen auf dem Schlachtfeld sollten folgen, und schon bald wurde deutlich, daß der Herr von Echigo, Kagetora, der einzige Feldherr war, der sich Shingen als ebenbürtig erwies.

1551 wurde Uesugi Norimasa, der Daimyô, dessen Vasall Kagetora war, durch Hôjô Ujiyasu besiegt, mit dem er seit langer Zeit in Dauerfehde gelegen hatte. Hôjô nahm Uesugis Burg Hirai-jô ein, und dieser floh in die Provinz von Echigo, wo er seinen jungen Vasallen Kagetora um Beistand und Schutz bat. Kagetora willigte ein, doch stellte er hierfür Bedingungen. Sein Lehnsherr sollte ihn adoptieren, damit er hinfort den Namen Uesugi und den Titel Echigo-no-Kami[72] tragen könne. Uesugi Norimasa blieb keine Wahl, als dem unbescheidenen Ansinnen Kagetoras stattzugeben. Im Alter von 20 Jahren nahm Kagetora somit den Familiennamen der Uesugi an. Im Jahr darauf legte er seinen Jungennamen ab und nannte sich fortan Uesugi Kenshin.

Grünspecht und Rad

1553 begann eine Serie von Kriegen zwischen Takeda Shingen und Uesugi Kenshin, die eine einzigartige Episode in der Geschichte des japanischen Mittelalters darstellen. Die Auseinandersetzungen, die 1553, 1554, 1555, 1556, 1557 und schließlich 1563 in der Ebene von Kawanakajima stattfanden, glichen einem gewaltigen Schachspiel. Die Zukunft sollte zeigen, daß sie tatsächlich nur den Auftakt zu einem noch größeren Machtspiel darstellten, in dem Tokugawa Ieyasu aus dem Süden, Oda Nobunaga aus dem Westen und Toyotomi Hideyoshi aus dem ferneren Westen um die Macht in ganz Japan ringen sollten. Doch für Shingen wie für Kenshin ging es lediglich um das Gebiet von Kawanakajima, das in der Nähe der heutigen Stadt Nagano

---

[72] Echigo-no-Kami: jpn. „Gott von Echigo". Dieser Ehrentitel bedeutet Provinzgouverneur von Echigo. – Anm. d. Übers.

liegt, dort, wo die Flüsse Saigawa und Chikumagawa sich vereinigen.

Als ihre Truppen zum vierten Mal aufeinandertrafen, war Kenshin 32 Jahre alt und Shingen 41. Die 13 000 Mann starke Armee aus Echigo hatte ihr Lager am Ufer des Chikumagawa aufgeschlagen, in der Nähe des Saijo, eines kleinen Berges. Die Takeda waren mit 20 000 Kämpfern deutlich in der Überzahl, und Shingen hatte somit guten Grund zu der Annahme, daß die Schlacht eine klare Entscheidung zu seinen Gunsten bringen würde. Shingen und sein oberster Stratege Yamamoto Kansuke planten, eine als „Grünspecht" (*kitsutsuki*) bezeichnete Taktik anzuwenden. Gleich dem Specht, der durch seine harten Schnabelhiebe auf einen Baumstamm die darin lebenden Insekten dazu veranlaßt, ihre schützende Behausung zu verlassen, wollte er mit dem Hauptteil seiner Truppen den Gegner vom Berg Saijo aus von hinten angreifen und den nach vorn fliehenden Kämpfern mit seinen restlichen Truppen auflauern und sie vernichtend schlagen. Nachts, im Schutz der Dunkelheit, ließ Takeda Shingen 18 000 seiner Männer den Hügel besteigen, auf der dem Lager Uesugi Kenshins gegenüberliegenden Seite. Doch ihr Angriff ging ins Leere. Mit sicherem Instinkt und gewiß auch aufgrund von Informationen seiner Ninja-Hilfskräfte hatte Uesugi Kenshin seinerseits bereits seine gesamte Streitmacht in den Angriff auf die verbliebenen 2 000 Samurai Takeda Shingens geführt, unter denen sich auch ihr Anführer persönlich befand. Dabei wandte er die gefürchtete „Taktik des Rads" (*kuruma gakari*) an. Das bedeutete, daß seine Truppen einen kompakten Kreis bildeten und sich beim Vormarsch unaufhörlich um dessen Zentrum drehten, gleich einem gewaltigen Rad. Und wie ein Rad, das mit seinem Reifen Schlamm und Wasser aufspritzen läßt, ohne zu versinken, griff die Kavallerie Uesugis den Gegner unaufhörlich vom Rand des Kreises an, ohne daß die Truppen dabei jemals zum Stillstand kamen oder starre Angriffsflächen boten. Takeda begriff schnell, daß ihm der unmittelbare Untergang drohte. Seine bei ihm gebliebenen 2 000 Samurai würden vernichtet werden, bevor die 18 000 Kämpfer, selbst wenn sie im Galopp ritten, das Schlachtfeld erreicht hätten. Schon bald waren seine Kräfte auf wenige Hundert reduziert, die sich als lebender Schutzwall um ihren Anführer und ihr Banner scharten. Inmitten von Waffengeklirr, Todesschreien und dem Sirren der Pfeile fanden die letzten Leibgarden Takeda Shingens den Tod. Letzterer blieb reglos vor seinem Zelt sitzen, als beträfe ihn der Tumult, der ringsumher herrschte, nicht im mindesten. Seine Augen folgten einem Reiter, der eine weiße Kopfbedeckung trug und der sich, eingehüllt in eine

Uesugi Kenshin. Ausschnitt aus einem Holzschnitt von Yoshitoshi Tsukioka.

Staubwolke, die durch die Hufe seines Rappen aufgewirbelt wurde, mit kraftvollen Schwertstreichen einen Weg zu ihm bahnte. So also sah der Tod aus, die Erfüllung seines Karma. Er hatte seinen eingeschworenen Feind, Uesugi Kenshin, erkannt. Zum ersten Male würden sich die beiden Männer Auge in Auge gegenüberstehen. Für keinen von beiden zählte in diesem Moment etwas anderes als die unmittelbar bevorstehende Begegnung. Wie nebenher erschlug Kenshin die letzten Takeda-Samurai, die versuchten, ihren Daimyô zu verteidigen. Schließlich hatte er seinen Feind erreicht und hob das Schwert über dessen Haupt. Noch immer ließ dieser nicht den leisesten Versuch, sich zu verteidigen, erkennen. Er schien stoisch den Gnadenstreich zu erwarten. Es wird berichtet, daß sich folgender Dialog zwischen ihnen entspann.

„Shingen, endlich! Was sagst du nun zu diesem Augenblick?“ fragte Kenshin triumphierend. Er stand in seinen Steigbügeln, um mit größter Kraft jenen entscheidenden Schwerthieb führen zu können, auf den er sich seit Jahren vorbereitet hatte.

Shingen erwiderte mit ruhiger Stimme und ohne, daß sein Gesicht die mindeste Gefühlsregung verriet: „Schmelzender Schnee auf einem glühenden Stein.“

Kenshin warf ihm daraufhin einen zornigen Blick zu und ließ sein Schwert dreimal auf seinen Gegner herabfallen. Shingen hob lediglich einen Arm, und mit seinem Kampffächer gelang es ihm, die ersten beiden Schläge abzulenken. Der dritte Schlag verletzte ihn, und Blut rann von seiner Stirn. Aber ein überlebender Takeda-Samurai hatte sich unbemerkt nähern und mit seinem Schwert ein Sprunggelenk von Kenshins Pferd durchtrennen können. Das Pferd stieg und brach daraufhin zusammen, so daß Kenshins nächster Schwerthieb ins Leere ging. Inzwischen war auch das Gros der Truppen Shingens auf dem Schlachtfeld eingetroffen, und Kenshin und seine Samurai sahen sich gezwungen, in aller Eile unter heftigen Kämpfen den Rückzug anzutreten. Wieder einmal hatte eine Schlacht unentschieden geendet, und wieder würden die beiden Armeen gegeneinander zu Felde ziehen müssen in jener bereits vom Blute tapferer Krieger getränkten Ebene. Ihre beiden Anführer sollten einander jedoch niemals wiedersehen.

Mit dem Schwert, nicht mit Salz

Die Bewunderung der Chronisten für Uesugi Kenshin und Takeda Shingen beruht vor allem darauf, daß die beiden Gegner einander in höchstem Maße respektierten, und daß all ihre Kämpfe stets gemäß dem Ehrenkodex der Samurai, dem *bushidô*, erfolgten. Hierzu gibt es zahlreiche Anekdoten, wie z. B. die folgende.

Die Provinz der Takeda, Kai, hatte, wie bereits erwähnt, keinen direkten Zugang zum Meer. Daher hing die Salzversorgung vom guten Willen der benachbarten, am Meer liegenden Provinzen ab, die unter der Herrschaft des feindlichen Daimyô Hôjô Ujiyasu, der in Suruga residierte, standen. Der Daimyô jedoch hatte ein Salz-Embargo verhängt. Kenshin persönlich sorgte dafür, daß das Embargo gebrochen wurde und Salzlieferungen nach Kai erfolgten. Überliefert ist sein Ausspruch: „Ich kämpfe mit dem Schwert und nicht mit Salz.“

Die ritterliche Haltung der beiden großen Gegner kam auch bei anderen Gelegenheiten zum Ausdruck. So hatte in der Ebene von Kawanakajima wieder einmal eine Schlacht stattgefunden, und erneut hatte keine der Parteien den Sieg erringen können. Einem alten Brauch gemäß würde nun ein letzter Kampf zwischen zwei ausgewählten Meistern der Kampfkünste erfolgen, der auf dem Terrain zwischen den beiden einander gegenüberstehenden Armeen ausgefochten werden sollte. Shingen wählte einen Samurai mit Namen Hikoroku, und Kenshin bestimmte einen Mann namens Yogozaemon. Der Zweikampf wurde zu Pferd ausgetragen. In scharfem Galopp preschten die Gegner auf ihren schäumenden Streitrossen aufeinander zu. Das Metall der Waffen funkelte in der Sonne aus den Staubwolken hervor, die die Krieger einhüllten. Erst im letzten Moment rissen die Reiter die Pferde herum. Nach einigen solchen Angriffen gelang es Yogozaemon, mit einem schrägen Schwerthieb die Platte, die Hikorokus Hals schützte, zu zerschmettern, so daß sich der Kinnriemen des Helms löste. Hikoroku versuchte sich zu retten, indem er in seinem großen schwarzen Sattel zur Seite glitt. Aber ein Rückhandschlag mit dem Schwert traf ihn mitten in den Körper, so daß große rotlackierte Platten aus seiner prächtigen geschnürten Rüstung herausbrachen. Hikoroku stürzte in den Staub, und Blut quoll ihm aus dem Mund. Yogozaemon ließ den Sterbenden liegen und ritt zu den Seinen, die ihn lautstark jubelnd empfingen.

Shingens Truppen hingegen waren wutentbrannt ob der Niederlage ihres Kämpfers. Die Reiter standen kurz davor, sich von neuem in den Kampf zu stürzen, doch Shingen ließ sein Pferd vor seine Krieger galoppieren und befahl ihnen, den Angriff zu unterlassen. Er hatte sein Wort gegeben, und in diesem Moment sollte Kawanakajima niemand anderem als Kenshin gehören. Er gab seiner Armee unverzüglich den Befehl zum Rückzug.

Takeda Shingen erwies sich auch als hervorragender Organisator. Er besaß derartiges Vertrauen in seine taktischen Fähigkeiten, daß er in einer Epoche, in der ganz Japan von Festungen übersät wurde, sich niemals in eine solche zurückzog, sondern seinen Feinden stets in offener Schlachtordnung entgegentrat. Man kann sich leicht vorstellen, daß solch eine Vorgehensweise ohne großes organisatorisches Talent und strengste Disziplin undenkbar gewesen wäre. Shingen war im übrigen der erste, dem es gelang, die *ashigaru* zu disziplinieren. Die *ashigaru* waren keine berittenen Samurai, sondern Fußvolk bäuerlicher Herkunft, deren unvorhersehbare Handlungen auf dem Schlachtfeld mehr als einen General in kalten Schweiß hatte ausbrechen lassen. Shingen konnte jederzeit eine Armee aus 45 000 Mann aufstellen. Auch dies war ein Beleg für effektive Organisation.

Darüber hinaus begriff er, daß es mit der Entwicklung der Waffentechnik möglich wurde, einen beliebigen Bauern in wenigen Tagen so auszubilden, daß er auf dem Schlachtfeld die Effektivität eines auf alte Weise kämpfenden Samurai erreichte. Und es gelang ihm, dafür den Beweis anzutreten.

Takeda Shingen mit seinem mit Geweih und Roßhaar geschmückten Helm. Links oben ist sein erhobener *tessen* zu erkennen. Holzschnitt von Utagawa Kuniyoshi.

Im Jahre 1543 waren nämlich die ersten Europäer nach Japan gelangt. Es handelte sich dabei um drei portugiesische Händler, die auf einer chinesischen Dschunke gereist waren und die ein Taifun auf die Insel Tanega-jima vor der Südküste Kyûshûs verschlagen hatte. Mit sich führten sie Arkebusen, die mit einer Lunte gezündet wurden. Diese Feuerwaffen riefen im Umfeld des örtlichen Feudalherren, der die Portugiesen empfangen hatte, größtes Interesse hervor, und die Nachricht von der neuen Waffenart verbreitete sich rasch. Zwei Jahre später erwarb Takeda Shingen, der sich keinen Illusionen über die unausweichliche Entwicklung der Kriegskunst hingab, etwa 300 Kopien dieser Arkebusen aus den Werkstätten japanischer Schmiede. Viele Jahre später, im Jahre 1571, gab er folgende Empfehlung an seine Offiziere aus: „Verringert die Zahl der Lanzenträger und stellt eine Arkebusiertruppe auf.“

Seine Untertanen schätzten an ihm, daß er, was für die damalige Zeit vollkommen unüblich war, jedermann steuerlich gleich behandelte, ob es sich nun um Krieger, Mönche oder Landwirte handelte. Die Straßen, die durch seine Gebiete führten, waren in tadellosem Zustand, so daß auch ein schneller Postverkehr möglich war. Die Tatsache, daß die Familie der Takeda sei Jahrhunderten im Besitz der Goldminen der Provinz Kai war, sorgte für eine solide finanzielle Basis der Wirtschaft des Landes. Die Bewohner brachten ihrem Souverän, der auch die Geringsten unter seinen Untertanen gerecht behandelte, Loyalität und Wertschätzung entgegen. Die Bauern von Kai nannten ihn ehrerbietig Shingen-kô, „Fürst Shingen“. Der beste Beweis für die Weitsicht Takeda Shingens und seine Aufgeschlossenheit gegenüber dem Neuen war zweifelsohne, daß der Shôgun Tokugawa Ieyasu zu Beginn des 17. Jahrhunderts sich von dessen Methoden inspirieren ließ, um erfolgreich die Einigung Japans herbeizuführen.

Mikatagahara

Der Daimyô Hôjô Ujiyasu, mit dem Shingen seit vielen Jahren verfehdet war, starb 1571. Dies hatte eine Verschiebung des Kräftegleichgewichts in den Zentralprovinzen Japans zur Folge. Der Sohn Ujiyasus verbündete sich mit Shingen, der seinerseits bereits ein Bündnis mit Oda Nobunaga geschlossen hatte, welcher davon träumte, der erste Einiger Japans zu werden. Diese Koalition wandte sich schon bald gegen Tokugawa Ieyasu, einen anderen Anwärter auf die höchste Macht im Lande. Uesugi Kenshin, der sich plötzlich isoliert sah, zählte nun nicht mehr zu den Prioritäten des Takeda Shingen.

Im Oktober 1572 verließ Shingen seine Heimatprovinz, um mit der Elite seiner Truppen, 20 000 treu ergebenen Kriegern, gegen Tokugawa zu marschieren. Mit ihm waren die Asai, die Askura, die Kriegermönche vom Berg Hiei und 2 000 Hôjô-Samurai. Das Bündnis unter Führung Takeda Shingens durcheilte die Provinz Shinano und erreichte die Provinz Tôtômi, wo die Streitmacht schließlich auf der Tôkaidô-Straße[73] zur Burg Hamamatsu gelangte. In jener Festung, dem Ziel des Kriegszugs, befand sich der 29jährige Tokugawa Ieyasu. Shingen war zu jener Zeit 51 Jahre alt, und seine Erfahrenheit suchte ihresgleichen. Und mit ihm zogen einige der fähigsten Krieger Japans jener Zeit.[74]

---

[73] Die Tôkaidô-Straße, ein alter Handelsweg, führte von Edo (Tokio) nach Kyôto.

[74] Zu seinen Generälen zählten Baba Nobuharu, Yamagata Masakage, Oyamada Nobushige und Naitô Kiyonaga.

Der Vorhut der Takeda gelang es, die Späher abzufangen, die die Generäle Ieyasus, Ôkubo Tadayo und Honda Tadakatsu, ausgesandt hatten, um die Truppenstärke der Koalitionsarmee abzuschätzen. Ieyasu entschied sich, die Festung zu verlassen, um den Vormarsch des Feindes auf offenem Terrain aufzuhalten. Er ließ seine Truppen ausschwärmen. Doch allein die Vorhut der Takeda war so stark wie seine gesamte Armee, und dahinter stand bereits die Hauptstreitmacht mit 15 000 Mann unter direkter Führung Shingens und seiner Generäle. Es war schon später Nachmittag, als die Takeda Ieyasus Truppen angriffen, und es hatte begonnen zu schneien. Die Schlacht in der vom Magome-Fluß durchzogenen sumpfigen Ebene von Mikatagahara war kurz. Zwar konnte Honda Tadakatsu mit dem linken Flügel der Armee dem Ansturm standhalten, aber die Hauptmacht der Tokugawa-Truppen wurde rasch geschlagen und mußte sich mit Einbruch der Dunkelheit eilends in die Festung zurückziehen, dicht verfolgt von den Samurai Shingens. Um die Moral der Truppe anzuheben, schickte Ieyasu einen Reiter in die Festung, der ein abgeschlagenes Haupt mit sich trug und es als das des Takeda Shingen ausgab. Doch angesichts der verzweifelten Situation erwog Tokugawa Ieyasu bereits, sich das Leben zu nehmen. Die gegnerischen Bogenschützen und Arkebusiere hatten sich auf ihn eingeschossen, so daß der Tod ihn ohnehin jeden Augenblick ereilen konnte. Aber sein Überlebensdrang erwies sich als stärker, und so riß er sein Streitroß herum und galoppierte in die Festung zurück, wo er die Tore hinter sich schließen ließ.

Shingen hätte möglicherweise versuchen können, noch in derselben Nacht die endgültige Entscheidung zu erzwingen, aber er verzichtete darauf, Befehl zum Angriff auf Hamamatsu zu geben. Er beschloß sogar, am nächsten Morgen den Rückmarsch anzutreten. Es heißt übrigens, daß Ieyasu in jener Nacht ruhig geschlafen haben soll.

Ein Grund für den überraschenden Rückzug Shingens war sicherlich die Furcht, daß Uesugi Kenshin seine Abwesenheit ausnutzen könnte, um die Provinz Kai zu überfallen. Durch seine Spione wußte Shingen bereits, daß Kenshin nur noch die Schneeschmelze abwarten wollte, um über das Gebirge in seine Provinz einzufallen. Diese Sorge, die plötzlich in den Vordergrund getreten war, hat zweifelsohne das Leben des Tokugawa Ieyasu, des zukünftigen ersten Shôguns Japans, gerettet.

Kagemusha, der Schatten des Kriegers

Im Frühjahr des darauffolgenden Jahres, 1573, zog Takeda Shingen erneut gegen Tokugawa zu Felde. Er war entschlossen, dem Gegner endgültig das Genick zu brechen. Er begann den Feldzug mit einer Belagerung der Burg von Noda, die sich im Lehen von Mikawa, einem Getreuen Ieyasus, befand. Er war überzeugt, daß er leichtes Spiel haben würde, denn die Festung war unzureichend mit Vorräten ausgestattet.

Eines Nachts vernahm Shingen das Spiel einer Flöte aus dem Innern der Burg, das durch den Lärm der Belagerten, die sich am Sake berauschten, hindurchdrang. Um der Musik besser lauschen zu können, näherte er sich der Befestigungsmauer. Ein Wachtposten erblickte seine Silhouette und nahm sie ins Visier seiner Luntenarkebuse. Der Schuß fiel, und einen Moment lang herrschte eine große Stille. Der Daimyô war am Kopf verletzt, aber er lebte. Man trug ihn in sein Zelt. In der Festung erfuhr man erst am nächsten Tag, daß der Unbekannte, den der Wachtposten niedergeschossen hatte, Shingen persönlich gewesen war. Im April 1573 erlag Shingen den Folgen seiner Verletzung. Einer der größten Samurai und Kriegsherren aller Zeiten hatte sein Leben verloren, weil er einen Moment lang seine Vorsicht hatte fallen lassen. Shingen-kô hinterließ ein enormes politisches Vakuum.[75]

Als Uesugi Kenshin vom Tode Shingens erfuhr, erklärte er, daß er in höchstem Maße betrübt darüber sei, seinen „besten Feind“ verloren zu haben, und er gab Befehl, die Verteidigungsanlagen seiner Burg zu verstärken, da er annahm, daß der Tod Shingens ihn ins Visier derer hatte rücken lassen, die um die zentrale Macht im Lande stritten.

Die letzte Verfügung des sterbenden Shingen lautete, daß man seinen Tod so lange geheimhielt wie möglich. Damit wollte er verhindern, daß seine Feinde ermutigt würden, in sein Reich einzufallen, bevor sein Sohn, Takeda Katsuyori, Zeit haben würde, sich auf die neuen Gegebenheiten einzustel-

[75] Der Bericht von den Schlachten des Takeda Shingen, wie auch Gespräche, die er mit seinen Vasallen im Tempel von Iwamizu führte, wurden lange nach seinem Tod von einem seiner Vasallen, dem Samurai Kôsaka Masanobu (und wahrscheinlich auch von Obata Kagenori, einem konfuzianischen Gelehrten), aufgezeichnet. Diese Texte sind Teil des 20bändigen Kôyô-Gunkan (oder „Iwamizu-dera-monogatari“). Das Werk stammt aus dem Jahre 1625 und ist eines der wesentlichen Elemente des Ehrenkodex der Krieger (*bushidô*), der unter der Herrschaft der Tokugawa-Shôgune in Gebrauch war.

len. Man versuchte, den Tod des Daimyô dadurch zu verschleiern, daß man verkündete, daß Shingen die Verletzung überlebt habe und zum Beweis einen Doppelgänger durch die Provinz reisen ließ, den „Schatten des Kriegers" (Kagemusha).[76] Erst drei Jahre später trug man den Daimyô zu Grabe, und zwar im Tempel Eirin-ji in Matsuzato. Natürlich wurde die List lange vorher durch Spione aus allen Lagern durchschaut, vor allem durch die Ninja, die im Dienste Uesugi Kenshins standen.

Kenshin überlebte seinen großen Gegenspieler um fünf Jahre, während derer er noch zahlreiche Feldzüge unternahm. Er starb im Alter von 49 Jahren. Posthum erhielt Kenshin den buddhistischen Namen Shinko.

Über die Ursache seines Todes gibt es zwei unterschiedliche Überlieferungen. Die eine besagt, er sei an einem Schlaganfall gestorben. Die zweite berichtet dagegen, er sei infolge eines heimtückischen Attentats des Ninjas Ukifune Jinnai ums Leben gekommen, den Oda Nobunaga geschickt hatte, da Kenshin ihn in einer offenen Schlacht besiegt hatte.[77]

Kurz bevor er starb, schrieb Kenshin das folgende Gedicht: „Der Nebel bedeckt das Feld, sein Fallen kühlt den Windhauch." Ein weiteres Gedicht aus seiner Feder lautet: „Der Mensch ist eine Festung, der Mensch ist eine Steinmauer, der Mensch ist ein Graben. Das Mitleid ist der Freund, und der Haß ist der Feind."

Die Schlacht von Nagashino

Katsuyori, der dritte Sohn Shingens, der im Jahre 1546 geboren wurde, wurde das neue Klanoberhaupt. Er war ein sehr tapferer Mensch, aber er besaß weder das taktische Gespür noch das Organisationstalent seines Vaters. Da er zudem einen eigensinnigen Charakter hatte, machte er sich schon bald Feinde, selbst unter den Waffengefährten seines Vaters. Oda Nobunaga war hocherfreut, als er erfuhr, daß Katsuyori die Macht in der Provinz von Kai übernommen hatte. Er sah seine Stunde gekommen. Es war, als hätte der Tod Shingens ihm den Königsweg zur Macht bereitet, eine Gelegenheit, auf die er lange Zeit

[76] „Kagemusha" ist auch der Titel eines Films aus dem Jahre 1980 von Akira Kurosawa (1910-1998), dessen Gegenstand der Untergang des Klans der Takeda ist.

[77] Siehe „Gejagt von den Ninja des Oda Nobunaga" auf S. 362.

geduldig gewartet hatte. Unverzüglich brach er mit seinen Truppen auf, um gegen Takeda Katsuyori ins Feld zu ziehen, der gerade bei Takatenjin eine Niederlage gegen Odas derzeitigen Verbündeten, Tokugawa Ieyasu, erlitten hatte.

Am 16. Juni 1575 begann der neue Anführer der Takeda, die Burg von Nagashino zu belagern. Diese lag in der Provinz Mikawa, am Zusammenfluß von Takigawa und Onogawa, auf einer Erhebung, von der aus die Flußebene gut überblickt werden konnte. Dieser strategisch wichtige Ort befand sich, nachdem er in der Vergangenheit einige Male den Besitzer gewechselt hatte, in der Hand eines energischen jungen Samurai, des 20jährigen Okudaira Sadamasa, eines Verbündeten von Oda Nobunaga.

Die Festung wurde durch lediglich 500 Mann gehalten. Der Belagerer, Takeda Katsuyori, hatte hingegen 15 000 Samurai, die Blüte seiner Ritterschaft, unter seinem Befehl. Schon bald entbrannten heftige Kämpfe. Katsuyori hatte auch Bergleute aus den Goldminen von Kai mitgebracht. Diese versuchten, sich unter der Befestigung hindurchzugraben. Doch die Belagerten legten Gegenminen an und konnten so diese Versuche vereiteln. Die Takeda versuchten nun, in großer Zahl auf Flößen über den Fluß überzusetzen, aber massives Arkebusenfeuer von den Befestigungsanlagen aus verhinderte auch dieses Vorhaben. Der Versuch, mittels Angriffstürmen an den Mauern in die Festung zu gelangen, scheiterte ebenfalls. Auf diese Weise verloren die Takeda 800 Krieger. Katsuyori entschloß sich nun dazu, die Festung von der Außenwelt abzusperren, indem er Palisaden errichten ließ und den Fluß durch Ketten absperrte. Dies geschah am 22. Juni 1575.

Die Lebensmittel in der Festung wurden knapp. Doch ein Samurai aus der umzingelten Festung, Torii Sune'emon Katsuaki, meldete sich als Freiwilliger für eine Mission, die über das Schicksal der Eingeschlossenen entscheiden sollte. Es handelte sich darum, sich zur Burg von Okazaki durchzuschlagen, wo sich das Hauptquartier von Oda Nobunaga befand, und diesen um Beistand zu bitten. Torii vereinbarte mit Okudaira Sadamasa einen Code, mit dessen Hilfe Nachrichten zwischen den beiden Festungen ausgetauscht werden sollten. Sollte es ihm gelingen, die feindlichen Linien unbemerkt zu durchqueren, so würde er zwei Rauchsäulen vom Gipfel des Berges Kampo aufsteigen lassen. Drei Tage darauf sollten drei Rauchsäulen vom selben Ort davon künden, daß Oda Hilfe gewähren würde und zwei Rauchsäulen, daß diese Hilfe verweigert worden war.

Torii verließ Nagashino durch das Yagyû-Tor. Begleitet wurde er durch einen Krieger namens Suzuki Kinshichirô. Sie tauchten durch den Fluß. Es gelang ihnen, die mit Alarmglöckchen versehenen Absperrseile unbemerkt von den Wachtposten der Takeda zu durchtrennen. Zu Fuß begaben sie sich nun nach Hirose, flußabwärts den Hayataki entlang. Bald schon konnten sie die vereinbarten Rauchzeichen für die geglückte Flucht versenden. Sie erreichten Okazaki und trugen dem Festungsherren, Nobunaga, erfolgreich ihr Hilfeersuchen vor. Während Suzuki nun weiterzog, um das Oberhaupt der Samurai von Nagashino, den Vater des in der Festung eingeschlossenen Okudaira Sadamasa, über die Geschehnisse in Kenntnis zu setzen, begab sich Torii allein zum Berg Kampo, um der Festungsbesatzung die erhofften Rauchsignale zu geben. Danach wollte er in die Festung zurückkehren. Doch ein Spähtrupp der Takeda nahm ihn auf dem Anayama-Hügel fest. Man brachte ihn zu Sanada Nobutsuna, einem General der Takeda, der ihn verhörte. Torii gab sich keinen Illusionen über sein Schicksal hin und verriet das Ziel seiner Mission. Takeda Katsuyori, der unverzüglich hinzugerufen wurde, versprach, sein Leben schonen zu lassen, wenn er bereit sein würde, der Besatzung der Festung über die Mauern zuzurufen, daß alle Hoffnung vergebens sei. Er sollte ihnen erklären, daß Oda Nobunaga ihnen nicht helfen würde, da er zu sehr mit seinen eigenen Angelegenheiten beschäftigt sei. Katsuyori hoffte, daß hierdurch die Moral der Eingeschlossenen zerstört würde und sie sich unverzüglich ergäben. Torii willigte ein. Er wurde an ein großes Holzkreuz gebunden, das die Takeda daraufhin vor den Mauern der Burg aufstellten. Torii schöpfte tief Luft und rief: „Kameraden! In drei Tagen seid ihr frei! Verstärkung ist auf dem Wege; leistet Widerstand!“

Nach einem Moment der Überraschung stießen die Wächter der Takeda, die das Kreuz umringten, ihre Lanzen in den Körper des Gefangenen. Das Todesröcheln des tapferen Samurai ging unter im Jubelgeschrei der Belagerten. Doch selbst unter den Takeda gab es viele, die seinen Mut bewunderten. Einer ihrer Samurai beschloß sogar, Torii Sune'emon auf seinem eigenen Kriegsbanner darzustellen. Später, nachdem die Schlacht von Nagashino vorüber war, ließ Oda Nobunaga den treuen Gefolgsmann, der 34 Jahre alt geworden war, mit allen Ehren im Tempel von Hansenji in Tsukute beisetzen.

Mit 30 000 Mann eilte Oda Nobunaga nach Nagashino, während Tokugawa Ieyasu, sein gegenwärtiger Bündnispartner, 8 000 Krieger mit sich führte. Ihr Entschluß stand fest. Es ging um mehr als nur die Befreiung der Belagerten. Dem Takeda-Klan sollte eine vernichtende Niederlage zugefügt werden, von dem er sich nicht mehr erholen sollte. Als die Takeda-Generäle Baba, Naitô, Yamagata und Oyamada das Ausmaß des Sturms, der sie hinwegfegen würde, erkannten, rieten sie ihrem Herren, den Rückzug anzutreten, solange hierfür noch Zeit sei. Doch Atobe Oinosuke, ein bereits ergrauter Krieger, der Takeda Shingen auf zahllosen Feldzüge begleitet hatte, ergriff das Wort: „Seit 27 Generationen, von Shinra Saburô[78] bis Takeda Shingen, hat kein Takeda der Minamoto aus Koshi jemals seinem Feind den Rücken zugewandt. Heute damit beginnen zu wollen, würde ewige Schande über uns bringen!" Katsuyori stimmte dem zu und äußerte zugleich die Idee, einen letzten Angriff auf die Festung zu versuchen, bevor die Verstärkung sie erreicht hatte. Niemand weiter ergriff das Wort. Allen war bewußt geworden, daß ihnen keine andere Wahl blieb, als tapfer gegen den übermächtigen Feind zu kämpfen und zu sterben.

Die Stärke der Takeda beruhte auf ihren in den Schlachten der Ebene von Kawanakajima erprobten Reitertruppen. Dies war kein Geheimnis für Oda Nobunaga, und er wußte, daß die gegnerische Kavallerie, selbst wenn sie zahlenmäßig unterlegen war, über eine außerordentliche Schlagkraft verfügte. Doch er zählte auf die 10000 Arkebusiere, die er mit sich führte und aus denen er jeweils 1000 der besten Schützen unter das Kommando von Sasa Narimasa, Maeda Toshii und Honda Takamatsu stellte. Als Ort für den Entscheidungskampf, der als Schlacht von Nagashino in die Geschichte eingehen sollte, wurde die Ebene von Shidarahara ausgewählt. Nobunaga wollte den erwarteten Angriff der Takeda zum Fuß des Berges Kampo lenken. Auch hatte er darauf geachtet, daß ein kleiner Fluß seine Truppen von denen des Feindes trennte. Er bereitete das Terrain mit größter Sorgfalt vor. Er befahl seinen Leuten, aus Pflöcken und Stricken Palisaden auf ihrer Seite des Flußufers zu errichten, am Fuße der zum Berg Kampo gehörenden Hügel. Jedoch sollten sich in den Palisaden in regelmäßigen Abständen Öffnungen befinden, um Gegenangriffe zu erleichtern. Vor den Palisaden, an der linken Flanke seiner Armee, sollte Sakuma Nobumori stehen und mit seinen Leuten als Lockvogel für die Takeda-Kavallerie fungieren. Ein anderer seiner Generäle, Ôkubo Tadayo, bezog mit 500 Arkebusieren Stellung an der rechten Flanke, die er

[78] Shinra Saburô Minamoto-no-Yoshimitsu (1045–1127), ein Minamoto-Samurai des Heian-Zeitalters.

mit ihren Waffen in Reihen aufstellen ließ. Am äußersten linken Ende der Gefechtsordnung wurden Toyotomi Hideyoshi und Shibata Katsuie plaziert. Oda Nobunaga, zwei seiner Söhne und Tokugawa Ieyasu hielten sich hinter den Palisaden an der Flanke des Berges Kampo bereit.

In der Nacht vom 28. zum 29. Juni 1575 näherte sich ein Trupp Tokugawa-Samurai unter Führung von Sakai Tadatsugu dem Lager der Takeda und veranstaltete dort einen Heidenlärm, um die Takeda-Krieger vom erholsamen Schlaf abzuhalten. Um fünf Uhr morgens erscholl schließlich der Weckruf. Es hatte in der Nacht geregnet, und der Boden, auf dem die Schlacht von Nagashino stattfinden würde, war aufgeweicht.

Die Takeda-Armee war in fünf Gruppen mit je 3000 Mann aufgeteilt. Den rechten Flügel befehligte Baba, Yamagata den linken, und im Zentrum der Schlachtordnung erteilte Naitô das Kommando. In einigem Abstand folgte Takeda Katsuyori mit 3000 weiteren Reitern. Die fünfte Gruppe hielt die Belagerung der Burg aufrecht. Die Schlacht begann mit einem Aufeinandertreffen von Yamagata und Ôkubo im Süden der Ebene, vor den Palisaden. Doch Ôkubo, der die Brücke über den Fluß hielt, konnte durch Dauerfeuer seiner Arkebusiere den Angriff zurückschlagen.

Im Norden kam es zwischen den Truppen Babas und Sakumas zu heftigen Gefechten, und viele Samurai beider Parteien verloren im Kampf Mann gegen Mann ihr Leben.

Die Hauptmacht der Takeda marschierte hingegen direkt auf die Palisaden zu. Doch der aufgeweichte, schwere Boden verlangsamte die Kavallerie, was ihrem Angriff die Wucht nahm. Als die Reitertruppen das Flußufer erreichten, wurden sie durch Salven der Arkebusiere, die hinter den Palisaden Aufstellung genommen hatten, hinweggemäht, und Männer und Pferde stürzten zu Hunderten in den Schlamm. Nobunagas Infanteristen schossen so konzertiert, als befänden sie sich auf dem Übungsplatz. Reihe um Reihe feuerten sie die Arkebusen ab, kauerten sich nieder, um nachzuladen, richteten sich wieder auf und schossen von neuem.

General Sakuma Nobumori an der linken Flanke der Truppen Oda Nobunagas, täuschte einen Rückzug vor. Als Baba die Verfolgung aufnahm, wurden seine Samurai unverhofft von der Seite mit mörderischem Arkebusenfeuer belegt. Takeda Katsuyori warf auch seine letzten Reserven ins Zentrum der Schlacht und lieferte seine Krieger auf diese Weise am Fuße des Berges Kampo einem schrecklichen Gemetzel aus. Mit tödlicher Regelmäßigkeit wurde alle 20 Sekunden hinter den undurchdringlichen Palisaden eine Salve abgefeuert. Welle um Welle ging die berühmte Kavallerie der Takeda zugrunde, ohne überhaupt die Möglichkeit zum Kampf gehabt zu haben. Sie war das Opfer einer traditionellen Kriegsplanung. Ungerührt betrachteten die gegnerischen Oberbefehlshaber, Oda und Tokugawa, das schaurige Geschehen, das sich vor ihnen abspielte.

Auch die Garnison der belagerten Burg blieb nicht untätig. Als sie die sich anbahnende Niederlage der Takeda erkannten, wagten ihre Kämpfer einen Ausfall und griffen von hinten an. Gleichzeitig wurde der Hauptmacht der Truppen Odas und Tokugawas, die bislang auf dem Berg gestanden hatten, Befehl zum Angriff gegen die bereits vernichtend geschlagenen Takeda erteilt. Um drei Uhr nachmittags war die Schlacht beendet. Das Feld war von zerfetzten Leichen und Pferdekadavern übersät. Unter den Toten, zwischen den weißen Bannern der Takeda, befanden sich alle Generäle, die einst Waffengefährten des großen Takeda Shingen gewesen waren, so z. B. Baba, Yamagata, Naitô und die Brüder Sanada. Insgesamt hatten mehr als 10 000 Samurai der Takeda und rund 6 000 Männer Odas und Tokugawas ihr Leben gelassen. Lediglich 3 000 Takeda-Samurai waren entkommen, unter ihnen der ungestüme Takeda Katsuyori.

Obgleich der Klan auf diese Weise dezimiert worden war, versuchte Katsuyori später erneut, Oda, Tokugawa und die vereinigten Hôjô anzugreifen. Es gelang ihm sogar, die Burg von Numata einzunehmen, aber in der Schlacht von Takatenjin, die 1581 stattfand, erlitt er eine Niederlage. Im Jahr darauf wurde seine Armee in der Schlacht von Temmoku-zan, in seiner eigenen Provinz von Kai, endgültig besiegt. In die Enge getrieben, beging er gemeinsam mit seinem Sohn Nobukatsu Selbstmord.

Nagashino sollte den größten Sieg Oda Nobunagas darstellen. Er verdankte ihn seiner revolutionären Taktik. Es war die erste Schlacht in der Geschichte, die durch Feuerwaffen entschieden wurde. Doch bereits 1582, in dem Jahr, als Takeda Katsuyori *seppuku* beging, ereilte auch ihn sein Schicksal. Er wurde Opfer einer Verschwörung. Durch eine Musketenkugel schwer verletzt, setzte er selbst seinem Leben in seiner Residenz in Kyôto ein Ende. Sein Tod öffnete anderen den Weg zu höchsten Macht im Lande. Zunächst war dies Toyotomi Hideyoshi.[79] Schließlich, nach der Schlacht von Sekigahara im Jahre 1600, wurde Tokugawa Ieyasu 1603 oberster Shôgun, endlich angelangt am Ziel seines kühnen Lebenstraums.

[79] Diese Ereignisse sind Gegenstand der folgenden Erzählung.

Seit dem 15. Jahrhundert war Japan erneut in den düsteren Wogen von Bürgerkriegen, Unsicherheit und Anarchie versunken. Es war die „Zeit der streitenden Reiche", Sengoku-jidai, am Ende der Muromachi-Ära. Die Zahl derer, die nach der Macht im Lande strebten, war groß. Der Kaiser, der in Abgeschiedenheit lebte, war nichts weiter als eine anachronistische Gestalt, und das Bakufu, die Militärregierung, war vollkommen unfähig, sich Respekt zu verschaffen. Das war der Hintergrund, vor dem zwei der mächtigsten Daimyô, die Japan je gekannt hat, gegeneinander antraten, zwei Giganten, deren Geschichten untrennbar miteinander verwoben sind.

Takeda Harunobo Shingen war der Herr der Provinz Kai. Er war eine bemerkenswerte Führernatur, ein General mit brillantem Gespür für die Taktik auf dem Schlachtfeld und zudem Anhänger des Zenbuddhismus. Es hieß jedoch, daß seine größte Stärke die ihm ergebenen tapferen Offiziere waren, die er um sich zu scharen wußte. Unter diesen soll sich vor allem Yamamoto Kansuke, sein Stratege, ein kleiner einäugiger, verkrüppelter Mann, hervorgetan haben. Der Tod Shingens war für den Klan ein großes Unglück, und sein letzter Wille war es, die Tatsache seines Todes so lange wie möglich vor dem Feind geheimhalten zu lassen. Der Film „Kagemusha" („Der Schatten des Kriegers") von Akira Kurosawa, setzte ihm ein Denkmal. Shingen hatte nur einen einzigen Feind von Bedeutung. Dies war Uesugi Terutora Kenshin. Auch dieser war eine Ausnahmeerscheinung. Er wäre ein ernstzunehmender Anwärter auf die Zentralgewalt im Lande gewesen, hätte er sich nicht in das lange Ringen um das Territorium von Kawanakajima verstrikken lassen, in dem er seine Armee und seine Gesundheit zermürbte. Beide waren große Führerpersönlichkeiten, und ihr Streit war lang und blutig. Er war durch verheerende Schlachten geprägt, die jedoch stets nach den Regeln des Ehrenkodex der Krieger dieses klassischen Zeitalters abliefen.

Am Ende waren beide Klane zugrunde gerichtet. Ihr Verlöschen symbolisiert eine entscheidende Wendung in der Geschichte der großen Krieger aus alten Zeiten. Die Schlacht von Nagashino läutete das Ende des einsamen Heldentums der Samurai des Reiches der Aufgehenden Sonne ein. 25 Jahre später, in der Schlacht von Sekigahara, wurde dieses Ende einer großen Epoche besiegelt. Die Kavallerie, die gemäß der Ethik des bushidô ausgebildet worden war, hatte keine Chance mehr gegen die nach westlichem Muster mit Musketen bewaffneten Fußtruppen. Selbst die unvergleichliche Tapferkeit der Samurai vermochte die Schwächen der traditionellen Waffen nicht auszugleichen.

Takeda Shingen und Uesugi Kenshin, beide durch den Moralkodex des bushidô geprägt, erwiesen sich als unfreiwillige Erfüllungsgehilfen des unaufhaltsamen Fortschritts, der zu einem Japan geführt hatte, das nie wieder so sein sollte, wie sie es einst gekannt hatten. Sie waren letztendlich nichts anderes gewesen als Opferbauern in einem gewaltigen Go-Spiel[80] *Tokugawa Ieyasus. Er hatte es vollbracht, daß seine Rivalen sich gegenseitig vernichtet hatten. Als neuer Herr von Japan zwang er dem Land einen Frieden auf, der nahezu drei Jahrhunderte andauern sollte.*

[80] Go: jpn. *i-go*: „Spielsteine einkreisen". Ostasiatisches Strategiespiel, das mit 181 schwarzen und 180 weißen Steinen auf einem Brett, das mit je 19 waagerechten und senkrechten Linien überzogen ist, auf deren 361 Schnittpunkten die Steine plaziert werden können, gespielt wird. Die Aufgabe besteht für jeden der Spieler darin, mit den eigenen Steinen Gebiete zu umschließen und letztlich einen größeren Anteil auf dem Spielbrett zu erobern. – Brockhaus Enzyklopädie in vierundzwanzig Bänden. 19. Aufl. Bd. 8. Mannheim: F. A. Brockhaus 1989.

„Wie vergänglich es doch ist, das Leben...
Für uns andere, die wir zu träumen gewohnt sind in dieser Welt...
Ein Boot auf den Wellen.“
Aus einen *nô*-Theaterstück

Der spektakuläre Selbstmord des Shimizu Muneharu

Takamatsu-jô

Man schrieb das Jahr 1582. Wieder einmal wurde Japan vom Feuer des Krieges heimgesucht. Oda Nobunaga hatte mehrere Schlachten im Raum von Kyôto siegreich bestanden und schien kurz davor zu stehen, Japan unter seiner Herrschaft zu vereinigen. Damit sollte den endlosen blutigen Streitigkeiten zwischen den großen Kriegerklanen des Landes ein Ende bereitet werden. Nur einer dieser Klane, die Môri, standen seinem ehrgeizigen Ziel noch im Wege. Die Môri waren vom Geist der Unabhängigkeit beseelt, und sie waren fest in der Region von Chûgoku verwurzelt. Oda hatte General Toyotomi Hideyoshi, dem er seit nahezu 20 Jahren bedingungslos vertraute, den Auftrag erteilt, dieses letzte Hindernis auf dem Weg zur höchsten Macht zu beseitigen. Fünf Jahre lang war jener nun bereits damit beschäftigt, den hartnäckigen Gegner durch zahlreiche Strafexpeditionen (*chûgoku seibatsu*), verbunden mit unzähligen Schlachten und etlichen Belagerungen seiner Burgen, zu zermürben. Doch die Jahre zähen Ringens hatten das Land erschöpft, und selbst unter seinen Offizieren begannen sich Unmut und Zweifel breitzumachen.

Was Belagerungen anging, war Toyotomi Hideyoshi ein anerkannter Meister. Aber die Burg von Takamatsu, eine Bastion der Môri in der Region von Okayama, leistete unerwartet hartnäckigen Widerstand. Der Mann, der hierfür die Verantwortung trug, war der tapfere Festungskommandant Shimizu Muneharu.

Ein Steinchen auf dem Weg zur Macht

Toyotomi Hideyoshi grollte. Allzu lange hatte die Festung von Takamatsu bereits seiner Belagerung standgehalten, und er hatte viele Männer bei den vergeblichen Versuchen, sie einzunehmen, verloren. Er wollte den Klan der Môri aus eigener Kraft besiegen, trotz des verbissenen Widerstands der Krieger Shimizu Muneharus. Doch zunächst deutete nichts auf eine rasche Entscheidung. In einem Moment der Schwäche hatte er Oda Nobunaga einen Boten geschickt, damit dieser ihm mit seiner mächtigen Streitmacht zu Hilfe käme. Sein Gesicht verzerrte sich vor Ärger bei dem Gedanken, auf ewig der zweite im Reiche bleiben zu sollen, abhängig von der Gunst Odas. Er hatte seine eigenen Pläne.

Mißerfolg war dem Daimyô Toyotomi Hideyoshi, der rechten Hand des Oda Nobunaga[81], bisher unbekannt geblieben. In einer beispiellosen und geradlinigen Laufbahn war der Sohn eines Holzfällers in 20 Jahren zu höchsten Ehren gelangt. In seiner Jugend war er Bediensteter und Stallknecht in einem Kloster gewesen und hatte sich einige Zeit als Landstreicher herumgetrieben, bis er als einfacher Fußsoldat, *ashigaru*, in den Dienst eines der zahlreichen Kriegsherren im Lande getreten war. Im Jahre 1558, mit 21 Jahren, schloß er sich den Truppen Odas an, der ein wirklicher Herr war. Auch dort diente er anfangs als *ashigaru*. Er war ein kleinwüchsiger Mann mit hinkendem Gang und abstoßenden Gesichtszügen[82]. Aber sein scharfer Blick brachte jeden dazu, vor ihm die Augen zu senken. Trotz seiner jungen Jahre hatte er bereits eine der wichtigsten Lehren, die das Leben bereithielt, verinnerlicht: Zunächst einmal ging es darum, zu überleben, und dann darum, zu triumphieren. Oda Nobunaga hatte einen Blick dafür, wer ihm gute Dienste leisten könnte. Er gab ihm, der zu den niedrigsten unter seinen Kämpfern zählte, schon bald Gelegenheit, sich zu bewähren, und Toyotomi hatte sie genutzt.

Lange lag inzwischen jene Zeit zurück, als Toyotomi noch so arm war, daß er sich seine Hochzeitskleidung aus alten Fahnen, die er von den Schlachtfeldern Nobunagas aufsammelte, schneidern mußte. Das war im Jahre 1559 gewesen. Seitdem hatte er unerschütterlich während jeder Schlacht an der Seite Odas gefochten. Vor sieben Jahren erst hatte die schreckliche Schlacht von Nagashino stattgefunden. Er hatte dem rechten Flügel der Truppen Takeda Katsuyoris gegenübergestanden, welcher unter direktem Befehl des gefürchteten großen Strategen des Takeda-Klans, Baba Nobuharu, gestanden hatte. Er hatte gesiegt und auf diese Weise bedeutend zum Triumph seines Herrn und Meisters beigetragen. Natürlich gab es auch noch Tokugawa Ieyasu, der Oda

---

[81] Oda Nobunaga (1534-1582) war der erste der sogenannten drei Reichseiniger. Toyotomi Hideyoshi (1537-1598) war der zweite und Tokugawa Ieyasu (1543-1616) der dritte.

[82] Toyotomi trug wegen seiner auffälligen Physiognomie den Spitznamen Saru (jpn. Affe).

später das abgeschlagene Haupt des letzten der Takeda gebracht hatte. Tokugawa war ein Rivale, den Toyotomi sehr genau zu beobachten beschlossen hatte. Denn die Dinge entwickelten sich sehr rasch. Bald würde sein Meister Herr über ganz Japan sein! Und Toyotomi Hideyoshi, der Sproß des einfachen Volkes, würde rechtzeitig einen Rang unmittelbar nach dem obersten Herren einzunehmen wissen.

Lediglich der Klan der Môri stand seinen großen Plänen noch im Wege. Das war der Grund, weshalb Oda mit all seinen Kräften gegen sie vorging. Seit der Schlacht von Miyajima im Jahre 1555 waren die Môri zur mächtigsten Familie des Westens aufgestiegen. Die reichen Ländereien des Môri Motonari waren in die Hände seines Enkelsohnes Terutomo übergegangen. Terutomo zeigte seit nunmehr fünf Jahren auf eindrucksvolle Weise, daß er nicht die geringste Absicht hegte, sie Oda und seinen Truppen zu überlassen. Und dies war der Grund, weshalb Hideyoshi beschlossen hatte, einen Stoß direkt ins Herz des Widerstands der Môri zu führen. Im März 1582 hatte er sein Hauptlager in Himeji verlassen. Am 4. März hatten sie die am Fluß Asahi gelegene Schwarze Burg von Okayama, die man auch „Burg des Raben" nannte, eingenommen. Zwölf Kilometer weiter im Westen jedoch befand sich die Burg von Takamatsu, die am Rande einer sumpfigen Ebene lag. Diese Festung war nur ein Steinchen auf dem Weg, aber dieses Steinchen hatte die gewaltige Kriegsmaschinerie Toyotomi Hideyoshis und auf diese Weise auch die des Oda Nobunaga zum Stocken gebracht.

Eine Geschichte vom Wasser

In der Festung standen 5 000 Mann unter dem Kommando Shimizu Muneharus, der für seinen Mut und für seine Ergebenheit gegenüber dem Klan der Môri bekannt war. Takamatsu-jô schien nahezu uneinnehmbar, denn von drei Seiten war die Burg von Sümpfen umgeben, und die vierte war durch einen Graben geschützt. Sie lag in strategisch günstiger Lage oberhalb des Flusses Ashimori. Dennoch war Toyotomi überrascht, daß Shimizu überhaupt auf den Gedanken hatte verfallen können, Widerstand zu leisten. Es war ihm rätselhaft, wie ein solch unbedeutender Daimyô sich die Frechheit herausnehmen konnte, die eigentlich verlockende und großmütige Offerte, die Oda Nobunaga ihm übermitteln ließ, abzuschlagen. Oda hatte geschrieben: „Wir

Oda Nobunaga. Ausschnitt aus einem Holzschnitt von Utagawa Yoshikazu.

entsenden die Truppen von Toyotomi Hideyoshi, damit er die gesamte Region von Chûgoku unter Kontrolle bringt. Euer ehrenwerter Name ist uns seit langem ein Begriff. Wenn Ihr den Môri abtrünnig und unser Verbündeter werdet, werden wir Euch mit Freuden die gesamte Region von Bitchû überlassen."

Der Festungsherr hatte nichts anderes erwartet, da solche Angebote üblich und oft von Erfolg gekrönt waren. Er gab eine unmißverständliche Antwort: „Ich danke Euch für Euer in der Tat äußerst großmütiges Angebot, doch Ihr müßt verstehen, daß die Môri mir dieses kleine Gebiet in Bitchû anvertraut haben. Sollte eines Tages einer der Euren sich gegen Euch wenden, so werde ich der erste sein, der diese Tat für ungehörig halten wird."

Hideyoshi wußte sehr wohl, daß Muneharu in der Schuld der Môri stand. Vier Jahre zuvor hatten die Môri ihm einen großen Dienst erwiesen. Der achtjährige Sohn Muneharus war während der Abwesenheit seines Vaters in die Hände Hideyoshis gefallen. Damit sollte Muneharu erpreßt werden, der gemeinsam mit anderen Vasallen des Môri-Klans gegen Hideyoshis Truppen kämpfte. Die Môri hatten Muneharu daraufhin zeitweilig von seiner Pflicht, für sie zu kämpfen, entbunden. Muneharu zog sich auf seine Burg zurück, worauf sein Sohn freigelassen wurde.

Plötzlich leuchtete das Gesicht Hideyoshis förmlich auf, so daß es für einen Moment fast anziehend wirkte. „Ich werde die Äste abschlagen, bevor ich den Stamm fälle!" dachte er. Er riß sein Pferd herum und galoppierte den Ryûô-Hügel hinauf, auf dem er sein Hauptquartier eingerichtet hatte und von dem aus er das gesamte Gebiet vom Norden her überblicken konnte.

Seine Soldaten zerstörten in der Folge systematisch alle Vorposten, die die Festung kranzförmig umgaben, um möglichst weit in den Sümpfen vordringen zu können. Muneharu selbst hatte bereits die einzige Brücke einreißen lassen, die seine Burg mit der Außenwelt verband, nachdem er zahlreiche Bauern der umliegenden Dörfer, die ihn um Schutz gebeten hatten, aufgenommen hatte.

Toyotomis einfallsreiches Hirn hatte einen raffinierten Plan geschmiedet: „Da sie anscheinend das Wasser so sehr lieben, wollen wir ihnen doch einfach noch mehr davon zukommen lassen. Ersäufen wir sie!“ Er ließ ein Stück talabwärts von der Festung einen Damm errichten. Damit sollten alle Wasserläufe, die die Ebene durchzogen, einschließlich des größten, des Ashimori-gawa, gestaut werden. Hideyoshi, stolz auf seinen Einfall, überwachte die kolossale Arbeit von seinem neuen Hauptquartier Kaeru-ga-hana aus.[83] Bauern aus der Umgebung, die es vorgezogen hatten, sich von den Môri zu distanzieren und die Bezahlung Hideyoshis anzunehmen, unterstützten seine Soldaten bei der Arbeit. Etwa 30 mit Steinblöcken beladene Boote wurden versenkt, um den Fluß zu stauen, und Tausende Sandsäcke und Faschinen[84], die durch eine Kette aus 2 000 Soldaten von Hand zu Hand an Ort und Stelle gebracht wurden, wurden aufgestapelt, um einen provisorischen Damm zu bilden, während der eigentliche Damm etwas weiter talabwärts aufgeschüttet wurde. Zwölf Tage lang schunden sich die Männer Hideyoshis, bis das Werk vollendet war. Am Ende war ein 4 Kilometer langer, 7 bis 10 Meter hoher und an seiner Basis 21 Meter breiter Damm errichtet worden. Die Belagerten mußten tatenlos zusehen, wie vor ihren Augen ein gigantischer Wall errichtet wurde, dessen Sinn sie schnell begriffen. Shimizu Muneharu war es lediglich gelungen, noch rechtzeitig einen Boten zu seinem Daimyô Môri Terumoto zu entsenden mit der dringenden Bitte um Hilfe.

Die Regenzeit begann, und Tag und Nacht stürzte das Wasser in Strömen vom Himmel. Es dauerte nicht lange, und ein künstlicher See schnitt Takamatsu-jô von allen Seiten ab. Die Burg schien im Wasser zu schwimmen. Môri Terumoto, begleitet von zwei seiner Onkel, war jedoch in größter Eile mit 15 000 Mann Shimizu zu Hilfe geeilt. Am 21. Mai errichtete er auf dem Berg Sarutake sein Hauptquartier und wartete auf eine Gelegenheit, um die 30 000 Belagerer angreifen zu können. Beide Armeen belauerten einander, während zwischen ihnen Takamatsu-jô in den Fluten unterzugehen drohte. Unerbittlich stieg das Wasser im strömenden Regen. Hinter den äußeren Umfassungsmauern mußten die Belagerten bereits waten. Ratten und Schlangen

---

[83] Maßgeblich beteiligt an der Entwicklung des Plans, Takamatsu-jô zu überfluten, war Hideyoshis Chefstratege, Kuroda Yoshitaka (1546-1604). Manche Quellen geben ihn sogar als eigentlichen Urheber der Idee an. – Anm. d. Übers.

[84] Faschinen sind Reisig- oder Strauchbündel, die zur Befestigung von Dämmen eingesetzt werden. – Anm. d. Übers.

verließen ihre Schlupflöcher und versetzten die Eingeschlossenen in Schrekken. Wer sich aber zu weit nach oben flüchtete, lief Gefahr, erschossen zu werden, denn die feindlichen Arkebusiere nahmen jeden aufs Korn, der sich auf den Wällen der Burg zeigte. Hinzu kam, daß die Vorräte, von denen ein Teil durch das Wasser verdorben worden war, zu Neige gingen.

Nun, da der Sieg ihm sicher schien, bereute Hideyoshi es zutiefst, Oda Nobunaga zu Hilfe gerufen zu haben. Warum sollte er die Lorbeeren des Triumphs mit anderen teilen? Ukita Naoie und Hashiba Hidekatsu waren bereits eingetroffen, die Vorhut der Hauptkräfte Odas, der versprochen hatte, persönlich zu erscheinen. Auch Akechi Mitsuhide befand sich auf dem Weg nach Takamatsu-jô. Sie alle strömten herbei, als witterten sie das weidwunde Wild.

Ein Ninja vom Klan der Môri schlich sich in der Nacht in die von Ungeziefer wimmelnde Burg und überbrachte Muneharu eine Botschaft seines Lehnsherrn: „Mit größtem Bedauern muß ich Euch darüber in Kenntnis setzen, daß mir die Umstände es nicht gestatten, etwas für Euch zu unternehmen. Ich schlage vor, daß Ihr Euch Nobunaga ergebt und auf das beste hofft." Kaum, daß Muneharu die Zeilen gelesen hatte, griff er zum Pinsel und schrieb folgende Antwort, die er dem Ninja übergab: „Ich habe die Absicht, das Schicksal dieser Burg zu teilen. Niemals, unter keinen Umständen, kann ich ein Feind der Môri werden."

Später, nachdem Môri Terumoto den Ninja, der seine Mission erfüllt hatte, entlassen hatte, sank er zutiefst bewegt und betrübt in sich zusammen. Große Müdigkeit erfüllte ihn. Er konnte tatsächlich nichts mehr für Muneharu tun.[85]

Der Pakt

Takamatsu-jô konnte als verloren betrachtet werden. Wahrscheinlich war die endgültige Aufgabe nur noch eine Frage von Tagen, allenfalls von wenigen Wochen. Die Zeit arbeitete gegen die Môri. Und je länger die Belagerung dauerte, desto mehr nahm eine neue Gefahr Gestalt an. Nach und nach trafen alle Kräfte, über die Oda Nobunaga verfügte, am Ort des Geschehens ein. Mit solch einer konzentrierten Macht könnte Oda es sich erlauben, einen vernich-

---

[85] Siehe auch „Post für Takamatsu-jô" auf S. 337.

tenden Schlag gegen die Môri zu führen. Es ging plötzlich nicht mehr darum, wie man Takamatsu retten könnte, sondern um das Schicksal des gesamten Môri-Klans. Die Môri beschlossen, unverzüglich Verhandlungen aufzunehmen. Sie beauftragten Ekei, einen Priester des Tempels Ankoku-ji aus Hiroshima, für sie zu verhandeln. Dieser kannte Oda und Toyotomi bereits aus früheren Verhandlungen. Toyotomi sah sich in einer Position der Stärke, und er war entschlossen, davon zu profitieren. Er stellte harte Bedingungen. Die Hälfte der Ländereien der Môri sollte an Oda Nobunaga abgegeben werden. Und von Shimizu Muneharu wurde erwartet, daß er *seppuku* begehe. Sehr schnell begannen sich die Verhandlungen auf den zweiten Punkt zu konzentrieren. Es würde den Môri durchaus möglich sein, notfalls auf Landgebiete zu verzichten, auch wenn dies einen schweren Schlag für sie bedeuten würde. Aber von einem Vasallen, der ihnen bedingungslose Treue erwiesen hatte und der jede Form eines Kompromisses gegenüber dem Feind abgelehnt hatte, zu verlangen, er solle sich das Leben nehmen, war eine schreckliche Forderung. Nicht zuletzt deswegen, weil zweifelsohne ihre Glaubwürdigkeit in den Augen ihrer anderen Vasallen darunter leiden würde. Solch einem Ansinnen stattzugeben war undenkbar!

Man befand sich mitten in den Verhandlungen, als Toyotomi plötzlich eine Nachricht von höchster Brisanz für all seine Pläne hinterbracht wurde: Oda Nobunaga war tot. Jener hatte Toyotomi tatsächlich nahezu all seine verfügbaren Truppen geschickt und sogar 2000 Mann seiner persönlichen Leibgarde (*hatamoto*) entsandt. Er selbst war in Kyôto geblieben, mit lediglich einer Hundertschaft Samurai. Dies war äußerst unvorsichtig gewesen, denn Verrat konnte zu jener Zeit überall lauern. Tatsächlich war einer seiner Generäle, Akechi Mitsuhide, den er auch auf den Weg nach Takamatsu geschickt hatte, umgekehrt und hatte seinen Leuten erklärt, daß der wahre Feind in Kyôto sitze. Oda suchte gerade ein wenig Ruhe im dortigen Tempel von Honnô-ji, als der Verräter im Morgengrauen des 2. Juni angriff. Oda wurde durch einen Pfeil verwundet. Als er sich wieder erhob, traf ihn eine Kugel aus einer Muskete. Es gelang ihm jedoch, sich ins Innere des Tempels zu flüchten, wo er sich selbst den Tod gab. Er war 49 Jahre alt geworden. Ein berühmtes *nô*-Stück läßt ihn mit den Worten sterben: „Das Leben eines Mannes von 50 Jahren ist nichts als eine Lüge und ein Traum."

Mitsuhide glaubte, daß er nun genügend Zeit haben würde, die Stelle Odas einzunehmen, bevor dessen andere Generäle, die sich gerade allesamt auf

Feldzügen und vor allem in der Umgebung von Takamatsu befanden, etwas dagegen unternehmen könnten. Hideyoshi erfuhr allerdings bereits am Tag nach dem Umsturz von Odas Tod und zwar aus dem Munde des Boten Mitsuhides. Das hatte Mitsuhide jedoch nicht vorgesehen. Der Bote war nämlich mit einem Bündnisangebot zu den Môri entsandt worden, doch in der Nacht hatte er sich verlaufen und wurde im Lager Hideyoshis aufgegriffen, wo ihm durch Folter die Wahrheit entrissen wurde.

Es ist vorstellbar, daß die unverhoffte Nachricht von dem tödlichen Anschlag auf seinen Meister Hideyoshi zutiefst bestürzte. Aber sein Sinn fürs Pragmatische wurde hierdurch nicht beeinträchtigt, und so sah er sofort auch die außerordentliche Chance, die sich ihm durch die neue Lage aufgetan hatte. Statt auf ewig der glanzvolle Zweite zu sein, könnte er nun auf spektakuläre Weise Oda rächen und dessen Nachfolge antreten. Doch dies mußte außerordentlich schnell geschehen, bevor die anderen Generäle erfuhren, was geschehen war und selbst auf den Gedanken verfielen, sich nach Kyôto zu begeben. In diesem Lichte betrachtet, war der närrische Widerstand Shimizu Muneharu ein noch größeres Ärgernis geworden, denn Hideyoshi konnte unmöglich, ohne das Gesicht zu verlieren, mit seinen Truppen abrücken, bevor die Festung gefallen war. Hideyoshi behielt also die Neuigkeiten aus Kyôto für sich und forderte Ekei, den Unterhändler der Môri auf, so schnell wie möglich Shimizu zu seiner Selbstaufopferung zu bewegen. Ekei erklärte daraufhin dem tapferen Festungskommandanten, in welcher Zwickmühle die Môri steckten, die einerseits den aufrichtigen Wunsch hegten, das Leben ihres Vasallen zu retten, aber anderseits unbedingt darauf angewiesen waren, daß die Truppen der Belagerer endlich abzögen. Shimizu begriff, daß einzig und allein sein Opfer die verfahrene Situation retten konnte. Er verlangte nach Schreibzeug und verfaßte folgende Botschaft: „Ich werde morgen *seppuku* begehen, gemeinsam mit meinen sechs würdigsten Vasallen. Ich bitte Euch, die Môri zu verschonen und ich bitte Euch auch, das Leben aller Bewohner der Burg zu schonen." Als Hideyoshi die Botschaft las, atmete er auf. Am nächsten Tag also, so wie er es sich erhofft hatte, würde die Belagerung enden. Ihm würde also genau die Zeit bleiben, die er benötigte. Er ließ unverzüglich Nahrungsmittel zur Burg senden. Es war die Nacht vom 3. zum 4. Juni, und erst vor wenigen Stunden hatte er von Odas Tod erfahren. Er hatte mit größtem Geschick agiert, und die Erklärung Shimizus war genau zur rechten Zeit gekommen.

Sterben für Takamatsu-jô

Die Morgendämmerung des 4. Juni 1582 brach an. Seltsamerweise hatte es aufgehört zu regnen, als ob die Götter sich mit den Menschen einen Scherz erlauben wollten. Shimizu Muneharu würde also sterben, um die Ehre der Môri zu retten und auch, um Hideyoshi dazu zu verhelfen, das Schicksal des ganzen Landes in seine Hände zu nehmen. Doch von letzterem konnte Shimizu natürlich nichts ahnen. Die ganze Nacht hatte die Garnison mit ihm zusammen gefeiert, dank der Lebensmittel, die die Belagerer ihnen geschickt hatten. Schließlich verfaßte der Herr von Takamatsu-jô gemäß dem Brauch sein Abschiedsgedicht und gab seinen drei Söhnen letzte Anweisungen. Daraufhin verließ er, als gäbe es nichts Besonderes, mit leichtem Schritt den Raum und winkte den ihm Nahestehenden, die wie versteinert standen, ein letztes Mal zu. Die sechs Vasallen folgten ihm. Die Stunde war gekommen, für Takamatsu-jô zu sterben.

Toyotomi Hideyoshi persönlich war es, der die Barke geschickt hatte, auf der die sieben Samurai Platz nahmen. Sie ruderten in die Nähe des Lagers des Generals und ließen nun das Boot treiben. 30 000 Augenpaare beobachteten sie von einer Seite des Gewässers und 15 000 von der anderen, als sie eine letzte Schale Sake leerten. Shimizu erhob sich in der Barke, und mit seinem Fächer in der Hand machte er ein paar Tanzschritte, während er mit tiefer Stimme einige Verse aus einem *nô*-Stück rezitierte: „Wie vergänglich es doch ist, das Leben... Für uns andere, die wir zu träumen gewohnt sind in dieser Welt... Ein Boot auf den Wellen." Niemandem entging auch nur die unbedeutendste seiner Gesten, weder den Bewohnern der Burg noch den Kriegern im Lager der Feinde. Sie alle sahen, wie der tapfere Shimizu Muneharu, der treue Vasall des Môri Terumoto, sich den Bauch mit der Würde eines wahren Samurai öffnete, da sein Leben seinem Herren nicht mehr von Nutzen war. Einer nach dem anderen folgten die sechs Vasallen seinem Beispiel. In den Lagern von Freund und Feind rannen Tränen bei diesem Anblick. Es heißt, daß auch Toyotomi Hideyoshi stark beeindruckt gewesen sein soll. Nach der traditionellen Beschauung der abgetrennten Häupter – *gokumon* – ließ er ein Grab ausheben, in dem die sterblichen Überreste der Tapferen beigesetzt wurden, die „der reinste Widerschein der Tugenden der Samurai aus Vergangenheit und Gegenwart" waren. Anschließend betete er für ihre Seelenruhe.

Tatsächlich paßte der spektakuläre Selbstmord Shimizus glänzend ins Konzept Hideyoshis. Er hielt alle ausgehandelten Bedingungen korrekt ein. Am

Nachmittag des 6. Juni hob seine Armee die Belagerung auf und zog sich zur Grenze des Lehnsgebietes von Okayama zurück. Am Abend des darauffolgenden Tages erreichte er die Burg von Himeji, nachdem er seine Truppen 80 Kilometer hatte marschieren lassen. Den Weg nach Kyôto legte er an der Spitze seiner Streitmacht zurück, wie ein Wirbelsturm, der einen Monsun begleitet. Mehr noch als der Wunsch, Oda Nobunaga zu rächen, beflügelte ihn sein Ehrgeiz. Am 13. Juni rückte er in Kyôto ein und schlug die Truppen des Verräters Akechi Mitsuhide vernichtend. Akechi wollte sich in seine Burg von Sakamoto absetzen, aber die Dorfbewohner von Ogusuru fingen ihn und erschlugen ihn wie ein Stück Vieh. Hideyoshi ließ seinen Leichnam kreuzigen und gab Befehl, ihn den wilden Tieren zu überlassen. Er hatte allen Grund, mit sich zufrieden zu sein: Das Geheimnis effektiven Handelns bestand darin, die Gelegenheiten beim Schopfe zu packen. Zehn Monate später kontrollierte Hideyoshi 30 Provinzen, eine Leistung, für die Oda zuvor nicht weniger als 20 Jahre gebraucht hatte. Er war der neue Herrscher Japans, der Kampaku[86]. Der Schüler hatte seinen Meister überflügelt.

Toyotomi Hideyoshi. Gemälde, ca. 1600.

[86] Kampaku: jpn. Titel (Regent, Großer General) für eine sehr hohe Funktion, die 882 am japanischen Kaiserhof eingeführt wurde (Heian-Zeit). Der Titel bezeichnete den Mittler zwischen dem Kaiser und den offiziellen Behörden des Landes. Diese Stellung bedeutete oft eine faktische Macht, die die des Kaisers übertraf. Toyotomi Hideyoshi hatte zwar die durch Oda Nobunaga begonnene Einigung des japanischen Kaiserreichs vollendet, aber aufgrund seiner bäuerlichen Herkunft war es nicht möglich, daß er Shôgun wurde. Deshalb wurde ihm vom Kaiser im Jahre 1585 der Titel des Kampaku verliehen. 1592 übertrug er diesen Titel auf seinen Neffen und Adoptivsohn Hidetsugu und bezeichnete sich selbst als Taikô. – Anm. d. Übers.

Von Takamatsu-jô gibt es heute keine Überreste mehr. Die Festung wurde dem Erdboden gleichgemacht. Lediglich ein Grabstein erhebt sich aus dem Gras. Es heißt, daß darunter das Haupt des tapferen Shimizu Muneharu liegen soll. Seit jenen schrecklichen Tagen blieb der Flußlauf des Ashimori verändert.

Der Priester Ekei, der sich als erfolgreicher Unterhändler erwiesen hatte, wurde in den Rang eines Daimyô erhoben als Zeichen der Dankbarkeit für sein effektives Wirken zugunsten des politischen Kalküls Hideyoshis.

Toyotomi Hideyoshi verfiel am Ende seines Lebens dem Größenwahn. Er soll sich gelegentlich sogar auf sein Pferd als Zeuge seines Ruhmes berufen haben. Er starb 1598, 16 Jahre nach den in dieser Erzählung geschilderten Ereignissen, auf der Höhe seiner Macht. Tokugawa Ieyasu sah endlich seine Stunde gekommen. Er weigerte sich, dem Sohn des Kampaku den Treueid zu leisten und ließ sich selbst den Titel des Shôguns, den er seit langen Jahren begehrt hatte, zubilligen. Dieser Titel sollte bis zum Jahre 1868 in seiner Familie bleiben.

Der tapfere Samurai Shimizu Muneharu aber geriet nahezu vollkommen in Vergessenheit. Er war nur ein Bauer im gigantischen Schachspiel um die Macht gewesen. Und doch hätte ohne den Festungskommandanten von Takamatsu, dessen Selbstmord klassisch und spektakulär zugleich gewesen war, die Geschichte seines Landes einen anderen Verlauf genommen.

Die Abenteuer des Rônin Yamada Nagamasa

Die Ära der Tokugawa

Im Jahre 1603 war die Ära der Tokugawa-Shôgune angebrochen. Jene Zeit war dadurch geprägt, daß das Shôgunat versuchte, Japan von der restlichen Welt abzuschotten. Das Leben im Lande entsprach der Ordnung, wie sie Tokugawa Ieyasu ersonnen hatte, und die hauptsächlich auf den Kräften des Traditionalismus beruhte. Doch diese Abgeschlossenheit war nicht vollkommen. Seit Mitte des 16. Jahrhunderts waren erste christliche Missionare und auch erste Feuerwaffen nach Japan gelangt. Und den Machthabern war nicht entgangen, welche Vorteile sich aus diesen ersten Kontakten ergeben hatten. So hatten portugiesische Arkebusen, die in großer Zahl durch japanische Schmiede kopiert worden waren, eine erstrangige Rolle in den großen Schlachten von Nagashino (1575) und Sekigahara (1600) gespielt, in denen sich das künftige Schicksal des Landes entschieden hatte. Doch wie weit konnte man gehen, ohne die japanische Seele aufs Spiel zu setzen?

Der Taikô Toyotomi Hideyoshi hatte 1592 und 1597 vergebens versucht, Korea zu erobern und die Koreaner zu Tributzahlungen zu zwingen.[87] Abgesehen davon war er der erste, der japanische Handelsschiffe in die Länder Südostasiens entsandte. So gab es die neuen „Rotsiegelschiffe" (*goshuin bune*), deren Kapitäne mit Briefen ausgestattet waren, die das zinnoberrote Siegel (*goshuin*) Hideyoshis trugen. Diese Schreiben stellten die Lizenz für das Privileg des Auslandshandels dar. Die japanischen Kaufleute handelten mit *katana*, Schmuck und Seidenkimono im Austausch gegen Satin, Samt, Pelze, Gewürze, Glaswaren und Feuerwaffen. Toyotomi Hideyoshi gestattete im Gegenzug die Öffnung des Hafens von Nagasaki für die „schwarzen Schiffe" der Portugiesen und den Handel mit diesen „Barbaren aus dem Süden" (*nambanjin*), wie die

---

[87] 1592 setzte Toyotomi Hideyoshi mit 200 000 Kriegern nach Korea über. Seine Truppen eroberten binnen eines Monats Seoul und drangen bis zur chinesischen Grenze am Fluß Yalu vor. Doch der Krieg führte keine endgültige Entscheidung herbei. Zwar waren die japanischen Truppen den Koreanern zu Land überlegen, aber der koreanische Admiral Yi Sun-sin vermochte es, mit gepanzerten Galeeren, sogenannten „Schildkrötenschiffen", der japanischen Flotte schwere Verluste beizubringen. 1597 sandte Toyotomi ein Heer von 300 000 Mann nach Korea, doch auch dieser Feldzug wurde abgebrochen, nachdem der Taikô 1598 eines natürlichen Todes gestorben war. – Pfaffenbichler, M.: Das christliche Jahrhundert in Japan. In: Samurai. Thorbecke, Ostfildern: 2008.

Tokugawa Ieyasu. Ausschnitt aus einem Gemälde.

Portugiesen damals genannt wurden. Sein Nachfolger, Tokugawa Ieyasu, der sich 1603 zum Shôgun ernannte, erweiterte zunächst die Handelsbeziehungen mit dem Ausland, aber er ließ ausschließlich Protestanten als Handelspartner zu. Im Jahre 1612 wurde jedoch ein generelles Verbot des Austauschs mit dem Ausland erlassen. Dies traf vor allem jene Händler mit großer Härte, die darauf spekuliert hatten, daß die Zukunft des Landes nicht länger auf den traditionellen starren feudalen Verhältnissen beruhen würde, in denen die Daimyô und die Samurai die einzigen starken Persönlichkeiten im Lande waren.

Das Kind, das Samurai werden wollte

Soweit Yamada Nagamasa[88] sich zurückerinnern konnte, war es stets sein innigster Wunsch gewesen, eines Tages Samurai zu werden. Für den Sohn eines einfachen Färbers aus Suruga[89] war dies ein kühnes und ungewöhnliches Ziel.

---

[88] Yamada Nagamasa (1580-1633). Andere Quellen geben als sein Geburtsjahr 1578, 1585 oder 1590 und als sein Sterbejahr 1630 an. – Anm. d. Übers.

Aber die Jahre vergingen, und er war der Erfüllung seines Traumes keinen Schritt näher gekommen. Manche hatten es vollbracht, trotz einfacher Herkunft in die Reihen dieser edlen Krieger aufgenommen zu werden. Kein Geringerer als der Taikô Toyotomi Hideyoshi, der einstige Herr der Burg von Ôsaka, hatte in der Hütte eines Bauern das Licht der Welt erblickt und war dennoch der größte Feldherr Japans geworden. Aber Yamada hatte begreifen müssen, daß die Zeiten sich geändert hatten und ihm ein solcher Weg in seiner Heimat versperrt bleiben würde. Im Jahre 1610 faßte er schließlich den kühnen Entschluß, das Land zu verlassen.

Die Entscheidung, Japan den Rücken zu kehren, war Yamada nicht leichtgefallen. Aber er fühlte kein Bedauern, auch wenn ihn die Trennung von seiner Heimat, die er für endgültig hielt, schmerzte. Wie alle, die ihre Reise im Haus des Händlers Takiya Soemon bezahlt hatten, war er entschlossen, anderswo ein menschenwürdiges Leben zu führen. In Japan, das wie gelähmt war unter der Macht der Tokugawa und wo jede kühne Unternehmung mit dem Tode bestraft werden konnte, war dies nicht mehr möglich.

Yamada war an Bord der Takiya-maru gegangen, und das Schiff war in See gestochen. Er ließ seinen Blick über die Passagiere gleiten, die sich gleich ihm auf dem Deck drängten, die Augen auf die sich langsam entfernende Küste von Suruga gerichtet. Die Gestalten der Zurückgebliebenen waren bereits nicht mehr zu erkennen, und die Küstenlinie schien mit den Wogen des Meeres zu verschmelzen. Am längsten waren die Berge im Dunst zu sehen, doch schließlich entschwanden auch sie den Blicken. Außer den Seeleuten waren einige Samurai an Bord, die sich auf der Flucht vor den Tokugawa befanden. Andere Männer und auch einige Frauen schienen gleich ihm von Hoffnung erfüllt, anderswo ein glücklicheres Leben führen zu können.

Yamada richtete seinen Blick auf die dünne Linie des Horizonts. Dahinter lag seine Vergangenheit. Am Strand von Suruga hatte er einst begonnen, von einem Leben als tapferer Held zu träumen. Als Kind hatte er dort seine ersten Sandburgen gebaut. Nikichi, so sein Jungenname, war beliebtes Opfer der grausamen Streiche älterer Knaben gewesen. Selbst, wenn er nicht schwächer als sie gewesen wäre, so wäre es ihm als Sohn eines Färbers nicht zugekommen, sich gegen seine aus den Familien kleiner Landadliger stammenden Peiniger zur Wehr zu setzen. Doch eines Tages war einer jener legendenumwobenen

[89] Die heutige Stadt Shizuoka.

Kriegermönche, ein Yamabushi, der sich im Tempel von Asama niedergelassen hatte, aufgetaucht und hatte ihn in Schutz genommen. Ein Stirnrunzeln hatte ausgereicht, die Jungenbande, die gerade wieder einmal damit beschäftigt war, Nikichi zu quälen, in die Flucht zu schlagen. Das Kind war fasziniert von dem Hünen mit dem struppigen Bart, dessen Namen er nie erfahren sollte. Nikichi nahm all seinen Mut zusammen und sagte: „Ich will Samurai werden. Lehrt mich den Weg des Schwertes, ich bitte Euch!"

Yamada mußte schmunzeln, als er sich an diese Szene erinnerte, und das bange Gefühl, das ihn befallen hatte, seit das Schiff in See gestochen war, begann zu verfliegen.

Von jenem Tag an lernte das einzelgängerische Kind bei dem Yamabushi den Weg des Schwertes. Das Training, das der Kriegermönch ihm auferlegte, war äußerst hart, aber nichts anderes hatte der Junge sich gewünscht. Tag für Tag kam er zum Tempel von Asama, in dessen Nähe die Unterweisungen stattfanden. Und mit der Zeit wurde aus ihm ein Krieger mit stahlharten Muskeln.

Eines Tages verfaßte Yamadas Lehrmeister ein Abschiedsgedicht und übergab es dem Tempelvorsteher. Daraufhin verließ er die Gegend, um sich den Männern Toyotomi Hideyoris, des Sohns von Toyotomi Hideyoshi, anzuschließen, die gegen den Klan der Tokugawa kämpften. Zwei Jahre nach dem Tod Hideyoshis hatte Tokugawa Ieyasu den Anspruch auf die oberste Macht im Lande erhoben. Er wollte als der wahre Einiger Japans gelten. Toyotomi Hideyori fühlte sich jedoch verpflichtet, das Erbe seines Vaters anzutreten, der entscheidend dazu beigetragen hatte, Japan zu vereinigen, und dessen Wunsch es gewesen war, daß seine Nachkommen über Japan herrschen würden. „Da nun das Ende der langen Herrschaft dieses Kriegers[90] gekommen ist, muß der bescheidene Bergbewohner sein Schwert erproben", hatte der Yamabushi in seinem Abschiedsgedicht geschrieben, bevor er aus den Bergen herabgestiegen war. Doch in der Schlacht von Sekigahara, die im Jahre 1600 in der Nähe des Biwa-Sees stattfand, errang Tokugawa Ieyasu den entscheidenden Sieg über seine Gegner. Tausende tapfere Krieger beider Parteien verloren ihr Leben, und unter ihnen befand sich auch Yamadas Yamabushi.

Mit dem Verlust seines Lehrmeisters hatte Yamada seine Kindheit endgültig hinter sich gelassen, und im selben Jahr nahm er gemäß den Regeln des

[90] Mit „Krieger" (*mononofu*) ist hier der verstorbene Taikô Toyotomi Hideyoshi gemeint.

gempuku-Rituals den Vornamen Nagamasa[91] an. Damit war er freilich noch längst kein Samurai geworden, auch wenn sein Herz das eines Kriegers war. Um Samurai werden zu können, hätte es eines Burgherren bedurft, der ihn trotz seiner niedrigen Herkunft in seine Dienste genommen hätte. Darauf bestand jedoch kaum Hoffnung; allenfalls würde er ein Rônin, ein herrenloser Samurai sein können, der auf seine Bewährungsprobe wartete. Doch nachdem er jahrelang auf der Suche nach Abenteuern durch das Land gestreift war, wurde er des Wartens überdrüssig. Er begann zu fürchten, daß sein Karma ihn dazu verurteilte, in Suruga, im Hause seines Vaters, den Rest seines Lebens zu verbringen und hier dereinst ruhmlos sterben zu müssen.

Doch eines Tages, an einem Sommerabend, begegnete er Kyuzo, einem Seemann auf Landgang. Kyuzo gehörte zur Besatzung eines jener Schiffe, die für den Handel mit fernen Ländern im Einsatz waren. Nach einigen Bechern Sake begann der Seefahrer über all die Häfen, die er kennengelernt hatte, die Sitten und Gebräuche anderer Völker und über seine Abenteuer in der Fremde zu erzählen. Schließlich sprach er mit leuchtenden Augen von der Stadt Ayutthaya, der Hauptstadt Siams, aus der sein Schiff gerade gekommen war. Yamada lauschte hingebungsvoll. Vor ihm saß ein Mann, der das Leben in vollen Zügen genoß, während er selbst in der Enge der Heimat zu ersticken drohte. Diese Begegnung mußte ein Wink des Schicksals sein! Vielleicht befand sich die Burg, in der sich sein Traum erfüllen würde, als Krieger dienen zu können, nirgendwo anders als in Siam. Und so war es gekommen, daß er sich an diesem Tag, zehn Jahre nach der Schlacht von Sekigahara, die ihn seines einzigen Freundes beraubt hatte, auf einem Dreimaster befand, einem 100 Fuß langen und 500 Tonnen schweren Schiff aus Kampferholz. Es hatte Kurs in Richtung Süden genommen und würde über Formosa[92], Macao, vorbei an den Städten des alten Reiches der Cham, Danang[93] und Lam Ap Pho[94], nach Bangkok gelangen, in dessen Nähe sich das Ziel seiner Reise, Ayutthaya, die Hauptstadt des Königreichs Siam[95], befand.

---

[91] Yamada wählte diesen Vornamen in Anlehnung an das Abschiedsgedicht seines Yamabushi-Lehrmeisters: „*Mononofu no nagaki matsuri no sue nareba, tsurugi tamesan kôno yama gatsu no*". „*Nagaki matsuri*" bedeutet „lange Herrschaft"; mit dem Namen Nagamasa wird der Wunsch nach langem gerechten und richtigen Handeln zum Ausdruck gebracht.

[92] Formosa ist der alte Name Taiwans.

[93] Eine Stadt im Champa-Reich, dem heutigen Zentralvietnam. Champa war das Königreich des Cham-Volkes.

[94] Hafenstadt im Champa-Reich, das heutige Hoi An.

[95] Siam war im Mittelalter ein Reich, dessen Lage in etwa dem heutigen Thailand entspricht.

Japan
Korea
Suruga
Peking
China
Formosa
Pazifischer Ozean
Macao
Luzón
Philippinen
Annam
Siam
Ayutthaya
Bangkok
Champa
Kambodscha
Golf von Siam
Ligor
Neuguinea
Borneo
Sumatra
Indonesien
Australien

Unterdessen hatte der Dunst alles in der Ferne entschwinden lassen, was er hinter sich zu lassen beschlossen hatte. Kraftvoll durchschnitt der Bug der Takiya-maru die Wogen des Chinesischen Meeres. Yamada Nagamasa, der Rônin aus Suruga, hatte sein Geschick in die eigenen Hände genommen. Das Glück schien ihm endlich zuzulächeln.

Der Weg der Macht

Es dauerte jedoch nicht lange, und Piraten kreuzten den Kurs des Schiffes. Dies war zu jener Zeit nichts Ungewöhnliches. Jedermann wußte, daß die *wakô* sowohl auf der Insel von Formosa als auch entlang der zerklüfteten südchinesischen Küste zahlreiche Schlupfwinkel hatten und regelmäßig das Chinesische Meer mit ihren Beutezügen heimsuchten. Doch die Piraten erlebten eine böse Überraschung, als sie das Handelsschiff enterten und sich unverhofft mit einer Gruppe schwerbewaffneter Samurai konfrontiert sahen, die sich über die Gelegenheit, ihre Kräfte zu erproben, freuten. Unter ihnen befand sich Yamada, dem es zum ersten Mal vergönnt war, die Lehren seines Meisters im Kampf anzuwenden. Es dauerte nur Momente, und ein Dutzend Piraten lag entseelt auf dem Deck. Die überlebenden Seeräuber suchten ihr Heil in panischer Flucht. Yamada, der sich in dem kurzen Kampf ruhmvoll hervorgetan hatte, wurde von allen Seiten applaudiert. Er hatte seine Bewährungsprobe bestanden.

Immer ungeduldiger fieberte er seiner Ankunft entgegen. In Bangkok ging er von Bord und setzte seine Reise auf einer Prahm fort, die ihn auf dem Chayo Phraya stromaufwärts nach Ayutthaya brachte. Tempel aus roten Ziegelsteinen inmitten üppiger Vegetation prägten das Bild der Stadt. Yamada begab sich unverzüglich in das kleine japanische Viertel, von dem Kyuzo ihm berichtet hatte, und stellte sich Shiroi Kyuemon, einem alten Mann, der das Oberhaupt der Kolonie war, vor. Dieser war von dem ehrgeizigen jungen Mann offensichtlich beeindruckt und ernannte ihn kurzerhand zum Anführer einer kleinen Polizeitruppe, deren Aufgabe vor allem im Schutz der japanischen Siedler bestand. Er, der einsame Rônin, dessen Dienste in seiner Heimat niemand gewollt hatte, wurde hier wie ein echter Samurai behandelt. Darüber hinaus vertraute Shiroi Kyuemon ihm die Erziehung des 15jährigen Kogenta an, dem verwaisten Sohn eines berühmten Samurai. Yamada nahm sich dieser Aufgabe

Das Rotsiegelschiff „Sueyoshi-bune“, dessen Besitzer eine Lizenz für den Auslandshandel besaß. Votivbild im Tempel Kiyomizu-dera in Kyôto aus dem Jahre 1632.

mit großer Ernsthaftigkeit an, und er lehrte den Jungen all das, was er einst selbst von dem Krieger des Tempels von Asama gelernt hatte.

Von nun an empfand er sich als wahrer Samurai, und die Bewohner der japanischen Kolonie behandelten ihn auch mit dem Respekt, der diesem Rang gebührte. Auf solche Weise verstrich mehr als ein Jahr, bis sein Schicksal eine neue Wendung nahm.

Im Jahre 1612 bat Songtham, der König von Siam, die japanische Kolonie in seinem Lande um Unterstützung in einem Krieg, den er gegen das Königreich von Ligor[96] führen wollte, welches sich auf der anderen Seite des Golfs von Siam[97] befand. Auf diese Weise wurde Yamada Nagamasa zum Befehlshaber über die japanischen Streitkräfte von Ayutthaya. Es war ihm binnen

[96] Ligor: Historische Bezeichnung für die thailändische Stadt Nakhon Si Thammarat. Ligor war die Hauptstadt des dem heutigen Südthailand entsprechenden Königreichs von Ligor.
[97] Heute als Golf von Thailand bezeichnet.

weniger Tage gelungen, eine aus mehr als 1 000 Kämpfern bestehende Truppe aufzustellen, die sowohl aus echten Samurai als auch aus Abenteurern aller Schattierungen und aus aller Herren Länder bestand, die sich allesamt unter japanischem Banner versammelt hatten. Die Streitkräfte Ligors versuchten, die Angreifer mit Kanonenfeuer abzuwehren, aber sie konnten dem Ansturm der Krieger Yamadas nicht lange standhalten. Nachdem er sich auf diese Weise als erfolgreicher Feldherr ausgezeichnet hatte, wurde Yamada Nagamasa im Alter von 29 Jahren zum Hauptmann der königlichen Garde von Siam ernannt. Bald darauf starb sein Mentor Kyuemon, und er selbst wurde dessen Nachfolger als Oberhaupt der japanischen Kolonie von Siam.

Das Leben des Träumers vom Strande von Suruga begann immer mehr einem Märchen zu gleichen: Der König gab dem Fremdling seine Tochter zur Frau! Yamada genoß das glückliche Leben, das ihm sein Schicksal beschert hatte. All seine Träume schienen in Erfüllung gegangen zu sein, und über Jahre geschah nichts, was sein Glück hätte trüben können.

Herzog von Siam und König von Ligor

Tatsächlich hatte er noch nicht einmal den Gipfel seines Ruhmes erreicht. Es kam zu einem Krieg zwischen dem Königreich von Siam und der Insel Luzón, der Hauptinsel der Philippinen. Yamada war zum Admiral der Flotte von Siam ernannt worden. Diese „Flotte“ bestand aus lediglich vier Kanonenbooten, doch auch die gegnerische Armee verfügte über nicht mehr als zehn derartiger Schiffe. Yamada ließ seine Schiffe geschickt am Rande der Reichweite der gegnerischen Kanonen manövrieren, so daß diese bald ihre Munition verschossen hatten, ohne die Angreifer ernsthaft in Gefahr gebracht zu haben. Daraufhin gab er Befehl zum Entern. Und trotz der größeren Zahl der Schiffe des Gegners gelang es ihm, den Sieg über die Flotte aus Luzón zu erringen. Der König von Siam, überglücklich über die Meisterleistung seines Admirals, ließ dem Shôgun Tokugawa Hidetada eine Nachricht zukommen, in der er ihn darüber unterrichtete, daß ein japanischer Krieger im Königreich Siam zu einem wahren Nationalhelden aufgestiegen war. Auf diese Weise erhielt der Hof in Kyôto erstmals Kenntnis von der Existenz Yamada Nagamasas. Dort beschloß man, dem Mann, der immerhin eine bedeutende japanische Ansiedlung in einem Land, das dem japanischen Shôgunat tributpflichtig war, repräsentierte, einen Adelstitel zukommen zu lassen. Es dauerte allerdings vier Jahre, bis Yamada offiziell von seinem Heimatland der Titel des Herzogs von Siam zuerkannt wurde. Doch trotz des grandiosen Aufstiegs hatte Yamada, der es in Japan nicht einmal zu einem echten Samurai gebracht hatte, seine Heimat nicht vergessen. Nachdem ihm die hohe Ehrung von Seiten des japanischen Shôgunats zuteil geworden war, sandte er als Zeichen des Dankes für sein glückliches Schicksal ein Votivbild, das ein Kriegsschiff darstellte und mit seiner Unterschrift versehen war, zum Tempel von Asama.

1628 starb König Songtham. Im selben Jahr bestieg Yamada den Thron des Reiches von Ligor. Andere Quellen sprechen allerdings davon, daß die Thronbesteigung erst 1633 erfolgte, im Jahr seines Todes. Sein stetes Glück hatte ihm zahlreiche Neider eingebracht. Es heißt, er soll sehr rasch gestorben sein, nachdem sein Leibarzt, bestochen durch einen Minister einer ihm feindlich gesonnenen Partei, ihm Gift verabreicht hatte. Yamada hinterließ eine Tochter, A-in, die versuchte, ihren Vater zu rächen. Aber ihre Mitstreiter verloren den Kampf, und auch sie selbst kam dabei ums Leben. Die gesamte japanische Kolonie von Ayutthaya löste sich wenig später auf.

Es gibt nur wenige authentische Dokumente, die die phantastischen Abenteuer des Yamada Nagamasa belegen. Dieser Rônin, der den Mut und die Entscheidungskraft aufbrachte, seinem Karma zu folgen und Japan zu verlassen, hat auf seinem Lebensweg nur wenige Spuren hinterlassen. Eine davon befindet sich im Sanktuarium des Tempels von Asama, in der Heimatstadt Yamadas. Hier pflegten die Reisenden zu den Göttern zu beten, damit ihre Wünsche in Erfüllung gingen. Es handelt sich um ein Votivbild, das ein Schiff, einen Dreimaster darstellt, auf dem sich einige Dutzend Krieger befinden. Das Bild trägt die Unterschrift: „Ich danke Euch aus dem Grunde meines Herzens, denn die Gebete, die ich in diesem Tempel sprach, wurden erhört." Gezeichnet ist der Text mit „Yamada Nagamasa, geboren in Suruga, derzeit residierend im Lande Siam". Dies ist die einzige bekannte Unterschrift Yamadas, die existiert, und sie datiert aus dem Jahre 1625.

„Wenn Ihr den Weg der Strategie erreicht habt,
versteht Ihr alles, ausnahmslos.
Ihr werden den Weg als Ganzes kennen.“
Miyamoto Musashi

Miyamoto Musashi

Frühe Reife

Miyamoto Musashi[98] wurde 1584 in Miyamoto, einem kleinen Dorf in der Provinz von Harima[99] im Zentrum von Honshû, der japanischen Hauptinsel, geboren. Er gehörte zum Klan der Niimi (Shinmen), die von den Akamatsu abstammten. Die Zeit seiner Geburt, die Tenshô-Ära, war durch große Unruhen im Lande geprägt. Toyotomi Hideyoshi war der neue Herr des Landes, nachdem 1582 der Shôgun Oda Nobunaga ermordet worden war. Zwar hatte bereits Oda versucht, Japan auf dem Weg der Einigung voranzubringen und somit der Epoche der blutigen Bürgerkriege, die das Land bereits seit Jahrhunderten heimsuchten, ein Ende zu setzen, aber noch immer herrschte kein Frieden. In solch einem von Gewalt beherrschten Umfeld, in dem nur der Starke eine Chance hatte, zu überleben, wuchs der künftige Meister des Schwerts auf. Er trug in seiner Kindheit die Vornamen Bennosuke, Heima und auch Takezo. Sein ganzes Leben lang verwendete er auch unterschiedliche Familiennamen. Neben dem bekanntesten, Miyamoto, nannte er sich auch Takemura, Hirata, Shinmen oder Hirao. Seinem gebräuchlichsten Vornamen, Musashi, fügte er manchmal martialisch klingende Zusätze wie Masama oder Masanobu bei.

Bennosuke war der zweite Sohn von Shinmen Muninosuke Nobutsuna, Lehnsmann von Môri Taizen Tayu Motonari, des Herrn der Burg von Hagui. Sein Vater war ein namhafter Experte im Umgang mit dem Kurzschwert und mit dem *jite*[100]. Einst hatte er sogar über einen der Meisterkämpfer des

---

[98] Miyamoto Musashi, auch Shinmen Musashi-no-Kami Fujiwara-no-Genshin (1584-1645).
[99] Die alte Provinz Harima entspricht der heutigen Präfektur von Hyôgo.
[100] *Jite*: jpn. Lanze, deren metallische Spitze an ihrer Basis mit zwei Klingen ausgestattet war, die im rechten Winkel zur Spitze standen. Diese kreuzförmige Waffe wurde durch die *ashigaru* eingesetzt, und sie gestattete es, zu stoßen und beim Zurückziehen der Waffe zu schneiden. Später wurde sie zunehmend durch die *naginata* ersetzt und die Techniken für den Umgang mit ihr gingen verloren. – Habersetzer, R. u. G.: Encyclopédie des Arts Martiaux. Paris: Amphora 2004.

Shôguns den Sieg errungen. Aufgrund seiner großen Begabung nannte man Bennosukes Vater auch Munisai Shinmen (Niimi).

Glaubt man den Geschichtsschreibern, so offenbarten sich die Begabungen des Bennosukes bereits in frühester Jugend. Sein ausgeprägtes kämpferisches Talent trug ihm den Spitznamen „kleiner Tengu“ ein, in Anspielung auf jene geflügelten, im Gebirge hausenden langnasigen Waldwesen, halb Mensch und halb Vogel, denen man außerordentliche Fähigkeiten im Schwertkampf nachsagte. Es gibt zahlreiche Anekdoten über die Zeit seiner Kindheit, von denen viele zweifelsohne stark übertrieben sind oder erst viel später ersonnen wurden. Um ihn als einen Meister mit übermenschlichen Fähigkeiten darzustellen, wurden Eigenschaften, die er sich erst in späteren Jahren erwarb, auf seine Jugendzeit übertragen. Im Bild des „Heiligen des Schwertes“, das uns überliefert wurde, sind Tatsachen und Legenden untrennbar miteinander verwoben. Ein Beispiel für solch eine Kindheitsanekdote ist die Geschichte von der schlummernden Katze.

„Schau dir diese Katze an, die auf dem Stein dort im Garten vor sich hindöst“, sagte eines Tages sein Vater zu ihm. „Wärest du in der Lage, das Tier mit einem einzigen Schwertstreich zu töten, ohne dabei mit der Klinge deines *katana* den Stein zu treffen und sie so zu beschädigen?“

Ohne ein Wort zu erwidern, näherte sich der Junge vorsichtig dem Tier, das arglos in der Sonne lag. Mit einem schrillen *kiai* riß Bennosuke das Schwert aus der Scheide. Die erschrockene Katze wollte aufspringen, aber es war schon zu spät. Die Klinge war bereits mit tödlichem Schwung herabgesaust, begleitet von einem Geräusch, das wie das Rascheln von Seide klang. Die Katze lag reglos auf der Steinplatte. Sie hatte nicht die geringste Chance gehabt. Munisai näherte sich dem wie ein Fellbündel daliegenden Tier. Zu seiner Überraschung war kein Blut zu sehen. Hinter ihm hatte sein Sohn bereits das Schwert wieder in die Scheide gleiten lassen und lächelte vor sich hin. Munisai, der nicht verstand, was geschehen war, untersuchte die Katze von nahem. Verblüfft mußte er erkennen, daß sie noch immer atmete und daß das Schwert eine Hälfte ihres Schnurrbarts abrasiert hatte. Sie war offenbar vor Schreck ohnmächtig geworden. Als er seinen Sohn erstaunt anblickte, sagte dieser ruhig, indem er ihm fest in die Augen sah: „Man tötet nicht ohne Grund. Ich wollte die kleine Katze nicht umbringen. Selbst eine streunende Katze hat ihr Leben, und man darf es ihr nicht einfach zu seinem Vergnügen nehmen. Es wäre sehr leicht gewesen, ihr mehr anzutun, als ihr nur den Schnurrbart abzuschneiden, aber das hätte mir nichts gebracht."

Der Vater murmelte eine unverständliche Antwort. Er legte seine Hand auf die Schulter Bennosukes. Schnell wandte er sein Gesicht ab, damit der Junge nicht den feuchten Glanz sehen konnte, der sich auf seine stolz blickenden Augen gelegt hatte.

Tatsächlich hat es jedoch den Anschein, daß der junge Bennosuke eher dadurch auffiel, ungestüm, waghalsig und oft auch jähzornig zu sein und daß erst im Nachhinein versucht wurde, seinen Verhaltensweisen einen tieferen Sinn zu verleihen. Wahrscheinlich ist aber, daß sich dahinter nichts weiter verbarg als Mut, Ehrgeiz und Überlebenswille, wie es in jener Zeit für viele junge Söhne von Samurai charakteristisch war. Es ist in der Geschichte oft zu beobachten, daß nach dem Tode einer großen Persönlichkeit deren Biographie auf eine Weise umgedeutet wird, daß die Eigenschaften, die sie auf der Höhe ihres Ruhmes entwickelt hatte, auf ihr gesamtes Leben projiziert werden, bis in die früheste Kindheit. Aus diesem Grund wird sich die Erzählung im Folgenden auf das beschränken, wofür es authentische Belege gibt. Dies ist im übrigen vollkommen ausreichend, um Miyamoto Musashi als eine der größten historischen Gestalten seiner Epoche zu charakterisieren.

Bennosukes Vater starb in einem Duell, als der Junge sieben Jahre alt war. Ein Onkel mütterlicherseits, der Mönch war, nahm sich seiner an. Doch der Junge war nicht dafür geschaffen, Bonze zu werden. Er nutzte seinen Aufenthalt im Kloster, um sich weiter im Schwertkampf zu vervollkommnen. In einem Umfeld, das durch Spiritualität und Askese geprägt war, gelangte er so zu früher kämpferischer Reife. Bennosuke liebte es, seine Kräfte mit anderen zu messen. An Gelegenheiten zum Kampf mangelte es im ausgehenden 16. Jahrhundert nicht. Zu jener Zeit bereitete der Taikô Toyotomi Hideyoshi gerade seinen zweiten Koreafeldzug vor.[101] Damit verfolgte er nicht nur das Ziel, das „Land der Morgenröte" zu erobern, sondern es ging ihm auch darum, die kaum zu bändigende Aggressivität seiner Samurai gegen einen gemeinsamen Gegner außerhalb Japans zu richten.

An seinen ersten Zweikampf sollte Musashi sich zeit seines Lebens erinnern. Zwei Jahre vor seinem Tod schrieb Musashi: „Seit frühester Kindheit übte ich mich in den Kampfkünsten. Meinen ersten Kampf focht ich im Alter von 13 Jahren gegen Kihei aus."

---

[101] Siehe Fußnote 87 auf S. 136.

Die erste Herausforderung

Es war im Jahre 1596, als Bennosuke durch Zufall ein Schriftstück las, das an der belebtesten Straßenkreuzung der Stadt angeschlagen war. Darauf forderte ein gewisser Arima Yoshibe (Kihei), ein Praktizierender des *Shintô-ryû*, jedermann, der dies wagen sollte, zum Zweikampf heraus. Ein solches Verfahren war nicht unüblich unter den notorischen Streithähnen des Ortes. Für sie war es eine Gelegenheit, sich zu erproben, ihre Erfahrungen zu bereichern und ihre Überlegenheit unter Beweis zu stellen, die bei zu langer Abwesenheit von der Kampfszene schnell in Zweifel gezogen werden würde. Natürlich barg diese Vorgehensweise stets auch ein gewisses Risiko in sich und verlangte einiges an Mut.

Bennosuke trug sich ohne zu zögern auf dem Herausforderungsschreiben ein. Die Gelegenheit, sich auf diese Weise einen Namen zu machen, erschien ihm verlockend. Keiner der Gegner kannte den anderen, aber die gegenseitige Herausforderung war nach den Regeln erfolgt, und die Begegnung würde somit stattfinden.

Bennosuke wußte nicht, daß der Mann, dessen Herausforderung er angenommen hatte, der berühmten Familie der Tokisada angehörte und als Fechtmeister im Hause Tokugawa Ieyasus angestellt war. Obwohl alle ihm Nahestehenden eindringlich dazu rieten, verzichtete Bennosuke auf eine öffentliche Entschuldigung, die ihm den Kampf erspart hätte, auf den er sich mit jugendlicher Leichtfertigkeit eingelassen hatte. Wer glaubte, daß er von seinem Ansinnen zurücktreten würde, kannte den Jungen schlecht.

Die Beteiligten trafen also auf dem Platz ein, der für die Begegnung vereinbart worden war. Bennosuke, mit erhobenem Haupt und festem Blick, ließ Kihei nicht einmal Zeit, seinen Gegner abschätzen zu können. Unverzüglich stürzte er sich, sein *bokken* aus Eichenholz schwenkend, auf ihn. Sein überraschter Gegner machte einen Schritt zur Seite und zog zugleich seine eigene Waffe. Wieder ergriff Bennosuke die Initiative durch eine für seinen Gegner höchst überraschende Tat: Er warf sein Holzschwert weit von sich. Kihei, der zunächst nicht wußte, wie er darauf reagieren sollte, begriff schließlich, daß Bennosuke ihn auf diese Weise zum waffenlosen Zweikampf aufforderte. Zwar war er für sein Alter in guter Form, aber Bennosuke hatte den Vorteil der Jugend. Kihei blieb keine Wahl: Wollte er nicht das Gesicht verlieren, mußte er sich dieser Herausforderung stellen. Der Fechtmeister warf sein

Schwert ebenfalls in den Sand. Unverzüglich stürzte sich Bennosuke auf ihn, packte ihn und schleuderte ihn mit Wucht zu Boden, so daß Kihei sich mehrmals überschlug und am Ende halb betäubt liegenblieb. Als er versuchte, sich wieder aufzurappeln, ergriff Bennosuke sein *bokken* und schlug es ihm heftig auf den Schädel. Die Zuschauer, denen es buchstäblich den Atem verschlagen hatte, mußten zusehen, wie Kihei Blut spuckte und starb.

Der künftige Musashi hatte in diesem Kampf zwei Prinzipien demonstriert. Das eine besagte, daß die Niederlage aus der Unterschätzung des Gegners erwachsen kann, und das andere, daß in einem Kampf auf Leben und Tod alles erlaubt ist, um zu siegen und zu überleben. Moral hat in dieser verbürgten Geschichte, die eine ganz andere Sprache spricht als die von der schlummernden Katze, keinen Raum. Es gibt sogar Versionen, nach denen der Sieger, kaum daß sein Opfer gestorben war, diesem im Blutrausch weitere Schläge auf den Schädel versetzt haben soll, so daß sich sein Gehirn im Sand verteilte.

Auf diese Weise betrat der junge Kämpfer auf brutale und aufsehenerregende Weise die Welt der Krieger, nach der er sich schon lange gesehnt hatte. Daß er sich damit tödlicher Gefahr aussetzte, kümmerte ihn nicht im geringsten. Das Leben als Krieger, der jeden Tag mit dem Tode konfrontiert werden konnte, war das, was seinem innersten Wesen entsprach. Ob er überleben würde, war allein Frage seines Karma.

Die nächste Spur seines Daseins findet sich drei Jahre später, als er Akiyama, einen bekannten Krieger aus Tajima, in einem Duell tötete. Von nun an läßt sich der Lebensweg des Mannes, der sich inzwischen Miyamoto Musashi nannte, gut verfolgen. Er durchstreifte das Land als Rônin, als Krieger ohne Herr, stets danach bestrebt, in den kämpferischen Auseinandersetzungen, die ihm der Zufall bescherte, seine Kunst zu vervollkommnen. So begann sein Dasein als einsamer Krieger auf der Suche nach Vollendung (*musha-shugyôsha*). Dieses Streben, dieser innere Drang, glich einem steten Feuer, das bis zu seinem Tode nicht erlöschen sollte.

Im Alter von 17 Jahren schloß er sich den Truppen Toyotomi Hideyoris an, des Sohns des zwei Jahre zuvor verstorbenen Taikô Toyotomi Hideyoshi. Toyotomi kämpfte darum, die Legitimität seiner Nachfolgeschaft zu beweisen, um die Macht behalten zu können. Sein Gegner war der Klan des ehrgeizigen Tokugawa Ieyasu, des ehemaligen Verbündeten des alten Taikô, der inzwischen selbst davon träumte, ein einiges Japan zu schaffen. In der berühmten Schlacht von Sekigahara, die am 21. Oktober 1600 stattfand, trafen die beiden

Anwärter auf die höchste Macht im Lande aufeinander. In einem nebelverhangenen Tal kämpften mehr als 200 000 Krieger auf vom Regen aufgeweichtem Grund. Die gewaltigste Schlacht, die das alte Japan je gesehen hat, wurde durch den Verrat der Kobayakawa entschieden, die während der Kämpfe auf die Seite des Stärkeren wechselten. Damit fiel die Macht endgültig an Tokugawa Ieyasu. Viele berühmte Kämpfer verloren an jenem Oktobertag ihr Leben. Musashi, der auf der Seite der Verlierer gekämpft hatte, blieb schwerverletzt auf dem Schlachtfeld liegen; man hatte ihn für tot gehalten. Mehrere Tage lag er inmitten unzähliger Leichen. Nur seiner robusten Verfassung hatte er es zu verdanken, daß er überlebte.

Kämpfe gegen den Yoshioka-Klan

Ab 1604 befand Musashi sich in Kyôto, der Kaiserstadt. Er war 21 Jahre alt und auf der Höhe seiner Kräfte. Seine Schwerttechnik war allmählich immer ausgereifter geworden, vor allem dank etlicher Zweikämpfe, aus denen er ausnahmslos als Sieger hervorgegangen war. Doch dies war ihm nicht genug. Er strebte nach der absoluten Vollendung. Bereits jetzt eilte sein Ruf ihm stets voraus. Es überrascht also nicht, daß die Herausforderung, die er an Yoshioka Seijûrô, dem Meister eines der bedeutendsten *dôjô* der Stadt, richtete, angenommen wurde. Dessen Vater, Yoshioka Shozaemon, ein Meisterkämpfer des Shôguns, war zu seiner Zeit bereits gegen Musashis Vater angetreten.

Musashi nahm den bevorstehenden Kampf nicht auf die leichte Schulter. Insgeheim hatte er die Schwerttechnik Yoshiokas bereits aufs genaueste studiert, indem er durch ein Fenster des *dôjô* gespäht hatte. Aber es langte ihm nicht, dessen bevorzugte Techniken oder die Art und Weise, wie er sich bewegte, zu kennen. Den Gegner wirklich kennenzulernen hieß für ihn auch, Studien über das Temperament und den Charakter des Mannes, den er herausgefordert hatte, zu betreiben. Allmählich nahm seine Strategie Form an.

Der vereinbarte Tag brach an. Man wollte sich um zehn Uhr morgens auf einem Gelände in der Nähe des Tempels Rendai-ji treffen, in der nördlichen Vorstadt Kyôtos. Voll Ungeduld war Yoshioka Seijûrô bereits im Morgengrauen am vereinbarten Ort erschienen, begleitet von Schülern. Doch um zehn Uhr war von Musashi weit und breit nichts zu sehen. Er traf schließlich mit zweistündiger Verspätung ein. Tatsächlich war er zu der Überzeugung gelangt, daß seine bedeutende Verspätung das Kernelement seiner Strategie sein würde. Als er ohne jede Eile am Duellplatz eintraf, geriet Seijûrô außer sich. Beim Anblick des breiten, überheblichen Lächelns in Musashis Gesicht hob er sein *katana* mit Schwung in Bereitschaftshaltung über den Kopf, während er den Ankömmling beschimpfte: „Komm nur her, du Bauernflegel!"

Ohne die Ruhe zu verlieren, näherte Musashi sich Seijûrô, wobei er sein *bokken* sehr locker in der rechten Hand hielt. Überrascht und etwas aus der Fassung über diesen scheinbaren Mangel an Konzentration versuchte Yoshioka, sich in eine günstige Angriffsposition zu begeben. Dies war auf dem ungleichmäßigen Untergrund, der sich beträchtlich vom glatten Holzfußboden des *dôjô* unterschied, nicht einfach. Musashi kam ihm immer näher und schließlich sehr nahe, bis zu einem Punkt, den er später, als er über seine Technik schrieb, als Punkt des „Größenvergleichs" bezeichnete. Hierunter verstand er einen Abstand, an dem man sich, wenn man sich sehr gerade hielt, als größer als seinen Gegner empfand. Auf diese Weise sollte das Gefühl entstehen, jenem hinsichtlich Willensstärke und Technik überlegen zu sein, eine Empfindung, die sich auf den Gegner übertragen sollte. Musashi konnte nun in den Augen Seijûrôs deutlich Überraschung, Zweifel, Unkonzentriertheit und vielleicht noch andere Dinge erkennen, die ihm bereits den Weg zum Sieg andeuteten. Doch Seijûrô, dem es gelang, seine Fassung wiederzugewinnen, griff als erster an. Blitzschnell täuschte Musashi einen Gegenangriff auf den Bauch vor. Seijûrô brach daraufhin den hierdurch gestörten Angriff ab. Er bemerkte, daß es sich um eine Finte handelte, doch blieb ihm keine Zeit, auf den sich daraus entwickelnden tatsächlichen Gegenangriff effektiv zu regieren. Es gelang ihm zwar, Musashis Holzschwert so weit auszuweichen, daß es nicht seinen Schädel traf, aber er konnte nicht verhindern, daß es ihm die linke Schulter zerschmetterte. Seijûrô brach unter der Wucht des Schlages zusammen, ein roter Schleier legte sich vor seine Augen, und er verlor das Bewußtsein.

Musashi beugte sich über den reglos am Boden liegenden Körper seines Gegners, musterte ihn und richtete sich wieder auf. „Er ist nicht tot. Kümmert euch um ihn", sagte er zu den Umstehenden. Und er verließ den Duellplatz mit der gleichen Unbekümmertheit, wie er ihn betreten hatte. Nachdem die Schüler von Yoshioka Seijûrô sich von ihrem Schock erholt hatten, legten sie den Verletzten auf eine Trage und trugen ihn fort. Seijûrô genas zwar wieder von seiner Verletzung, aber die Kränkung konnte er nicht verwinden. Zutiefst gedemütigt, gab er seine Stellung als Schwertkampfmeister auf, rasierte sich den Schädel und wurde ein buddhistischer Mönch.

Doch der Sieg Musashis hatte die Saat des Hasses in Yoshiokas Familie getragen. Der Yoshioka-Klan wollte Rache für die schmähliche Niederlage, und Rache konnte nur den Tod Musashis bedeuten. Denshichirô, der jüngere Bruder Seijûrôs und ebenfalls ein Meister im Schwertkampf, ließ öffentlich verkündigen, daß er die Schmähung nicht ungesühnt hinnehmen würde, und er forderte Musashi auf, sich einer Revanche zu stellen. Musashi ließ sich nicht lange bitten. Denshichirô, ein Mann von beachtlicher Körpergröße, erwartete Musashi am vereinbarten Ort des Kampfes mit einem mehr als fünf Fuß langen Schwert. Doch Musashi gelang es, dem Langschwert zu entgehen, indem er den Abstand zwischen sich und Denshichirô mit großer Schnelligkeit verkürzte, und er schmetterte seine eigene Waffe mit großer Wucht auf den Schädel des Gegners. Denshichirô brach tot zusammen.

Der Haß des Yoshioka-Klans überstieg nun jedes Maß. Erneut wurde Musashi herausgefordert. Ein letztes, entscheidendes Duell sollte an einem Ort namens Ichijôji stattfinden. Matashichirô, der Sohn Denshichirôs, sollte gegen ihn antreten. Dieser war noch ein Kind, doch zu seiner Unterstützung sollten ihm mehrere Dutzend schwerbewaffnete Krieger zur Seite stehen. Dies würde demzufolge kein gewöhnliches Duell werden. Obgleich Freunde ihm ihren Beistand anboten, entschloß sich Musashi dazu, seinen Gegnern allein entgegenzutreten. Natürlich war er sich der tödlichen Gefahr dieser ungleichen Begegnung wohlbewußt. Rechtzeitig vor dem Kampf studierte er sorgfältig die örtlichen Gegebenheiten des Platzes. Ichijôjioji war ein Dorf am Rande von Kyôto. Es lag am Fuß eines Berges. Ein einziger Weg führte dorthin. Dieser gabelte sich bei einer riesigen alten Kiefer mit dichtem Astwerk. Musashi nahm an, daß die Gegner ihm an dieser Stelle im Morgengrauen auflauern würden, zu der für das Duell vereinbarten Stunde. Er, dessen Zuspätkommen bereits als eine ihm eigene Angewohnheit betrachtet wurde, beschloß, dem Gegner eine Überraschung zu bereiten.

Am Tag der Entscheidung befand sich Musashi schon vor dem ersten Hahnenschrei auf dem Weg nach Ichijôji, ohne daß jemand seinen Aufbruch bemerkt hatte. Er näherte sich dem Dorf auf einem großen Umweg, der ihn um den Berg herum führte, an dessen Fuß Ichijôji lag. Der Weg zum Ort der Entscheidung führte an einem kleinen Shintô-Tempel am Wegesrand vorüber, der dem Kriegsgott Hachiman geweiht war. Dort angelangt, zauderte er. Sollte er nicht hier innehalten, um zu den Göttern zu beten, damit sie ihm zum Sieg

Drei Shintô-Gottheiten: Die Sonnengöttin Amaterasu, die Ahnengottheit Kasuga und der Gott des Krieges Hachiman (rechts).

verhalfen? Doch in dem Moment, als er vor dem Altar stand und gerade an der geweihten Glockenschnur ziehen wollte, um sein Gebet zu beginnen, kam er plötzlich wieder zur Besinnung. Er schämte sich seiner Schwäche, und die Scham trieb ihm kalten Schweiß auf die Stirn. Schnell entfernte sich Musashi von dem heiligen Ort. Später sollte er schreiben: „Man muß die Götter und die Buddhas verehren, aber man darf sich nicht auf sie verlassen."

Der Morgen begann zu grauen, als er die uralte Kiefer erreichte. Er verbarg sich hinter ihr, sorgsam darauf bedacht, daß man ihn nicht vorzeitig entdekken würde. Kaum hatte er sich versteckt, kamen die Leute der Yoshioka und verteilten sich in weitem Kreis um die Kiefer, bis hin zu den angrenzenden Wegen. Unter dem gleichmütigen Blick Musashis wurde die Falle vorbereitet, in die er hätte tappen sollen. Er hörte, wie von ihm gesprochen wurde: „Wir haben Zeit, er kommt nicht, bevor die Sonne hoch am Himmel steht.“

Musashi lächelte. Der Moment seines Auftritts war gekommen. „Ich bin Miyamoto Musashi“, rief er, während er aus seinem Versteck sprang. „Ich erwarte euch seit langem!“ Bevor seine Worte ins Bewußtsein des letzten Klanoberhaupts der Yoshioka dringen konnten, flog dessen abgetrenntes Haupt bereits Blut verspritzend durch die Luft. Die allgemeine Verblüffung nutzend, eilte Musashi von einer Gruppe zu anderen und dezimierte seine Gegner systematisch und mit größter Präzision. Die Sonne war gerade aufgegangen und unterstützte sein blutiges Werk durch ihr blendendes, harte Schatten werfendes Licht. Die allgemeine Verwirrung hätte nicht größer sein können. Etliche Schwerter steckten noch in ihren Scheiden, als Musashi zu dem Schluß kam, daß es nun genug sei. Eilends verschwand er im Wald. Die einzige Spur, die der Kampf an Musashi hinterlassen hatte, war ein Loch im Ärmel seines Kimonos, den ein Pfeil durchschlagen hatte. Der Klan der Yoshioka jedoch war ausgelöscht. Außer Matashichirô waren ein Dutzend Kämpfer durch das Schwert Musashis ums Leben gekommen.

Miyamoto Musashi begab sich auf den Weg nach Norden, denn er hatte das Gefühl, daß es in Kyôto für ihn nichts mehr zu tun gab. Er wanderte die Straße von Tôkaidô entlang, die bis nach Edo führte. Die Nachricht von seinen Taten verbreitete sich rasch im ganzen Land. Sein ihm vorauseilender Ruf führte dazu, daß zahlreiche Kämpfer sich mit ihm messen wollten. Doch in allen Kämpfen, die er ausfocht, geriet er nie ernsthaft in Gefahr. Dutzende Samurai und berühmte Meisterkämpfer fanden den Tod von seiner Hand. Einige seiner Zweikämpfe wurde berühmt. So besiegte er beispielsweise in der Nara-Region den Speerkämpfer Oku Hôzôin, Kriegermönch im Hôzôin-Tempel und Schüler des Zenpriesters Hoin Inei.[102] In der Provinz Iga trat der *kusarigama*-Meister[103] Baiken Shishido gegen ihn an. Musashi bereitete ihm trotz der großen Reichweite seiner furchtbaren Waffe eine Niederlage. Er schleuderte sein Kurzschwert, das *wakizashi*, und traf den Kämpfer mitten in

---

[102] Nachdem er zweimal gegen Oku Hôzôin gesiegt hatte, blieb Musashi eine Zeitlang im Tempel von Hôzôin, wo er seine Kampfkunst vervollkommnete und philosophische Gespräche mit den Priestern führte. – Anm. d. Übers.

[103] *Kusarigama*: jpn. Kettensichel. Die Waffe ist eine Kombination aus einer Sichel und einer Kette, die an einem Ende mit einem schweren Eisengewicht versehen ist. Diese Waffe wurde vorwiegend durch Ninja verwendet.

der Brust, worauf dieser tot zusammenbrach.

Im Jahre 1608 traf Miyamoto Musashi in Edo ein. Die Stadt war dafür bekannt, daß hier zahllose Intrigen gesponnen wurden, und daß viele Krieger, Samurai und Rônin, danach strebten, sich einem der Daimyô, die nach Edo zum Shôgun kamen, anzudienen. Musashi eröffnete hier ein kleines *dôjô*, das bald sehr gut besucht war. Hier nahm er die Herausforderung des Musô Gonnosuke an, eines Meisters im Stockkampf, *jôjutsu*, der sich selbst als den „größten Kampfkunstexperten des Reiches, Gründer des *Shindô Musô-ryû*", bezeichnete. Eine Quelle berichtet jedoch, daß das Treffen in Akashi, in der Provinz von Harima, stattgefunden haben soll. Unterschiedlich sind auch die Berichte über den Kampf selbst. Eine der Versionen besagt, daß Musô in dem Kampf gedemütigt wurde und sich in eine Höhle am Berg Hôman zurückzog, um durch Meditation und Praxis zu einer besseren Kampftechnik zu gelangen. Im Ergebnis soll die Kampfkunst des *jôdô*, des „Wegs des Stocks", entstanden sein. Der *jô* ist ein Stock, der reichlich zehn Zentimeter länger ist als das *katana* des Samurai, aber kürzer als der klassische Stock, *bô*. Musô soll seine neue Schule *Musô-ryû* genannt haben. Auf diese Weise soll einer Niederlage eine neue Kampfkunst entsprungen sein. Weiter heißt es in dieser Geschichte, daß in der Folge ein zweites Treffen zwischen Musô und Musashi stattgefunden haben soll, welches unentschieden geendet habe.

Keine Schwertklinge, kein *bokken*, keine Lanze, nichts konnte der Kampftechnik des Miyamoto Musashi trotzen. Und auch mit Heimtücke und Verrat war ihm nicht beizukommen. So hatte Araki Hampeita, nachdem er im Zweikampf gegen Musashi verloren hatte, aber am Leben geblieben war, versucht, seinen Gegner umzubringen, indem er ihn in einem Dampfbad einschloß, damit er durch die Hitze der Steine sterben möge.

Im Jahre 1610, während seiner Zeit in Edo, forderte Musashi auch selbst zwei weitere berühmte Kämpfer heraus, Osedo Hayashi aus der Schule des *Yagyû-ryû* und Tsujikaze Tenma, der von Natur aus mit außergewöhnlicher Kraft gesegnet war und zudem ein gefürchteter Schwertkampfmeister war.

1612 verließ er Edo, ohne daß er, der einfache Rônin, eine Möglichkeit gefunden hätte, sich den berühmtesten Fechtmeistern der Stadt, wie Yagyû Munenori, dem Meisterkämpfer des Shôguns Tokugawa, nähern zu können. Hätte je ein Kampf zwischen ihm und Yagyû stattgefunden, wäre die Geschichte des *kenjutsu* zweifelsohne anders verlaufen.

Das letzte Duell des Miyamoto Musashi

Sasaki Kojirô, der Gründer der Schwertkampfschule *Ganryû*, stammte aus dem Klan der Môri. Zum Zeitpunkt des Zweikampfes mit Musashi war er etwa 18 Jahre alt.[104] Er war ein außerordentlich fähiger Kämpfer, und in seiner Heimatprovinz Echizen gab es niemanden, der sich mit ihm hätte messen können. Aufgrund seiner Meisterschaft nannte man ihn den „Dämon der westlichen Provinzen". Auch er befand sich, gleich Musashi, auf großer Wanderschaft durch das Land, und auch er hatte bereits etlichen namhaften Kämpfern im Zweikampf den Tod gebracht. Sein Langschwert pflegte er auf dem Rücken zu tragen. Es besaß eine polierte, gerade Klinge. Ein weithin bekannter Schmied aus Bizen hatte es nahezu 300 Jahre zuvor angefertigt. Sasaki bezeichnete sein Schwert als „Trockenstange", in Anlehnung an die langen Bambusstäbe, an denen man Wäsche zum Trocknen aufhing. Er beherrschte eine Technik, die als „Schwalbenkonter" (*tsubame gaeshi*) bezeichnet wurde und die als unfehlbar galt. Er war damit sogar in der Lage, einen Vogel im Flug zu töten. Diese Kunst, Schwalben im Fluge zu töten, erforderte eine bemerkenswerte Präzision in der Handhabung des Schwertes und eine außerordentlich schnelle Bewegung der Schwertklinge. Man sagte, daß Sasaki seine Technik regelmäßig trainierte, indem er genau den Moment abpaßte, in dem eine Schwalbe eine ihrer abrupten Wendungen vollzog, und diesen flüchtigen Augenblick der fast vollkommenen Unbeweglichkeit nutzte, um den Vogel mit dem Schwert zu teilen.

Als der junge Held in die auf der Insel Kyûshû gelegenen Provinz Buzen kam, nahm ihn der Daimyô Hosokawa Mitsunari Tadaoki in seine Dienste. Bald darauf hatte Sasaki Kojirô bereits zahlreiche Schüler, die seine legendäre Technik erlernen wollten. Wenig später kam Musashi aus nördlicher Richtung in die Stadt Kokura, wo er einem ehemaligen Schüler seines Vaters einen Höflichkeitsbesuch abstatten wollte. Kaum erfuhr er von der Gegenwart Sasakis, ließ er diesem die Nachricht zukommen, daß er ein Kräftemessen mit ihm wünsche. Sasaki nahm die Herausforderung an. Das Duell wurde für den 13. April 1612 angesetzt. Als Ort für den Zweikampf wurde Mukojima (auch Funajima genannt)[105] vereinbart, eine sandige Insel in der Meerenge

---

[104] Andere Quellen sprechen davon, daß er zu jener Zeit 26 Jahre gewesen sein soll. Gesicherte Angaben über sein Alter existieren nicht. – Anm. d. Übers.

[105] Heute heißt die Insel Ganryûjima.

von Kanmon, die sich etwa zweieinhalb Meilen von Kokura entfernt befand, und die Begegnung sollte zur Stunde des Drachens[106] stattfinden. Die Geschichte spielte sich auf folgende Weise ab.

Aus der Kammer, in der Musashi die Nacht verbracht hatte, drang noch immer kein Laut, obgleich die Sonne bereits hoch am Himmel stand. Torazaemon, der Herbergswirt, entschloß sich schließlich dazu, seinen Gast zu wecken. Vor Aufregung stand ihm der Schweiß auf der Stirn. „Herr, es ist schon spät. Höchste Zeit, um aufzubrechen“, sagte er, über den Schlafenden gebeugt.

Musashi gähnte herzhaft und reckte sich gemächlich. Ein Tag wie jeder andere, dachte er. Der Tod kann warten. Vielleicht würde es sein eigener Tod sein? Der Gedanke erschien ihm lächerlich, kaum, daß er ihm durch den Sinn gegangen war. Dieser Sasaki Kojirô sollte eigentlich in seinen Augen nicht mehr sein als all die anderen, deren Unglück darin bestanden hatte, ihm begegnet zu sein. Aber dennoch – Kojirô, Schüler von Toda Seigen, eines Meisters des Kurzschwerts, glich ihm in mancher Hinsicht. Er hatte seinen Meister verlassen, um auf sich allein gestellt die Kunst des Kampfes mit dem Langschwert zu erlernen und zu vervollkommnen, und er hatte den „Schwalbenkonter“ erfunden, jene für all seine bisherigen Gegner unfehlbar tödliche Technik. Man hatte ihm erzählt, daß man Kojirôs Spur allein dadurch folgen konnte, daß man nach den Überresten der Schwalben, die er im Flug mit seinem Schwert zerteilt hatte, suchte. Jemand, der in der Lage war, den Flug einer Schwalbe mit Sicherheit vorherbestimmen zu können und im rechten Moment mit derartiger Präzision zuzuschlagen, mußte ein vollendeter Meister sein. Nur einem solchen Meister gebührte der heißbegehrte Posten des offiziellen Ausbilders des Hosokawa-Klans. Zweifelsohne würde Sasaki Kojirô, der gleich ihm noch nie einen Zweikampf verloren hatte, kein gewöhnlicher Gegner sein. Es war offenkundig ihr Karma, das unausweichlich dazu geführt hatte, daß die beiden Männer eines Tages aufeinandertreffen mußten.

In aller Ruhe machte er seine Morgentoilette und frühstückte. Danach begann er, sich auf den Kampf vorzubereiten. Den Ort der Begegnung kannte er bestens, er hatte ihn, wie dies seine Gewohnheit war, am Vortag gründlich erforscht. Es handelte sich um eine kleine und schmale, mit Sand bedeckte Insel. Musashi war sich dessen bewußt, daß sein Gegner ihn bereits mit Unge-

[106] Die „Stunde des Drachens“ bezeichnet die Zeit zwischen 7 und 9 Uhr. – Anm. d. Übers.

duld erwartete. Er lächelte kühl, als er daran dachte, daß seine Methode, selbst die Stunde zu bestimmen, in der ein Kampf tatsächlich stattfand, ihm bereits manchen schnellen und aufsehenerregenden Sieg beschert hatte. Am heutigen Tage würde dies vermutlich nicht ausreichen, aber die Gewißheit, daß, wenn es galt, zu gewinnen, jedes Mittel recht war, bestärkte ihn. Er zog die weiten Ärmel seines Kimonos bis über die Schultern, um die Arme frei zu haben. Dort band er sie mit einem Band, das unter den Achseln durchgezogen war, fest und befestigte schließlich ein Handtuch an seinem Gürtel. Mit leichten Schritten begab er sich nun zu dem Boot, mit dem er sich zu der Insel rudern lassen wollte. Auf dem Weg zum Boot griff er sich ein langes Ruder der Art, mit der die zahlreichen Fischerboote, die auf dem Sand des Ufers lagen, ausgerüstet waren. Er sprang so behende in das Boot, daß es dabei kaum schwankte. Die Überfahrt zur Insel überließ er ganz dem Fährmann. Das Ruder, das er mitgenommen hatte, bestand aus rotbraunem Eichenholz. Während er an einem Ende des Ruders zu schnitzen begann, legte er in seinem Kopf den Schlachtplan zurecht.

Als er sich der Insel näherte, erblickte er zuerst etliche Schaulustige, die trotz offiziellem Verbots gekommen waren, um das Schauspiel, das einzigartig zu werden versprach, zu sehen. Außerdem standen reglos in einer Reihe mehrere Beamte, die damit beauftragt worden waren, den ordnungsgemäßen Ablauf der Begegnung zu überwachen. Musashi wies den Fährmann an, an einem Ende der langgestreckten Insel zu landen, an einer Stelle mit unebenem Boden, der mit Sträuchern und dornigem Gestrüpp bedeckt war. Ein Grund hierfür bestand darin, daß er auf diese Weise von Osten kommen und damit die Sonne im Rücken haben würde. Kojirô, der bereits wutentbrannt ob der Verspätung Musashis war, lief ungeduldig am Ufer auf und ab. Er hatte einen scharlachroten *haori*[107] über seinen Kimono geworfen und trug sein eindrucksvolles Schwert auf dem Rücken. Er hatte Musashis Boot noch nicht entdeckt. Bevor das Boot das Ufer erreichte, sprang Musashi ins Wasser, das Ruder in der Hand.[108] Bei

[107] *Haori*: jpn. Prunkweste mit weiten Ärmeln. Der *haori* wurde über dem *hakama* (bis zu den Knöcheln reichender Hosenrock) getragen und war mit dem dazugehörigen Familienwappen (*mon*) verziert. Das Wappenbild war an fünf verschiedenen Stellen des Kleidungsstücks angebracht: einmal auf dem Rücken, zweimal auf der Brust und auf beiden Ärmeln. Aus diesem Grund wird es mitunter auch als *go-mon-haori* bezeichnet.

[108] Verschiedene Versionen dieser äußerst berühmt gewordenen Begegnung berichten, daß Miyamoto Musashi mit dem Ruder, an dem er unterwegs geschnitzt hatte, mit einem einfachen Stock oder aber mit einem *bokken* bewaffnet auf die Insel gekommen sei. Aber es gibt keine Version, nach der er sein *katana* oder gar zwei Schwerter mit sich geführt hätte.

seinem Anblick eilte sein Gegner auf ihn zu, bis er fast den Schlick erreicht hatte, denn es herrschte Ebbe. Mit halb spöttischem, halb wütendem Blick rief er: „Du hast dich verspätet, Musashi! Ich könnte wetten, du hast Angst!"

Musashi blieb stumm, als habe er nichts vernommen. Kojirô zog langsam sein Schwert aus der Scheide und warf letztere nachlässig ins Meer. Als er das blanke Schwert sah, wußte Musashi, daß er den Kampf gewinnen würde. Sein Gegner war bereits ein toter Mann, mit oder ohne „Schwalbenkonter". Die Distanz war entscheidend im Kampf, nicht die Schnelligkeit. Noch immer mit den Füßen im Wasser sprach er Kojirô zum ersten Mal an: „Du hast verloren, Kojirô. Wie könnte ein Sieger die Scheide seines Schwertes fortwerfen? Du weißt also bereits, daß du sie nie wieder wirst brauchen können."

Verwirrt ob dieser unerwarteten Bemerkung und kochend vor Wut, schwenkte Kojirô seine Waffe. Vielleicht begriff er in diesem Moment bereits Musashis Finte, aber es war zu spät, noch irgend etwas zu ändern. Sein Gegner, der endlich das feste Ufer erreicht hatte, hielt das Ruder in Bereitschaftshaltung vor sich, und Kojirô mußte erkennen, daß es gut 20 Zentimeter länger war als seine eigene Waffe.

Gegen alle Regeln würde Musashi sich also nicht mit einem echten Schwert schlagen. Sasaki Kojirô verstand, daß seine Chance darin bestanden hätte, das Schwert mitsamt der Scheide zu nutzen und so über eine größere Reichweite zu verfügen. Das siegesgewisse Lächeln, das die Lippen seines Gegners kräuselte, sah er nicht, denn die Sonne blendete ihn. Später, als Musashi das „Buch der Fünf Ringe" verfaßte, sollte er sich daran erinnern: „Versuche im Kampf darauf zu achten, daß die Sonne hinter dir oder rechts von dir steht." Musashi hatte sein *hachimaki*[109] um die Stirn gebunden, den Knoten nach vorn, um das störrische Haar, das er nachlässig nach oben hin gebündelt hatte, zu bändigen. Der tödliche Tanz hatte begonnen. Raum und Zeit hatten aufgehört zu existieren. Was noch zählte, war allein die Gegenwart des jeweils anderen. Die Entscheidung konnte jeden Moment durch ein Blinzeln, einen unerwarteten Ton oder durch Sand, der plötzlich unter dem Fuß nachgab, fallen.

Kojirô machte einen Satz nach vorn. Die Klinge seines Schwertes zerriß die reine Luft des Morgens, und einen Moment schien es so, als würde sie Musashis Schädel spalten. Doch Musashi machte eine leichte Bewegung, und man sah, wie sein Haar unordentlich auf die Schultern fiel. Die Spitze der

[109] *Hachimaki*: jpn. Stirnband. Es wird oft als Symbol für Ausdauer und Beharrlichkeit getragen.

Der Zweikampf von Miyamoto Musashi (rechts) und Sasaki Kojirô. Musashi kämpft auf dieser Darstellung mit zwei *bokken*. Druck von Hokusai Katsushika.

gegnerischen Waffe hatte sein Stirnband durchtrennt, den Kopf aber verfehlt. Durch den verfehlten Schlag hatte Kojirô die Kontrolle über sein Schwert verloren. Der Schwung führte dazu, daß die Spitze der Klinge den Boden aufriß. Kojirôs Angriffsrhythmus war aus dem Takt gekommen. Später sollte Musashi schreiben: „Jedes Ding hat seinen eigenen Rhythmus. Der Sieg ergibt sich, wenn man den Rhythmus des Gegners erfaßt und man selbst einen Rhythmus entwickelt, der ihn verwirrt."

Musashi bewegte sich langsam, suchte einen günstigen Winkel und sprang nun seinerseits mit einem wilden Schrei auf seinen Gegner zu. Er ließ das Ruder, das er mit einer Hand hielt, auf den Schädel Kojirôs niedersausen, worauf dieser in die Knie ging. Reflexartig vollführte Kojirô mit seinem Schwert einen horizontalen Schnitt – den Schwalbenkonter. Die Klinge durchschnitt den Kimono Musashis auf Kniehöhe. Mehr vermochte sie nicht auszurichten, denn Musashi wich ihr aus, indem er mit Hilfe der Technik des „Dämonenflugs" nach oben sprang, einer Technik, die einst von Tsukahara Bokuden gelehrt worden war. Musashi gelang ein zweiter Schlag mit dem Ruder. Mit

Wucht traf er Kojirôs Brust, so daß seine Rippen brachen und die Lungen zerfetzt wurden. Blut quoll Kojirô aus Nase und Mund. Er stürzte zu Boden und starb. Sein Schwert, das so vielen Gegnern den Tod gebracht hatte, flog in den feuchten Sand.

Miyamoto Musashi kniete neben dem Leichnam nieder und hielt seine Hand prüfend vor das blutige Gesicht. Kojirô atmete nicht mehr. Musashi erhob sich und eilte unverzüglich zu seinem Boot, das er selbst zurückruderte, um so schnell wie möglich von der Insel wegzukommen.

Er hatte einmal mehr den Sieg errungen. Diesmal war es genug. Er mußte nichts mehr beweisen, weder anderen noch sich selbst. Miyamoto war 29 Jahre alt, und es heißt, daß er in den 33 Jahren, die ihm noch blieben, nie wieder aus freien Stücken einen Zweikampf ausfocht. Dieses Genie des Schwertkampfes war in seinem letzten Kampf auf einen Gegner gestoßen, der ihm gewachsen war. Er hatte ihn getötet, aber er soll diese Tat zutiefst bedauert haben.

Musashis Sohn

Zwei Jahre nach dem Duell auf Mukojima fand die Belagerung der Burg von Ôsaka, dem Hauptsitz des Toyotomi-Klans, statt. Sie war die Folge eines letzten Versuchs Hideyoris, des Sohnes Toyotomi Hideyoshis, die Macht wieder an sich zu reißen. Nach zwölfmonatiger Belagerung wurde Toyotomi besiegt, und er beging *seppuku*. Damit war der Klan der Toyotomi ausgelöscht, und die Macht fiel endgültig an den Klan der Tokugawa, aus dessen Reihen bis 1868 die Shôgune Japans kamen. Zwar gibt es kein Dokument, das dies belegt, aber es ist wahrscheinlich, daß Miyamoto Musashi sich den belagerten Truppen Toyotomis angeschlossen hatte, der Partei, für die er bereits in der Schlacht von Sekigahara beinahe das Leben gelassen hätte. Als die Burg von Ôsaka fiel, war Musashi 31 Jahre alt. Aus den folgenden 20 Lebensjahren ist nur wenig bekannt. Man weiß nur, daß er im Alter von 36 Jahren von Sorge darüber befallen wurde, keinen Sohn zu besitzen. Sein unstetes Wanderleben hatte verhindert, daß er je auch nur daran hätte denken können, eine Familie zu gründen.

Zunächst kümmerte er sich daher um Mikinosuke, einen Jungen, der sich als hochbegabt erwies und den er seine Kunst lehrte. Beide verband bald eine tiefe Freundschaft. Mit dem Einverständnis seines Meisters trat Mikinosuke in den Dienst Honda Tadatokis, doch als dieser 1626 unverhofft starb, entschloß er sich, ihm durch rituellen Selbstmord, *junshi*, in den Tod zu folgen.

In der Provinz von Dewa begegnete Musashi auf einem Pfad einem zwölfjährigen Jungen, der Fische in einem Wassereimer transportierte. Da er hungrig war, bat er ihn um einige Fische. Der Junge, der Iori hieß, überließ ihm daraufhin den ganzen Eimer und setzte ohne die Last seinen Weg fort. Am folgenden Tag suchte Musashi bei Anbruch der Nacht eine Herberge. Durch ein kleines Licht in den Bergen angelockt, entdeckte er eine kleine Hütte. Er klopfte an die Tür und bat um Unterkunft. Seine Überraschung war nicht gering, als er plötzlich dem Jungen, der ihm tags zuvor seinen gesamten Fang überlassen hatte, gegenüberstand. Auch Iori erkannte den Mann wieder, hieß ihn, einzutreten und bot ihm Tee und einen Rest Hirsebrei an. Als Musashi ihn verwundert fragte, warum er allein sei, erklärte Iori, daß er Waise sei. Daraufhin wünschte der Junge seinem Gast eine gute Nacht und ließ ihn allein.

Musashi schlief nicht. Die Nacht war kalt, und Feuchtigkeit war ihm in die Kleidung gekrochen. Plötzlich richtete er sich im Dunkeln auf, beunruhigt durch ein anhaltendes metallisches Geräusch, das von der Seite her zu ihm drang. Er erhob sich und sah, daß Iori damit befaßt war, sorgfältig die Klinge eines Schwertes zu schärfen. Auf die Frage, warum er dies mitten in der Nacht tue, antworte Iori, als handelte es sich um die größte Selbstverständlichkeit, daß sein Vater tags zuvor gestorben sei und daß der Leichnam zu schwer für ihn sei. Daher wolle er ihn mit dem Schwert teilen, um ihn transportieren zu können, damit er ihn auf würdige Weise beerdigen könne. Tief berührt von diesem Ausdruck der Kindesliebe und der Entschlossenheit des Jungen, trug Musashi den Körper des Verstorbenen in die Berge und begrub ihn an der Seite der Mutter Ioris. Daraufhin adoptierte Musashi den Jungen und bildete ihn zum Samurai aus. Iori, der nun den Namen Miyamotos trug, trat später in die Dienste von Ogasawara Tadazane, des Herrn von Kokura. Zu dieser Zeit war Musashi, der gemeinsam mit Iori nach Kokura gereist war, 51 Jahre alt. Er sollte sechs Jahre an diesem Ort bleiben.

Im Jahre 1637, zwei Jahre nach der Ankunft Musashis und seines Ziehsohns in Kokura, kam es zu einem Aufstand der Christen, die unter großer Unterdrückung auf der zur Insel Kyûshû gehörenden Halbinsel Shimabara lebten.[110] Die Tokugawa schlugen die Revolte blutig nieder. Musashi und sein Adoptivsohn begleiteten den Daimyô von Kokura auf seinem Feldzug gegen

[110] Siehe „Amakusa Shirô – der Gesandte Gottes“ auf S. 172.

die Aufständischen, der ihm durch den Shôgun befohlen worden war. Bei der Gelegenheit der Belagerung der Burg von Hara im Frühling 1638 wurde Miyamoto Musashi zum Mitglied des Generalstabs des Shôguns für den Kokura-Klan ernannt und aufgrund seines Alters in die Etappe versetzt. Iori wurde durch Ogasawara mit dem Kommando über eine Reserveeinheit betraut. Es heißt, daß Iori am Tag der Erstürmung der Burg an vorderster Front gekämpft haben soll, und daß er sich durch seinen Mut ausgezeichnet habe. Musashi hingegen hat an dem Kampf wahrscheinlich nicht teilgenommen.

Miyamoto Iori lebte bis zum Jahre 1678, und seine Nachkommenschaft läßt sich über sechs Generationen verfolgen.

Die Schule der zwei Schwerter

Miyamoto Musashi war, seit er auf Mukojima Sasaki Kojirô erschlagen hatte, ein anderer Mensch geworden. Noch immer lehnte er es ab, seßhaft zu werden und eine Schwertkampfschule zu gründen. Doch all sein Ruhm hatte ihn nicht im mindesten dünkelhaft werden lassen. Was für ihn zählte, war die Erforschung des Weges. Darunter verstand er sowohl den Weg des Kriegers – denn als Krieger betrachtete er sich vor allen Dingen –, doch auch den Weg des „vollendeten Menschen", der zu werden er sich erträumte. Sein ganzes Leben lang streifte er durch das Land, immer auf der Suche nach Vollkommenheit und immer als Rônin, als „Wellenmann"[111] ohne Herrn und Meister. Ein solches Streben war nicht untypisch für die reinsten und charakterfestesten unter den Samurai. Doch Musashi ging diesen „Weg, den man allein beschreitet", wie er es kurz vor seinem Tode beschrieb, weiter als die meisten anderen. Seine Begegnung mit dem Zen-Mönch Takuan Sôhô[112] regte ihn dazu an, nach der in seinem Innern verborgenen tiefsten Wahrheit zu forschen.

Seit Beginn der 30er Jahre des 17. Jahrhunderts widmete er sein Leben ganz und gar dem Weg des Schwertes, und es bestehen kaum Zweifel daran, daß ihm die Erfahrung des inneren Erwachens, Satori, nicht fremd war. Diese „Erleuchtung" war es, nach der alle Anhänger des Zenbuddhismus strebten. Sie sollte die Pforten der gewöhnlichen Wahrnehmung zerbrechen und den „Weg

[111] Vgl. Fußnote 10 auf S. 16.

[112] Takuan Sôhô (1573-1645). Siehe auch Fußnote 63 auf S. 100 f.

des wahren Lebens“ öffnen. Musashi beschäftigte sich mit Buddhismus, der Teezeremonie, der Dichtkunst und der Tuschmalerei. All dies trug zu seinem Wesenswandel bei, der mit dem Kampf gegen Sasaki Kojirô begonnen hatte. Es schien, als hätte dieses Duell ihm ein für alle Male seine brutale und unnütze Gewalttätigkeit verleidet. In allen späteren Zweikämpfen, in die er verwickelt wurde, vermied er es, den Gegner zu töten, und er zeigte sogar Mitgefühl für jene, die zu verletzen er sich gezwungen sah. Indem er die Künste des Friedens und die Künste des Krieges miteinander zu einem einzigen edlen Weg, *Bun-bu-no-michi*[113], verschmolz, näherte er sich dem Ideal des Zeitalters des Friedens, das durch die Tokugawa angestrebt wurde.

Tuschezeichnung von Miyamoto Musashi.

Eine Frucht des unermüdlichen Strebens Miyamoto Musashis waren originäre Schwertkampftechniken. Man schreibt ihm die Gründung des *kenjutsu*-Stils *Emmei-ryû*[114] zu, der später als *Nitô-ryû* oder auch *Hyôhô Niten Ichi-ryû*[115] bezeichnet wurde und schließlich als *Niten-ryû*, „Schule der zwei Himmel“. In seinen späten Jahren verwendete Musashi mitunter den Namen „Niten“ als Künstlername für seine Tätigkeit als Kalligraph und Maler.[116] Die Vertreter des

[113] *Bun-bu-no-michi*: jpn. Weg der schönen Künste und der Kriegskunst. *Bun*: jpn. Schöne Künste. *Bu*: jpn. Kriegskunst.

[114] Man findet auch die Stilrichtungsbezeichnung *Hi-no-shita Kaizan Shinmei Miyamoto Musashi Masana-ryû*, dessen Techniken durch Terao Kyumanosuke überliefert wurden.

[115] Schule der zwei Schwerter: Eine Hand hält das Langschwert, die andere das Kurzschwert – eine nahezu unüberwindliche doppelte Deckung.

[116] Unter dem Titel „Niten-ki“ erschien 1755 eine Anekdotensammlung über Musashi.

Stils des *Hyôhô Niten Ichi-ryû* behaupten, noch heute authentische Techniken Musashis zu lehren, aber es ist nicht sicher, ob seine Techniken wirklich nach seinem Tode weitergegeben wurden. Immerhin existieren noch heute Kata für zwei Schwerter, die im *kenjutsu* über die Jahrhunderte überliefert wurden. Tatsächlich stellte der Stil Musashis weit mehr dar als nur eine Abwandlung zuvor vorhandener Techniken. Musashi gelang es, universelle Prinzipien für den Kampf zu entwickeln, die sowohl für den einzelnen Kämpfer als auch für ganze Armeen galten. Doch seine Lehren gingen noch darüber hinaus. Letztendlich begründete er eine Philosophie, die auf alle Lebensbereiche anwendbar ist.

Gorin no Sho

Anfang 1640, im Alter von 57 Jahren, begab sich Musashi in die Provinz Higo. Er folgte damit einer Einladung des Daimyô von Kumamoto, Hosokawa Tadatoshi, der ihm eine Anstellung als Waffenmeister anbot. Zuvor wollte er ihn jedoch einer Prüfung unterziehen. Gelegenheit hierfür bot sich, als Ujii Yashiro, ein Meister der Yagyû-Schwertschule, auf der Burg eintraf. Hosokawa war selbst Bewunderer und Praktizierender des *Yagyû-ryû*. Ujii war Musashi in dem höflichen Zweikampf, den er gegen ihn austrug, nicht gewachsen. Das gleiche galt für Hosokawa selbst, der der Versuchung nicht widerstehen konnte, persönlich gegen Musashi anzutreten, und auch für den großen Stockkämpfer Shioda Hamanosuke, Meister des sechs Fuß langen *bô*[117] und oberster Ausbilder der Samurai des Daimyô von Kumamoto. Hosokawa gewann auf diese Weise enormen Respekt vor seinem Gast, und er wurde Freund und Gönner Musashis.

Im Auftrag seines Gastgebers verfaßte Miyamoto Musashi die Schrift „35 Artikel über die Strategie“ (Heihô Sanjûgokajo), und er widmete sie ihm. Dieser erste Versuch, seine Erfahrungen zusammenzufassen, wurde zur Grundlage seines späteren Traktats „Buch der Fünf Ringe“. Musashi nutzte den Aufenthalt auf der Burg auch dafür, sich in Kalligraphie und Malerei zu vervollkommnen, Künste, die er glänzend beherrschte. Aus seiner Hand sind wahre Meisterwerke überliefert, mit chinesischer Tinte (*suibokuga*) gezeichnete monochrome Darstellungen von Reihern, Kormoranen und verschiedenen

[117] *Bô*: jpn. Stock. Sechs Fuß entsprechen etwa einer Länge von 1,80 m.

anderen Vögeln, Drachen oder auch von Daruma[118]. Seine Zeichenkunst steht in der Tradition der Zenmaler. Es heißt, daß der Shôgun Tokugawa Iemitsu ihn damit beauftragt habe, für seine Burg in Edo einen Sonnenaufgang zu zeichnen. Miyamoto Musashi soll auch Gedichte und Lieder verfaßt haben, doch von diesen wurde nichts überliefert.

Im März 1641 starb Hosokawa Tadatoshi unverhofft im Alter von 55 Jahren an den Folgen einer Krankheit. Sein Tod erschütterte Musashi zutiefst. Er wurde ernst und düster und begann, sich über sein Alter zu beklagen. Er fühlte, daß sein Körper schwächer wurde, und im Herbst des Jahres 1643 beschloß er, sich von der Welt zurückzuziehen. Er begab sich in die Haruyama-Berge, um dort in der Reigendô-Höhle, oberhalb des Tempels Ungan-ji, zu meditieren. Die Höhle befand sich auf dem westlich von Kumamoto gelegenen Berg Iwato. Dort verfaßte er wenige Wochen vor seinem Tod das „Buch der fünf Ringe" (Gorin no Sho). Er begriff den Text als sein Testament. Die Abhandlung wurde zum Klassiker der Literatur über die Kampfkünste. In fünf Kapiteln, die er mit „Erde", „Wasser", „Feuer", „Luft" und „Leere" überschrieb, legte er das Wesentliche des *budô*, des Weges der Kampfkünste dar, welches sich zugleich als das Wesentliche aller Formen der Strategie erweist. Am Abend seines Lebens setzte Musashi so all seine Erkenntnisse mit den fünf Elementen, aus denen die gesamte Natur besteht, in Beziehung. Er rät dem Leser, daß dieser sich anhand der „fünf Ringe", als die er die Kapitel seines Buches bezeichnete, weiterentwickeln möge, um auf diese Weise vom niedrigsten zum höchsten Niveau des Verständnisses und der Erfahrung des Weges zu gelangen. Noch heute gilt das Gorin no Sho als fundamentale Abhandlung, die nicht nur auf das Gebiet der Kampfkünste jeglicher Art anwendbar ist. Das Werk wird auch als Anleitung zum strategischen Denken und Handeln begriffen, und seine Lehren werden unter anderem durch zahlreiche Geschäftsleute in Japan und auch andernorts erfolgreich angewendet, ähnlich, wie dies für die „Kriegskunst" des chinesischen Strategen Sun Tsu[119] gilt. Das Gorin no Sho beginnt mit den folgenden Worten:

Viele Jahre lang habe ich mich auf meinem Weg des Kriegers versucht, den ich Niten-ichi-ryû nenne und hier zum ersten Mal schriftlich darlege. Ich habe heute,

[118] Daruma: japanischer Name des indischen Mönches Bodhidharma, der als Begründer der Shaolin-Kampfkunst gilt.
[119] Vgl. Fußnote 28 auf S. 32.

im Oktober 1643, den Berg Iwato in der Provinz Higo bestiegen, um den Himmel zu ehren, zu Kannon, der Göttin der Barmherzigkeit, zu beten und Buddha meine Referenz zu erweisen. Ich bin ein Krieger aus der Provinz Harima, mein Name ist Shinmen Musashi-no-Kami Fujiwara-no-genshin, und ich befinde mich in meinem sechzigsten Lebensjahr.

Seit meiner Jugend liegt mein Augenmerk auf dem Weg des Schwertes. Mit dreizehn Jahren hatte ich meinen ersten Kampf und besiegte Arima Kihei, einen Krieger der Shintô-Schule. Mit sechzehn bezwang ich einen weiteren kräftigen Kämpfer namens Tadashima Akiyama. Mit einundzwanzig ging ich in die Hauptstadt, wo ich auf viele Kämpfer traf und nicht ein Duell verlor. Danach zog ich von Dorf zu Dorf, maß mich mit Kriegern aller Schulen und errang in all meinen mehr als sechzig Kämpfen den Sieg. Dies alles geschah zwischen meinem dreizehnten und neunundzwanzigsten Lebensjahr.

Als ich dreißig war, blickte ich auf mein Leben zurück. Meine Siege lagen freilich nicht darin begründet, daß ich den Schwertkampf vollendet beherrschte. Ich besaß wohl lediglich eine natürliche Begabung, das Schicksal war mir wohlgesonnen und meine Gegner waren schlecht ausgebildet. Darum suchte ich fortan von morgens bis abends nach der grundlegenden Wahrheit der Kampfkunst. Mit fünfzig Jahren erkannte ich schließlich das Wesen des Schwertes. Seitdem lebe ich, ohne einem bestimmten Weg zu folgen. Denn so kann ich auf der Grundlage der Tugenden der Schwertkampfkunst viele verschiedene Künste und Tätigkeiten ausüben, ohne dafür Lehrer zu benötigen.

Für dieses Buch habe ich weder Buddhas noch Konfuzius' Lehren verwendet noch alte Chroniken oder Bücher über die Kampfkunst. Ich nehme den Pinsel in die Hand, um den wahren Geist des Niten-ichi-ryû zu erläutern, der sich im Weg des Himmels und in der Göttin Kannon widerspiegelt.[120]

Anfang 1645 begannen ihn heftige Schmerzen in der Brust zu quälen. Miyamoto Musashi war bewußt, daß sein letzter Kampf auf Erden begonnen hatte, und daß er diesen Kampf nicht gewinnen würde. Auf Veranlassung eines seiner Lieblingsschüler, Nagaoka Yoriyuki, brachte man ihn, der bereits zum Skelett abgemagert war, aus seiner Höhle in die Burg von Chiba. Noch einmal sammelte der alte Krieger seine Kräfte und verfaßte 21 kurze Maximen, „Der Weg,

[120] Miyamoto, Musashi: Das Buch der Fünf Ringe. Klassische Strategien aus dem alten Japan. München: Piper 2003, S. 7 ff.

allein zu überleben“ (Dokukodô). Dies geschah am 12. Mai. Seinen nahen Tod fühlend, schenkte er Nagaoka Yoriyuki seine Waffen und seinen Sattel. Daraufhin vermachte er seinem ältesten Schüler Terao Kumanosuke Nobuyuki, den er auch als den vollkommensten unter seinen Nacheiferern ansah, das Gorin no Sho und die „35 Artikel über die Strategie“. Er hatte seine irdischen Belange geregelt. Miyamoto Musashi starb am 19. Mai 1645. Er war 62 Jahre alt geworden.[121] Sein Leben endete friedlich inmitten der von Mandarinenbäumen bestandenen Berge, umgeben von den zerfurchten, majestätischen Felsen, über deren Anblick er seine letzten Gedanken zur Klarheit gebracht hatte.

Seinem Willen entsprechend wurde er in seiner Rüstung beerdigt. Die Begräbniszeremonie wurde durch den Priester Shuzan vom Tempel Taishô-ji zelebriert. Es wird berichtet, daß am Ende der Zeremonie ein greller Blitz den Himmel zerteilte und ein mächtiges Donnergrollen das Gebirge erschütterte. Das Grab des Miyamoto Musashi befindet sich im Dorf von Tenaga-yuge, etwa sechs Kilometer von der Stadt Kumamoto entfernt. Noch heute ist es ein Pilgerort für viele, die ihn, der unter den „Schwertheiligen“ des alten Japans der wohl größte war, verehren.

Seine Gewandtheit war so außerordentlich gewesen, daß seine Gegner, die bereits vor Furcht erstarrten, wenn sie nur seinen Namen hörten, sie für dämonisch erachteten. Sein Können, sein Mut und seine fast unmenschlich anmutende Kaltblütigkeit im Angesicht des Todes hatten ihn zu einem streitlustigen Kämpfer werden lassen, für den lange Zeit der Umgang mit dem Schwert einen hinreichenden Selbstzweck darstellte. Doch nachdem er sein 30. Lebensjahr erreicht hatte, begann er seine Fähigkeiten für die Suche nach dem „Selbst“ einzusetzen, als hätte er plötzlich ein vollkommen neues Leben begonnen. Sein Streben war von nun an darauf gerichtet, zu Weisheit zu gelangen und die Kräfte des Bösen zu überwinden. Später entsagte er endgültig allen Kämpfen und zog sich von der Welt zurück. Er war ins Licht des Wissens getreten. Postum erhielt er den buddhistischen Namen Genshin Niten.

Viele Autoren haben versucht, sich der Persönlichkeit des Miyamoto Musashi, eines weiteren Archetypen des Helden im mittelalterlichen Japan, zu nähern, jenes

[121] Im selben Jahr starb auch der große Zenpriester Takuan Sôhô, dessen Begegnung mit Musashi nachhaltigen Einfluß auf letzteren ausgeübt hatte. Im folgenden Jahr starb Yagyû Munenori, der ebenfalls zu den größten Schwertkämpfern, die das alte Japan gekannt hatte, zählte.

Mannes, der wohl die feinste Klinge in der gesamten Geschichte des japanischen Inselreichs führte. Zudem hinterließ er selbst das berühmte „Gorin no Sho", das „Buch der fünf Ringe", ein grundlegendes Werk über die Taktik des Schwertkampfes. Dieser historische Held, der ein Zeitgenosse d'Artagnans war, wurde insbesondere durch den großen japanischen Romanschriftsteller Eiji Yoshikawa[122] *unsterblich gemacht. Auf der Grundlage von dessen Werk entstanden zahlreiche Erzählungen und Filme.*[123] *Doch Musashi war bereits zu seinen Lebzeiten eine Legende. Die Fähigkeiten dieses außerordentlichen Talents im Schwertkampf blieben unerreicht. Zwischen seinem 13. und seinem 29. Lebensjahr bestritt er mehr als 60 Zweikämpfe. Unter den Herausforderern waren Rônin, wie er selbst einer war, und Samurai, die ihm seine Freiheit und seine Unangepaßtheit neideten und Ruhm ernten wollen, indem sie sich mit ihm maßen. Doch nur wenige derer, die so kühn gewesen waren, ihn zum Duell herauszufordern, blieben am Leben. Er war ein kenshi, ein „Heiliger des Schwertes", beseelt von einem vollkommenen Kriegergeist. Er ging in die Geschichte nicht nur als unvergleichlicher Meister der Kampftechniken, sondern auch als Gründer einer neuen Schule des Kampfes mit zwei Schwertern ein. Nicht zuletzt verdiente er sich, vor allem im letzten Abschnitt seines bewegten Lebens, auch Ruhm als Philosoph, Schriftsteller und Künstler.*

Er mied die Frauen und blieb sein Leben lang unverheiratet, denn er wollte sein Dasein ausschließlich seiner Kunst und seiner Suche widmen. Bis zu seinem Tode war er auf der Suche nach einer unfehlbaren Kampftechnik, deren Erfolg nicht von den wechselnden Zufälligkeiten wie der Chance des Augenblicks oder der Stärke oder Schwäche des Gegners abhing. Sein Streben führte ihn über den Weg des Schwertes hinaus. Tatsächlich ging es ihm als einem wahren Meister um ein neues Verständnis des Lebens und der Dinge. Er unterschied zwischen der „kleinen Kampfkunst" und der „großen Kampfkunst". Unter der ersten verstand er den reinen Weg des Schwertes und unter letzterer den Weg des Strategen wie auch den der Politik.

Miyamoto Musashi prägte das Idealbild des Samurai im Bewußtsein des japanischen Volkes, eines Kriegers, dessen Leben seinen Wert auf dem Weg der Kampfkünste erlangt. Ironischerweise stammt diese Vorstellung des idealen Samurai von

---

122 Yoshikawa, E: Musashi. München: Droemersche Verlagsanstalt Th. Knaur Nachf. 1984.

123 Der berühmte Roman von Eiji Yoshikawa (1892-1962) wurde viele Male verfilmt. Allein der Regisseur Hiroshi Inagaki verfilmte ihn zwischen 1940 und 1967 nicht weniger als viermal. Hiervon gilt die dreiteilige Fassung von 1951 mit Toshirô Mifune in der Hauptrolle als besonders gelungen.

einem Rônin, der für sich selbst niemals einen Meister anerkannt hat. Er war gewandt, stark, intelligent und stets allein. Seine Fähigkeit, unvermittelt das Wesen der Menschen und der Dinge erfassen zu können, hat ihm möglicherweise auch dabei geholfen, Gegnern aus dem Weg zu gehen, die ihm hätten ernsthaft gefährlich werden können.

Die Strenge seines Geistes, seine stete Unzufriedenheit mit dem Erreichten, sein unaufhörliches Streben nach der Vollkommenheit, vermitteln ein eigentümliches Charakterbild. Seine Charaktereigenschaften erklären vielleicht, weshalb er sich – außer am Ende seines Lebens – niemals in wirklich stabilen Lebensverhältnissen im Umfeld eines großen Herren befunden hat, wie dies seiner Bedeutung entsprochen hätte. Wahrscheinlich ist auch, daß er solch eine Stabilität nie angestrebt hat. Am Rande einer bestimmten Gesellschaftsschicht zu leben, hat ihn nicht davon abgehalten, das zu erreichen, wonach er strebte. Einzelgängerisch, wie er war, wurzelte seine Charakterstärke in der Gewißheit und vielleicht auch in einer im Herzen verborgenen Verzweiflung, keinem Menschen je wirklich nahe gewesen zu sein. Dafür spricht auch die Art und Weise, wie er sich auf seinen Tod vorbereitete, indem er seine letzten Lebensjahre als Eremit in einer Höhle verbrachte. Miyamoto Musashi stellt im Pantheon der berühmten Krieger des alten Japan einen ebenso beunruhigenden wie faszinierenden Charakter dar. Immer wieder mußte er während seines Lebens dem Tod ins Auge blicken, und doch gelang es ihm, nach einem Dasein, das von Herausforderungen, Abenteuern und Kämpfen geprägt war, friedlich an Altersschwäche zu sterben.

Miyamoto Musashi.

„Nachdem fünf Jahre vergangen sein werden, wird ein außergewöhnlicher junger Mann in Japan erscheinen. Ohne etwas studiert zu haben, wird er ein Wissender sein. Dies wird geschehen. Und die Wolken werden glühen, im Westen wie im Osten. Ein toter Baum wird eine Blauregenblüte austreiben. Die Menschen werden auf ihren Häuptern das Zeichen des Kreuzes tragen. Weiße Banner werden auf dem Meer und den Flüssen schwimmen und über den Bergen und den Ebenen schweben. Dann wird die Zeit gekommen sein, Jesus zu huldigen."

Aus der Hankan-Prophezeiung

Amakusa Shirô – Der Gesandte Gottes

Eine Entdeckung

Vor über 30 Jahren stieß ich auf alte deutsche und portugiesische Texte, die auf den Aufstand der Christen von Shimabara anspielten. Meine Neugierde als Historiker, stets auf der Suche nach derartigen schicksalhaften Begebenheiten in der Menschheitsgeschichte, war geweckt.

1984 bin ich zum Ort des Geschehens gereist, um die spärlichen Überreste der Ruinen der Burg von Hara aufzusuchen, die einst nahe der japanischen Stadt Shimabara am Fuße des Vulkans Unzen hoch über dem Meer aufragte. Ich wollte den Ort sehen, ihn mit all meinen Sinnen erfassen, um besser verstehen zu können, was sich hier dreieinhalb Jahrhunderte zuvor zugetragen hatte. Ein alter, sehr würdevoller Japaner begleitete mich auf dem Weg zu den Ruinen. Er war zunächst in höchstem Maße erstaunt, als ich erzählte, was mir über die damaligen Geschehnisse bekannt war. Es stellte sich heraus, daß die Geschichte auf der Halbinsel vollkommen in Vergessenheit geraten war. Seine Dankbarkeit, aus meinem Mund von diesem vergessenen Kapitel der japanischen Geschichte zu erfahren, war übergroß. Daraufhin beschloß ich, diese außerordentliche Begebenheit, die es wahrhaftig verdiente, vom Staub der Zeit befreit zu werden, in Form einer Erzählung niederzuschreiben.

Mein Begleiter erinnerte sich schließlich, in frühester Kindheit Andeutungen darüber gehört zu haben. Er entsann sich auch, daß man ihm einst eine Dachkammer voll ungewöhnlicher Dinge gezeigt hatte, und er führte mich zu diesem Ort. Offensichtlich hatte seit Jahrzehnten niemand den Raum, der sich unter dem Dachstuhl einer Schule von Shimabara befand, betreten. Eine dicke Staubschicht lagerte auf Truhen voll Waffen, zerbrochenen katana, Teilen von Rüstungen, Masken, Kanonenkugeln, tsuba[124] mit christlichen Motiven, einem Modell der Burg von Hara und vielen anderen Dingen. Ich habe meinen japanischen Führer gebeten, zu versuchen, diese kostbaren Zeugnisse der Vergangenheit der Öffentlichkeit zugänglich zu machen, und er versprach es. – Im Museum der Burg von Shimabara sind heute zahlreiche Ausstellungsstücke mit Bezug auf den Shimabara-Aufstand zu finden.

Das Edikt des Shôguns

Im Jahre 1603 ließ sich Tokugawa Ieyasu zum Shôgun ernennen. Dies war der Lohn einer äußerst geschickten Politik, wie er sie mehr als zehn Jahre lang betrieben hatte, um sich der Zentralgewalt im Lande bemächtigen zu können. Den Daimyô, welche die blutigen Machtkämpfe des ausgehenden 16. Jahrhunderts überlebt hatten, blieb keine Wahl, als ihm den Lehnseid zu leisten. Erschöpft durch die unaufhörlichen Bürgerkriege der Vergangenheit, konnte Japan endlich eine lange Ära politischer Stabilität unter der Herrschaft des Tokugawa-Klans erleben. Das Ende dieser Ära erfolgte erst 1868 mit der Meiji-Restauration, als der neue Kaiser Mutsuhito beschloß, das Land in die Modernität zu führen. Die Tokugawa-Ära stellte eine Jahrhunderte währende Friedenszeit dar, die durch eine äußerst rigide Militärherrschaft, das Bakufu, geprägt war. Hierdurch sollte jegliche gesellschaftliche Entwicklung, die die Machthaber hätte gefährden können, unterbunden werden. Dies wiederum führte zu einer Abschottung gegenüber dem Ausland.

Auch die Anhänger des christlichen Glaubens blieben von der neuen Politik nicht verschont, denn das dieser Religion zugrundeliegende fremdartige Gedankengut war den Tokugawa zutiefst suspekt. Der Shôgun Tokugawa Ieyasu erließ daher im Jahre 1614 ein Edikt, das das Christentum kurzerhand verbot. Zu jener Zeit lebten 300 000 Christen in Japan, das damals eine Bevölkerungszahl von etwa 20 Millionen hatte. Die große Zahl Christen (*kirishitan*[125]), vor allem auf den südlichen Inseln, ist nicht verwunderlich. Die Bekehrung eines einzigen Daimyô zum neuen Glauben, der durch die von den Philippinen kommenden jesuitischen Missionare im Gefolge des Spaniers Francisco de

---

124 *Tsuba*: jpn. Bezeichnung für das Stichblatt der traditionellen japanischen Schwerter.

125 *Kirishitan*: jpn. Nach dem portugiesischen Begriff cristão. Bezeichnung für die katholischen Christen in Japan.

Francisco de Xavier auf einem japanischen Portrait aus dem 16. Jahrhundert.

Xavier[126] nach Japan gelangt war, führte dazu, daß alle Bewohner seines Lehens ebenfalls zum Christentum konvertierten. Es ist also nicht überraschend, daß zu jener Zeit ganze Samurai-Armeen unter christlichem Banner kämpften und Schwerter trugen, die mit christlichen Motiven verziert waren.

Tatsächlich hatten die Maßnahmen gegen den christlichen Glauben bereits am Ende des 16. Jahrhunderts begonnen, als der Taikô Toyotomi Hideyoshi an dem kalten Morgen des 5. Februar 1597 in Nagasaki 26 Christen kreuzigen ließ.

Zu Beginn hatte Hideyoshi die Missionierung noch toleriert und sie sogar gefördert, um den Eindruck von Offenheit zu erwecken. Auch sein Vorgänger Oda Nobunaga hatte das Wirken der ersten europäischen Missionare begünstigt, weil er sich davon politische Vorteile versprach. Ihr Einfluß sollte ein Gleichgewicht zur Macht der buddhistischen Geistlichkeit herstellen, vor allem wegen der gefürchteten Kriegermönche, durch die sich viele Tempel zusehends in Zentren der Opposition zur Zentralgewalt verwandelten. Zahlreiche Daimyô ließen sich damals bekehren. Zu ihnen zählten Ômura Sumitada, der Nagasaki für den Handel mit den Portugiesen öffnete, Ôtomo Sôrin und Takayama Ukon. Der Daimyô von Amakusa, Konishi Yukinaga, war ebenfalls zum Christentum konvertiert. Er war dadurch berühmt geworden, daß Hideyoshi ihn zum Befehlshaber über die Truppen, die er gegen Korea entsandte, eingesetzt hatte. Bis zu seinem Tode im Jahre 1600 gestattete Konishi in seinem Lehen die Verkündung der Evangelien, obwohl zu jener Zeit bereits die ersten Gesetze gegen die neue Religion erlassen worden waren.

Zu Beginn 17. Jahrhunderts hatten sich die Verhältnisse grundlegend geändert. Die Missionierung mußte nun im Geheimen betrieben werden, begleitet

[126] Der Spanier Francisco de Xavier (1506-1552), Mitbegründer des Jesuitenordens („Gesellschaft Jesu"), war 1549 als erster Missionar nach Japan gekommen und hatte in Yamaguchi (im äußersten Südwesten von Honshû gelegen) die erste christliche Gemeinde Japans gegründet. Ihm wird auch die Prophezeiung der Ankunft eines „Vierten Sohns des Himmels" zugeschrieben, der die Christianisierung Japans vollenden würde. Die Anhänger Amakusa Shirôs glaubten, daß es sich bei ihm um jenen „Himmelssohn" handeln würde. In Deutschland ist Francisco de Xavier als heiliger Franz Xaver bekannt. – Anm. d. Übers.

von großen Gefahren. Tokugawa Ieyasu befahl, die Kirchen zu zerstören und die bekehrten Japaner dazu zu zwingen, dem Christentum abzuschwören oder sie hinzurichten, wenn sie sich weigerten, wieder den buddhistischen Glauben anzunehmen. Ab 1614 wurden einheimische Christen wie ausländische Missionare gleichermaßen systematisch festgenommen und grausam gefoltert. Wer in die Hände der Schergen des Shôguns fiel, hatte nur die Wahl, abzuschwören oder zu sterben. Zahlreiche Christen schworen unter dem Druck der Verfolgungen und unter den Schrecken der Folter ihrem Glauben ab. Viele von ihnen entschieden sich jedoch für das Martyrium, welches sie mit solcher Tapferkeit durchlitten, daß selbst ihre Peiniger beeindruckt waren. Jene, die standhaft blieben und dennoch überlebten, zogen sich, seelisch und körperlich geschunden, in entlegene Winkel auf dem Lande zurück.

Schreckensherrschaft auf Shimabara

Zwischen 1614 und 1635 wurden Abertausende Christen getötet, die sich weigerten, von ihrem Glauben abzulassen, unter ihnen zahlreiche ausländische Jesuitenpater.[127] Die Verfolgungen erlebten ihren Höhepunkt während der Herrschaft des dritten Tokugawa-Shôguns, Iemitsu, der von 1622 bis 1651 regierte.

Die Gouverneure von Nagasaki, Mizuno Kawachi und Takenaka Uneme, in deren Region besonders viele Christen lebten, hatten geschworen, die fremde Religion auszulöschen. Es durfte nur einen Gott in Japan geben, und dies war der Kaiser, der Tennô, der „Sohn des Himmels". Am härtesten traf es die Christen auf der Halbinsel von Shimabara und auf den Amakusa-Inseln.

Gräßliche Foltermethoden wurden ersonnen. Bereits zuvor hatte man das Verbrennen auf kleiner Flamme, das Abschneiden von Gliedmaßen mit der Bambussäge und das Ertränken praktiziert. Nun aber wurden die Methoden des *ana-tsurushi* und des *mino-dori* ersonnen, und die Qualen der Gefolterten erreichten ein nie zuvor gekanntes Ausmaß.

Ana-tsurushi war die „Grubenfolter". Hierbei dauerte es zwischen zwei Tagen und zwei Wochen, bis der Tod eintrat. Das Opfer wurde an den Füßen

[127] Die Zahl der bis 1540 getöteten Christen in Japan soll ca. 300 000 betragen haben, d. h., fast alle, die in Japan zum Christentum konvertiert waren. Hoffmann, M.: From Bliss to Blood. Japan Times, 23.12.2007.

aufgehängt, und sein Kopf hing entweder in eine Grube oder in einen Kübel hinein, die teilweise mit Unrat gefüllt waren. Stricke schnürten den Körper fest ein, um den Blutkreislauf zu verlangsamen. Um die Folter zu verlängern, wurden regelmäßig an der Stirn oder an den Schläfen Aderlasse vorgenommen, damit der Gefolterte nicht vorzeitig an den Folgen des Blutstaus starb. Diese Folterart wurde in Nagasaki ab 1633 praktiziert.

Mino-dori, der „*mino*-Tanz", erhielt seinen Namen nach den langen und breiten Blättern, wie man sie im tropischen Süden Japans findet. *Mino*-Stroh wurde als Regenschutz und auch für den Bau von Barken verwendet. Die Methode des *mino-dori* bestand darin, Christen fest in *mino*-Blätter einzuwickeln und die Blätter daraufhin in Brand zu setzen. Die Schmerzen durch die Verbrennungen waren so schrecklich, daß die derart Gepeinigten versuchten, ihrem Leben selbst ein Ende zu setzen, indem sie ihre Köpfe gegen den Erdboden oder gegen Bäume schmetterten. Dieses düstere Schauspiel wurde vorwiegend in der Abenddämmerung durchgeführt, um Exempel zu statuieren, durch welche die Dorfbewohner in Schrecken versetzt werden sollten.

Matsukura Shigemasa, der Daimyô von Shimabara, ersann eine Folterart, für die er den aktiven Vulkan Unzen ausnutzte, der sich im Zentrum der Halbinsel befindet. Diese Foltermethode wurde später durch seinen Sohn Shigeharu und durch Takenaka Shigeyoshi, einen der beiden Bugyô[128] von Nagasaki, aufgegriffen und weiterentwickelt. Sie bestand darin, daß die zur Folter verurteilten Christen zum „Höllenschlund" geführt wurden, dem Hauptkrater des Unzen, oder zu einem der zahlreichen Nebenkrater auf den Hängen des Berges. Dort begoß man sie aus großen Schöpfkellen, die mit Löchern versehen waren, mit Wasser aus den kochend heißen Quellen. Mitunter wurden ihnen zuvor Wunden zugefügt, um die Qualen zu vergrößern. Manchmal wurden die Opfer auch vollständig in das heiße, schwefelsäurehaltige Wasser getaucht.

Die Vorstellungskraft der Folterer kannte keine Grenzen. Ein Daimyô der Region von Hizen hatte 20 Christen aus dem Dorf Kurasaki gefangengenommen. Er ließ sie an Pfosten binden, die in der Nähe des Meeresufers aufgestellt wurden, so daß sie den Gezeiten ausgesetzt waren. Die Opfer starben an Erschöpfung, nachdem sie eine Woche lang ihr Martyrium hatten erdul-

[128] Bugyô: jpn. Verwaltungschef, Stadthauptmann in der Zeit des Tokugawa-Shôgunats. In der Zeit der Abschottung Japans (1640-1854) gegenüber dem Ausland spielten die beiden Bugyô von Nagasaki eine wichtige Rolle in den Beziehungen der holländischen Händler zum Shôgunat.

den müssen. Auf den Amakusa-Inseln, im äußersten Süden Japans, ließen der Daimyô Terazawa Katataka und sein Sohn Männer, Frauen und selbst kleine Kinder foltern und verbrennen. Im Jahre 1632 schwor der Provinzial, ein portugiesischer Pater, der die Missionierung auf Kyûshû leitete und 33 Jahre seines Lebens in Japan verbracht hatte, seinem Glauben ab. Eine sechsstündige Grubenfolter hatte seinen Willen gebrochen. Doch die Zahl derer, die, um ihr Leben zu retten, bereit waren, öffentlich ein Heiligenbild (*ebumi*) oder ein Heiligenmedaillon (*fumi-e*) zu zertreten, war gering. Dies war die Probe, vor die die Behörden die des Christentums Verdächtigen stellten, damit sie so bewiesen, daß sie nicht der Gemeinschaft der Christen angehörten. Unter dem Druck dieser unbarmherzigen Verfolgungen zogen sich die Unbeugsamen in den Süden der Halbinsel Shimabara und auf die Amakusa-Inseln zurück.

Christliche Märtyrer in Japan.

Nicht nur die Christen hatten unter dem Druck von Seiten der Mächtigen zu leiden. Machtmißbrauch war gang und gäbe. Zu den düsteren Persönlichkeiten jener Zeit zählte der in der Stadt Shimabara residierende Daimyô von Arima, Matsukura Shigeharu. Er fand nicht nur sein Vergnügen am langsamen Tod seiner christlichen Gefangenen, sondern er erhöhte auch die ohnehin schon hohen Abgaben für all seine Untertanen. Die Landbevölkerung in dieser armen Region, die zudem seit 1634 von einer Folge von Mißernten betroffen war, wurde von einer Hungersnot heimgesucht, nachdem der Daimyô neue Steuern ersonnen hatte, die auf Haustüren, Herde, Katzen, Geburten und Todesfälle erhoben wurden. All diese Steuern waren in Form von Reis zu entrichten. Im Jahre 1637 sahen sich die Bauern gezwungen, Wurzeln und Stroh zu verzehren, um nicht zu verhungern. Matsukura aber wurde von hemmungslosem Drang nach immer größerem Luxus getrieben, und er gab Unsummen aus, um sein Ansehen zu erhöhen. Den Großteil seiner Zeit verbrachte er in der Hauptstadt Edo, um am dortigen Intrigenspiel im Dunstkreis der Macht teilhaben zu können. Die Unzufriedenheit der Bevölkerung in seinem Lehen wuchs zunehmend, vor allem aufgrund der immer höheren Abgaben, aber auch wegen der religiösen Verfolgungen.

Auf den Amakusa-Inseln, die regelmäßig durch Miwake, einen wahrhaft dämonischen Handlanger des jungen Daimyôs Terazawa Katataka geschröpft wurden, war das Leben ebenfalls alles andere als beneidenswert. Um die wachsenden finanziellen Bedürfnisse seines Herrn decken zu können, preßte er das äußerste aus den Insulanern. Um die Entrichtung der ungerechten Steuern in einem Umfeld, das bereits von Hungersnöten und allgemeinem Mangel heimgesucht wurde, durchzusetzen, nahmen die Behörden oftmals Frauen und Kinder aus den Familien der Shoya, der Dorfvorsteher, als Geiseln. Die Geiseln wurden gedemütigt und oft sogar gefoltert und umgebracht. Mitunter zogen die Shoya es sogar vor, ihre Frauen und Kinder mit eigener Hand zu töten, um ihnen Demütigung und langsamen Foltertod zu ersparen.

Im Herbst 1637 erreichte die Unterdrückung ein nie gekanntes Ausmaß. Im Oktober wurde der Jesuitenpater Marcello Mastrilli zum Tode durch *ana-tsurushi* verurteilt. Man führte ihn geknebelt zur Folterstätte. Eine Seite seines Kopfes war rasiert und mit roter Erde gefärbt, was als Zeichen größter Schande galt. Sein Martyrium dauerte vom 5. bis zum 17. Oktober. Anfang Dezember mußte die hochschwangere Frau eines Dorfvorstehers auf Amakusa sechs Tage und sechs Nächte in eisigem Wasser verbringen, woraufhin sie niederkam und bei der Geburt des Kindes verstarb.

Dies alles war der Nährboden für den Aufstand von Shimabara (*Shimabara-no-ran*), der die Ordnung im Lande auf ungeahnte Weise erschüttern sollte.

Die Ankunft des Messias

Bereits früher im Jahre 1637 waren auf Kyûshû sonderbare und unerklärliche Begebenheiten vorgefallen, die mit der Prophezeiung des „Hankan“[129] in Zusammenhang zu stehen schienen. Dabei handelt es sich um einen mysteriösen Text, der ein Vierteljahrhundert zuvor, im Jahre 1612, als die

[129] Hankan: jpn. „Spiegel der Zukunft“. Es handelt sich um ein Buch, das ein japanischer Jesuit aus Kami im Jahre 1612 auf den Amakusa-Inseln zurückgelassen hatte, als er wegen der religiösen Verfolgungen Japan verlassen mußte.

Christenverfolgungen gerade begonnen hatten, durch einen japanischen Jesuiten verfaßt worden war. Man hatte beobachtet, wie eines Abends der gesamte Horizont sich in der Dämmerung rötlich gefärbt hatte. Auch waren in jenem Herbst die Kirschbäume ein zweites Mal erblüht, was nie zuvor geschehen war. Und das Hankan sprach von Ereignissen, die sich „fünf mal fünf" Jahre später ereignen sollten. Sie würden Zeichen für die Ankunft eines göttlichen Erlösers sein.

Es bedurfte nicht viel, um Hoffnungen zu wecken. Dies hatten auch fünf christliche Rônin begriffen, die einstmals als Samurai unter dem großen Konishi in Korea gekämpft hatten und in Ehren ergraut waren. Sie hatten zunächst auf Amakusa in Ôyano und in Chidsuka gelebt und schließlich auf Shimabara in Fukaiemura. Monatelang hatten sie den Aufstand vorbereitet, nachdem sie Zeuge des raschen allgemeinen Niedergangs geworden waren. Da sie selbst Ackerbau betrieben, konnten sie die Zustände gut einschätzen. Ihre Namen lauteten Môri Soi – dieser war ein berühmter Schwertkämpfer –, Oye Genyemon, Sashi Kizaimon, Ashizuka Chuemon und Yamada Emonsaku. Es heißt, daß es der 60jährige Ashizuka, Sohn des einstigen Herrn der Burg von Uto, war, der seinen Kameraden den erst 16jährigen Masuda Shirô Tokisada[130] als charismatischen Anführer des Aufstandes vorschlug. Niemand weiß, ob der mysteriöse Jüngling, der zum Symbol des Aufstands von Shimabara wurde, tatsächlich über Befehlsgewalt verfügte, oder ob er lediglich den Willen der fünf Rônin verkörperte. Während viele Einzelheiten über die damaligen Begebenheiten bekannt und historisch überprüfbar sind, bleibt sein Bild in der Geschichte unklar. Er stammte aus der in der Provinz Higo gelegenen Stadt Uto. Sein Vater war Masuda Yoshitsugu (Jinbei), ein christlicher Bauern-Samurai (Ji-Samurai) und ebenfalls einstmals Gefolgsmann Konishis. Auch Yoshitsugu sollte eine wichtige Rolle im Aufstand spielen. Gemeinsam mit seinem Bruder Gensatsu begleitete er seinen Sohn auf diesem Abenteuer.

Seit seinem 13. Lebensjahr war Shirô viel in Nagasaki herumgekommen, wo er für chinesische Händler arbeitete und zur Schule ging. Es heißt, daß er bereits in früher Kindheit große Begabung für die Literatur und alle Künste zeigte. Wahrscheinlich war es auch in Nagasaki, wo er im Geheimen auf den Namen Hieronimo Machondano Chico getauft wurde. Den Anführern war

---

[130] Masuda Shirô Tokisada (ca. 1621-1638). In die Geschichte ging er unter dem Namen Amakusa Shirô ein.

bewußt, daß es einer messianischen Persönlichkeit bedurfte, um die Masse der Bauern – Christen wie Nichtchristen – aus ihrer Lethargie zu reißen. Seine Jugend, seine helle Hautfarbe und seine strahlenden Augen ließen Shirô hierfür als bestens geeignet erscheinen, und schnell waren Legenden um ihn gewoben, die ihn als „Himmelskind" charakterisierten.

Am 15. Tag des 10. Monats des 14. Jahres der Kan'ei-Ära, d. h., am 1. Dezember 1637, wurde ein Dokument auf der Insel Amakusa in Umlauf gebracht, das von einem „Engel des Himmels" sprach, der sich in der Umgebung von Ôyano befinden solle als Zeichen für ein anbrechendes neues Zeitalter. Die Prophezeiung des Hankan schien sich zu erfüllen. Die Neuigkeit verbreitete sich wie ein Lauffeuer. Auch kursierte das Gerücht, daß der verhaßte Shôgun Ieyasu gestorben sein sollte. Zunehmende Erregung machte sich breit unter den Bauern und Fischern. Sollte dieser Shirô tatsächlich der Abgesandte Jesu (Yaso) sein? Wie sonst könnte man erklären, was berichtet wurde: Daß er in der Lage sei, auf dem Wasser zu laufen, daß er die Vögel dazu bringen konnte, sich auf seine Hand zu setzen, ja, daß sie sogar ihre Eier dort legten, wenn er es wollte. Und man glaubte, seinen Plan zu kennen. Auf Nagasaki wollte er marschieren, sich dort mit ausländischen Truppen verbünden, daraufhin die Festung von Ôsaka einnehmen und schließlich gegen Edo zu Feld ziehen. Auf dem Weg dorthin wolle er die verabscheuungswürdigen Daimyô gefangennehmen, hieß es zudem. Abends, wenn der Mond aufging und die Baumwipfel und die Silhouetten der Berge in seinen milden Schein tauchte, drängte man sich in den ärmlichen Hütten um die ebenerdigen Kohlebekken, während sich draußen im eisigen Wind die Geister tummelten, und man träumte davon, daß ein neues Japan entstehen würde, in dem das Leben besser und einfacher sein würde.

Wie ein Tsunami

Am 11. Dezember fanden auf Shimabara zwei Ereignisse statt, die in ihrem Zusammenspiel den Auftakt für den Aufstand darstellten, den man zunächst als Erhebung von Arima bezeichnen sollte. Ein Dorfvorsteher war gezwungen worden, seine Tochter als Geisel herzugeben, da er nicht in der Lage gewesen war, die Steuern für seine Gemeinde aufzubringen. Als er erfuhr, daß sie geschändet und gefoltert worden war, geriet er in solchen Zorn, daß er einige entschlossene Dorfbewohner um sich scharte, mit denen er die Burg angriff und den örtlichen Gouverneur sowie etwa 30 seiner Leute tötete.

Am selben Tag hatte der Bauer Sankichi aus dem Dorf Fukaiemura ein höchst außergewöhnliches Erlebnis. Sankichi und ein Mann namens Hakunai, der sein Zeuge war, riefen im Morgengrauen, in der Stunde des Hasen, das ganze Dorf zusammen. Zunächst glaubten die Dorfbewohner, Sankichi, der bereits ein alter Mann war, habe den Verstand verloren, denn er lief aufgeregt von einer Gruppe zur anderen, das Gesicht zu einer Grimasse verzerrt, so daß seine Zahnstummel sichtbar wurden. Doch nach einiger Zeit gelang es ihm, einigermaßen die Selbstbeherrschung wiederzuerlangen und zusammenhängend zu berichten, was ihm widerfahren war. Er erzählte, daß er seit langem heimlich ein Bild der Jungfrau Maria am Boden einer Kiste aufbewahre. In der letzten Nacht habe er geträumt, daß Maria geweint habe, da sie sich von ihm vernachlässigt fühlte. Gleich nach dem Erwachen öffnete er die Kiste und wollte das Bild entstauben. Doch zu seiner Überraschung befand es sich plötzlich in einem Rahmen aus vier schönen Zedernholzleisten, genauso, wie er es in seinem Traum gesehen hatte. Ein Wunder war geschehen!

Große Aufregung verbreitete sich. Es dauerte nicht lange, und aus den umliegenden Dörfern kamen die Leute, um das Wunder mit eigenen Augen zu bestaunen. Beunruhigt von den Gerüchten, die ihm zugetragen wurden, begab sich Hayashi Hyoemon, der durch seinen Daimyô Matsukura Shigeharu als Verantwortlicher für den Distrikt eingesetzt worden war, zum Ort des Geschehens. Als er mit einem Trupp Soldaten ins Dorf kam, fand er die versammelten Dorfbewohner vor, wie sie über Jesus sprachen. Hayashi bemächtigte sich sogleich des auf wundersame Weise gerahmten Bildes, warf es zu Boden und trat mit den Füßen darauf herum. Die Bauern stürzten sich unverzüglich auf ihn und erschlugen ihn und die meisten seiner Begleiter. Nur wenige der Samurai konnten der aufgebrachten Menge entkommen und in den Schutz der Burg von Takaji fliehen. Den Bewohnern von Fukaiemura war sofort klar, daß sie für diese Tat schrecklich würden büßen müssen. Doch sie wollten sich nicht wehrlos niedermetzeln lassen und bewaffneten sich mit Stöcken, Spießen, Gabeln, Dreschflegeln sowie einigen Waffen, die sie heimlich aufbewahrt hatten und warteten, daß die Strafexpedition einträfe. Es gab für sie kein Zurück mehr.

Der Aufstand, der somit an zwei Orten zeitgleich aufgelodert war, entwickelte sich mit einer Schnelligkeit, die die Obrigkeit vollkommen überrumpelte. Wie eine Flutwelle überrollte er den Süden von Kyûshû. Innerhalb weniger

Der Aufstand erreicht die Amakusa-Inseln.

Tage schlossen sich auf Shimabara 23 000 der 45 000 Bewohner der Halbinsel den Aufständischen an, und auf den Amakusa-Inseln beteiligten sich 14 000 der 21 000 Insulaner an der Rebellion. Viele Dörfer waren plötzlich menschenleer, weil alle Einwohner, die dazu in der Lage waren, in den Kampf gezogen waren. Zunächst griffen die Rebellen die Stellungen der örtlichen Garden an und bemächtigten sich deren Waffenlagern.

Am schnellsten entwickelten sich die Ereignisse auf Shimabara. Am Tag nach dem Zwischenfall von Fukaiemura wurde von der Burg Moritake-jô, die sich oberhalb der Stadt Shimabara befand, eine Strafexpedition mit einer Stärke von 400 Mann gegen die Aufständischen, die sich in der Nähe von Fukaye befanden, entsandt. Anfänglich schienen die Truppen rasch die Oberhand zu gewinnen, doch sie gerieten in einen Hinterhalt, und fast alle von ihnen kamen im Hagel der Musketenkugeln um. Die Überlebenden wurden bis zu den Toren der Burg hartnäckig verfolgt, doch es gelang den Rebellen nicht, in die durch Wassergräben abgeschottete Burg einzudringen. Dafür brannten sie kurz darauf einen Teil der Stadt Shimabara nieder und zerstörten die buddhistischen Tempel. Daraufhin begannen sie, die Festung zu belagern, wobei sie durch zahlreiche Sympathisanten aus der Stadt selbst unterstützt wurden. Etwa 6 000 der Stadtbewohner hatte jedoch Zuflucht in der Burg gesucht, da sie den Zorn des Pöbels fürchteten. In der Festung selbst kam es zu einer Massenexekution: Rund 100 Männer, die verdächtigt wurden, Sympathisanten der Aufständischen zu sein, wurden hingerichtet. Es blieben 650 Soldaten, um die Burg zu verteidigen. Boten wurden nach Kumamoto, wo der Daimyô Hosokawa Tadatoshi herrschte, nach Saga, das unter der Herrschaft Nabeshima Katsushiges stand, sowie nach Kurome und selbst nach Kagoshima entsandt, um Hilfe zu erbitten. Die Belagerten richteten sich auf eine lang andauernde Belagerung ein. Um nächtliche Überraschungsangriffe zu verhindern, verstärkten sie die Verteidigungsanlagen von Moritake-jô durch Holzpalisaden, die 80 Fuß vor der äußeren Festungsmauer errichtet wurden.

In Kumamoto und in Saga war man äußerst verwirrt über die verzweifelten Nachrichten von den Belagerten der Burg von Shimabara. Beide Orte wurden gemäß dem *sankin-kôtai*[131] von durch die Daimyô eingesetzten Gouverneuren verwaltet, während die Daimyô selbst in Edo weilten. Die Verantwortung für jede Entscheidung in dieser brisanten Situation war enorm.

Isahaya, der Kommandant von Saga, zögerte jedoch keinen Augenblick und rief 3000 Krieger zu den Waffen. Er ließ sie vor den Toren Shimabaras, an der Grenze seines Lehens, Stellung beziehen. Wenig später erteilte der Kommandant von Kumamoto 4000 seiner Kämpfer den Befehl, an die Küste bei Kawajiri zu marschieren, die gegenüber von Shimabara lag. Zudem ließ er die Mutter, die Schwestern, den Onkel und einen jungen Neffen Shirôs, die auf dem Gebiet seines Lehens, in Uto, lebten, als Geiseln nehmen. Auch die Boten, die Shirô entsandt hatte, um seine Familie zu warnen, fielen ihm in die Hände. Man zwang seine Mutter, einen Brief an Shirô zu senden, in dem sie ihn aufforderte, von dem wahnwitzigen Unterfangen abzulassen, doch dieser Brief erreichte ihn entweder nicht oder blieb ohne Wirkung. Amakusa Shirô ließ sich nicht erpressen.

Die Rebellen auf dem Vormarsch

Als sie von der Erhebung von Shimabara erfuhren, stellten die Dörfer von Ôyano und von Kozura auf Amakusa einen Trupp mit einer Stärke von 700 Mann auf. Sie wurden dabei von den fünf Rônin, die den Aufstand von langer Hand vorbereitet hatten und nun mit größtem Eifer an dessen Umsetzung mitwirkten, beraten. Die Kämpfer waren mit Musketen bewaffnet. Diese Waffen hatten allerdings nur ein relativ kleines Kaliber. Man konnte mit ihnen lediglich 13 Gramm schwere Kugeln verschießen. Um jedoch sicher eine Samurai-Rüstung durchdringen zu können, waren Musketen, die Kugeln mit

[131] *Sankin-kôtai*: jpn. Ein Erlaß von 1635, der die Daimyô verpflichtete, abwechselnd jeweils ein Jahr auf ihrem Herrschaftssitz und ein Jahr in Edo zu residieren. Auf diese Weise sollten die großen Feudalherren unter Kontrolle gehalten werden. Der Erlaß verlangte zudem, daß ein Teil der Familie der Daimyôs als Gäste – in Wahrheit als Geiseln – in Edo blieben, wenn die Daimyô ihr Jahr auf ihren Besitzungen verbrachten.

einer Masse von 30 Gramm verschießen konnten, erforderlich. Doch niemand machte sich unter den gegebenen Umständen Gedanken um die eventuelle Unzulänglichkeit der Bewaffnung. Eine weiße Fahne mit einem roten Kreuz wurde als Symbol für den gesamten Aufstand gewählt.

Im Nordosten der Amakusa-Inseln gelang es den Soldaten der Burg von Tomioka, die durch Miyabe Tobei befehligt wurden, im Dorf von Hondo 13 Christen hinzurichten und ohne Verluste zu ihrer Burg zurückzukehren, wobei sie aus den Dörfern der Umgebung Geiseln mit in die Festung nahmen. Doch noch am selben Tag wurde sich Miyabe der verzweifelten Situation, in der er sich befand, bewußt, und sandte an seinen Daimyô, Terazawa Katataka in Karatsu die Botschaft, daß „30 000 der 40 000 *koku*[132] von Amakusa bereits diesem Shirô in die Hände gefallen" seien. Tatsächlich hatte der junge Shirô 5 000 Mann um sich geschart. Da sie aufgrund der allgemeinen Not ausgehungert waren, hatten sie begonnen, die Reisspeicher der Inseln zu plündern. 1 000 von ihnen blieben auf der Insel Kamishima, um gegen einen möglichen Angriff aus der östlich gelegenen Provinz Higo gewappnet zu sein. Die anderen 4000, unter denen sich 141 Musketenschützen befanden, marschierten mit Shirô, der von nun an im Brennpunkt der Geschehnisse agieren sollte, gegen die Burg von Tomioka. Als Miyabe Tobei die Heranrückenden erblickte, schickte er einen Boten in die Stadt Kumamoto, die näher als Karatsu lag.

Das Ausmaß der Rebellion wurde anfangs stark unterschätzt, und so war die Reaktion der Obrigkeit insgesamt zunächst eher zögerlich. Dies lag jedoch auch darin begründet, daß der Verwaltungsapparat des Bakufu auf außergewöhnliche Ereignisse nicht effektiv reagieren konnte. Die Gesetze waren sehr streng, und sie besagten, daß kein Daimyô das Recht hatte, ohne ausdrückliche Genehmigung aus der Hauptstadt mit seinen Truppen die Grenzen seines Lehens zu überschreiten. Um solch eine Genehmigung einzuholen, mußte der Amtsweg eingehalten werden. Der Antrag mußte zunächst in die Stadt Funai, die in der Provinz Bungo lag und wo die vom Shôgun ermächtigten Verantwortlichen für die Kyûshû-Inseln residierten, gesandt werden. Daraufhin wurde er nach Ôsaka weitergeleitet und schließlich nach Edo. Der Hilferuf erreichte Edo am 25. Dezember. Noch am selben Abend wurde General Itakura

[132] Ein *koku* war ein Maß für die Menge Reis, die ein Erwachsener im Laufe eines Jahres verzehrt (im Jahre 1669 wurde das *koku* mit rund 180 Litern trockener Reiskörner festgelegt). Die jährlichen Einkünfte von Grundbesitzern wurden in der Regel in *koku* angegeben. – Anm. d. Übers.

小倉擬百人一首
春道列樹
山河に風のかけたるしがらみはながれもあへぬもみぢなりけり
絹川与右エ門
下総國岡田郡羽生村に堀越某といふ農民
あり其妻故ありて非命に死し冥魂
去やらで祟をなせしが後智識の為に導
せられ佛果を得し物語は世の人能知所なり
柳下亭種員筆記
一勇斎國芳画

織越大領
両國
上州屋

稲妻双紙
巻ノ弐

曽我兄弟夜討ノ図
楊洲周延

八幡大菩薩
伊賀越

小猿七之助
國貞画

Shigemasa beauftragt, die Ordnung wiederherzustellen, und der Kommissar Ishigae Sadakyo wurde mit der Berichterstattung betraut. Außerdem wurde der Bruder des Shôguns in den Norden Japans entsandt, um Vorkehrungen gegen möglichen Aufruhr unter den Christen, die dort in der Ebene von Sendai lebten, zu treffen. Des weiteren wurde allen Daimyôs von Kyûshû, deren Lehensgebiete von dem Aufstand betroffen waren, befohlen, sich in aller Eile dorthin zu begeben.

Matsukura, der Daimyô der belagerten Burg von Shimabara, folgte dieser Aufforderung nur allzu gern. Er war geradezu erfreut über das Ausmaß der Rebellion, verschaffte sie ihm doch die Möglichkeit, das „Gesindel" auf einzigartig grausame Weise bestrafen zu können, ihm eine Lektion zu erteilen, die es nie vergessen würde.

An den letzten Tagen des Jahres verlor der Aufstand an Schwung, und die Zeit begann gegen Amakusa Shirô zu arbeiten, auch wenn ihm das zunächst nicht bewußt wurde. Am 26. Dezember empfing er eine Delegation Aufständischer aus Shimabara, die ihn baten, das Kommando über den gesamten Aufstand zu übernehmen. Shirô willigte ein, nachdem er sich mit seinen fünf Rônin beraten hatte. Allerdings kostete die Koordinierung seiner Aktionen gegen die Burg von Tomioka auf Amakusa und gegen die Burg von Shimabara, die an der gegenüberliegenden Küste des Meeresarms gelegen war, wertvolle Zeit. Er begriff, daß Eile geboten war.

Eine Flotte aus 37 Dschunken, begleitet von zahlreichen kleinen Barken, erschien vor der Küste von Tomioka. Es handelte sich um 1500 Krieger, die dem Hilferuf von Miyabe Tobei gefolgt waren und von Karatsu durch die Meerenge von Hirado gekommen waren. Doch es gelang den Aufständischen, die Flotte abzufangen und die Schiffe niederzubrennen. Ein einziges Schiff, auf dem sich die Verletzten drängten, konnte entrinnen und in seinen Heimathafen zurückkehren.

Dieser Erfolg, der im Lager von Shirô begeistert gefeiert wurde, entpuppte sich allerdings als Scheinsieg: Harada Iyo, der Anführer des Expeditionskorps, hatte mit dem Großteil seiner Truppen die Schiffe verlassen und rechtzeitig das rettende Ufer erreichen können und damit die Burg von Tomioka, in der noch 380 Krieger ausgeharrt hatten. Er entsandte unverzüglich einen Teil seiner Kämpfer auf die Insel Kamishima, einem Nachschublager der Rebellen, um Shirô von hinten anzugreifen. Zum ersten Mal mußten die Aufständischen daran denken, sich zu verteidigen.

Das erste Gefecht fand in Motodo statt. Die Truppen von Harada hatten sich in einem Lager verschanzt, das sie in aller Eile errichtet hatten. Die aufständischen Christen, beflügelt von ihrem Glauben und von ihrem Zorn, wollten unverzüglich angreifen. Doch als sie sich in Rufweite vom Gegner befanden, kam es zu einer unverhofften Unterbrechung. Was nun geschah, erinnerte an die alten Zeiten, als die Armeen der Taira und der Minamoto ihre Schlachten zu eröffnen pflegten, indem sie ihre Meisterkämpfer gegeneinander im Zweikampf antreten ließen. Harada Iyo selbst war es, der den anrückenden Rebellen mit donnernder Stimme zurief: „Heda! Gibt es denn keinen Samurai unter Euch, der es wagt, sich mit Harada Iyo im Zweikampf zu messen?"

Seine Silhouette zeichnete sich vor den behelfsmäßigen Befestigungsanlagen, die seine Männer errichtet hatten, ab, und trotz der Dunstschleier, die die Sonne verhüllten, funkelte sein mit Hörnern versehener Helm für einen Moment auf. Kaum hatte er seine Worte ausgesprochen, trat aus den Reihen der Christen ein hochgewachsener Krieger in der Rüstung eines Samurai hervor. Tatsächlich hatten sich inzwischen bereits zahlreiche Samurai den Rebellen angeschlossen. Der Helm des Mannes war mit einem Kranichfederbusch verziert. Auf der Rückseite seines *jimbaori*[133], den er über seinem Harnisch trug, befanden sich zwei gekreuzte *kama*[134]. Er rief: „Ist dir Umetsu Yusai gut genug? Ich war einst Vasall des tapferen Kato Kyomasa! Mein Leben wiegt nicht mehr als eine Kranichfeder, aber lieber will ich im Kampf gegen den Feind sterben, als mit dem Rücken zu ihm weiterzuleben. Laß uns kämpfen!"

Umetsu zog sein *katana*, nahm die Waffe fest in die Hände und stürzte sich auf die dunkle Gestalt seines Gegners. Doch Harada wartete ruhig und stieß ihm sein *yari*[135] in die Seite, in eben dem Moment, als Umetsu sein Schwert auf ihn niederfallen ließ. Der Christ wurde zurückgeschleudert und starb wie ein zertretenes Insekt im Staub. Triumphgeschrei auf einer Seite und Wutge-

---

[133] *Jimbaori*: jpn. ärmellosen Weste, die die Samurai über der Rüstung trugen.

[134] *Kama*: jpn. Sichelähnliche Waffe.

[135] *Yari*: Lanze. Die Länge des Schafts betrug stets mehr als 2 Meter und konnte sogar länger als 3 Meter sein. Die Lanzenspitze konnte kreuzförmig *(magari-yari)*, sensenförmig (*kama-yari*), gerade und mit zweiseitiger Schneide (*naga-su-yari*), hakenförmig (*kagi-yari*) oder gabelförmig (*futama-yari*) ausgeführt sein. Die Schneide konnte auch durchbrochen oder mit scharfen Zähnen besetzt sein. Auch die *naginata* (Hakenlanze) kann als Unterart des *yari* angesehen werden. – Habersetzer, R. u. G.: Encyclopédie des Arts Martiaux. Paris: Amphora 2004.

brüll auf der anderen erschütterte die Luft, bevor die blutige Schlacht begann. Den Musketieren der Christen gelang es, eine Anhöhe einzunehmen und von dort systematisch die gegnerischen Truppen zu dezimieren, so daß Harada sich gezwungen sah, sich in die Festung von Tomioka zurückzuziehen.

Bereits am folgenden Tag fand eine weitere Auseinandersetzung bei Shimako statt. Wieder erreichten es die Christen, Haradas Ausfallversuch zu vereiteln und ihn in die Burg von Tomioka zurückzudrängen. Daraufhin begannen sie, die Festung zu belagern. Doch Ashizuka Chuemon, einer der Rônin, die Amakusa Shirô begleiteten, begriff schnell, daß sie ohne Kanonen gegen die Belagerten nichts würden ausrichten können. Aus diesem Grunde hoben sie die Belagerung am 8. Januar wieder auf, was eine erste bedeutende Niederlage darstellte, auch wenn der Mangel an großkalibrigen Waffen zu diesem Zeitpunkt noch nicht als schwerwiegend empfunden wurde. Man beschloß, sich mit den Truppen, die die Burg von Shimabara belagerten, zu vereinigen. 1 000 Mann begleiteten Shirô auf der Überfahrt. Auf den Bugen ihrer Barken waren Holzkreuze aufgepflanzt. Der größte Teil der Aufständischen blieb zunächst auf der Insel Kamishima. Sie sollten zu einem späteren Zeitpunkt nachfolgen. Die Aufspaltung der Truppen führte zu schweren Verlusten, zum einen durch unaufhörliche Angriffe der Kämpfer aus der Burg von Tomioka, aber auch durch Attacken von Seiten der Bewohner verschiedener Dörfer, die gegen den Aufstand waren.

Die Besatzung der Burg von Shimabara und die Stadtbewohner, die darin Zuflucht gesucht hatten, befanden sich seit dem überraschenden Angriff durch die örtlichen Christen im Belagerungszustand. In der Festung begann der Reis knapp zu werden. Ein Ausfall, der zum Ziel hatte, sich der großen Reisvorräte, die im benachbarten Dorf von Mie lagerten, zu bemächtigen, war kläglich gescheitert. Zwar war es den etwa 50 Kriegern gelungen, Reis zu erobern, doch auf dem Rückweg zur Burg war ihre Marschkolonne abgefangen worden. Nur wenige erreichten lebend ihr Ziel, und auch diese hatten ihre Beute liegenlassen müssen. Die Verunsicherung aufgrund dieses Debakels war so groß, daß den ersten Schiffen, die einige Tage darauf zur Rettung der Belagerten kamen, die Landung verweigert wurde, da man an eine Kriegslist der Aufständischen glaubte. Die gesamte Ladung Reis und Früchte mußte zurück nach Higo gebracht werden. Doch auch die Belagerer hatten keinen Grund zum Jubel. Sie waren ihrem Ziel, die Burg zu erobern, keinen Schritt näher gekommen. Zwar hatte eine Gruppe von 43 Aufständischen in die Burg gelangen können, indem sie sich als Überläufer ausgaben, aber die mißtrauische Festungsbesatzung hatte sie so lange gefoltert, bis sie die Wahrheit gestanden. Daraufhin wurden sie allesamt enthauptet. Die christlichen Belagerer mußten zusehen, wie die Köpfe ihrer tapferen Kameraden, die auf der Burgmauer auf Spieße gesteckt worden waren, verwesten.

Rückzug nach Hara-jô

In den ersten Tagen des Jahres 1638 wurde in Takase, in der Provinz Higo, großer Kriegsrat abgehalten. Daran nahmen die beiden bevollmächtigen Vertreter des Shôguns (Ometsuke) in Funai, Hayashi und Makino, sowie die Vertreter der vier Daimyô, deren Lehensgebiete vom Aufstand betroffen waren, teil. Doch bei den Debatten wurde viel Zeit verloren, weil man sich über Formalitäten stritt und einander vorwarf, sich in die Angelegenheiten der anderen einmischen zu wollen. Es erwies sich als unmöglich, sich auf ein gemeinsames rasches Vorgehen zu einigen, durch welches die Belagerten von Shimabara und Tomioka hätten unterstützt werden können. Umsonst schlug der Gouverneur von Kumamoto vor, mit seinen Kräften den Aufstand allein niederschlagen zu wollen. Man untersagte ihm sogar, 200 Musketieren, die bereits zum Aufbruch bereitstanden, den Marschbefehl zu erteilen. Selbst, daß er eigenmächtig eine Hilfsflotte entsandt hatte, wurde ihm zum Vorwurf gemacht. Hierbei handelte es sich um jene Flotte, mit der Harada Iyo nach Tomioka gelangt war. Man wollte auf keinen Fall zulassen, daß ihm allein die Ehre zuteil wurde, den Aufstand niedergeworfen zu haben.

Es wurde also die Entscheidung gefällt, auf die Truppen des Shôguns zu warten, die unter dem Befehl von Itakura Shigemasa standen. Dieser kam am 9. Januar in Sichtweite der Burg von Shimabara. Er hatte zwei Wochen benötigt, um aus der Hauptstadt zum Ort des Aufstandes zu gelangen, aber er hatte Vorkehrungen getroffen, die Insel Kyûshû vollständig zu blockieren, damit jede Möglichkeit, daß die Rebellion sich nach Norden ausbreitete, unterbunden wurde. Dies betraf vor allem Amanguchi, das sich in der Nähe der Meerenge von Shimonoseki befand.

Die Aufständischen gaben daraufhin zum zweiten Mal eines ihrer Ziele auf. Sie hoben die Belagerung von Shimabara auf, um sich weiter in Richtung Süden zurückzuziehen. Für die Belagerten, deren Vorräte bereits nahezu vollständig zur Neige gegangen waren, kam die Befreiung völlig unverhofft. Etwa 40 000 Christen unternahmen einen geordneten Rückzug nach Hara-jô, einer leerstehenden Festung im Süden von Shimabara, die direkt an der Küste lag.

Der Daimyô Matsukura Shigeharu, dessen Herrschaftsgebiet am stärksten vom Aufstand betroffen war, traf am 15. Januar in seiner Burg ein, wo ihm der Festungskommandant unverzüglich Bericht über die Belagerung erstattete. Die Gefahr hatte sich unterdessen weiter nach Süden verlagert, in die Umgebung der alten Zitadelle von Hara. Als Matsukura zwischen 1618 und 1625 die Burg von Shimabara errichten ließ, war Hara aufgegeben worden. Zwar war die Festungsanlage bereits in nicht geringem Maße verfallen, aber ihre Lage war strategisch sehr günstig für die Verteidigung. Die Zitadelle befand sich auf einer windigen Ebene, 30 Meter über dem Meer, die in drei Himmelsrichtungen schroff zum Wasser abfiel. Vom festen Land war die Zitadelle nur durch ungeschütztes, sumpfiges Gelände zu erreichen, in dem anrückende Feinde leicht zu entdecken und aufzuhalten waren. Die drei Umfassungsmauern waren noch immer intakt, und der Wehrturm (*honmaru*), den Shirô unverzüglich mit seinem Führungsstab bezog, dominierte die ganze Anlage, deren Grundfläche 10 mal 18 *chô*[136] betrug. Drei leere Gräben durchzogen das Gelände.

Aus Sicht der Truppen des Bakufu schien Hara-jô eine wahre Mausefalle für die Aufständischen zu sein. Die Energie der Christen würde hier rasch versiegen, und es würde langen, die starken Kräfte, die der Shôgun entsandt hatte und die sich auf dem Weg aus der Hauptstadt in den Süden befanden, hier zu konzentrieren, um die Rebellen zur Aufgabe zu zwingen und sie zu vernichten.

Doch die Moral der Christen war zu diesem Zeitpunkt auf ihrem Höhepunkt. Niemand dachte daran aufzugeben. Sie betrachteten Hara lediglich als strategischen Rückzugsort. Die Truppen des Shôguns würden sich, so glaubten sie, beim Versuch, die Burg zu belagern und einzunehmen, erschöpfen, und der Widerstand der Rebellen würde die Aufmerksamkeit des ganzen Landes auf sich ziehen. Hara würde zum Symbol der Widerstandsbewegung werden. Und einige der Gefolgsleute Shirôs hegten wohl auch Hoffnung auf Unterstützung von außerhalb, die über das Meer kommen würde.

Zehn Tage lang arbeiteten die christlichen Rebellen mit aller Kraft daran, die Festung instand zu setzen. Eingestürzte Mauern wurden wieder aufgebaut,

---

[136] *Chô*: jpn. Längeneinheit, ca. 109 m. Die Festung maß also etwa 1 100 x 2 000 m.

Breschen mit Baumstämmen und Erde geschlossen. Man errichtete erhöhte Schutzwälle mit Zinnen, von denen aus mit Musketen geschossen werden konnte. Gräben wurden ausgehoben, um darin Unterstände einzurichten und Lebensmittel zu lagern. Als die restlichen Truppen des „Gesandten Gottes", die in Kamishima gelassen worden waren, hinzustießen, zerlegte man die etwa 60 Dschunken, mit denen sie gekommen waren, in ihre Einzelteile, um daraus weitere Palisaden zu bauen. Am 27. Januar wurde schließlich ein riesiges hölzernes Kruzifix auf dem Wehrturm aufgerichtet, das weithin sichtbar war. Auf die Mauern stellte man weitere Kreuze auf sowie Banner verschiedener Größen, auf denen rote und schwarze Kreuze prangten und auf denen „Jesus", „Maria", „San Jago"[137] oder auch die portugiesische Inschrift „Louvado seja o Santissimo Sacramento"[138] zu lesen war. Die Christen auf der Burg glaubten fest daran, daß die Angriffswellen der Samurai des Bakufu an ihrer Festung scheitern würden.

Zahlreiche Bewohner der umliegenden Ortschaften, Männer, Frauen und Kinder, strömten nach Hara-jô, um sich der Bewegung der Rebellen anzuschließen. Nicht alle von ihnen waren Christen. Doch man war sich auf Shimabara und den Amakusa-Inseln im Klaren darüber, daß die Truppen des Shôguns alle Dörfer, aus denen Aufständische gekommen waren, dem Erdboden gleich machen würden, ohne daß zuvor geprüft würde, ob alle Bewohner des Dorfes dafür verantwortlich gemacht werden konnten oder nicht. Es waren schon genügend Scheiterhaufen errichtet worden, auf denen Massen unglückseliger Bauern verbrannt worden waren, die nicht das mindeste mit dem Aufstand zu tun gehabt hatten. Diese Vernichtungspolitik, die rücksichtslos verfolgt wurde, brachte Shirôs Truppen zusätzliche Verstärkung ein. Die Zitadelle von Hara erschien vielen als die letzte mögliche Zuflucht.

Am 1. Februar 1638 traf der Beauftragte des Shôguns, Itakura Shigemasa, mit 27 000 Samurai bei Hara ein. Die Kämpfer waren zum großen Teil von den örtlichen Daimyô von Kurume, Yamagawa und Saga aufgebracht worden. Die Truppen aus Kumamoto und aus Karatsu hatte Itakura hingegen dazu verpflichtet, weiterhin die Amakusa-Inseln zu überwachen, wo noch immer die Ruinen der von den Samurai verheerten Dörfer schwelten.

Menschen unterschiedlichster Herkunft waren nun in der Burg von Hara

---

[137] Heiliger Jakobus.

[138] „Gepriesen sei das allerheiligste Sakrament."

vereint, Bauern, Städter, Samurai, Christen wie Nichtchristen. Insgesamt beherbergten ihre Mauern circa 20 000 Männer, 15 000 von ihnen in kampffähiger Verfassung, sowie 17 000 Frauen und Kinder. Sie alle wußten, daß der Tod ihnen gewiß war, wenn sie nicht den Sieg über die Streitmacht des Shôguns erringen würden. Lediglich 200 der Männer waren ausgebildete Samurai, die unter der Anleitung der fünf Rônin Shirôs das Leben in der Festung organisierten und die Kämpfer trainierten. Unter letzteren befanden sich etwa 500 Bogenschützen und 800 Musketiere. Zu diesem Zeitpunkt machte sich noch niemand Sorgen darum, was geschehen würde, wenn den Schützen die Munition ausgehen würde und man zum Nahkampf gezwungen sein würde. Bisher waren den Christen alle Siege geradezu mit Leichtigkeit zugefallen, da ihre Truppen sich mit großer Schnelligkeit bewegt hatten und über große Feuerkraft verfügten. Die Gewißheit, Gott an ihrer Seite zu haben, stimmte sie siegessicher.

Gott auf Seiten der Unterdrückten

Diese Siegesgewißheit wurde bestärkt, als am 3. Februar Itakura zum ersten Mal die Burg zu stürmen versuchte. Er glaubte, daß seine Kräfte stark genug seien, daß sie in einem raschen frontalen Angriff den Widerstand der Verteidiger der Festung würden brechen können. Sein Hochmut kostete 600 seiner Männer das Leben, während die Aufständischen nicht einen einzigen der Ihren verloren. Mit Leichtigkeit hatten die Insassen der Burg mit ihren Schußwaffen – Bögen, Musketen und auf Erdwällen installierten Katapulten – den Ansturm abwehren können. Dieser erste Fehlschlag ließ die Männer des Shôguns begreifen, daß sie die Angelegenheit tatsächlich ernst nehmen mußten und daß sie ohne die geeigneten Mittel nichts gegen die Christen auf der Burg ausrichten würden. Es waren bereits Boten nach Edo unterwegs, die Beschwerden über die Taktik Itakuras überbringen sollten. Ihm wurde vorgeworfen, zu zögerlich vorgegangen zu sein, seine Soldaten unzureichend ernährt zu haben und vor allem, sämtlichen Ruhm selbst ernten zu wollen. Auch begriff niemand, warum er darauf bestanden hatte, die Truppen aus Kumamoto und Karatsu zurückzulassen, die sich inzwischen auf Kamishima vor Ungeduld verzehrten. Im übrigen hatten die Kämpfer aus Kumamoto sich über Itakuras Anweisungen teilweise hinweggesetzt und eigenmächtig mit den

Kanonen ihrer Schiffe Hara unter Beschuß genommen. Doch außer daß sie einige Felsbrocken zum Absturz gebracht hatten, hatten sie damit nicht das geringste bewirkt und die Burgbewohner nicht im mindesten beeindrucken können.

Im Lager der Armee des Shôguns tobten heftige Machtkämpfe. Der 51jährigen Oberkommandierende fühlte sich mehr und mehr ins Abseits gedrängt. Itakura hatte durch seinen Bruder Shigemune, den Gouverneur von Kyôto, erfahren, daß das Bakufu bereits einen Nachfolger für ihn auserkoren hatte und daß dieser sich schon auf dem Weg in den Süden befand. Ihm blieb demzufolge nur wenig Zeit, wenn er sein Ziel, seine Laufbahn mit einem glänzenden Erfolg abzuschließen, noch erreichen wollte.

Mitte Februar herrschte unter den Belagerern eine explosive Stimmung. Es war Itakura praktisch unmöglich geworden, sich mit seinen Anordnungen gegenüber anderen Adligen, die teilweise über das 50fache seiner Einkünfte verfügten, durchzusetzen. Männer wie Nabeshima aus Saga, der 540 000 *koku* Reis besaß, oder Hosokawa aus Kumamoto mit seinen 520 000 *koku*, waren ihm, was ihren Einfluß anging, weit überlegen. Doch Itakura wagte sein Glück ein zweites Mal. Am japanischen Neujahrstag, dem ersten Tag des ersten Monats des 15. Jahres der Kan'ei-Ära, d. h., am 14. Februar 1638, unternahm er um 4 Uhr morgens einen weiteren Angriff. Seine Armee rückte in größter Stille in der Dunkelheit vor. Lediglich die Generäle waren beritten. Aber auch dieser gründlich vorbereitete Versuch scheiterte. Die Truppen aus Saga zeichneten sich dabei durch besonderen Heldenmut aus. Unter größten Verlusten hatten sie es vollbracht, bis zum äußeren Burgwall vorzudringen, gleich einer Welle aus Stahl, die im ersten Licht der Morgendämmerung aufschimmerte. Dichter Pfeilhagel zwang sie zum Stillstand, und eine zweite Angriffswelle verebbte im Musketenfeuer. Der Samurai Ishigae Juzu-no-Suke Sadakiyo erwarb sich an jenem Morgen großen Ruhm als Krieger, da es ihm gelang, mit einigen seiner Krieger bis zur zweiten Festungsmauer von Hara zu gelangen und lebend von dort zurückzukehren.

Den Kriegern, die der ersten Angriffswelle angehörten, blieb nur der überstürzte Rückzug, als sie begriffen, daß keine Verstärkung mehr zu erwarten war. Umsonst versuchte Itakura, sie durch sein Beispiel dazu zu bewegen, erneut die Festung anzugreifen. Niemand folgte ihm, als er voranpreschte. Sein heldenmütig-verrückter Einsatz kostete ihn das Leben. Daß er den Tod bewußt gesucht hatte, ließ ein Abschiedsgedicht deutlich erkennen, das man bei seinen Habseligkeiten fand: „Selbst, wenn von der Blume, die am Neujahrstage dahinwelkt, nichts als der Name bleibt, so soll man sich daran erinnern als Leitstern unserer Kraft."

Insgesamt hatten die Regierungstruppen bei diesem Versuch 5 000 Opfer zu verzeichnen. Die Aufständischen, die 90 ihrer Leute verloren hatten, ließen es sich nicht nehmen, die Zurückweichenden, denen zunächst nichts übrigblieb, als das Eintreffen des Nachfolgers Itakuras abzuwarten, mit Hohn und Spott zu überziehen.

Der Schraubstock

Matsudaira Ise-no-Kami Nobutsuna traf drei Tage nach dem Fehlschlag ein. Damit trat die Belagerung, die aus Sicht der Regierungstruppen schon allzu lange gedauert hatte, in ihre zweite Phase. Matsudaira, sein Sohn Terutsuna und Toda Samon, ein weiterer General, der mit ihm gekommen war, waren entschlossen, die neuen Befehle aus Edo getreu umzusetzen. Diese Befehle verlangten, eine wirksame Blockade gegen Hara durchzuführen und dadurch die Situation der Belagerten unerträglich werden zu lassen. Die Zeit sollte dafür sorgen, daß die arroganten Christen bis auf den letzten Mann zugrunde gingen. Das Leben der tapferen Samurai sollte nicht mehr sinnlos durch neuerliche Angriffe aufs Spiel gesetzt werden. Mit dem neuen Oberbefehlshaber waren 1 300 Elitesamurai, 300 Pferde, einige großkalibrige Kanonen, die auf der Durchreise in Ôsaka erworben worden waren, und ein namhafter Ballistikexperte nach Hara gekommen. Weitere Krieger hatte er bei den Daimyô von Kyûshû rekrutiert. Lediglich vom Daimyô von Satsuma, dem er mißtraute, hatte er keine Kämpfer angefordert. Insgesamt belief sich die Truppenzahl, über die er nun befehligte, auf mehr als 100 000 Mann.

Der Anblick dieser Massen an Kriegern erfüllte die Christen mit Stolz. Man nahm sie also endlich ernst! Doch das alles bedeutete natürlich auch, daß das Bakufu fest entschlossen war, die Unruhen zu beenden. Denn würde der Aufstand nicht rasch und endgültig niedergeschlagen, bestand die Gefahr, daß auch an anderen Orten im Reich Widerstand gegen die Militärregierung auflodern könnte. Trotz allem konnten die Christen, die die Gegenwart des „himmlischen Boten" (*ame-no-tsukai*) mit Begeisterung und Zuversicht erfüllte, das Ausmaß dieser Veränderungen zunächst nicht erfassen.

Bereits Ende Januar, also noch zu Zeiten Itakuras, hatten die Belagerten begonnen, Pfeile mit Botschaften (*yabumi*) ins Lager der Belagerer zu versenden. Darin erklärten sie, daß sie gewillt seien, sich an diesem Ort aufzuopfern, da sie die Gewißheit eines besseren Lebens im Jenseits (*gosho*) besaßen. Auch versuchten sie, mit Hilfe der Pfeilbotschaften ihren Gegnern ihren Glauben nahezubringen. Botschaften wie jene, die auf einem *yabumi* vom 26. Januar zu lesen war, stellten nicht nur die Grundlagen der feudalen Gesellschaft in Frage, sondern belegten auch, daß nicht alle Belagerten aus einfachen bäuerlichen Kreisen stammten: „Himmel und Erde haben dieselben Wurzeln, die Vielfalt der Dinge besteht aus ein und derselben Substanz. Unter den wahrnehmbaren Dingen gibt es keinen Unterschied zwischen dem Edlen und dem Gemeinen."

Für die große Mehrheit der Christen von Hara-jô stellten die Zusammenkünfte, auf denen gemeinsam gebetet und gesungen wurde, die täglichen Messen und die Predigten, die Amakusa Shirô vortrug und deren Hall bis in die Zelte der Belagerer drang, den Kraftquell für jene Geisteshaltung dar, die sie vollkommen unzugänglich für sämtliche Versprechen von Seiten der Regierungstruppen machten, welche ebenfalls über *yabumi* zu ihnen gesandt wurden. Denn das einzige, was die Christen wirklich verlangten, die Freiheit, ihren Glauben ausüben zu dürfen, konnte ihnen nicht gewährt werden. Im Laufe der Wochen entwickelte sich im Innern der Burg von Hara eine echte Gemeinschaft, die, als gäbe es die äußere Welt nicht, auf dauerhaften Bestand ausgerichtet zu sein schien. Die Familien lebten in Hütten oder in den Gräben, die die Festung durchzogen und die mit Zweigen abgedeckt worden waren. Die Schmiede versuchten mit großem Eifer, den Mangel an Waffen zu beheben, denn die einzigen Waffen, die man auf die Burg hatte mitbringen können, waren jene, die bei den ersten Handstreichen erbeutet worden waren. Sie fertigten Klingen, Sicheln und behelfsmäßige Lanzen. Die Samurai, die dem Befehl Shirôs und seiner Adjutanten unterstanden, sorgten unterdessen für die Kampfbereitschaft der Truppen.

Auch die Belagerer organisierten sich auf effektivere Weise. Um die Truppenverwaltung zu verbessern, war es zunächst notwendig, die Krieger zu disziplinieren. Die Versorgung wurde besser, nachdem jeder der anwesenden Daimyô verpflichtet worden war, pro 10 000 *koku* Einkünfte für jeweils 400 Krieger zu sorgen. Die Besoldung der Armee wurde hingegen vollständig durch die Finanzverwaltung des Bakufu geregelt. Matsudaira kommandierte in das Lager jedes Daimyô einen seiner Offiziere ab, um die Durchsetzung seiner Befehle zu kontrollieren. Feindseligkeiten, die stets in Duellen zwischen den in Fragen der Ehre hochempfindlichen Samurai endeten, wurden verboten. Solche Duelle waren immer häufiger ausgetragen worden, je mehr die Moral der Belagerer sank, besonders zwischen den Hosokowa-Samurai und den Kuroda-Samurai. Schließlich wurde das Truppenlager auf eine Weise ausgebaut, die keinen Zweifel an den Intentionen, die Angelegenheit bis zum Ende durchzustehen, zuließ. Ein Erdwall wurde um das gesamte Lager herum aufgeschüttet, mehrere Türme wurden darauf errichtet. Der Wall hatte eine Länge von 1 600 Metern, und fünf Daimyô wurden für den Schutz der einzelnen Abschnitte verantwortlich gemacht. Die Länge der Abschnitte richtete sich nach der Bedeutung der Daimyô: Der kürzeste Abschnitt war 16 Meter lang und der längste 600. Zwei weitere Daimyô wurden mit der Überwachung des Meeres betraut, von wo Hilfe für die Aufständischen hätte kommen können. Doppelte Palisaden, die dem Wall vorgelagert waren, ermöglichten es den Musketieren Matsudairas, in Schußentfernung zur Festung Stellung beziehen zu können. Etwa 50 Kanonen wurden auf Türmen (*yagura*), die aus Steinen und Bambus gebaut wurden und die sich außerhalb der Reichweite der Musketen der Festungsinsassen befanden, installiert. Niemand konnte die Festung unbemerkt verlassen, auf der man bereits begann, die Lebensmittel und die Munition zu rationieren.

Auf Seiten der Belagerer standen zahlreiche mächtige Daimyô: Hosokawa Tadatoshi aus Kumamoto, Kuroda Tadayuki aus Fukuoka, Nabeshima Katsushige aus Saga, Arima Toyuji aus Kurume, Tachibana Muneshige aus Yamagawa, Ogasawara Tadazane aus Kokura, Mizuno Katsunari aus Fukuyama, der einst ein Vertrauter Konishis gewesen war und das Gelände sehr gut kannte, und natürlich Terazawa Katataka aus Amakusa und Matsukura Shigeharu aus Shimabara. Sie alle waren entschlossen, die Christen in der Festung von Hara zu vernichten.

Verrat

Matsudaira entschloß sich zu einem Angriff. Zunächst versuchte man, einen Tunnel zu graben, durch den seine Soldaten unbemerkt in die Festung eindringen sollten. Doch das Geräusch der Grabungsarbeiten alarmierte die

Belagerten, und mit Hilfe von Rauch und von Exkrementen, die sie in den Tunnel warfen, zwangen sie die Eindringlinge, von ihrem Vorhaben abzulassen.

Zuvor hatte es bereits einige kleinere Scharmützel gegeben, als die Christen Ausfälle versuchten, die vor allem die Erbeutung von Waffen und Munition zum Ziel gehabt hatten. Doch es existierten lediglich zwei steile Felspfade, die von der Burg ins Land führten, und es war einfach, sie von beiden Seiten aus unter Kontrolle zu halten.

Als nächstes ließ Matsudaira seine Artillerie zum Einsatz kommen. Die Kanonenkugeln konnten allerdings keinen nennenswerten Schaden an den Verteidigungsanlagen von Hara-jô anrichten. Man versuchte auch wieder, die Festung vom Meer aus zu beschießen. Einige Geschütze wurden auf Dschunken aus Higo, Chizuka und Nagasaki montiert, die größer waren als die anderen Boote. Aber die Geschosse, die von diesen leichten und instabilen Seefahrzeugen aus abgefeuert wurden, konnten nicht einmal die Mauern, die hoch oben auf den Felsen standen, überfliegen. Matsudaira kam allerdings schon bald auf eine neue Idee. Er wußte, daß vor der Insel Hirado, die sich unweit von Nagasaki befand, ausländische Schiffe vor Anker lagen, die mit weitreichenden Kanonen ausgestattet waren.

Nicolas Koekebakker war der Leiter der holländischen Handelsniederlassung von Hirado, jener kleinen Insel, über die sein Land seit 1610 den Handel mit Japan abwickeln durfte. Er befand sich in einer schwierigen Lage. Suetsugu Heizo hatte ihm geraten, das Hilfeersuchen Matsudairas anzunehmen. Koekebakker kannte Heizo seit langem, er war einer seiner Handelspartner. Seine nützlichen Kenntnisse auf dem Gebiet des Handels mit Ausländern – Holländern, Portugiesen und Chinesen – hatten dem Japaner in Nagasaki einen hohen Rang in der Administration (*daikan*) eingebracht. Koekebakker schien keine Wahl zu haben. Er hatte erst 16 Monate zuvor eine Erklärung unterzeichnet, daß er allen Anordnungen des Shôguns Folge leisten würde im Gegenzug für die Schlichtung eines Streitfalls, bei dem es um den Kauf von Seidenstoffen gegangen war. Er würde der Obrigkeit gehorchen müssen. Er hatte bereits dem General Itakura fünf Kanonen und sechs Pulverfässer verkauft, was ihm jedoch nicht sehr behagt hatte. Und nun forderte ihn der *daikan* äußerst nachdrücklich dazu auf, Matsudairas Ansinnen nachzukommen. Die Aussicht, an der Vernichtung von Christen mitzuwirken, gefiel dem Holländer ganz und gar nicht. Zwar wagte er nicht, sich dem Wunsch des

Generals zu widersetzen, aber immerhin ließ er eines seiner zwei Schiffe unverzüglich in Richtung Formosa[139] in See stechen, so daß es längere Zeit nicht zur Verfügung stehen würde. Mit dem anderen Schiff, der „De Ryp", das eine Besatzung von 80 Mann hatte und mit 15 Kanonen ausgerüstet war, segelte er vor das Kap von Hara.

Zwei Wochen lang, vom 24. Februar bis zum 12. März, beschossen die Holländer regelmäßig die Festung. Der Beschuß der Festung erfolgte zeitgleich vom Meer und vom Land aus. Die „De Ryp" verschoß exakt 426 Kanonenkugeln, die in der Festung großen Schaden anrichteten. Da Koekebakker hierbei offenbar von schlechtem Gewissen geplagt war, versuchte er in seinem Logbuch, den Erfolg seines Beschusses herabzuspielen, indem er davon schrieb, daß die Auswirkungen der Kanonaden stark beeinträchtig worden seien durch die Brustwehren aus Erde und den Schutz aus Stroh. Doch auch wenn der Holländer nur widerwillig dem Befehl zum Beschuß der Festung gefolgt war, so waren seine Kanoniere doch alles andere als ungeschickt. Jede Nacht ließ Matsudaira Wachtposten an Bord der „De Ryp" Stellung beziehen, damit das Schiff nicht heimlich den Anker lichtete.

Während der beiden Wochen, an denen die Holländer an der Belagerung teilnahmen, verloren sie lediglich zwei Matrosen, davon einen durch einen Unfall. Schließlich sprach Matsudaira Koekebakker seinen Dank aus und entließ die Holländer wieder. Der *daikan* von Nagasaki erklärte Koekebakker später, daß dieses unverhoffte Ende des Engagements einzig und allein darauf zurückzuführen war, daß dem General das Ausmaß der finanziellen Verluste, die den Holländern durch ihren Einsatz entstanden, bewußt geworden war. Doch in Wirklichkeit hatten mehrere große Daimyô, unter ihnen Hosokawa, von Anfang an versucht, Matsudaira davon abzubringen, Beistand von Ausländern anzunehmen. Sie führten ins Feld, daß der Erfolg der Operation ausschließlich den Regierungstruppen zukommen dürfe. Außerdem waren die „Pfeilbotschaften" der Belagerten, in denen die Belagerer verhöhnt wurden, weil sie offenkundig auf ausländische Hilfe angewiesen waren, nur schwer zu ertragen.

Einer dieser *yabumi* wurde dem General am 5. März vorgelegt. Die Botschaft darauf unterschied sich stark von den anderen und verdiente zweifelsoh-

---

[139] Formosa: Alte Bezeichnung für Taiwan. Nach der portugiesischen Bezeichnung „Ilha formosa" („schöne Insel").

ne eine Antwort. Sie lautete: „Dem Befehlshaber der kaiserlichen Truppen. Yamada Emonsaku wendet sich an Euch mit Respekt und Ehrerbietung. Ich wünsche für mich Eure Vergebung und möchte die Ordnung im Kaiserreich wiederherstellen, indem ich Euch Shirôdayu[140] und die Seinen ausliefere. Wie könnten Bauern, die es wagen, gegen die Obrigkeit zu rebellieren, dem Gericht des Himmels entrinnen? Ich habe über all dies nachgesonnen und meine Gedanken 800 Samurai, über die ich das Kommando habe, mitgeteilt. Diese Männer sind keine wirklichen Christen, aber sie sind in den Strudel der Verschwörung hineingezogen worden und wurden durch die Masse mitgerissen. Wir haben stets die Militärkaste geachtet. Wenn Ihr also die Burg zu einer vereinbarten Stunde angreifen werdet, werden wir Euch nur zum Schein Widerstand entgegensetzen, bevor wir uns mit Euch gegen die Burg vereinen werden und uns schließlich in Euer Lager schlagen werden. Ich werde daraufhin allein zu Shirôdayu zurückkehren und ihm mitteilen, daß seine Sache verloren sei. Ich werde ihn dazu bringen, in eine kleine Barke zu steigen und ihn zu Euch schaffen. Damit will ich Euch die Ernsthaftigkeit meiner Absichten beweisen. Alles ist vorbereitet. Ich bitte Euch um Euer Einverständnis. Falls ich am Leben bleiben sollte, werde ich dieses verruchte Gesindel ausrotten und die Harmonie im Reich wiederherstellen. Mit Ungeduld erwarte ich Eure Befehle."

Ein Angebot zum Verrat, gesandt von einem der Adjutanten (*tsukaiban*) Shirôs. Tatsächlich handelte es sich um einen der fünf Rônin, die den Aufstand angezettelt hatten. Matsudaira wußte dies. Sollte es möglich sein, daß es ihm erspart bleiben würde, die Belagerten bis auf den letzten Mann zu vernichten? Um solch eine Massenvernichtung, an der ihm wenig lag, zu vermeiden, wäre es lediglich vonnöten, die unbeugsamen Christen von den restlichen Rebellen trennen zu können. Er erhöhte erneut den psychologischen Druck auf Shirô, indem er Briefe, die seine Absichten zum Ausdruck brachten, durch dessen Mutter und seine Schwester unterzeichnen ließ, welche er aus dem Gefängnis von Uto in Higo ins Lager der Regierungstruppen hatte bringen lassen, zusammen mit dem Onkel und dem sechsjährigen Neffen. Es ist nicht bekannt, ob Shirô diese Botschaften erhalten hat.

Eines Tages erhielt Matsudaira jedoch tatsächlich eine Antwort aus Hara, unterzeichnet durch vier Adjutanten aus dem Lager des „Messias", aber weder

[140] Diminutiv von Shirô.

durch Shirô selbst noch durch den Verräter Yamada: „Wir, die Kämpfer aus Hara, sind fest entschlossen, unter den Augen Gottes zu sterben. Was zählen schon Überläufer – mögen sie doch gehen, wohin sie wollen.“ Diese Antwort ließ wenig Hoffnung. Wie sollte Matsudaira mit einem Gegner verhandeln, der offensichtlich den Tod suchte? Er entschied sich, Yamada zu schreiben. Die Parole beim Scheinangriff würde „Gebirge“ heißen, die Antwort darauf „Fluß“. Ein Pfeil mit dieser Botschaft wurde in der Nacht in den Sektor der Festung, den man unter Kontrolle der Leute des Verräters Yamada wußte, geschossen. Doch die Nachricht fiel in die Hände eines Shirô treu ergebenen Offiziers, der sie diesem unverzüglich überbrachte. Die Enttäuschung über den Verrat war außerordentlich, denn Yamada hatte sich bis zu diesem Zeitpunkt stets durch große Tapferkeit hervorgetan. Um ihn zu bestrafen, tötete man die Frau und die Kinder des Verräters. Er selbst wurde eingekerkert und sollte zu einem späteren Zeitpunkt für seinen Verrat angeprangert und verurteilt werden. Yamada leugnete den Verrat, und es scheint, daß auch Shirô nicht vollkommen davon überzeugt war, daß jener, der zu seinen engsten Gefährten gezählt hatte, tatsächlich ein Verräter war.

Es häuften sich Fälle von Desertion aus der Festung. Durch die Deserteure erfuhr Matsudaira, daß auf der Festung der Hunger wütete. Auch ohne die Kanonaden durch die Holländer waren die Aufständischen mit ihren Kräften am Ende. Es fehlte zudem an Wasser, und die Bauern, die in der Falle festsaßen, starrten sehnsüchtig nach jeder Wolke, darauf hoffend, daß sie endlich Regen bringen mochte. Durch etliche Ninja, denen es gelungen war, unbemerkt in die Festung einzudringen und zurückzukehren, war Matsudaira auch ausgezeichnet über den Zustand der Verteidigungsanlagen und über die Munitionsbestände informiert. Er wußte auch, daß die Eingeschlossenen vergeblich versucht hatten, mit Hilfe von Leichen, die sie an langen Stricken von der Festung bis hinunter ins Wasser hängen ließen, Haifische zu ködern. Doch der Hunger schien den religiösen Eifer der Belagerten eher anzufachen als zum Erlöschen zu bringen. Die Belagerer glaubten ihren Ohren nicht zu trauen, wenn sie hörten, wie aus der Höhe der Festung religiöse Gesänge, begleitet vom Takt der Tamburine, zu ihnen drangen. Auch die Wachsamkeit der Christen ließ nicht im mindesten nach. Nachts brannten große Feuer, deren Schein die einzigen Zugangspfade zur Burg erleuchteten. Ihr Mißtrauen war so groß, daß ein Ninja aus Ômi, einer Provinz in der Nähe von Kyôto, dem es gelungen war, sich unter die Bauern zu mischen, als Fremdling enttarnt wurde, da er nicht deren Dialekt sprach. Er verdankte sein Leben allein seiner Geschicklichkeit in der Flucht.

In der Nacht vom 4. zum 5. April wagten die Belagerten einen verzweifelten und massiven Ausfall, durch den sie hofften, Waffen, vor allem aber Vorräte erbeuten zu können. 3 000 Christen, angeführt von ihrem „Messias", stürmten die Stellungen von Nabeshima, Kuroda und Terazawa, töteten 500 Kämpfer der kaiserlichen Truppen, verloren jedoch selbst 400 der Ihren. Sie brannten die Vorposten der Belagerer nieder, doch mußten sie mit leeren Händen wieder abrücken, da sie nichts Eßbares hatten finden können. Um sich Klarheit über den Zustand der Belagerten zu verschaffen, ließ Matsudaira die Bäuche mehrerer gefallener Rebellen öffnen. Seine Vermutung bestätigte sich: In keinem der Mägen fand sich das kleinste Reiskorn, lediglich Algen, Stroh und einige unreife Sesam- und Gerstenkörner. Der Moment, die Angelegenheit zu Ende zu bringen, war gekommen, nicht zuletzt auch deshalb, weil die Belagerten noch immer jedes Angebot für Verhandlungen ablehnten. Man hatte sogar den Neffen Shirôs ins Lager geschickt, mit einem Angebot der Vergebung. Doch das Kind war zu Matsudaira zurückgeschickt worden, und die Christen hatten ihm Honig, Orangen und Yamswurzeln mitgegeben, um zu zeigen, daß sie genug Nahrung besaßen. Man schickte den Neffen noch ein zweites Mal in die Festung, diesmal in Begleitung von Man, Shirôs kleiner Schwester. Und wieder kehrten die Kinder, versehen mit Süßigkeiten, zu den Belagerern zurück. Doch Matsudaira ließ sich nicht täuschen. Er wußte, daß Hara sich inzwischen in eine Hölle verwandelt hatte.

Bis zum Letzten

Matsudaira Ise-no-Kami Nobutsuna legte den 11. April für den Sturm auf die Festung fest. Tatsächlich führte aber ein Irrtum zum Ausbruch der Kämpfe. Sowohl die Belagerten wie die Belagerer fühlten, daß die endgültige Entscheidung nahe war. In der Festung herrschte eine fiebrige Stimmung. Im Lager der Regierungstruppen nahmen die Zwistigkeiten zu. Jeder der beteiligten Samuraiklane war begierig darauf, sich im entscheidenden Kampf auf besondere Weise hervortun zu können. Selbst die Offiziere stritten sich offen darum, welche Taktiken anzuwenden seien. Am heftigsten wurde in den Klanen der Ômura, der Arima, der Gotô, der Matsura und der Saigô gestritten, die allesamt aus Hizen kamen. Doch auch die Truppen Nabeshimas vom Klan der Saga, die beim letzten Ausfall der Christen so hart geprüft worden waren, suchten hartnäckig nach Wegen, ihre Tapferkeit unter Beweis zu stellen und vielleicht sogar die gesamte Angelegenheit zu Ende bringen zu können, ohne dabei auf die Hilfe anderer angewiesen zu sein. Nabeshima richtete sich persönlich mit den folgenden Worten an seine Offiziere: „Seht euch die Flanken von dem an, was einst eine Zitadelle war. Nirgendwo ist dort noch jemand von der Garnison zu sehen. Die Rebellen haben zu sehr durch unseren Beschuß von den Türmen aus gelitten. Wir müssen lediglich diese Außenmauer einnehmen und sie sicher halten. Wenn die Aufständischen einen Ausfall versuchen, um diese Position wiederzuerobern, müssen wir sie bloß zurückschlagen, ihrem Rückzug bis in die Festung folgen und die Festung erobern!“

Amakusa Shirô. Seidenmalerei.

Gegen Mittag wurde versehentlich ein Angriffsignal gegeben. Die erste Linie der Truppen Matsudairas, die seit Stunden voll Ungeduld auf das Signal gewartet hatten, stürmten unverzüglich mit wildem Geheul vorwärts. Es war undenkbar, diese Flut aus Eisen, gefärbt durch die *sashimono* der rivalisierenden Klane, aufhalten zu wollen. Unter dem Druck tausender kampfbegieriger Samurai mußten die Christen, die mit einem Hagel aus Pfeilen und Bleikugeln beschossen wurden, den äußeren Festungswall (*de-maru*) aufgeben, der tatsächlich nichts weiter als ein vorgelagertes Bollwerk war. Wer versuchte, die Stellung zu halten, starb. Schlachtenlärm erschütterte die Luft, und es roch nach Blut und Eisen. Die Samurai Nabeshimas, vom eigenen Schwung mitgerissen, stürzten sich sogleich auf die zweite Mauer (*ni-no-maru*), die sie nach verbissenem Kampf ebenfalls in ihre Gewalt bringen konnten. Als die aus der

Provinz Hosokawa stammenden Truppen diesen unerwarteten Vorstoß der Truppen aus Hizen sahen, stürzten sie sich ebenfalls ins Gefecht, ohne sich im geringsten um irgendeine Schlachtordnung zu scheren. Sie erreichten die zweite Verteidigungslinie der Festung gleichzeitig mit den Kämpfern Nabeshimas. Unversehens entbrannte ein Kampf zwischen den eben noch Verbündeten, der den Raum zwischen den beiden Festungsmauern in einen wahren Hexenkessel verwandelte. Doch dies half den Leuten in der Festung nicht im mindesten. Brandpfeile zeichneten Feuerspuren in die Luft und säten den Tod in den abgedeckten Gräben in der Burg, verzweifelte Unterschlupfe von Frauen, Kindern und Greisen, die in namenlosem Schrecken ihr Ende kommen sahen. Das Feuer verzehrte im Handumdrehen die aus Zweigen bestehenden Abdeckungen. Es gab für die Menschen in den Gräben, die sich in eine Flammenhölle verwandelt hatten, kein Entrinnen – Tausende verbrannten bei lebendigem Leibe.

Bei Sonnenuntergang hielten sich die Aufständischen nur noch im zentralen Teil der Zitadelle, hinter den Überresten der letzten Verteidigungslinie (*hon-no-maru*), welche die Regierungstruppen bereits eingenommen hatten.

Die anbrechende Nacht brachte den Christen eine Kampfpause. In der Stille, die nun einkehrte, hörte man das Stöhnen der Verwundeten und das Weinen der Verzweifelten, und ein Rauchschleier, der mit dem Geruch von Schweiß, Blut und verbranntem Fleisch gesättigt war, lastete auf der nächtlichen Burg. Überall lagen verkohlte Leichen und verkrümmte Gestalten in angesengten Rüstungen. Sterbende beteten zu Gott oder zu Buddha. Die letzten Christen, die noch aufrecht stehen konnten, fühlten sich wie von einer Hundemeute in die Enge getriebenes Wild.

Kaum, daß der Morgen dämmerte, warf sich die Meute mit frischer Wut auf die Eingekesselten. Es waren die Truppen aus Kuroda, die äußerst verärgert darüber waren, daß ihnen am Vortag die Samurai aus Hizen und Higo zuvorgekommen waren. Die anderen zögerten nicht, sich ihnen anzuschließen. Die letzten Rebellen vermochten sich vor Hunger und Erschöpfung kaum noch auf den Beinen zu halten. Sie hatten sich hinter einer halbverfallenen Mauer verschanzt und versuchten verzweifelt, mit Steinen, Balken und Kesseln die Schutzwehr zu verstärken und die Eindringlinge mit geradezu lächerlich wirkenden Spießen abzuwehren. Als schließlich eine riesige Bresche in der Mauer klaffte, versuchten die Christen, sie mit den Körpern der Toten zu stopfen. Unter den letzten Verteidigern der Burg von Hara befanden sich einige alte

Samurai, die bereits 1600 in der Schlacht von Sekigahara und 1615 bei der Belagerung von Ôsaka auf der Seite der Verlierer gekämpft hatten. Bis zuletzt hieben sie mit ihren schartigen Schwertern auf die Angreifer ein, Schulter an Schulter. Einer nach dem anderen starb, bis zuletzt noch ein einziger Mann, angetrieben von einem unbeugsamen Willen und endloser Verzweiflung, seine Waffe schwang. Doch auch dieser wurde von den unbarmherzigen Angreifern niedergestreckt. Am 28. Tag des zweiten Monats des 15. Jahres der Kan'ei-Ära (12. April 1638) hatte Hara-jô aufgehört zu existieren.

Das Haupt des Amakusa Shirô

Der Sohn des Oberbefehlshabers, Matsudaira Terutsuna, verfaßte einen detaillierten Bericht über den Feldzug. Er gab seinen Aufzeichnungen den Titel „Amakusa-hikki". Als die Situation der Christen in den letzten Tagen der Belagerung wahrhaft katastrophal geworden war, sah er sich genötigt, seiner Bewunderung gegenüber dem außerordentlichen Mut jener Bauern, die durch das Wunder des Glaubens verklärt worden waren, Ausdruck zu verleihen. Er notierte ebenfalls, daß der Bekehrungseifer der Christen so groß war, daß, obwohl viele Nichtchristen Zuflucht in Hara gesucht hatten, am Ende nicht einer unter ihnen war, der nicht im christlichen Glauben gestorben wäre.

Viele der Samurai des Shôguns waren angesichts des Heldenmutes der Verteidiger von Hara zutiefst bewegt. Zu Beginn des Aufstands hatten sie für die Rebellen nichts als Verachtung empfunden, nun aber sahen sie sich gezwungen, die Größe dieser Söhne und Töchter Japans anzuerkennen. Dennoch gab es keine Vergebung, auch nicht für die 500 Gefangenen, die ihnen in die Hände gefallen waren. Nur wenige der Überlebenden retteten ihr Leben, indem sie ihrem Glauben abschworen. Alle anderen wurden enthauptet. Ihre Körper wurden ins Meer geworfen und ihre Köpfe gemäß der Tradition des *gokumon*[141] zu makabren Pyramiden aufgeschichtet, was auch dazu dienen sollte, die Toten zählen zu können. Die Häupter der Anführer wurden auf Brettern zur Schau gestellt.

Das Massaker bei der Einnahme von Hara zählt zu den blutigsten Kapiteln

[141] *Gokumon*: jpn. Brauch, der darin bestand, die nach einer Schlacht abgetrennten Köpfe der Feinde zu zählen und zu Hügeln aufzustapeln.

der japanischen Geschichte. Allein der Hosokawa-Klan häufte 3632 Köpfe auf. Eine offizielle Quelle dieser Zeit berichtet davon, daß insgesamt 10869 Köpfe auf Pfähle gesteckt wurden, die rings um die Ruinen der Zitadelle und bis zur Küste aufgestellt worden waren. Eine andere Quelle erzählt, daß 3300 Köpfe auf einem Schiff nach Nagasaki gebracht, dort verbrannt und die Überreste in ein Massengrab geworfen wurden. Das Bakufu wollte offenbar den Aufstand mit solch einem unsäglichen Schrecken in Verbindung bringen, daß letztendlich selbst die Erinnerung daran erlöschen sollte.

Natürlich suchten die Sieger nach dem Haupt des Amakusa Shirô. Zwei Männer behaupteten, ihn mit eigener Hand geköpft zu haben. Der erste war Sasaemon, ein Samurai aus dem Hosokawa-Klan, der vorgab, den verletzten Jüngling, den er an seiner Seidentracht erkannt haben wollte, in einer brennenden Hütte entdeckt zu haben und ihm darauf den Kopf abgeschlagen zu haben. Der zweite war Nagaoka Tatewaki, ein Samurai desselben Klans. Er erzählte, daß er die Ruinen der Burg durchsucht habe und dabei plötzlich auf Shirô gestoßen sei, der gerade versucht haben sollte, eine Wolke zu besteigen, als ein Pfeil mit weißen Federn ihn durchbohrte, woraufhin die Wolke sich auflöste. Derart widersprüchliche Berichte bildeten die Grundlage für die Legende, daß der „Gottessohn" der Vernichtung entronnen sei und sich wahrscheinlich nach Luzón auf den Philippinen begeben habe, von wo er eines Tages zurückkehren würde, um den Unterdrückten zu Hilfe zu eilen. Doch man wollte sich durch systematische Inspektion aller abgeschlagenen Köpfe Klarheit verschaffen. Dieses Verfahren, *kubi-jikken* genannt, war in Japan nach Schlachten allgemein üblich. Man zeigte der Mutter Shirôs die Häupter von Dutzenden Jünglingen, doch sie wurde nicht müde, zu erklären, daß ihr Sohn ein Engel geworden sei. Doch als ein Vasall Kumamotos ihr schließlich einen sorgfältig gereinigten Kopf zeigte, brach die arme Frau unter Tränen zusammen. Man schickte diesen Kopf nach Nagasaki, wo er sieben Tage lang öffentlich ausgestellt wurde, ebenso wie das Haupt seiner älteren Schwester. Die gesamte Familie Amakusa Shirôs wurde letztendlich hingerichtet.

Die Burg von Hara wurde dem Erdboden gleich gemacht, damit niemand auf den Gedanken verfallen würde, sie eines Tages zu einem Pilgerort werden zu lassen.

Man stritt sich im Lager der Sieger noch lange darum, wem der Ruhm zukam, als erster die letzte Stellung der Aufständischen gestürmt zu haben. 16 Krieger des Hosokawa-Klans behaupteten, diese entscheidende Rolle gespielt zu haben. Aus diesem Grunde erntete der Daimyô von Higo, Hosokawa Etchû-no-Kami, für seinen Mut das größte Lob. Der mächtige Daimyô von Saga, Nabeshima, hatte weniger Glück. Er wurde während der langen Monate seiner nächsten Residenzzeit in Edo eingekerkert, da er dem Befehl Matsudairas zuvorgekommen war und eigenmächtig den Sturm auf die Festung ausgelöst hatte. Letzterer soll sich nach der Schlacht als großmütig erwiesen haben. Anstatt die Überreste seines Lagers nach dem Sieg zu verbrennen, überließ er das Palisadenholz und die Leinwand seiner Zelte den Bauern, die abgeschworen hatten und deren Dörfer inzwischen nicht mehr existierten. Zum Lohn für seinen Erfolg bei der Niederschlagung des Aufstandes wurde er zum Daimyô der in der Nähe von Edo gelegenen Burg von Kawagoe ernannt. Seine Einkünfte wurden von 30 000 auf 60 000 *koku* erhöht. Sein Stellvertreter hingegen, Toda Samon, der Tausende abgeschlagene Köpfe nach Nagasaki geschickt hatte, erhielt zum Lohn nichts weiter als ein Schwert.

Matsukura Nagato-no-Kami, der Daimyô von Shimabara, wurde, obgleich er sich in der Schlacht um Hara hervorgetan hatte, durch das Bakufu aufs schwerste bestraft. Dafür, daß er durch seine tyrannische Herrschaft den Aufstand heraufbeschworen hatte, wurde im August 1638 von ihm verlangt, daß er *seppuku* begehe. Sein jüngerer Bruder wurde in die Verbannung geschickt und seine Güter konfisziert. Terazawa Hiyogo-no-Kami, der Herr von Karatsu, wurde glimpflicher behandelt. Ihm wurde lediglich die Herrschaft über die Amakusa-Inseln entzogen, die auf Yamasaki Iyeharu überging. Neun Jahre später sollte er sich in einem Anfall von Wahnsinn das Leben nehmen. Der Gouverneur von Nagasaki wurde strafversetzt. Trotz der wirksamen, wenn auch widerwillig erfolgten Hilfeleistung durch Nicolas Koekebakker, wurde die Handelsniederlassung von Hirado 1641 zerstört.

Yamada Emonsaku, der Verräter, hatte die Hölle, die über Hara hereingebrochen war, in den Tiefen seines Kerkers überlebt. Man befreite ihn, und der Shôgun selbst begnadigte den Mann aufgrund seines Versuchs, die Festung den Regierungstruppen zu übergeben und ihnen Shirô auszuliefern. Matsudaira, der Sieger im Kampf um die Festung von Hara, nahm ihn schließlich in seinem Palais in Edo auf.

Kyûshû war wie gelähmt unter dem Eindruck der schrecklichen Geschehnisse. Duarte Correa, ein Jesuit, der zu jener Zeit bereits seit zwei Jahren im Gefängnis von Ômura saß, berichtete, daß er aus seinem Gefängnis heraus auf der Straße von Shimabara schier endlose Züge mit Tragen und

Sänften beobachtet hatte, mit Samurai in zerschlissenen Rüstungen und mit Pferden, die von traurig blickenden Dienern an den Zügeln geführt wurden und deren Schweife abgeschnitten waren als Zeichen der Trauer um ihre Meister. Dieser wertvolle Zeuge der Ereignisse des Jahres 1638 wurde im August jenes Jahres zu Tode gefoltert. Wie einst beim Aufstand des Spartakus, der das antike Rom erschüttert hatte, statuierte die Regierung des Reiches ein Exempel, das nachhaltig jeglichen Widerstandsgeist zu brechen bestimmt war.[142] Unter diesem Aspekt war die Rebellion ein unverhoffter Glücksfall für die Machthaber. Ihre Gegner hatten sich vereint und konnten auf diese Weise um so effektiver vernichtet werden. Der Aufstand von Shimabara stellte das letzte Aufbäumen des Christentums im Mutterland der Shintô-Religion dar. 20 Jahre später gab es noch einen schwachen Nachhall, als bei Nagasaki ein neuer „Messias" auf den Plan trat, ein knapp 13jähriger Junge. Das Bakufu, das seine Lektion aus Shimabara gut gelernt hatte, verlor diesmal keine Zeit. Unverzüglich wurden einige hundert Dorfbewohner niedergemetzelt, unter denen womöglich aufrührerische Ideen bereits hatten Fuß fassen können.

Es ist behauptet worden, daß die in Hara eingeschlossenen Aufständischen eine spanische oder portugiesische Flotte erwarteten, die sie aus ihrer verzweifelten Lage hätte befreien können. Auch das Bakufu witterte ausländische Einmischung bei dem unerhörten Aufstand. Tatsächlich handelte es sich jedoch um eine rein japanische Angelegenheit. Man konnte unter den Toten von Hara nicht einen einzigen Ausländer finden. Die letzten ausländischen Priester (*bateren* genannt, in Ableitung vom spanischen Wort padres), die sich zu dieser Zeit noch in Japan befanden, wurden dennoch allesamt auf äußerst grausame Weise umgebracht.

Ab 1639 war es jedem ausländischen Schiff verboten, in Japan vor Anker zu gehen. Das Shôgunat der Tokugawa schützte sich auf diese Weise, indem es sich in sich selbst zurückzog und das Land für zwei Jahrhunderte von der Außenwelt isolierte. Schätzungen besagen, daß der Aufstand von Shimabara Japan 400 000 Gold-ryô[143] gekostet hat. Militärgeschichtlich betrachtet war

---

[142] Eine vergleichbare Tragödie hatte sich mehr als hundert Jahre zuvor, zu Beginn des 16. Jahrhunderts, auch auf dem Gebiet des heutigen Deutschlands abgespielt: der Deutsche Bauernkrieg. Wie der Aufstand von Shimabara hatte dieser sowohl wirtschaftliche (Steuern, Fron, Mißernten) als auch religiöse Ursachen (Reformation) und war ebenfalls mit äußerster Härte durch die Fürstenheere niedergeschlagen worden. Über 100 000 Aufständische verloren dabei ihr Leben. – Anm. d. Übers.

die Belagerung von Hara ein erstes Zeichen für den kommenden Niedergang der Kaste der Samurai – allzu lange hatte das größtenteils aus einfachen Bauern bestehende Heer der Aufständischen ihnen widerstanden und ihnen somit viel von ihrem Nimbus nehmen können.

Die römisch-katholische Kirche hat für die Jahre zwischen 1614 und 1645 etwa 2 000 Opfern der Christenverfolgung in Japan offiziell den Märtyrerstatus zuerkannt. Erstaunlicherweise blieben die Anhänger Amakusa Shirôs hiervon ausgeschlossen. Offensichtlich schätzt der Vatikan die Tatsache, daß sie gewagt hatten, sich gegen die etablierte Ordnung mit Waffengewalt aufzulehnen, kaum mehr als das Bakufu in Edo.[144]

Von den Geschehnissen jener Zeit, die die Herrschaft der Tokugawa für einen historischen Moment erschüttert hatten, sind nur wenige Spuren geblieben. Der Ort, an dem einst die Burg von Hara über dem Meer aufragte, ist heute mit Büschen, Bäumen und kleinen Feldern bedeckt, nur einzelne Stelen weisen darauf hin, daß hier einst eine Festung stand. In der Stadt Hondo, im Nationalpark von Amakusa, gibt es eine Stelle, die den christlichen Märtyrern gewidmet ist, mit Grabstätten, einem Denkmal, das für sie errichtet wurde, und einem Museum. Andere Überbleibsel finden sich in den Museen von Shimabara und Nagasaki. Doch die größte Kostbarkeit wird heute in Tokio aufbewahrt, in einer Privatsammlung. Es handelt sich um das aus weißer Seide bestehende Banner Amakusa Shirôs, auf dem zwei Engel zu sehen sind, die den Rahmen für einen Kelch bilden. Außerdem ist darauf ein schwarzes Kreuz abgebildet und die portugiesische Inschrift „Louvado seja o Santissimo Sacramento“. Das Banner wurde durch die japanische Regierung als nationaler Schatz deklariert.

Wieder einmal in der japanischen Geschichte waren die größten Helden die Verlierer. Tausende Männer – Bauern und Krieger –, Frauen und Kinder hatten sich der ganzen Macht des Shôguns entgegengestellt. Nachdem sie bis an die Grenzen dessen, was Menschen an Leid ertragen können, gegangen waren, fanden sie alle den Tod. Doch sie hatten ihren Schlächtern gegenüber bewiesen, daß der Wert eines Menschen sich nicht nach seinem gesellschaftlichen Rang bemißt. So,

---

[143] Was gegenwärtig etwa einem Wert von 10 Millionen Euro entspräche.

[144] Im November 2008 wurden 188 christliche Märtyrer von Nagasaki (der Jesuitenpater Pietro Kibe Kasui und seine 187 Mitstreiter), die zwischen 1603 und 1639 hingerichtet worden waren, durch Papst Benedikt XVI. seliggesprochen. Obgleich einige von ihnen Samurai waren, hatten sie sich für den freiwilligen Märtyrertod entschieden. – Anm. d. Übers.

wie einst ein Kusunoki, ein Yoshitsune, ein Benkei, oder wie einige Jahre später die 47 Rônin von Akô, wurde ihnen das hôgan biiki, jene bewegte Sympathie für den Verlierer, wie sie dem japanischen Volk zu eigen ist, zuteil. Die Samurai des Amakusa Shirô versuchten mit all ihren Kräften, den Verlauf der Geschichte zu verändern, weil sie sich in ihrer Religiosität mißachtet fühlten. Ihren Kampf fochten sie inmitten einer Masse von Bauern aus, die vor allem durch pragmatische Aspekte zum Aufstand bewogen worden waren und für die die Religion eher als Vorwand für ihre Unzufriedenheit diente. Doch das änderte nicht das geringste am pathetischen Aspekt des gemeinsam geführten aussichtslosen Kampfes. Viele der Kämpfer von Hara, unabhängig von ihrer Herkunft, starben als wahre Samurai, da sie sich bis zuletzt tapfer gegen eine ungleich stärkere Kraft zur Wehr setzten. Dies galt selbst für jene, die zu spät begriffen hatten, daß ihre Zuflucht in Wahrheit eine ausweglose Falle war, und die keineswegs das Martyrium gesucht hatten. Gleichgültig, ob sie in ihrem früheren Dasein Edelleute oder Bettler gewesen waren, in Hara kämpften sie alle mit der Kraft und der Willensstärke von Menschen, die nach der Freiheit streben.

„Manche Menschen verbringen ihr gesamtes Leben, ohne den richtigen Weg zu kennen. Sie werden von diesem oder jenem Wind getrieben, aber sie wissen nicht wirklich, wohin ihr Weg sie führt. Dies ist wohl das Los der Bürger – sie können ihr Schicksal nicht wählen. Für uns aber, die wir als Samurai geboren wurden, ist das Leben etwas anderes. Wir kennen den Weg der Pflicht, und wir folgen ihm bedingungslos."

Ôishi Kuranosuke

Akô Gishi: Die 47 Rônin aus Akô

Die Provokation

Es war üblich, daß der Shôgun jedes Jahr eine Delegation aus Edelleuten des Hofes nach Kyôto entsandte, der Residenzstadt des Kaisers, um diesen seiner Ehrerbietung und seiner Treue zu versichern. Im Gegenzug sandte der Kaiser dem Shôgun, der in Edo (dem heutigen Tokio) residierte, eine Abordnung hoher Würdenträger, um ihm dafür zu danken. Die beiden Zeremonien verliefen gemäß einer strengen und unabänderlichen Etikette, die durch die hierfür unverzichtbaren Zeremonienmeister geregelt wurde.

Am 11. März des Jahres 1701 war wieder der Tag gekommen, an dem die kaiserliche Delegation im Palast des Shôguns erwartet wurde. Zwar war der Shôgun Tokugawa Tsunayoshi in Fragen der Etikette sehr genau, aber in mancher Hinsicht war er eine etwas sonderbare Persönlichkeit. Er war nach dem chinesischen Kalender im Jahr des Hundes geboren. Dies hatte ihn offenbar dazu animiert, ein Dekret zu erlassen, das verlangte, alle Tiere, vor allem aber die Hunde, mit größter Ehrerbietung zu behandeln. So mußten die Bewohner der Hauptstadt Edo ihre Hunde mit Oinu-sama, „ehrenwerter Herr Hund" ansprechen, und jeder Angriff auf das Leben eines Hundes wurde mit der Todesstrafe geahndet. Der „Hunde-Shôgun", wie man ihn insgeheim spöttisch zu nennen pflegte, hielt am Ende 50 000 Hunde in seinen Zwingern.

In jenem Jahr hatte Tsunayoshi zwei neue Daimyô ernennen lassen, Asano Naganori[145] und Date Sakyônosuke, die nun an seinem Hofe lebten. Er hatte sie damit betraut, den Empfang der ehrwürdigen Gäste zu organisieren und die Abordnung zu betreuen. Die Verantwortung der beiden Männer war sehr

[145] Asano Takumi-no-Kami Naganori (1667-1701).

groß, denn es handelte sich um eine wichtige Staatsangelegenheit. Sie fürchteten, dieser Aufgabe nicht gewachsen zu sein, doch der Shôgun beruhigte sie, indem er ihnen seinen eigenen Zeremonienmeister, den Kammerherrn Kira Yoshinaka Kôzuke-no-Suke[146] zur Seite stellte. Dieser besaß große Erfahrung auf dem Gebiet höfischer Zeremonien und sollte ihnen mit Rat und Tat beistehen. Doch der Kammerherr erwies sich ihnen gegenüber als hochmütig und selbstgefällig. Auch war er es gewohnt, daß ihm jeder, der sich ihm mit einem Ansinnen näherte, bedeutende Bestechungsgelder zahlte. Kira soll auch ein äußerlich häßlicher Mann gewesen sein, dessen mit grauen Bartstoppeln bedecktes Gesicht ein Spiegel seiner verdorbenen Seele zu sein schien. Seine kleinen Augen lugten verschlagen unter buschigen Augenbrauen hervor. Auf seinem schwarzen Kimono waren drei Ahornblätter abgebildet, sein Wappenzeichen. Unter dem Kimono verbargen sich seine Schwerter, doch es hieß, daß er mit ihnen nicht umzugehen wußte. Sein Vermögen hatte er von seinem Vater geerbt, und man erzählte sich, daß dieser seine Reichtümer unlauteren Geschäften mit japanischen Piraten (*wakô*), die die chinesischen Küsten unsicher machten, zu verdanken hatte.

Der Kammerherr Kira.

Kira, der sich seiner unantastbaren Stellung bei Hofe bewußt war, blickte verächtlich auf die beiden neuen Daimyô herab, die mit dem Empfang der kaiserlichen Delegation beauftragt worden waren. In seinen Augen waren sie nichts als ungebildete Provinzler. Durch abschätzige Bemerkungen, die er beiläufig fallen ließ, gab er die beiden, auch gegenüber seinen ihm unterwürfig ergebenen Gefolgsleuten, der Lächerlichkeit preis. Asano und Date kochten vor Wut, ließen sich davon allerdings nichts anmerken.

[146] Kira Yoshinaka Kôzuke-no-Suke (1641-1703).

Bevor Kira mit seinem Unterricht begann, versuchte Honzo, ein Ratgeber des Daimyô Date, den Kämmerer seinem Herrn gegenüber günstiger zu stimmen. Zu diesem Zweck ließ er ihm reiche Geschenke zukommen und zudem etliche Goldmünzen. Auch Asanos Berater rieten ihrem Herrn, sich an den Brauch der Bestechung zu halten. Asano, der sich durch eine edle Gesinnung auszeichnete, schenkte ihm daraufhin ein *inrô*[147]. Diese Schatulle war von hohem künstlerischen Wert und als Geschenk dem Rang des Kammerherrn durchaus angemessen. Doch Kira war höchst unzufrieden. Von einem Daimyô, dessen Einkünfte, wie er wußte, mehr als 50 000 *koku* Reis im Jahr betrugen, hatte er mehr erwartet. Diese Kränkung würde er Asano heimzahlen!

Der Daimyô Asano in Hofkleidung.

An den folgenden Tagen, während er den Daimyô Unterricht in Etikette erteilte, vermied Kira es bewußt, Asano über die Einzelheiten der Regeln in Kenntnis zu setzen, die er den beiden auf Anordnung des Shôguns zu vermitteln hatte. Gegenüber Date war er in dieser Hinsicht wesentlich offener.

Der Tag des Empfangs rückte immer näher. In Anwesenheit des gesamten Hofes wurde eine Generalprobe durchgeführt. Sowohl Asano als auch Date erfüllten ihre komplizierten Aufgaben tadellos. Das hielt Kira jedoch nicht davon ab, jede Handlung Asanos mit kritischen Bemerkungen zu begleiten.

[147] *Inrô*: jpn. „Siegelkästchen". *Inrô* sind kleine Behältnisse für Siegel oder für Medikamente, die aus Holz, Metall oder Elfenbein bestehen und reich verziert sind. Sie wurden an einer kurzen Schnur am Gürtel getragen. Am anderen Ende der Schnur befand sich zur Befestigung am Gürtel ein sogenanntes *netsuke*. *Netsuke* sind oft selbst kleine Kunstwerke aus Holz, Knochen, Elfenbein, Keramik oder Metall, die auf unterschiedlichste Weise geformt sein können, so z. B. als Tier, Blumen, Früchte, legendäre Persönlichkeiten oder Masken. – Habersetzer, R. u. G.: Encyclopédie des Arts Martiaux. Paris: Amphora 2004.

Er verhehlte seine Mißgunst nicht im mindesten. Jede Stichelei des boshaften Mannes ließ in Asano die Wut wachsen. Er begriff nicht, daß der Kämmerer ihm auf diese Weise eine raffinierte Falle stellte. Als dieser wieder einmal eine kränkende Bemerkung fallen ließ, riß Asano sein Kurzschwert aus der Scheide und forderte Kira auf, sein Leben zu verteidigen. Solch eine Handlung am Hofe des Shôguns war allerdings unter Androhung der Todesstrafe verboten. Der Kämmerer ergriff die Flucht und schrie Zeter und Mordio. Asano verfolgte ihn mit erhobener Klinge. Als er die Tür des Audienzsaales erreichte, hob Kira in einem lächerlich wirkenden Reflex die von den weiten Ärmeln seines Seidenkimonos umhüllten Arme über den Kopf. Der Türstock, der den Großteil der Wucht von Asanos Schwertstreich auffing, rettete Kira das Leben. Trotzdem wurde er an der Stirn getroffen, und Blut strömte ihm über das Gesicht. Als Asano versuchte, einen zweiten Schlag gegen den Kämmerer zu führen, wurde er von Kajigawa Gosobe, einem Sekretär Kiras, gestoßen, so daß er für einen Moment das Gleichgewicht verlor. Kajigawa bezahlte seine mutige Tat teuer. Mit einem Rückhandstreich schlug Asano ihm das Haupt vom Rumpf. Kira hatte sich unterdessen in Sicherheit bringen können.

Blut war im Palast des Shôguns geflossen, was eine Schändung des Ortes bedeutete. Die Palastgarden führten Asano, der keinen Widerstand leistete, ab. Doch wurde er dabei seinem Rang gemäß ehrerbietig behandelt.

Für die Ehre

Asano kehrte in seine Räumlichkeiten zurück, doch sein Zorn auf den Kammerherrn war nicht verraucht. Er verfaßte ein Schreiben an den Kommandanten seiner Festung Akô-jô. Dieser wurde beauftragt, alle Kräfte zu mobilisieren und einen Feldzug gegen das Haus des infamen Kira zu führen. Doch noch bevor der Brief vollendet war, bekam er Besuch von einem Boten des Shôguns, Okada Denpachirô. Dieser erklärte ihm, daß der Shôgun verlange, daß Asano *seppuku* begehe. Der Daimyô bewahrte seine Gelassenheit. Es war, als ob die Worte, die er ohne jede Überraschung vernahm, ihn gar nicht berührten. Er hatte sich, als er Kira herausforderte, für die Ehre entschieden, und er war bereit, alle Folgen, die sich daraus ergaben, zu tragen. Es schien ihm auch ganz ohne Bedeutung, als ihm zudem mitgeteilt wurde, daß all seine Güter, die Festung wie die Ländereien, konfisziert worden waren und daß

Vorbereitung zum traditionellen *seppuku*. Holzschnitt.

ihm befohlen wurde, sich auf die Burg von Tamura Nobuaki in Ichinoseki zu begeben und dort bis zum Tag seines Selbstmords zu verweilen. Asano war ein echter Samurai, und als solcher hatte er die ehrenrührigen Bemerkungen Kiras unmöglich hinnehmen können, auch wenn dies seinen Tod zur Folge hatte.

Nachdem er in Ichinoseki eingetroffen war, erteilte er seine letzten Verfügungen und verfaßte, wie es der Brauch war, sein Abschiedspoem. Feierlich begab er sich nun zu dem Ort, der für sein *seppuku* vorgesehen war. Ihn begleiteten Hara Mototochi, der Hauptmann seiner Garde, welcher ihm bei seinen Vorbereitungen geholfen hatte, und der Lehnsherr Tamura, der ihm als *kaishaku-nin*[148] beistehen würde. In einen einfachen weißen Kimono gekleidet, kniete Asano auf einer Matte nieder, entblößte seinen Bauch mit einer

---

148 *Kaishaku-nin*: jpn. Gehilfe des Samurai beim *seppuku*. Zumeist war dies ein enger Freund oder ein Verwandter.

entschiedenen Geste und ergriff seinen kostbaren *tantô*, der mit dem Wappen seines Klans geschmückt war. Hinter ihm stand Tamura. Jener hielt sein schweres Schwert in den Händen, und die weiten Ärmel seines Kimonos waren mit einem Seidenband bis zu den Schultern hochgebunden, damit er bei dem Schlag nicht behindert würde, den er auf das Genick des Verurteilten führen würde. Dieser Hieb sollte erfolgen, nachdem Asano bewiesen hatte, daß er den grausamen Schmerz schweigend erdulden konnte, den er sich selbst zufügen würde, indem er sich den Bauch aufschnitt. Nur ein langsamer Tod aus eigener Hand würde seinen Mut beweisen. Jede Eile bei dieser feierlichen Zeremonie hätte als Zeichen der Feigheit gegolten. Asano massierte sich mit einigen langsamen Bewegungen den Bauch, damit das Blut besser zirkulierte. Hier, ein Stück unter dem Nabel, befand sich das „Meer des Atems“, die Quelle der Lebensenergie des Menschen, sein eigentliches Zentrum. Jeder Samurai lernte dies bereits in seiner frühesten Jugend, und ihm wurde auch beigebracht, daß er den Schmerz, der sich einstellte, wenn der Bauch erst einmal aufgeschnitten war, und der so groß war, daß man Gefahr lief ohnmächtig zu werden, so lange wie möglich ertragen mußte, bevor man seinem Gehilfen durch leichtes Neigen des Kopfes ein Zeichen gab, damit dieser dem Leiden ein Ende setzte.

Mit einer präzisen Bewegung führte Asano, der Herr von Akô, die Spitze seines Dolches zur linken Seite seines Bauches. Er stieß sich den Stahl in den Leib, während er kurz ausatmete, begleitet von einem rauhen Schrei. Kein Muskel seines Gesichts zuckte, doch Schweiß brach ihm aus allen Poren. Trotz des scharfen Schmerzes, der so grauenhaft war, wie er es sich niemals hätte vorstellen können, und obwohl er das Gefühl hatte, daß sein Herz im nächsten Augenblick bersten würde, zog Asano die Klinge nach rechts und dann ein Stück nach oben. Langsam zerschnitt er sich die Eingeweide, wie es die Tradition vorschrieb. Als der edle Daimyô ein wenig in sich zusammensank, zermalmt unter seinen Schmerzen und schon beinahe tot, durchtrennte Tamura ihm mit einem einzigen Schlag das Genick und bereitete seiner Qual somit ein Ende. Blut schoß pulsierend aus dem Hals, als der Körper nach vorn fiel. Die Umstehenden, die angesichts dieses Beweises größten Mutes stumm blieben, entboten Asano ihren letzten Gruß. Man begrub ihn feierlich im Tempel von Sengakuji. Er selbst hatte diesen Ort ausgewählt, um hier, wie er erklärt hatte, auf den Frieden zu warten, welchen ihm die Rache seiner treuen Samurai bringen würde. Sein Chronist schrieb: „So starb auf ungerechte Weise unser Herr, und das Unglück brach über den Klan der Asano herein.“

Die Schläfer

All dies hatte sich am 21. April des Jahres 1701 zugetragen. Die Nachricht vom Tode Asanos erreichte die Burg Akô-jô sehr rasch. Dort herrschte ohnehin bereits größte Verwirrung aufgrund des kurz zuvor eingegangenen Befehls zur Konfiszierung der Güter. 300 Krieger sahen sich plötzlich ohne Herrn, ohne Beschäftigung. Die Samurai des Asano waren zu Rônin geworden. Leidenschaftlich diskutierten sie darüber, wie sie sich nun verhalten sollten. Ôishi Yoshio Kuranosuke[149], ein kräftig gebauter Mann, ergriff die Initiative. Er war der Ansicht, daß man die Dinge nicht auf sich beruhen lassen dürfe. Er dachte an die Lehren des Yamaga Sokô[150], der 20 Jahre zuvor mit Leidenschaft ein Schriftstück verfaßt hatte, in dem er die Verhaltensregeln für jeden Samurai, der dieser Bezeichnung würdig war, aufgestellt hatte. Dies reichte bis zur Praxis des *junshi*, des gemeinsamen Selbstmords, mit dem die Getreuen ihrem Meister in den Tod folgten. Doch da dies bereits seit 1633 formell verboten war und damit als unehrenhaft galt, sah Ôishi nur ein Mittel, nach der Selbstopferung Asanos die Ehre nicht zu verlieren: Rache. Die ganze Nacht über versuchte er, die Samurai, die sich im Burghof um ein großes Lagerfeuer versammelt hatten, von seinen Racheplänen zu überzeugen. Doch die Aufregung unter ihnen war groß. Es herrschte großer Tumult, und Ôishi gelang es nicht, die anderen Samurai für sein kühnes Vorhaben zu gewinnen.

---

[149] Ôishi Yoshio Kuranosuke (1659-1703).

[150] Yamaga Sokô (1622-1685), auch Takasuke Enzan genannt. Samurai aus dem Aizu-Klan, Schüler der konfuzianischen Philosophen Hayashi Razan und Hôjô Ujinaga. 1652 lud ihn Asano Naganao (1610-1672), der Großvater von Asano Naganori und damaliger Daimyô von Akô (Harima) ein, damit er seine Samurai unterrichte. Er verfaßte einflußreiche Schriften über die Kriegskunst und die moralischen Prinzipien, an die sich die Samurai auch in Friedenszeiten streng halten sollten, um in der Gesellschaft eine beispielhafte und verantwortungsvolle Rolle zu spielen. Er lehrte u. a., daß es notwendig sei, daß der Samurai zu einer klarsichtigen Gleichmütigkeit gegenüber dem Tod gelange. Im Jahre 1665 verbrannte er all seine bisherigen Schriften und veröffentlichte das Werk „Seikyô-yôroku" („Das Wesen der heiligen Lehren"), ein Resümee seiner Philosophie. Darin griff er u. a. die Philosophie des Shushi (eine Synthese aus Konfuzianismus und Shintô) an, die die japanischen Machthaber hoch schätzten. Auch kritisierte er die Tätigkeit der Beamten des Shôgunats. Dies trug ihm eine zehnjährige Kerkerhaft ein. Er schuf mit seinem Werk und auch durch das Vorbild seines persönlichen Lebenswandels die Grundlagen für den wenig später erstmals formulierten Moralkodex der Samurai, das *bushidô*. – Habersetzer, R. u. G.: Encyclopédie des Arts Martiaux. Paris: Amphora 2004.

Horibe Urahei Kanamaru.

Schließlich hob der alte Horibe Urahei Kanamaru die Hand, um das Wort zu ergreifen. Er fragte, ob denn Asano, ihr Meister, keinerlei Anweisungen für sie hinterlassen habe. In der Stille, die seiner Frage folgte, faltete Ôishi ein Papier auseinander, und die Krieger, die in seiner Nähe saßen, konnten das mit dem Siegel des verstorbenen Herren von Akô versehene Schriftstück erkennen. Mit energischen Pinselstrichen gezeichnet stand darauf: „Du weißt."

Im Morgengrauen unterzeichneten 47 Rônin den Racheschwur, den Ôishi verfaßt hatte, mit ihrem Blut. Die anderen ehemaligen Samurai Asanos beschlossen, ihrer eigenen Wege zu gehen und verließen die Festung. Mit den 47 Narren, die gerade ihr eigenes Todesurteil unterschrieben hatten, wollten sie nichts mehr zu schaffen haben. Doch auch diese beschlossen, sich zunächst zu trennen und aus den Augen der Welt zu verschwinden, vor allem jedoch aus den Augen der Spione, die der schurkische Kira zweifelsohne nach ihnen aussenden würde. Sie wollten sich zunächst eine Zeitlang unerkannt in verschiedenen Landesteilen aufhalten. Erst sollte die Zeit jegliches Mißtrauen zerstreuen, bevor sie sich wieder vereinigen würden, um ihren Plan auszuführen. Die 47 Rônin verließen die Burg von Akô. Jeder von ihnen nahm genügend Geld vom Schatz des Daimyô mit sich, um davon bescheiden leben und sich, wenn die Zeit gekommen war, neue Waffen kaufen zu können. Der Klan von Asano hatte aufgehört zu existieren. Bald sprach niemand mehr von den Samurai des Asano.

Sie mischten sich unter das Volk. Sie trugen die Kleidung der einfachen Leute und verdienten sich ihren Lebensunterhalt auf deren Weise. Einer wurde Händler, ein anderer arbeitete als Tischler, ein dritter als Landwirt. Die erstaunlichste Wandlung durchlief Ôishi. Er begann, vor den Augen der Welt einen ausschweifenden Lebenswandel zu führen. Allabendlich zog er durch die Schenken der Stadt, betrank sich und randalierte, bis man ihn hinauswarf. Schließlich verstieß er sogar seine Frau. Selbst Kiras Spione begannen ihn, der einst einen Ruf als hervorragender Samurai hatte, zu bedauern. Auch einige derer, die den Schwur von Akô geleistet hatten, hörten davon, und ein schrecklicher Zweifel begann an ihren Herzen zu nagen. So geschah es, daß Kenji Murakami, ein alter Weggefährte Ôishis aus dem Akô-Klan, der sich während der tragischen Ereignisse, die zu Asanos Tod geführt hatten, auf einer Reise in den Süden des Landes befunden hatte, diesem eines Tages einen Besuch abstatten wollte. Als er ihn erblickte, war er zutiefst entsetzt, ihn in solch erbärmlichem Zustand vorzufinden, und voll Abscheu spie er ihm ins Gesicht. Ein Zeuge dieser Szene berichtete, daß er zunächst den Eindruck hatte, daß Ôishi daraufhin versuchen wollte, aufzustehen und Kenji zu schlagen, jedoch so betrunken war, daß er statt dessen wie tot in sich zusammensackte und mit dem Kopf auf die Tischplatte schlug.

Einige der Rônin gründeten Familien, andere blieben allein. Sie alle kehrten jedoch in ihre weit entfernten Heimatdörfer zurück. Nur wenigen von ihnen war es gelungen, Waffen oder Rüstungsteile zu behalten. Die meisten hatten sich gezwungen gesehen, den größten Teil ihrer Ausrüstung zu verkaufen, um überleben zu können. Viele Monate verstrichen. Jeder der 47 Rônin führte nun ein neues Leben, das ohne jede Verbindung zu seiner Vergangenheit zu stehen schien. Schließlich ermüdete die Aufmerksamkeit der Spione, die Kira ausgesandt hatte, um die ehemaligen Samurai Asanos zu überwachen. Sie hatten sich zur Genüge davon überzeugt, daß ihr Meister nichts mehr zu befürchten hatte. Allmählich gerieten die Ereignisse des Jahres 1701 in Vergessenheit.

Der Weckruf

Doch eines Tages gab Ôishi, der natürlich den Schwur nicht vergessen hatte, das lang erwartete Zeichen. Von einem Moment zum anderen war er wieder der Mann, als den ihn seine Freunde gekannt hatten, ein wahrer Samurai, der in seinem Leben nur einen einzigen Meister gehabt hatte und den zu rächen er entschlossen war.

In der Nacht des 14. Dezember 1702 begaben sich die 47 Rônin auf den Weg zum Tempel Sengakuji. Es war windstill, und der Schnee fiel lautlos auf die Kiefern und umhüllte die gelblichen Blätter des Bambus, die sich unter seiner Last zum gefrorenen Boden neigten. In den sorgsam abgedichteten

Hütten und Häusern drängten sich die Leute um die fahle Glut der Kohlebekken. Niemand bemerkte, wie 47 Schatten sich in der Stunde des Fuchses verstohlen ihren Weg zwischen den Fichten des Frühlingsberges bahnten, geleitet vom schwachen Schein einer Laterne, die am Portal des Tempels hing. Manch einer von ihnen war traurig, da er die Seinen hatte verlassen müssen, die Eltern, die Gattin, die Kinder. Doch alle waren entschlossen, ihren Schwur zu erfüllen. Ôishi, der ihnen durch seinen lasterhaften Lebenswandel so viele Sorgen bereitet hatte, hatte ihnen die Botschaft zukommen lassen, daß der Feind sie endlich vergessen habe und sie ihre Masken fallen lassen konnten. Treue Helfer Ôishis hatten dafür gesorgt, daß die Rônin im Tempel Laternen, Strickleitern mit Wurfhaken, Rüstungen, Schwerter, Bogen und Lanzen vorfanden sowie Fellschuhe, um lautlos gehen zu können. Ôishi erklärte ihnen, daß sie den Angriff in drei Gruppen führen würden. Parolen wurden vereinbart und Signale, die durch Trommeln und Querpfeifen gegeben werden sollten. Um einander auch nachts erkennen zu können, banden sie sich gelbe Tücher vor die Brustharnische. Nachdem die Krieger aus Akô Rüstungen und Waffen angelegt hatten, sahen sie mit großer innerer Bewegung zu, wie Ôishi einen lackierten Kasten mit Goldintarsien von seiner seidenen Umhüllung befreite. Mit ehrfurchtsvoller Geste öffnete er ihn und zeigte ihnen den Inhalt. Es war der *tantô*[151], mit dem ihr Meister *seppuku* begangen hatte. Ôishi schwor feierlich, daß er mit dieser Waffe Kira töten würde, durch den alles Unglück über sie gekommen war.

Ôishi hatte eine Erklärung vorbereitet, die von allen 47 Rônin unterzeichnet wurde. Jeder von ihnen trug beim Angriff auf Kiras Haus ein Exemplar davon bei sich.

Im dritten Monat des vergangenen Jahres sah sich Asano Takumi-no-Kami im Zusammenhang mit dem Empfang des kaiserlichen Botschafters durch die Umstände gezwungen, Herrn Kôzuke-no-Suke im Schloß anzugreifen und zu verletzen, um sich für eine Beleidigung, die ihm zugefügt wurde, zu rächen. Da er dies ohne Berücksichtigung der Würde des Ortes tat und damit alle Regeln der Schicklichkeit mißachtete, wurde er dazu verurteilt, seppuku zu begehen. Sein Besitz sowie die Burg von Akô wurden durch den Staat beschlagnahmt, und seine Gefolgsleute übergaben letztere den Beauftragten des Shôguns, die jener entsandt

---

[151] *Tantô*: jpn. Dolch.

hatte, damit sie seine Besitztümer in Empfang nähmen. In der Folge zerstreuten sich seine Gefolgsleute.

Bei der Auseinandersetzung hatten die anwesenden hohen Beamten Asano Takumi-no-Kami daran gehindert, seinen Feind, Herrn Kôzuke-no-Suke zu töten. Aus diesem Grunde starb Asano Takumi-no-Kami, ohne sich selbst rächen zu können. Dies konnten seine Gefolgsleute nicht dulden. Da es nicht möglich ist, unter demselben Himmelsgewölbe wie der Feind seines Herren oder der seines Vaters zu leben, haben wir es gewagt, eine so hochgestellte Persönlichkeit zu unserem Feind zu erklären.

Am heutigen Tag werden wir Kira Kôzuke-no-Suke angreifen, um den Racheakt, der durch unseren verstorbenen Herren begonnen wurde, zu vollenden. Sollte irgendeine ehrenhafte Person unsere Körper nach unserem Tod finden, so sei sie respektvoll aufgefordert, dieses Dokument zu öffnen und zu lesen.[152]

Nachdem alles besprochen war, verließen die 47 Rônin einzeln den Tempel. Der Angriff war für den nächsten Abend um dieselbe Zeit vorgesehen. Die drei Gruppen übernachteten in drei verschiedenen Herbergen in der Nähe von Yashiki, dem Palais, in dem ihr Feind residierte.

Süß ist die Rache

Die Nacht der Rache war gekommen. Bebend vor Erregung zogen die Rônin in den Kampf, die Rüstungen fest geschnürt und die Helme gut befestigt. Sie trugen Mäntel, damit ihre Waffen nicht verräterisch schimmerten. Eine Gruppe näherte sich dem Palais entlang seiner Umfriedungsmauer, die zweite über die Brücke und die dritte über den zugefrorenen Fluß. Sie glichen gei-

[152] Aus Algernon Bertram Freeman-Mitfords (Baron Redesdale) Buch „Tales of Old Japan", veröffentlicht im Jahre 1871. Freeman-Mitford, A. B.: Tales of Old Japan. Northridge: Aegypan Press, 2007. Der Text ist auch online verfügbar unter: http://www.gutenberg.org/files/13015/13015-h/13015-h.htm. Baron Redesdale (1837-1916) war Mitglied der britischen Gesandtschaft in Japan. In den 60er Jahren des 19. Jahrhunderts besuchte er den Tempel Sengaku-ji, die Begräbnisstätte der 47 Rônin. Dort fand er einige Originalschriftstücke, wie z. B. die Quittung der Gefolgsleute Kiras für den Erhalt des abgeschlagenen Kopfes des Hofkämmerers, die beiden von Ôishi verfaßten Schreiben, die im Text wiedergegeben werden, und die ebenfalls hier wiedergegebene schriftliche Ankündigung des Racheakts durch die 47 Rônin (S. 231 f.).

Die 47 Rônin dringen in Kiras Palast ein. Holzschnitt von Kuniyoshi Utagawa.

sterhaften Schatten, die in der eisigen, finsteren Nacht über der Weiße des Schnees dahinglitten und mit den Baumstämmen und den Brückenpfeilern zu verschmelzen schienen. Selbst ein aufmerksamer Späher hätte die Gefahr nicht einmal erahnen können.

Plötzlich zerrissen drei Trommelschläge die Stille der Nacht, auf die unverzüglich wilder Lärm folgte. Die 47 rachedurstigen Rônin aus Akô warfen die Haken ihrer Strickleitern, erklommen die Mauern und brachen die Türen zum Palais auf, noch bevor die Angegriffenen auch nur Zeit gehabt hätten, das Alarmsignal zu geben. Kira, allein in seiner Kammer, war bleicher geworden als die weiße Schminke, die er am Hof zu tragen pflegte. Er hatte begriffen. Von überallher kamen notdürftig bekleidete Wachen und versuchten, sich den Angreifern entgegenzustellen. Pfeile zischten durch die Dunkelheit, von Schwerthieben Getroffene sanken in den Pulverschnee und tränkten ihn mit ihrem Blut. Die Wachen versuchten, die Zugänge zu den benachbarten Eingängen zu verbarrikadieren, in denen andere Würdenträger wohnten, doch schnell begriffen sie, daß die Angreifer nur ein Ziel hatten: Kira, den Kammerherrn des Shôguns. Der Angriff erfolgte methodisch und unerbittlich. Schnell hatten die Krieger des Asano die Oberhand gewonnen. Der Platz vor dem Palais war von den Körpern der Toten und Verwundeten, deren Stöhnen durch die Nacht drang, bedeckt. Die Rônin durcheilten nun auf der Suche nach Kira die leeren Säle des Palastes. Schließlich trafen sie auf ein etwa 10jähriges Kind.

„Wer bist du?" fragte einer von ihnen.

„Ich bin der Enkelsohn von Kira Yoshinaka!" lautete die stolze Antwort. Man hörte ein kurzes Zischen von Stahl, dann rollte der Kopf des Kindes über den Boden. Der Auftrag Ôishis hatte gelautet: Tötet den Schurken und all seine männlichen Nachkommen. Doch noch immer hatte man den Kämmerer nicht entdecken können. Endlich fand man seine Schlafkammer. Sie war leer, aber das Bett war noch warm von seinem Körper. Eine zu Tode erschrockene Dienerin wies mit zitternder Hand auf einen offenstehenden Durchgang, der sich dunkel und eng hinter einem Wandschirm auftat. Die Krieger drängten sich hindurch. Im Licht einer Laterne entdeckten sie alsbald eine staubige kleine Kammer, in der sich Kisten stapelten und Bündel schmutziger Wäsche am Boden lagen. Kira, der ein weißes Seidenkleid trug, hatte sich hinter einem Haufen Wäsche niedergekauert. Er zitterte am ganzen Körper, und sein von Staub und Spinnweben verschmutztes Gesicht war vor Angst verzerrt. Auf seiner Stirn prangte die Narbe der Wunde, die Asano ihm beigebracht hatte. Gewaltsam zog man ihn, der leugnete, flehte und vor Angst und Kälte am ganzen Körper bebte, aus seinem Versteck. Vor dem Palais war nun das langgezogene Pfeifen einer Querpfeife zu vernehmen, das sich dreimal wiederholte. Dies war das Signal für das Ende des Angriffs und das Gelingen des Racheplans. Bald kehrte Stille ein, in der nur das Stöhnen der Verwundeten und einige Seufzer von Frauen zu hören waren.

Man führte Kira auf den Platz vor dem Palais. Ein Gebäudeteil war in Brand geraten, und der Widerschein der Flammen, die aus den Fenstern schlugen, vermischte sich mit dem Licht der Fackeln, die die Rônin trugen.[153] Die Männer hatten sich im Schnee in einer Reihe aufgestellt und ließen ihre *katana* in die Scheiden gleiten. Kira, den man auf den Platz geführt hatte, schien etwas

---

[153] Die Erzählung folgt hier der Version von Soulié de Morant, G.: Les 47 Rônins – le Trésor des Loyaux Samouraïs. Budo Editions, Noisy-sur-École, 2006. George Soulié de Morant (1878-1955) ließ in seinen Text über die 47 Rônin (Erstveröffentlichung 1927) zahlreiche japanische Quellen einfließen, von zeitgenössischen Berichten bis hin zu Dramen. Nach anderen Quellen (z. B. Freeman-Mitford, vgl. Fußnote 152 auf S. 227) war beim Angriff der Rônin kein Feuer in Kiras Palast ausgebrochen. – Anm. d. Übers.

Farbe im Gesicht zurückgewonnen zu haben, als wollte seine Lebenskraft ein letztes Mal aufflackern.

Die Rônin bildeten nun einen Kreis um den Kammerherrn des Shôguns. Ôishi trat vor ihn hin, kniete nieder, grüßte ihn feierlich und sprach zu ihm: „Ehrwürdiger Kira, die Stunde ist gekommen, Euer Verhalten gegenüber unserem Meister zu sühnen." Daraufhin erhob er sich, ohne dem fortgesetzten Flehen des Verurteilten Beachtung zu schenken. Er zog einen Dolch aus seinem Gürtel und reichte ihn Kira. Ohne den geringsten Haß in der Stimme sagte er: „Wir bieten Euch an, den Tod der Tapferen, *seppuku*, zu wählen. Es erscheint angemessen, daß diese Klinge, die noch Spuren des Blutes meines Meisters trägt, durch Euer Blut reingewaschen wird. Wohlan, wir werden Euch zusehen!"

Doch statt die Waffe zu ergreifen, fiel Kira auf die Knie und bat um Gnade. Da beschloß Ôishi, den Unwürdigen mit eigener Hand zu töten. „Da Ihr nicht auf die Eurem Rang geziemende Art sterben wollt, sollt Ihr den Tod auf die Weise des Viehs finden." Er beugte sich über ihn, packte ihn an den Haaren, riß seinen Kopf zurück und durchtrennte ihm mit drei Schnitten die Kehle. Blut spritzte aus dem Hals des Kämmerers, und sein Körper sank in den Schnee. Ôishi trennte ihm daraufhin den Kopf ab, hüllte ihn in ein Stück Stoff und gab Befehl zum Rückzug. Alle 47 Rônin waren noch am Leben, doch einige von ihnen waren in dem Kampf schwer verletzt worden.

Der Morgen dämmerte, als die Helden die Stätte der Rache verließen. Ihre Rüstungen waren zerfetzt, und etliche von ihnen mußten sich auf Lanzen oder Stöcke stützen. Doch auf ihren Gesichtern zeichnete sich Genugtuung über die gemeinsam erfüllte Pflicht ab. Hinter ihnen stieg von Flammen rot gefärbter Rauch in den Himmel, und Funken stoben empor, als der Dachstuhl des brennenden Hauses krachend einstürzte.

Am Grabe Asanos

Ihre Mission war jedoch noch nicht vollständig erfüllt. Die 47 Rônin begaben sich wieder zum Kloster des Frühlingshügels. Auf dem Weg dorthin durchquerten sie die Stadt, deren Straßen und Gassen sich allmählich mit Menschen füllten. Unmittelbar vor ihrer Tat hatten die Rônin folgendes Schriftstück in der Stadt angeschlagen:

Wir, die Rônin im Dienste des Asano Takumi-no-Kami, werden diese Nacht in den Palast von Kira Kôzuke-no-Suke einbrechen, um unseren Meister zu rächen. Seid bitte versichert, daß wir weder Räuber noch Rohlinge sind, und daß benachbarte Grundstücke keinen Schaden nehmen werden.

Die Neuigkeit machte bereits die Runde, und die Leute verneigten sich vor dem Zug der Rônin als Zeichen des Respekts vor der Loyalität, die diese Männer ihrem Meister gegenüber bewiesen hatten. Schließlich wurden ihnen sogar vom örtlichen Daimyô, der vor Bewunderung gegenüber Ôishi und den Seinen zutiefst ergriffen war, Sänften zur Verfügung gestellt.

Nachdem sie Sengakuji erreicht hatten, schritten die Rônin unverzüglich zur Begräbnisstätte ihres Herrn Asano. Vor dem Grab befand sich eine Steinplatte, auf der ein Krug stand, welcher mit Asche gefüllt war. Darin steckten Räucherstäbchen, von denen wohlriechender Rauch in blauen Spiralen aufstieg. Ôishi stellte sich vor die gravierte Grabplatte und hielt das Haupt Kiras empor, das er an der Quelle, die sich beim Eingang des Friedhofes befand, gewaschen hatte. Alle Mönche des Klosters waren auf dem Friedhof versammelt. Sie saßen zur Linken des Grabes von Asano. Gekleidet waren sie in weiße Gewänder mit schwarzen Ärmelaufschlägen, und sie trugen weiße Kappen auf den Köpfen. Sie schlugen rhythmisch auf Trommeln und auf *mokugyu*[154] ein, um die Aufmerksamkeit der Geister zu wecken. Schließlich legte Ôishi Kiras Kopf und den Dolch, mit dem er ihn abgeschnitten hatte, in eine Vertiefung vor dem Grab seines Daimyô, sowie das folgende Dokument:

Am 26. Tag des 10. Monats des Jahres Genruko 15.[155] *Wir, 47 Männer, von Ôishi Kuranosuke bis hin zum ashigaru Terasaka Kichiemon, sind an diesem Tag zusammengekommen, um hier unsere Ehrerbietung zu erweisen, und wir sind allesamt freudig bereit, unser Leben für Euch zu geben. Voll Ehrfurcht verkünden wir dies dem verehrten Geist unseres toten Meisters. Am 14. Tag des 3. Monats des vergangenen Jahres*[156] *gefiel es unserem verehrten Meister, Kira Kôzuke-no-Suke aus einem Grund, der uns nicht bekannt ist, anzugreifen. Unser verehrter*

[154] *Mokugyo* (jpn. Holzfisch) ist ein Schlaginstrument aus Holz. Es wird in verschiedenen buddhistischen Traditionen als Begleitinstrument bei Rezitationen verwendet. Im Zenbuddhismus wird es auch als Signal zum Beginn und zum Ende einer Meditations-Einheit verwendet.

[155] Nach westlicher Zeitrechnung der 15. Dezember 1702.

[156] Nach westlicher Zeitrechnung der 21. April 1701.

Meister setzte seinem Leben ein Ende, doch Kira Kôzuke-no-Suke lebte weiter. Obgleich wir befürchten, daß – nach dem Erlaß der Regierung[157] *– Euch unser Plan mißfallen könnte, können wir, die wir die durch Euch gewährte Nahrung gespeist haben, nicht ohne zu erröten die Worte wiederholen: „Du sollst nicht unter demselben Himmel leben noch dieselbe Erde beschreiten wie der Feind deines Vaters oder deines Herrn"*[158]*. Auch hätten wir nicht wagen dürfen, die Hölle zu verlassen und uns vor Euch im Paradies zu zeigen, wenn wir nicht die Rache vollführt hätten, die Ihr begonnen habt. Jeder Tag, den wir abwarteten, erschien uns wie drei Herbste. Wahrlich, wir sind einen Tag lang, nein, zwei, durch den Schnee geschritten und haben dabei nur ein einziges Mal Nahrung zu uns genommen. Die Alten und Hinfälligen, die Kranken und Siechen sind froh an das Ende Ihres Daseins angelangt. Die Leute mochten über uns lachen, wie über Grashüpfer, die in die Stärke ihrer Arme vertrauen, da wir unserem verehrten Herren Schande zu bereiten schienen, aber nichts konnte uns hindern, an unserer Rache festzuhalten. Nachdem wir uns in der vergangenen Nacht gemeinsam beraten haben, haben wir Herrn Kôzuke-no-Suke hierher zu Eurem Grab geleitet. Dieser Dolch, auf den unser verehrter Herr großen Wert gelegt hat und den er uns anvertraut hat, bringen wir Euch jetzt zurück. Wenn Euer edler Geist hier bei Eurem Grabe anwesend ist, bitten wir Euch, den Dolch zu ergreifen und damit das Haupt Eures Feindes ein zweites Mal abzutrennen, um Euren Haß für alle Zeiten zu löschen. Dies ist die ehrfurchtsvolle Erklärung von siebenundvierzig Männern.*

Auf diese Weise endete die Zeremonie, durch welche die Ehre des Klans der Asano wiederhergestellt worden war. Hara Mototochi, der ehemalige Hauptmann von Asanos Garde, wurde daraufhin in das Kloster entsandt, in das sich Asanos Witwe zurückgezogen hatte.

Langsam schritten die Rônin zum Ausgang des Friedhofs, wo sie sich in die Hände der Garde des Shôguns, die erwartungsgemäß bereits eingetroffen war, begaben.[159] Von Anfang an war Ôishi und seinen Mitkämpfern bewußt

[157] Hiermit ist wahrscheinlich der Erlaß aus dem Jahre 1663 gemeint, der den *junshi*, den kollektiven Selbstmord von Samurai nach dem Tode ihres Herrn, verbot. – Anm. d. Übers.
[158] Dieses Zitat stammt von dem chinesischen Philosophen Konfuzius (551-479 v. Chr.).
[159] Tatsächlich wurden nur 46 Rônin verhaftet. Der *ashigaru* Terasaka Kichiemon wurde nicht festgenommen. Über die Gründe hierfür gibt es zahlreiche Kontroversen unter den Historikern. So wird beispielsweise vermutet, daß Ôishi ihn als Bote zu Asanos jüngerem Bruder geschickt hatte, damit er die Nachricht von der erfolgreichen Rache überbringe, oder es wird

gewesen, daß sie mit ihrem Rachefeldzug das Gesetz brechen und somit ihr Leben verwirken würden.

46 Blitze blauen Stahls im Licht der aufgehenden Sonne

Die Bewohner der Stadt, die Edelleute und natürlich vor allem die Samurai empfanden größte Hochachtung vor den 47 Rônin aus Akô. Dies ging so weit, daß selbst der Shôgun, der offenen Widerstand fürchtete, wenn er das Gesetz unverzüglich durchsetzen lassen würde, einen Aufschub gewährte. In der Zwischenzeit waren die Helden jener Nacht bei den höchsten Würdenträgern zu Gast, die sich untereinander um die Ehre, sie bewirten zu durften, stritten. Der Große Rat des Shôguns billigte unter sich die unerhörte Heldentat, aber jedem war klar, daß der Anschlag auf einen der wichtigsten Beamten am Hofe nicht ungesühnt bleiben würde. Unter dem Vorwand der Zeremonien, die am Jahresende üblich waren, schob man die Urteilsverkündung noch weiter hinaus. Auf diese Weise konnten die Rônin noch den Anbruch des neuen Jahres feiern unter den Ehrerbietungen ihrer Gastgeber. Siebzehn von ihnen waren bei Hosokawa Tsunatoshi, dem Daimyô von Kumamoto zu Gast, zehn weitere bei Matsudaira Sadano, dem Daimyô von Matsuyama, zehn bei Môri Tsunamoto, dem Daimyô von Fuchû, und die letzten zehn bei Mizuno Tadamoto, dem Daimyô von Yamagata.

Schließlich wurde das Urteil gefällt, und es lautete auf gemeinschaftlichen *seppuku*. Tatsächlich stellte dies einen außerordentlichen Gunstbeweis dar und bedeutete eine Milderung der erwarteten Strafe. Für den Vollzug wurde der Morgen des fünften Tages nach Neumond festgelegt, der 4. Februar 1703. Im Morgengrauen jenes Tages knieten Ôishi und 45 seiner Getreuen vor den Vertretern des Shôguns. Als Gehilfen standen hinter ihnen Mitglieder der

---

angenommen, daß sein niedrigerer Rang als *ashigaru* ihn vor der Festnahme bewahrte und schließlich auch zu seiner Begnadigung führte. Es wird auch darüber spekuliert, daß er aus Feigheit nicht am eigentlichen Rachefeldzug gegen Kira teilgenommen habe (was jedoch als sehr unwahrscheinlich anzusehen ist, zumal es der untenstehenden offiziellen Begründung der Begnadigung widerspricht). Diese Ungewißheit bot einen guten Nährboden für Stückeschreiber und andere Literaten, die zahlreiche „Erklärungen" dafür entwickelt haben, daß Terasaka anscheinend nicht am Friedhof anwesend war. – Siehe Smith II, H. D.: The Trouble with Terasaka: The Forty-Seventh Rônin and the Chûshingura Imagination. Japan Review, 2004, 16:3-65. – Anm. d. Übers.

Leibwache des Shôguns, die sich um diese außerordentliche Ehre förmlich gestritten hatten. 46 Rônin begingen *seppuku*, 46 Mal blitzte der Stahl der Schwerter ihrer Gehilfen in den ersten Strahlen der aufgehenden Sonne auf, und 46 Köpfe rollten über den Boden, gemäß der reinsten Tradition. Ein einziger der Rônin konnte den Sonnenaufgang noch erleben. Allzu gern hätte er das Schicksal seiner Kameraden geteilt. Aber auf kaiserlichen Befehl hin wurde der jüngste der tapferen Krieger aus Akô, der *ashigaru* Terasaka Kichiemon, der erst 16 Jahre zählte, begnadigt, damit er „so lange wie möglich lebe, auf daß er wie auch seine Nachkommen regelmäßig die rituellen Opfergaben für die Geister seiner loyalen Kameraden darbringen könne und stets den Ruhm, den diese Helden sich erworben haben, bezeuge, so daß ihr Beispiel in der gesamten Nation das Feuer der Ehre, der Gerechtigkeit, der Pflichttreue und der Opferbereitschaft brennen lasse". Des weiteren wurde die Begnadigung damit begründet, daß „nur einer dieser 47 Tapferen ehrenhaft genug sein kann, die Opfergaben, mit denen wir ihnen unseren Respekt erweisen, auf eine Weise, die diesen edlen Geistern gerecht wird, darzubringen."

Und so sollte es geschehen. Er lebte als Hüter der Gräber im Kloster von Sengakuji, bis er 1767 im Alter von 81 Jahren eines natürlichen Todes starb. Man begrub ihn an der Seite seiner Kameraden, deren Andenken er stets treu geblieben war. Bei den Gräbern der 47 Rônin aus Akô befindet sich auch die Grabstätte des Kenji Murakami, jenes ehemaligen Weggefährten Ôishis, der ihm einst ins Gesicht gespien hatte, als er ihn in der Zeit seiner Verborgenheit betrunken vorgefunden hatte. Getrieben von Gewissensbissen war er einer der ersten, die das frische Grab aufsuchten – um dort *seppuku* zu begehen. Des weiteren steht dort eine Stele, die die Grabstätte von Yôzeiin, der Gemahlin Asanos, anzeigt. Auch sie kam zu dem Ort, um dort rituellen Selbstmord, *jigai*[160], zu begehen, nachdem sie erfahren hatte, daß die Rache vollzogen worden war. Durch kaiserliches Dekret wurde der Klan der Asano wiederhergestellt, und der jüngere Bruder Asano Naganoris, Asano Daigaku Nagahiro, wurde das neue Oberhaupt der Familie.

[160] *Jigai*: jpn. Ritueller Selbstmord bei Frauen. Dabei wird die Halsschlagader durchtrennt. Um auch im Tode eine würdevolle Haltung zu bewahren, band sich eine Frau, die *jigai* begehen wollte, zuvor die Füße zusammen. – Habersetzer, R. u. G.: Encyclopédie des Arts Martiaux. Paris: Amphora 2004.

Dies war die Geschichte des „Schatzes der treuen Vasallen", deren Grundzüge durch Odagiri Kanesada aufgeschrieben wurden, welcher sie nach den Berichten Terasakas, des Überlebenden, verfaßte. Letzterer bestätigte die Wahrhaftigkeit des Berichts, indem er kurz vor seinem Tode einige Zeilen unter das Manuskript Odagiris setzte: „Ich, Terasaka Kichiemon, Samurai der Asano, habe vom Hohen Herrn den Befehl erhalten, weiterzuleben, nachdem alle anderen Rächer der Asano sich den Tod gegeben haben. Ich habe nun die letzte Stufe des Alters erreicht. All die bewundernswerten Begebenheiten, die in meinem Gedächtnis waren, sollten mit mir vergehen. Doch sie wurden durch einen pflichttreuen Mann niedergeschrieben, der sie in seinem Eifer für jedermann bekannt werden lassen wollte. Dies sind meine Worte, auch wenn es sein Pinsel war, der sie für alle Zeiten festgehalten hat. Wenn die Augen, die gesehen, und die Ohren, die gehört haben, nicht mehr sein werden, wird sein Werk bestehen bleiben, um unseren verstorbenen Daimyô zu ehren und die Tapferen, die ihn gerächt haben. Die edlen Herzen, die unsere Taten von Generation zu Generation würdigen werden, erwärmen unsere erkalteten Geister. Loyalität, Kraft und Rechtschaffenheit mögen in allen Seelen Nippons blühen! Verfaßt am 20. Tag des zwölften Mondes, für den frommen und ehrenhaften Odagiri Kanesada."

Die Geschichte der 47 loyalen Samurai des Asano Naganori, Daimyô des Akô-Lehens in der Provinz von Harima, versetzte seinerzeit ganz Japan in Erstaunen. Ihr Geschick inspirierte Erzähler, Theaterdichter, Maler und Cineasten. Die Geschichte der „Treuen aus Akô" (Akô Gishi) hat sich vor 300 Jahren abgespielt, zu der Zeit, als in Frankreich die Ära des Sonnenkönigs, Ludwig XIV., sich ihrem Ende zuneigte. Sie ist noch heute beispielhaft, denn sie stellt die Frage nach den wahren Werten des Menschen.

Zur gleichen Zeit, als sich die in dieser Erzählung beschriebenen Ereignisse zutrugen, hatte sich Yamamoto Tsunemoto, ein alter Vasall eines Daimyôs im Süden, in eine Einsiedelei zurückgezogen, um dort das Hagakure („Verborgen hinter den Blättern") niederzuschreiben, jenes große klassische Werk, das die Essenz des bushidô zum Ausdruck bringt. Dieses Werk beginnt mit den Worten: „Der Weg des Samurai liegt im Tod." Das anbrechende 18. Jahrhundert brachte ein neues Bewußtsein für die Japaner mit sich. Man begriff, daß die tapfersten Krieger, die das Land besaß, tatsächlich nur einen Augenblick lang auf dieser Erde verweilten, doch daß ihre Heldentaten, die sie unter Einsatz ihres Lebens vollbrachten, von solch einer großen Intensität geprägt waren, daß sie nicht in Vergessenheit geraten durften. Die Tat Ôishis und seiner Krieger erschütterte die ganze Gesellschaft. Sie war wie ein Warnschuß, durch den ein Volk, das wie betäubt im Schatten einer erdrückenden Macht dämmerte, geweckt wurde. Ihr Tod ließ sie zu Märtyrern werden für die Sache des bushidô und aller traditionellen Werte, die darin festgeschrieben waren.

Am Ende des 17. Jahrhunderts waren die Samurai aufgrund des durch die Tokugawa auferlegten Friedens weitgehend zur Untätigkeit verurteilt. Sie standen im Dienst der großen Daimyô des Landes, und ihr Alltagsleben beruhte auf einer strengen Ethik, die sie auf einen Kampf vorbereiten sollte, der sich nie ereignete. Vor ihnen stand die Frage, wie sie ihr Leben nach dem bushidô führen sollten, wenn ihnen nie Gelegenheit geboten wurde, sich zu erproben, sich auszuzeichnen, das Leben zu leben, für das sie sich bestimmt fühlten. Auch ihre materielle Situation verschlechterte sich zusehends, und obgleich ihnen solches offiziell verboten war, verdienten viele Samurai ein wenig zusätzliches Geld, indem sie beispielsweise kunsthandwerkliche Arbeiten ausführten. Wie sollten sie unter solchen Bedingungen noch an die Kraft der traditionellen Werte glauben?

Eine urbane Zivilisation entwickelte sich im Lande, vor allem in den großen Städten. Die Klasse der Kaufleute gewann zunehmend an Einfluß, und die Rolle der Samurai wurde immer bedeutungsloser. Dies war der Hintergrund, vor dem Yamaga Sokô (1622-1685) mit seinem Werk „Shidô" zum ersten Mal den Ehren- und Moralkodex der Samurai, das bushidô, schriftlich formulierte. An erste Stelle setzte er die Lehre: „Die Pflicht geht über alles." Ôishi Yoshio, der Anführer der 47 Rônin, war Anhänger und Schüler Yamagas, der eine Zeitlang im Lehnsgut von Akô im Exil lebte. Durch seine Tat erweckte er die Schriften seines Lehrmeisters zum Leben und bewirkte auf grandiose Weise die Wiedergeburt des Geistes der Samurai alter Zeiten.

Noch heute stehen die Stelen, die die Gräber der Protagonisten dieser Tragödie markieren, unter dem Blätterdach der hohen Bäume des Friedhofs von Sengakuji. Der Ort liegt etwa sechs Kilometer südlich des Kaiserpalastes von Tokio inmitten des Stadtgebiets. Über ihren Grabstätten scheint noch immer gleich einem Windhauch der alte Geist der Samurai zu wehen. Zahlreiche Raben hausen hier, deren Krächzen die Stille des Parks durchdringt, und Tag für Tag kommen Besucher, die respektvoll vor den Grabstelen innehalten und die Namen, die darauf graviert sind, entziffern. Sie zünden zum Gedenken an die Toten ein Räucherstäbchen an, bevor sie das kleine Museum in der Nachbarschaft besichtigen, in dem die Waffen und andere Gegenstände, die den 47 Rônin aus Akô gehörten, aufbewahrt werden, Kostbarkeiten aus einer Zeit, deren Werte uns noch heute zum Träumen bringen.

„All diese Freuden, die ich erlebte, wurden mir nicht durch die Lebenden zuteil. Jenen, die seit langem schon tot sind, verdanke ich sie.“

Gedicht von Saigô Takamori

Saigô Takamori, der letzte Samurai

Der Riese aus Kagoshima

Saigô Takamori[161] stammte aus der großen Provinz von Satsuma auf der Insel Kyûshû, weit entfernt von Edo, dem Sitz des Shôguns, und von Kyôto, der Kaiserresidenz. Hier herrschte der Klan der Shimazu, der weithin für seinen Sinn für Unabhängigkeit bekannt war. In dem Lehen lebten etwa 600 000 Menschen, und etwa 40 Prozent von ihnen gehörten zu Samuraifamilien. In der Geburtsstadt Saigôs, Kagoshima, betrug der Anteil der Samurai sogar 70 Prozent. Viele der Samurai von Satsuma lebten in Armut, in Verhältnissen, die sich kaum von denen der durch die Steuerlast schier erdrückten Masse der Bauern unterschieden. Saigô war ein Sproß einer dieser Samuraifamilien niederen Ranges, Hiza-Samurai genannt. In diesen Kreisen waren Tugenden wie Mut und Unabhängigkeitssinn, gepaart mit Bescheidenheit und Rechtschaffenheit, hoch angesehen. Saigô war das älteste von sieben Kindern, und er hatte von seinem Vater eine für jene Zeit in Japan höchst außergewöhnliche Körpergröße und Leibesfülle geerbt. In der Schule bezeichneten seine Mitschüler ihn daher als großen Tolpatsch (*udo*). Er wog über 120 Kilogramm und war sehr breitschultrig. Sein Hals glich dem eines Stiers. Er verfügte über enorme Körperkräfte und konnte seinen stattlichen Körper mit großer Schnelligkeit und Gewandtheit bewegen. Noch in den letzten Jahren seines Lebens war er in der Lage, mit Leichtigkeit die steilen Wege des Gebirges, das Kagoshima umgab, entlangzuwandern, begleitet von seinen Hunden. Allerdings litt er trotz seiner starken Vitalität an verschiedenen für Menschen mit Fettleibigkeit typischen Krankheiten.

Schon in der Jugend zeichnete er sich durch einen ausgeprägten Unternehmungsgeist aus. Es ergab sich auf natürliche Weise, daß er zum Anführer einer Gruppe junger Leute wurde, die gleich ihm Samuraifamilien entstammten. Unter ihnen befand sich auch Ôkubo Toshimichi[162], dessen Leben schicksal-

---

[161] Saigô Takamori (1827-1877).

[162] Ôkubu Toshimichi (1830-1878).

haft mit dem seinigen verbunden war. Saigô hatte einen starken Charakter und war von unabhängigem, kämpferischem Naturell. Viele, die ihm im Laufe seines Lebens begegnet sind, bezeugten auch, daß er von einnehmender, freundlicher Wesensart gewesen ist. Auch zeichnete er sich durch Lebensfreude und einen gesunden Menschenverstand aus. Alles in allem war er ein integrer, aufrichtiger Mensch.

Im Jahre 1851, als Saigô 24 Jahre alt war, übernahm Shimazu Nariakira nach zwei Jahre dauernden Streitigkeiten den Vorsitz über den Shimazu-Klan. Saigô war sehr glücklich darüber, denn er befürwortete die Haltung des neuen Daimyô, der nach größerer Unabhängigkeit vom Shôgun Tokugawa strebte und die Absicht hatte, sein Lehensgebiet zu modernisieren. Tatsächlich hegte er für das neue Klanoberhaupt größte Bewunderung. Bald ergab sich die Möglichkeit, daß er Shimazu Nariakira auf einer mehrmonatigen Reise durchs Land, die sie bis nach Edo führte, begleitete. Auf dieser Reise kamen der Lehnsherr und sein Vasall einander näher, so daß Saigô von nun an häufig von seinem Meister mit geheimen Missionen betraut wurde, bei denen es vor allem um die Nachfolge des gegenwärtigen Shôguns ging. Aus diesem Grunde hatte der kaum Dreißigjährige oft Gelegenheit, sowohl die Kaiserhauptstadt Kyôto als auch das Hauptquartier des Bakufu in Edo zu bereisen. Er war der Vertrauensmann seines Daimyô geworden. Doch dieser starb unerwartet einen frühen Tod. Zutiefst erschüttert, wollte Saigô seinem Herren gemäß dem alten Brauch des *junshi* in den Tod folgen. Doch der Priester Gessho, ein Freund aus Kyôto, brachte ihn davon ab, indem er ihn davon überzeugte, daß er lebend seinem Land von größerem Nutzen sein würde. Doch das Schicksal wollte es, daß Gessho wenig später selbst durch den Shôgun zum Tode verurteilt wurde und auf der Flucht vor der Polizei bei seinem Freund in Kagoshima Unterschlupf suchte. Beide beschlossen daraufhin, gemeinsam Selbstmord zu begehen. Sie bestiegen ein Schiff, das die Bucht von Kagoshima durchquerte. Niemand achtete auf sie, als sie sich zum Bug des Schiffes begaben. Dort verfaßten sie ihre Abschiedsgedichte und sprangen unverhofft über Bord. Die Passagiere hörten den Aufschlag ihrer Körper auf dem Wasser. Sie eilten an die Reling, und obgleich es schon dunkelte, sahen sie das weiße Gewand des Priesters auf den Wellen schwimmen. Es gelang ihnen, die beiden Selbstmörder an Bord zu ziehen, und man brachte sie unverzüglich ans Ufer. Dort versuchte man, sie wiederzubeleben, doch für Gessho war es bereits zu spät.[163] Sein ganzes Leben lang sollte Saigô in Tränen den Jahrestag des Todes seines Freundes begehen. Zwanzig Jahre später verfaßte er einen mystischen Text, der Gedanken des Zenbuddhismus und des Neokonfuzianismus enthielt. Darin schrieb er, daß auch er selbst in jener schrecklichen Nacht den Tod gefunden habe.

Das neue Oberhaupt des Shimazu-Klans, Hisamitsu, verbannte Saigô auf eine Insel weit im Süden von Kyûshû. Der Grund für die Verbannung war seine große Nähe zu Shimazu Nariakira und seine Verwicklung in geheime Machenschaften gegen das Bakufu. 1862 wurde er begnadigt, nur, um sechs Monate später erneut ins Exil auf die Insel Ôshima geschickt zu werden, weil er den konservativen Daimyô von Satsuma verärgert hatte. Das Leben am neuen Verbannungsort war wesentlich härter als das während der ersten Verbannung, doch Saigô begegnete den Widrigkeiten mit Stoizismus und großer Selbstbeherrschung. Er nutzte die Jahre im Exil, um zu lesen, Gedichte zu verfassen und sich in der Kunst der Kalligraphie zu üben. Auch verfaßte er eine Petition zugunsten der Arbeiter, die auf der Insel Zuckerrohr anbauten und ernteten, und deren Lebensbedingungen denen von Sklaven glichen. Tatsächlich führte dieses Schreiben zu einer Verbesserung des Lebens der Zuckerarbeiter.

Freunde Saigôs, unter ihnen Ôkubo, baten Hisamitsu immer wieder um die Begnadigung des Verbannten, so daß dieser schließlich im Jahre 1864 seine Rückkehr gestattete. Ihn umgab die Aura des Märtyrers, denn er war verurteilt worden, da er sich für die Sache des Kaisers engagiert hatte. Er blieb darin unbeugsam und beteiligte sich nunmehr offen an einer politischen Bewegung, die gegen die Macht des Shôguns gerichtet war. Er suchte auch den Kontakt zu ausländischen Abordnungen. So war er es, der 1866 den Empfang des britischen Premierministers, Sir Harry Parkes, in Kagoshima organisierte. Es gelang ihm, ihn von seinem Standpunkt zu überzeugen, daß es in Japan nur eine einzige Macht, die des Kaisers, geben sollte. Japan trat in eine entscheidende Etappe seiner Geschichte ein.

[163] Der Versuch der Wiederbelebung fand in einer Hütte am Ufer statt. Die Hütte steht heute noch. Sie befindet sich unweit einer Autobahn und einer Bahnlinie und ist zu einem Pilgerort geworden.

Meiji – die Welt verändert sich

Am 3. Januar 1868 verkündete der 15. Shôgun der Tokugawa-Linie, Tokugawa Yoshinobu, vor seinen versammelten Daimyô, daß er sein Amt aufgeben und die Macht in die Hände des erst 15jährigen Kaisers, Mutsuhito, legen wolle. Dem vorausgegangen waren endlose geheime Verhandlungen und starker Druck, der von verschiedenen Seiten auf den Shôgun ausgeübt worden war. Kaiser Mutsuhito seinerseits erklärte alsbald, daß das Amt des Shôguns von nun an abgeschafft sei. Nach nahezu sieben Jahrhunderten, in denen die Macht im Lande durch den Shôgun ausgeübt worden war und der Kaiser lediglich eine symbolische Funktion innehatte, war dies eine wahre Revolution. Diese Umwälzung ging in die Geschichte als Meiji-Restauration[164] ein.

Wenn ein Zeitalter auf solch abrupte Weise zu Ende geht, kann dies naturgemäß nicht ohne Erschütterungen geschehen. Seit Kusunoki Masashige im 14. Jahrhundert damit gescheitert war, hatte es niemand mehr zu versuchen gewagt, die kaiserliche Macht über die des Shôguns zu heben. Und nun wollte der Kaiser die Macht sogar vollständig übernehmen! Tatsächlich kam es zu einer Schlacht, deren Ausgang entscheidend für den Fortgang der japanischen Geschichte sein sollte. 20 000 dem Prinzip der Herrschaft des Shôguns treu ergebene Samurai erhoben sich noch im selben Jahr. Niemand anders als Saigô Takamori, der das Kommando über lediglich 5 000 kaisertreue Samurai aus Satsuma, Chôshû und Tosa führte, schlug den Aufstand nieder. Saigô vertraute dem Kaiser und glaubte fest an die Erneuerung seines Landes.

Unaufhaltsam hatte Japan seinen Weg in die Zukunft angetreten. Eine Reform nach der anderen wurde in Gang gesetzt und so das wirtschaftliche und soziale Gefüge des Landes Schritt für Schritt umgewälzt. Der Grundsatz der Modernisierung lautete „ein prosperierender Staat und eine starke Armee" (*fukoku kyôhei*). Hierfür wurden die Staaten des Westens als Vorbild genommen, die zu jener Zeit ungleich höherentwickelt zu sein schienen. Diese „barbarischen" Nationen hatten sich bereits Zugang zu Indien und China verschafft und klopften nun machtvoll an die Tore Japans.

Eine Gruppe von Ratgebern im Umfeld des jungen Kaisers zeichnete für diesen phantastischen Sprung nach vorn, den das Land erlebte, verantwortlich. Etliche von ihnen waren fremder Sprachen kundig, hatten den Westen

---

164 Meiji: jpn. Ära des Lichts.

bereist und waren von dort mit neuen Ideen für die soziale, wirtschaftliche und politische Ausrichtung des Landes zurückgekehrt. Das altmodische Feudalsystem zerfiel unter den Schlägen der Moderne und mit ihm die jahrhundertealten Wertvorstellungen und Bräuche des Reiches der Aufgehenden Sonne. Die Meiji-Revolution wurde von oben her eingeleitet und kam für die Gesellschaft, die keine Notwendigkeit hierfür gesehen hatte, vollkommen überraschend. Kaum jemand hatte gewollt, daß alles Alte durch Neues ersetzt werden sollte, aber der fest verwurzelte kollektive Gehorsam gegenüber der Obrigkeit führte dazu, daß dies letztendlich akzeptiert wurde. Der Kaiser setzte eine Verfassung in Kraft, die unter anderem die Einrichtung von Repräsentantenkammern nach europäischem Vorbild forderte. Die nationalen Energien wurden so gelenkt, daß ein industrieller Kapitalismus entstehen konnte. Nicht zuletzt betrafen die Reformen auch den Status jener, die bis dahin stellvertretend für die Größe Japans gestanden hatten, der tapferen und verehrten Samurai.

Kaiser Mutsuhito. Holzschnitt von 1888.

Auch jene, die wie Saigô Takamori die Reformen guthießen, begriffen zunächst nicht, daß es für diese müßiggängerische Klasse in einem Land, das fest entschlossen war, sich grundlegend zu modernisieren, keine Aufgaben mehr geben würde. Doch schnell wurde klar, daß die Samurai binnen kurzer Zeit einen neuen Platz in der Gesellschaft würden finden müssen, mit ihr verschmelzen mußten. Dies nahm schon bald konkrete Formen an. Die mächtigen Daimyô verloren ihre Funktionen, ihre Burgen wurden konfisziert, ihre persönlichen Garden aufgelöst. Doch im Gegenzug wurden sie mit beträchtlichen Pensionen entschädigt. Viele von ihnen akzeptierten es, auf diese Weise in den Ruhestand versetzt zu werden. Der Status des Samurai wurde abgeschafft. Damit sahen sich zwei Millionen Berufskrieger, die Elite der Nation, mit dem Problem der Arbeitslosigkeit konfrontiert. Dies hatte natürlich große Unzufriedenheit zur Folge, die sie keinesfalls verhehlten. Man bot ihnen an, in die neue Armee einzutreten und ihnen dort Sold zu zahlen. Doch der Gedanke, jahrhundertelange traditionelle Hingabe gegenüber einem Herren gegen schnöden Sold eintauschen zu sollen, entrüstete sie zutiefst. Kein echter Samurai konnte einen solchen Kuhhandel akzeptieren. Die Tradition wurde mit Füßen getreten, eine Welt brach zusammen. Das neue Japan hatte die Samurai bitter enttäuscht. Die Saat für weitere Revolten war gelegt.

Der Regierungsrat, der Kaiser Mutsuhito in allen Angelegenheiten beriet, wollte die Reformen mit größter Geschwindigkeit vorantreiben. 1869 wurde Ômura Masajirô beauftragt, die Grundlagen für die Formierung einer neuen japanischen Armee zu schaffen, die mit moderner Ausrüstung aus dem Westen ausgestattet und zu Beginn durch hochbezahlte europäische Instruktoren ausgebildet werden sollte. Militärakademien wurden geschaffen. Schon bald wurde Ômura durch einen Samurai seines eigenen Klans ermordet, doch Yamanaga Aritomo trat die Nachfolge an und setzte die Bestrebungen, eine nationale, auf allgemeiner Wehrpflicht beruhende Armee zu schaffen, unverändert fort.

Saigô, nachdem er die gegen den Kaiser gerichtete Revolte niedergeschlagen hatte, kehrte nach Kagoshima zurück. Lange Zeit ignorierte er alle Ehrungen, die ihm von Seiten des Kaiserhofs angeboten wurden. Er war sich allerdings sehr wohl dessen bewußt, was man ihm schuldete. Schließlich akzeptierte er jedoch ein Amt in der neuen Regierung. Mit 43 Jahren war er das älteste Regierungsmitglied. Er wurde zum Chef der 100 000 Mann starken Kaisergarde ernannt, die noch vollständig aus der alten Militärkaste der Samurai rekrutiert worden war. Diese elitäre Rekrutierung, die Saigô zunächst geschickt hatte durchsetzen können, war ein Zugeständnis an die Tradition, und noch schien es möglich zu sein, auf diese Weise den inneren Frieden im Lande bewahren zu können. 1872 wurde Saigô zum Oberbefehlshaber über alle bewaffneten Kräfte im Land ernannt, und noch immer konnte man die Hoffnung hegen, daß der Geist der Samurai, den Saigô vehement verteidigte, auch in der neuen Armee würde Fuß fassen können. Doch die Dinge entwickelten sich außerordentlich schnell. Als Saigô im Jahr darauf zum Marschall befördert wurde, dem höchsten militärischen Rang, hatte er bereits begriffen, daß die Samurai unaufhaltsam und endgültig ihren Status als militärische Elite verlieren würden. Er fühlte sich in seiner offiziellen Position, die er in Tokio innehatte, zunehmend unwohl.

Ende 1871 brach eine aus 50 hohen Würdenträgern bestehende Delegation, die Iwakura-Mission, zu einer langen Informationsreise durch Europa und Amerika auf. Zu ihren Mitgliedern zählten auch Ôkubo und Yamanaga. Nach der Rückkehr war Yamanaga Aritomo vollkommen von der Überlegenheit einer neuartigen, auf Wehrpflicht beruhenden Armee nach dem Vorbild der französischen Streitkräfte überzeugt, und die Regierung begann im Januar 1873, die entsprechenden Pläne in die Tat umzusetzen. Von nun an mußten alle Männer im Alter von 21 Jahren, unabhängig von ihrer sozialen Herkunft, einen dreijährigen Wehrdienst ableisten und anschließend weitere sechs Jahre als Reservisten bereitstehen. Dies war in den Augen der Samurai das ganze Gegenteil von der Idee des „Dienens“, die jahrhundertelang für sie gegolten hatte. Wenig später hielt der alte Shimazu Saburô mit seinen Männern in Tokio Einzug. Sie trugen die traditionelle Ausrüstung der Samurai und waren bis an die Zähne bewaffnet. Ihre düsteren Mienen verhießen nichts Gutes. Diese erste spektakuläre Demonstration der Mißstimmung unter den Samurai des Klans der Shimazu stellte eine unmißverständliche Botschaft dar.

Der Bruch

Saigô Takamori konnte diese Signale nicht ignorieren. Kurz vor seinem 50. Lebensjahr stand er an einem Wendepunkt. Er hatte sich eine Lebensphilosophie zu eigen gemacht, die stark durch den Neokonfuzianismus des Chinesen Wang Yang-ming[165] geprägt war, dessen Werke er seit langem studierte. Auch die Schriften des Samurai Ôshio Heihachirô aus Ôsaka hatten ihn nachhaltig beeinflußt. Ôshio war für ein besseres Dasein der Armen eingetreten und so zum Anführer einer Revolte geworden. Um einer Treibjagd durch die Polizei zu entrinnen, hatte er *seppuku* begangen. Saigô war überzeugt davon, daß jede durch Lauterkeit geprägte Tat in den Augen der Nachwelt Wertschätzung ver-

[165] Wang Yang-ming (1472-1529), auf japanisch O Yomei. Gelehrter (Mandarin) und mutmaßlicher Gründer der Schule der „Reinheit des Herzens“ (Xinxue), einer Strömung, die dem Neokonfuzianismus zugerechnet wird. – Habersetzer, R. u. G.: Encyclopédie des Arts Martiaux. Paris: Amphora 2004.

diente, selbst wenn die Person, die sie vollbrachte, zu ihren Lebzeiten wenig bekannt war. Und er vertrat die Ansicht, daß alles angelesene Wissen niemals die Aufrichtigkeit im Handeln (*makoto*) ersetzen könne. Derartige Überlegungen sind Gegenstand zahlreicher Briefe und Gedichte, die von seiner Hand überliefert sind. Er war von dem Willen, sich für andere einzusetzen, und sei es um den Preis der Selbstaufopferung, beherrscht. Diese Haltung zeigt, daß Saigô zu einem sehr hohen Grad der Selbstbeherrschung, der Überwindung des Ego gelangt war. Dies hatte er nicht zuletzt regelmäßiger Zenpraxis zu verdanken.

Alles in allem war Saigô Takamori ein echter Samurai, doch er mußte in einem Umfeld leben, das er nicht mehr begriff und in dessen Augen er selbst wie ein sonderbares Relikt erschien. Er lebte bescheiden und hegte eine entschiedene Abneigung gegen jegliches Zurschaustellen von Reichtum. Er erhob nicht einmal Anspruch auf seine Bezahlung als höfischer Ratgeber; man sandte sogar einen Boten zu ihm, um ihn darauf aufmerksam zu machen. Doch Saigô lag nichts am Geld. Besaß er einmal welches, so verteilte er es freigebig unter seinen Freunden. Eigennutz war ihm fremd, für ihn zählte nur die Pflicht. Wie jeder wahre Samurai glaubte er fest an das Schicksal. Der Gedanke an den Tod war ihm stets gegenwärtig, und er sprach oft davon. Natürlich übte er sich auch im Schwertkampf (*kenjutsu*). Als einziges Mitglied der Regierung war er nie im Ausland gewesen und interessierte sich auch wenig für ausländische Bräuche. Nachdem solch eine Haltung jahrhundertelang in Japan die Regel gewesen war, war sie nun, im Jahre 1873, zur Seltenheit geworden. Seine strenge Moral, die auf den Anschauungen über Leben und Tod in der traditionellen Philosophie beruhte, welche er zutiefst verinnerlicht hatte, ließ ihn zum Fremdling unter den Männern werden, die nun über das Geschick des Landes bestimmten. Auch von Ôkubo, seinem alten Freund, hatte er sich entfremdet. Dieser war zum Finanzminister aufgestiegen und damit aufs engste mit dem Kapitalismus der großen Unternehmensgruppen (*zaibatsu*) verbunden. Gewiß war sich Saigô darüber im Klaren, daß Japan sich ohne eine eigene moderne Industrie gegenüber dem wachsendem Einfluß des Auslands auf die Dauer nicht würde behaupten können, aber er wünschte, daß diese Entwicklung stufenweise vonstatten ginge. Die traditionellen Werte seines Volkes sollten nicht dem Fortschritt zum Opfer fallen.

Saigô versuchte nicht länger, sein Mißfallen am Gang der Dinge zu verbergen. Das ging so weit, daß er bei seinen Besuchen im Kaiserpalast den einfachen traditionellen Kimono und Sandalen trug, und es kam sogar vor, daß er sich in den Kreisen der neuen Aristokratie, die nach der Mode des Westens gekleidet war, barfuß bewegte. Er war der einzige Repräsentant der Klasse der Samurai in der Regierung geworden, ihr Wortführer. Zwar war deren Abschaffung bereits beschlossene Sache, doch die Samurai setzten sich dagegen mit zunehmender Entschlossenheit zur Wehr und führten einen Kampf gegen die neuen bürokratischen und kapitalistischen Strukturen.

Saigô war für die Oberschicht der Meiji-Ära untragbar geworden. Zum endgültigen Bruch kam es durch den Koreakonflikt des Jahres 1873. Die Regierung Koreas hatte sich geweigert, diplomatische Gesandtschaften aus Japan zu empfangen, doch die japanische Regierung beschloß, auf diese Provokation nicht zu reagieren. Prinz Iwakura, der von seiner europäischen Rundreise gerade zurückgekehrt war, riet zur Vorsicht in dieser Angelegenheit, und Ôkubo ließ durch die Regierung jeden Vorschlag einer aggressiven Lösung des Problems zurückweisen. Natürlich war dies keineswegs Ausdruck von Pazifismus, sondern einfacher Realitätssinn. Japan war noch nicht bereit für einen großen Krieg. Ein bewaffneter Konflikt mit Korea hätte jedoch leicht zu Auseinandersetzungen mit dem benachbarten Rußland und in der Folge auch mit den europäischen Nationen und ihren modernen Streitkräften führen können. Saigô, der die Ansicht vertrat, daß die Respektlosigkeit von Seiten des Erzfeindes Korea geahndet werden müsse, trat daraufhin empört von all seinen Ämtern zurück. Er behielt lediglich den Titel eines Armeegenerals. Gemeinsam mit seinen Gefolgsleuten verließ er die Hauptstadt und begab sich zurück nach Kagoshima. Um das Gesicht zu wahren, sprach die Regierung davon, daß Saigô aufgrund gesundheitlicher Probleme abgedankt habe. Doch man begann in Tokio zu ahnen, daß der offene Konflikt zwischen den Kräften der Tradition und denen der Moderne, der durch das Koreaproblem zum Ausbruch gekommen war, noch ein schmerzhaftes Ende nehmen würde.

Saigô Takamori hatte sich offenkundig von allem zurückgezogen. Monatelang tat er nichts anderes, als Gedichte zu schreiben und ausgedehnte Spaziergänge mit seinen Hunden oder auch mit seinen Freunden zu unternehmen. Doch er eröffnete auch zahlreiche *dôjô*, Privatschulen, in denen er jungen Leuten aus der Provinz Satsuma Unterricht in den *bujutsu*-Künsten[166] und

---

[166] Die Samurai aus Satsuma waren berühmt für ihre *Jigen-ryû*-Schwerttechnik, die im Kampf äußerst wirkungsvoll war. – Siehe auch Mabuni, Kenei: Leere Hand – Vom Wesen des Budô-Karate. Chemnitz: Palisander 2007, S. 39 ff.

in der traditionellen Samurai-Ethik erteilte. Zu Tausenden kamen die Schüler in seine *dôjô*. Für die Ausbildung der Jugend brachte Saigô seine letzten Geldreserven auf. Bemerkenswert ist die Tatsache, daß Saigô nicht nur die klassischen Schwerttechniken lehrte, sondern auch Unterricht im Umgang mit modernen Schußwaffen – Gewehren und Karabinern – erteilte, die in Japan zunehmend Verbreitung fanden. Dies zeigt, daß Saigôs Einstellung zum Weg des Samurai keineswegs vollständig rückwärtsgewandt war.

Sein alter Freund Ôkubo versuchte ihn zur Rückkehr zu bewegen, indem er Boten nach Kagoshima sandte. Selbst Prinz Sanjô schickte zu diesem Zweck Emissäre nach Satsuma. Doch Saigô war nicht bereit einzulenken.

Der Aufstand im Süden – Satsuma-no-ran

Allem Widerstand zum Trotz, der vor allem aufgrund neuer Steuern zur Finanzierung der Reformen überall im Land aufflackerte, verfolgte die Regierung unbeirrbar ihr Modernisierungsprogramm. Zwischen 1869 und 1873 kam es auch zu Unruhen innerhalb der Bauernschaft, denn die Landleute, die ohnehin bereits ein schweres Dasein führten, sahen in den Aushebungen zum Wehrdienst nichts weiter als eine Art Blutsteuer, die sie in Gestalt ihrer Söhne zu zahlen hatten. Zudem waren weitere neuartige Abgaben zu entrichten, die die Bauernfamilien direkt betrafen und nicht mehr, wie bisher üblich, vom ganzen Dorf gemeinsam aufgebracht werden mußten. Alles in allem erwies es sich als schwierig, die japanische Bevölkerung als Ganzes auf den neuen Kurs einzuschwören. Doch am beunruhigendsten für die Regierenden blieb die Haltung der Samurai, die eine immer größere Neigung zu gewalttätigem Widerstand zeigten. Vielen von ihnen erschien die offene Rebellion als letzte Möglichkeit, als Klasse überleben zu können.

Der erste Aufstand brach 1874 aus und verblüffte den Kaiserhof durch seine Kühnheit. Er war das Werk Etô Shimpeis, des ehemaligen stellvertretenden Bildungsministers der neuen Regierung, der gleichzeitig mit Saigô von seinem Amt zurückgetreten war. Dieser Aufstand, der in der im Norden von Kyûshû gelegenen Provinz Hizen ausbrach, stellte einen Protest gegen die Prinzipienlosigkeit, die die Regierung in der Korea-Affäre an den Tag gelegt hatte, dar. An der Spitze von etwa 2 000 Samurai konnte Etô eine Zeitlang die Oberhand gegenüber den örtlichen Polizeikräften gewinnen, aber schon bald sah er sich gezwungen, vor den Regierungstruppen mit dem Schiff nach Kagoshima zu fliehen. Dort traf er Saigô, der versuchte, ihn zu überzeugen, von seiner hoffnungslosen Aktion Abstand zu nehmen. Doch es war bereits zu spät. Etô wurde von den Regierungstruppen gefangengenommen und zu der für einen Samurai entehrenden Strafe der Enthauptung verurteilt. Nachdem die Strafe vollstreckt war, wurde sein Kopf auf einem Pfahl öffentlich ausgestellt, und Tausende Plakate, auf denen ein Foto seines abgeschlagenen Hauptes zu sehen war, wurden als abschreckendes Beispiel im ganzen Land angeschlagen. Dies war eine beispiellose Schändung des Andenkens eines Mannes, der wegen seines Kampfes gegen die Moderne verurteilt worden war.

Doch die abschreckende Wirkung hielt nicht lange vor. Bereits zwei Jahre später brach erneut ein Aufstand aus, wieder auf Kyûshû, in Kumamoto. Etwa 200 Samurai, die eine „Liga des Göttlichen Windes" (*kamikaze* oder *shimpû*) gegründet hatten, stürmten die kaiserliche Garnison der städtischen Burg. Sie führten den Angriff auf althergebrachte Weise mit Schwertern und Lanzen, doch die Angegriffenen schossen sie mit Salven aus modernen Gewehren nieder. Die wenigen Überlebenden des Angriffs begingen *seppuku*. In der Stadt Hagi, im Chôchû-Lehensgebiet im Süden der Insel Honshû gelegen, fand eine ähnliche Revolte statt, die ebenfalls scheiterte. Ihr Anführer, Maebara Issei wurde gefangengenommen und hingerichtet. Im gesamten Süden Japans brodelte es, nachdem der *haitôrei*-Edikt im Jahre 1876 das Tragen von Schwertern verboten hatte, welche *das* Standeszeichen der Samurai schlechthin waren. Einzig die Offiziere der neuen Streitkräfte durften in der Öffentlichkeit Schwerter tragen.

Die Atmosphäre auf Kyûshû wurde zunehmend unheilträchtig, vor allem in Kagoshima, wo die *dôjô* Saigôs zu Zentren der Protestbewegung geworden waren, argwöhnisch überwacht durch die Spione der Regierung. Bislang hatte Saigô es vermieden, zur immer umfassenderen Revolte der Samurai Stellung zu beziehen.

Am 30. Januar 1877 begannen sich die Ereignisse zu überschlagen. In der Nacht hatten Regierungstruppen versucht, die Waffen- und Munitionslager in Kagoshima, die eine potentielle Gefahr im Falle eines Bürgerkrieges darstellten, zu beschlagnahmen. Doch die Schüler Saigôs, die davon erfahren hatten, ergriffen die Initiative und plünderten ihrerseits die kaiserlichen Arsenale. Dies war der offene Aufruhr. Saigô wußte von all dem nichts, er befand sich gerade mit seinen Hunden auf der Jagd. Bei seiner Rückkehr fand er sich unversehens von seinen Schülern an die Spitze des großen Aufstands von Satsuma gestellt.

Saigô, der Rebell

Als er erfuhr, was geschehen war, soll er lediglich „*Shimatta*!" (Verdammt!) gerufen haben und sich dann den Bericht seiner Samurai angehört haben, die nach ihrer kühnen Tat noch immer sehr aufgeregt waren. Sein zu dieser Zeit 17jähriger Sohn berichtete später, daß er daraufhin einen furchtbaren Wutausbruch bekam und seine Leute anbrüllte, wie er dies noch nie zuvor getan hatte. Ihm war sofort bewußt, daß deren verantwortungslose Tat nicht wieder rückgängig gemacht werden konnte. Doch nachdem er seinem Zorn Luft verschafft hatte, bürdete er sich selbst die Verantwortung für die Folgen auf. Er befahl seinen Offizieren, alles für den Kampf vorzubereiten, ohne sich irgendwelchen Illusionen hinzugeben.

Für Tokio war Saigô zum Feind, den es zu töten galt, geworden. Die Regierung mit Ôkubo an der Spitze erklärte ihn zum „Feind des Hofes, für den es keinen Platz zwischen Himmel und Erde mehr gebe". Doch auch, nachdem der Bann über ihn verhängt war, betrachtete sich Saigô nicht als Aufrührer gegen seinen Kaiser. Ihm gegenüber, für den er 1868 die Truppen des Shôguns besiegt hatte, empfand er nichts als Loyalität. Er glaubte, daß der junge Mutsuhito lediglich unter den Einfluß schlechter Ratgeber geraten war. Die Obrigkeit hatte allerdings eine andere Sicht auf die Dinge. Prinz Arisugawa Taruhito und General Yamagata Aritomo wurden beauftragt, den Shimazu-Klan und den gesamten Süden des Landes in die Schranken zu weisen. Beide waren ehemalige Waffengefährten Saigôs. Der Prinz hatte bei der Niederwerfung der Samurai des Shôguns an seiner Seite gekämpft, und der General hatte zu seinen Kameraden bei der Kaisergarde gezählt. Sie führten Truppen gegen Saigô, für deren Ausbildung jener selbst einst als Marschall verantwortlich gewesen war. Eine Armee aus 60 000 Mann, ausgerüstet auf europäische Weise, ausgebildet durch europäische Instruktoren, mit schwerer Artillerie ausgestattet und mit elf Schlachtschiffen, zog nach Kagoshima. Die meisten der Soldaten waren wehrpflichtige Bauernsöhne. In dem Umfeld, in dem diese jungen Kämpfer aufgewachsen waren, war die Welt der Samurai, gegen die sie nun zu Felde ziehen mußten, eine Welt, die von unbesiegbaren, gottgleichen Menschen bevölkert war. Sie waren mit den Heldengeschichten über diese Kriegerkaste großgeworden. Es war, als würde der Kaiser von ihnen verlangen, einen Traum zu töten. Viele der Soldaten und Offiziere in ihren königsblauen, rotbetreßten Uniformen und ihren nach europäischer Manier

Saigô Takamori auf seinem Feldherrenstuhl. Holzschnitt von Yoshitoshi Tsukioka.

genagelten Schuhen fühlten sich daher auf diesem Feldzug höchst unbehaglich.

Tatsächlich unterschätzten Saigô Takamori und die Seinen die Fähigkeiten der anrückenden Truppen. Sie glaubten, daß die jungen Rekruten der neuen japanischen Streitkräfte ihrer Armee aus geschulten Samurai, die sich zudem noch auf eigenem Terrain schlagen würden, nicht lange standhalten könnten. Zwar konnte Saigô ihnen lediglich 14 000 Mann entgegenstellen, aber auch seine Kämpfer waren keineswegs nur mit dem traditionellen *katana* bewaffnet, sondern sie besaßen zudem moderne Enfield- und Snidergewehre sowie Pistolen.

Die Burg von Kumamoto war eine der stärksten Festungen im Lande. Trotzdem versuchte Saigô, sie einzunehmen, bevor die kaiserlichen Truppen eintreffen würden. Die Belagerung dauerte 20 Tage. Saigô ließ Angriffswoge auf Angriffswoge im mörderischen Feuer der kaiserlichen Kanonen gegen die Festungsmauern anrennen, seine Samurai erklommen die Festungsmauern, kämpften Mann gegen Mann. Seine besten Offizieren fielen bei den Angriffen, die mit einem Mut, der den Schlachten der alten Zeiten würdig war, geführt wurden. Ihnen ging jedoch die Munition aus, bevor die Kämpfer ihre Kräfte erschöpft hatten. Von vornherein hatte es nicht mehr als 100 Patronen für jeden Samurai gegeben. Auch die Nahrungsmittel der Belagerer wurden knapp, so daß sie gezwungen waren, Pferde zu schlachten und ihr Fleisch zu verzehren. Am 14. April konnten die Soldaten in der Festung aufatmen, als sie die Vorhut der kaiserlichen Armee erblickten, die aus dem Norden herbeigeeilt war und die Belagerer zum Abzug zwang. Die Belagerung erwies sich für Saigô als eine einzige Katastrophe und zudem als schwerer strategischer Fehler.

Die Stadt Kagoshima, die die Aufständischen aufgrund ihres Versuches, die Festung von Kumamoto einzunehmen, unvorsichtigerweise ohne Schutz gelassen hatten, fiel in die Hände der Regierungstruppen. Da sie sich ihrer Basis beraubt sahen, blieb den Samurai aus Satsuma nichts als die Flucht. Verfolgt von der kaiserlichen Armee, wurden sie immer wieder in mörderische Schlachten verwickelt und immer weiter dezimiert – so z. B. in Kobayashi und Miyakonojô. Schließlich wurden die bis dahin überlebenden Samurai bei Nobeoka eingekesselt. Es kam zu einer mit äußerster Härte geführten, verlustreichen Schlacht, doch letztendlich konnten Saigô und seine Leute der Umklammerung entrinnen. Es gab keinen Tag, an dem sie keine Verluste erlitten, aber auch die Armee von Prinz Arisugawa zählte die Toten zu Tausenden. Von den ursprünglich 60 000 Soldaten der kaiserlichen Truppen waren am Ende nur noch 30 000 kampffähig.

Am 1. September waren Saigô nur noch einige hundert Kämpfer geblieben, mit denen er nach Kagoshima zurückkehrte. Die besten seiner Samurai waren bereits gefallen, Opfer eines verzweifelten und überholten Heldentums. Nur ein Drittel seiner Leute besaß noch funktionsfähige Waffen, als sie in der Stadt von der kaiserlichen Armee eingeschlossen wurden. Mit einer Handvoll seiner tapferen Krieger gelang es ihm, sich bis zur Höhle von Shiroyama zurückzuziehen, die sich in der gebirgigen Gegend im Norden der Stadt befand. Sie verbrachten ihre letzten Tage in einem Zustand milder Ausgeglichenheit, den Blick verloren auf die Bucht von Kagoshima und die Vulkaninsel von Sakurajima gerichtet, sie spielten Go und schrieben Gedichte.

Am 23. September kam ein Bote zu ihnen, der einen Brief von General Yamagata überbrachte, in dem dieser seinem alten Waffengefährten eine letzte Chance anbot. Würde Saigô sich im Namen ihrer alten Freundschaft ergeben, so würden die kostbaren Leben seiner Gefährten geschont bleiben. „Ich wäre sehr glücklich, wenn Ihr meine Gefühle verstehen könntet. Ich mußte beim Schreiben dieser Zeilen meine Tränen zurückhalten, selbst wenn das, was in ihnen geschrieben steht, nicht alles, was ich in meinem Herzen trage, zum Ausdruck bringen kann." Saigô las den Brief schweigend, faltete das Dokument zusammen und erklärte, daß er keine Antwort darauf habe. Er wußte, daß er dem Tod nicht entrinnen würde. Er verbrachte die letzte Nacht seines

Lebens, eine Vollmondnacht, damit, seine letzten Verse zu Papier zu bringen. „Wäre ich ein Tropfen Morgentau, könnte ich Zuflucht suchen am Rand eines Blattes. Aber ich bin ein Mann, und auf der ganzen Welt gibt es keinen Platz für mich. Welch eine Freude, zu sterben wie die bunten Blätter, die am Fluß Tatsuta zu Boden fallen, bevor sie durch den Herbstregen zerstört werden!" Danach leerten die Gefährten ein letztes Mal gemeinsam die Sakeschalen und verabschiedeten sich voneinander.

Der letzte Angriff der kaiserlichen Truppen fand am 24. September 1877 um vier Uhr morgens statt. Im Kugelhagel unternahmen Saigô und seine letzten Samurai einen verzweifelten Gegenangriff. Plötzlich stürzte der Riese aus Kagoshima zu Boden, eine Kugel hatte ihn in der Leistenbeuge getroffen. Er konnte nicht mehr laufen. Der treue Beppu Shinsuke lud ihn auf seine Schultern, und es gelang ihm, mit seinem Meister in einer alten Landhütte Schutz zu finden. Während Shinsuke ihn zu Boden gleiten ließ, sprach Saigô seine letzten Worte: „Mein lieber Shinsuke, ich glaube, dieser Ort ist gut, um die Angelegenheit zu regeln."

Es gelang Saigô, sich auf die Knie zu begeben, um in Richtung des Kaiserpalastes in Tokio zu grüßen, danach öffnete er sich den Bauch, woraufhin Beppu ihm dem Brauch gemäß den Kopf abschlug. Jener schloß sich wieder seinen Kameraden an, und gemeinsam stürmten sie vorwärts, direkt ins Feuer der Salven des Feindes. Um neun Uhr morgens war der letzte Kampf der letzten Samurai vorüber, und die Jahrhunderte währende ruhmreiche Geschichte der Krieger des Reiches der Aufgehenden Sonne hatte ihr Ende gefunden.

Saigô, der Große

General Yamagata gab unverzüglich Befehl, den Körper Saigôs zu suchen und ihn mit dem größten Respekt zu behandeln. Man grub seinen Kopf aus, den Beppu vergraben hatte, damit er nicht dem Feind in die Hände falle, und man wusch ihn sorgfältig im Wasser einer Quelle. Daraufhin nahm Yamagata Saigôs Haupt in die Hände und zeigte ihn seinen Offizieren. Er konnte nicht verhindern, daß sich sein Gesicht im Ansturm der Gefühle zu einer Grimasse verzerrte. Es heißt, das keiner der Männer, die sich an dem Ort versammelt hatten, von welchem aus wahrscheinlich die Kugel, die Saigô verwundet hatte, abgeschossen worden war, die Tränen zurückhalten konnte. Mit Saigô wurden 2000 Samu-

Saigô Takamoris Geist, eine Petition haltend. Holzschnitt von Yoshitoshi Tsukioka.

rai in allen Ehren in Nanshu Bochi, der Gräberstadt von Kagoshima, begraben. Unter den Gräbern, in welche Namen eingraviert sind, befinden sich die letzten Ruhestätten von Beppu Shinsuke, von Kôhei, dem Bruder Saigôs und von den beiden jüngsten Mitstreitern, die in der letzten Schlacht getötet wurden, zwei 13jährige Jünglinge.

Es dauerte nicht lange, und Saigô Takamori wurde der Heldenstatus zuerkannt. Als Symbol des Widerstands gegen die Ungerechtigkeit, als kompromißloser Held, wurde er zum Idol seines Zeitalters. Sein trauriges Los erinnerte an das Schicksal Kusunoki Masashiges, der gleich ihm selbstlos für seine Ideale gekämpft hatte und gestorben war. Bereits ein Jahr nach seinem Tod, 1878, wurde ein Theaterstück in Tokio aufgeführt, das Saigôs Leben zum Gegenstand hatte und das solche Erfolge feierte, daß der Theaterdirektor in die Lage versetzt wurde, sein Theater vollständig zu erneuern. Wenige Jahre später wurde Saigô Takamori durch die Regierung rehabilitiert, und er galt fortan als Muster der Ergebenheit und der Loyalität.

Ôkubo Toshimichi, den man auch den „Bismarck Japans" nannte, wurde 1878 ermordet, als er sich in seiner Kutsche zum Kaiserpalast begeben wollte. Seine Mörder waren Samurai aus Kaga, die ihm als Bauern verkleidet aufgelauert hatten. Doch die Wandlung Japans war bereits unumkehrbar geworden. 20 Jahre nach diesen tragischen Ereignissen begann die Politik der radikalen Modernisierung Früchte zu tragen. 1895 fiel Japan mit seinen Truppen, die sich mittlerweile zur stärksten Armee des Fernen Ostens entwickelt hatten, in China ein und zwang das riesige Reich der Mitte in die Knie.

1899 wurde in Ueno, Tokio, eine Bronzestatue von Saigô errichtet, die durch die Spenden Tausender Geldgeber bezahlt worden war, und 1902 verlieh ihm die Meiji-Regierung postum den Titel eines Grafen (Kôshaku). Die Verehrung für Saigô erreichte zu Beginn des 20. Jahrhunderts ihren Höhepunkt. Vor allem für die Samurai des Shimazu-Klans, die ihn an ihre Spitze gesetzt hatten, galt er als „Saigô, der Große", Dai Saigô Sensei. Sein verzweifelter und ehrenhafter Kampf wie auch seine schicksalhafte Niederlage glichen den wunderbarsten Heldengeschichten aus alter Zeit. Die „Ballade von Shiroyama" inspirierte in der Zeit zwischen den Weltkriegen unzählige japanische Militärs und Politiker, wie z. B. Tôyama Mitsuru[167].

Der Aufstand von Satsuma hatte 35 000 Menschenleben gekostet. Er läutete die Totenglocken für die alte Kriegerkaste. Eine tausendjährige Geschichte war zu Ende gegangen, eine Zeit, die zum einen durch verheerende Bürgerkriege geprägt gewesen war, zum anderen jedoch den Samuraigeist hervorgebracht hatte. Die Erhebung der Samurai hatte aber auch zum ersten Mal erkennen lassen, daß die rekrutierten Wehrpflichtigen der neuen kaiserlichen Armee wider alle Erwartungen durchaus über bedeutende Kampfkraft verfügten. Entgegen der Überzeugung der Rebellen aus Satsuma wurden auf diese Weise die Werte und Ideale der Samurai weiter in die Bedeutungslosigkeit gerückt und somit das unwiderrufliche Ende der Erbkriegerschaft besiegelt. Die Samurai waren für das Land überflüssig geworden.

Was Saigô Takamori angeht, den „tumben Helden" (*mochi-no-eiyû*) dieser Geschichte, als den ihn einer seiner größten Bewunderer einst bezeichnete, so ranken sich um sein Ende natürlich verschiedene Legenden, wie dies bei allen tragischen Helden der japanischen Geschichte der Fall ist. So soll er der Falle von Shiroyama lebend entkommen sein, und eines Tages würde er wiederkehren und den Unterdrückten bei ihrem Kampf beistehen. – Das letzte Wort in diesem Bericht sei Kôtoku Shûsui, einem Schriftsteller des ausgehenden 19. Jahrhunderts, überlassen. Es trifft nicht nur auf den letzten Samurai zu, sondern auf alle Menschen aller Zeiten, die selbstlos Großes für ihre Mitmenschen leisten: „Saigô glich einer Kerze, die für die anderen leuchtete und sich selbst dabei verzehrte."

---

[167] Tôyama Mitsuru (1855-1944) war ein rechtsgerichteter politischer Führer in Japan. Er gehörte zu den Gründern der 1881 entstandenen ultranationalistischen Geheimgesellschaft Genyôsha. Diese Gesellschaft war Sammelbecken für zahlreiche ehemalige Samurai. Tôyama blieb zeit seines Lebens ohne offizielle politische Funktion, aber aufgrund seines enormen Einflusses bezeichnete man ihn u. a. als Schatten-Shôgun. – Anm. d. Übers.

Im Park von Ueno in Tokio, nur wenige Schritte von den Boulevards entfernt, auf denen sich die Menschen drängen, befindet sich eine kleine Anhöhe, der „Hügel der Kirschbaumblüten". Dort steht eine eindrucksvolle Bronzestatue, die einen stattlichen Mann von etwa 50 Jahren darstellt. Er trägt Strohsandalen, mit der linken Hand drückt er sein katana fest gegen die Hüfte, während die rechte eine Hundeleine hält. Seine Augen scheinen große Entschlossenheit auszudrücken. Diese Statue überstand die amerikanische Invasion unter General Mac Arthur nach der militärischen Niederlage von 1945, obgleich der Oberbefehlshaber der US-Truppen darin ein Symbol des japanischen Nationalismus und des Militarismus, den er ausrotten wollte, erblickte. Sie repräsentiert Saigô Takamori. Er war der „letzte Samurai"[168], ein tragischer Held, der sich dem unausweichlichen Gang der Geschichte entgegenstellte. Er hatte sich dafür entschieden, für eine verlorene Sache einzutreten und blieb ihr bis zum Ende treu.

[168] Edward Zwicks Film „Last Samurai" (2003) stellt auf eine Weise, die der Realität oft nahekommt, die Konfrontation zwischen den Vertretern des alten und des neuen Japan dar, ebenso wie die Rolle der ausländischen Militärberater für die Ausbildung der modernen japanischen Streitkräfte.

II

Die Unbesiegbaren

Shi mon yori irite
Sei mon ni iru
„Durch die Pforte des Todes
gelangt man zu der des wahren Lebens“

Vorbemerkung

Die große klassische Trilogie des Hôgen Monogatari, des Heiji Monogatari und des Heike Monogatari aus dem 12. Jahrhundert schildert auf epische Weise das Schicksal der Klane der Taira und der Minamoto. Dieses wertvolle literarische Zeugnis hat entscheidend dazu beigetragen, daß zahlreiche Helden der alten Zeiten nicht der Vergessenheit anheim fielen und in der Folge zu Galionsfiguren der japanischen Geschichte wurden. Doch auch andere Werke dieser Epoche leisteten ihren Beitrag zum kollektiven Gedächtnis des japanischen Volkes, so z. B. das Gikeiki (die Chronik des Yoshitsune) und das Taiheiki, eine bedeutende Chronik vom Ende der Kamakura-Ära (1185-1333). All dies stellt eine einzigartige Quelle für den Historiker wie für den Erzähler dar. In diesen Chroniken der Bürgerkriege verschmelzen Wirklichkeit und Wunderbares, und die Helden der Geschichten wurden zu Halbgöttern. Durch die Berichte von Intrigen, Staatsstreichen, Verrat und Kämpfen hindurch wird das Bild von Persönlichkeiten sichtbar, die noch heute in Japan außerordentlich populär sind. Diese Helden zeichneten sich durch eine einzigartige Menschlichkeit aus, und ihr Ruhm war stets mit Tragik verbunden. Immer wieder erinnern die leidvollen Geschichten derer, die eine Zeitlang unbesiegbar erschienen, daran, daß das Dasein dieser Stolzen dem flüchtigen Traum einer Frühlingsnacht glich.

Einst, bevor sie zum Gegenstand der *kabuki*- oder *nô*-Theaterstücke wurden, wurden die Heldenepen durch Geschichtenerzähler, die durch das Land zogen, verbreitet, auf gleiche Weise, wie im alten Frankreich die „Chansons de Geste“[169] durch Spielleute oder im antiken Griechenland die Ilias und die Odyssee durch fahrende Sänger. Die *biwa hôshi* genannten japanischen Geschichtenerzähler waren oft blind und trugen Mönchskleider (*hôshi*) als Zeichen dafür, daß sie unter dem Schutz der Klöster reisten. Sie begleiteten ihre Rezitationen auf der viersaitigen Laute (*biwa*) und später auf der *shamisen*, einer gitarrenähnlichen Laute mit drei Saiten. Die *biwa hôshi* gaben ihre Vor-

[169] Chanson de Geste: frz. Altfranzösische Heldenepik.

tragskunst in Marktflecken und auf Burgen zum besten. Sie brachten die Zuhörer zum Träumen und zum Weinen, wenn sie mit ihren Liedern die Geister der Vergangenheit zum Leben erweckten. Sie waren in einfachen Strohhütten zu Gast, wo sie am wärmenden *ro*[170] Platz nahmen, und sie waren gern gesehene Gäste in den Wohnungen der Reichen, wo im Licht der Papierlaternen die Nachtfalter taumelten.

Auf den folgenden Seiten werden einige dieser Kôdan-Geschichten (Geschichten, die durch einen Geschichtenerzähler vorgetragen werden) erzählt, gefolgt von einer Zahl sogenannter Dôjô-Geschichten, die sich in den Kreisen der traditionellen Schwertkampfkunst großer Beliebtheit erfreuten.

[170] *Ro*: jpn. kleiner Herd, der direkt in den Fußboden bäuerlicher Wohnstätten eingelassen war. Es handelte sich um eine quadratische Grube von geringer Tiefe, die in Metall eingefaßt und zur Hälfte mit Asche gefüllt war, auf der das Feuer brannte.

Kôdan-Geschichten

Der hundertste Pfeil für Kihachi

Takeiwatatsu-no-Mikoto war ein großer Liebhaber des Bogenschießens. Er hatte die Gewohnheit, von den Tano-Höhen oder vom Gipfel des Berges Ojo auf einen großen Felsen, der Oga-ishi hieß, zu schießen. Dieser Felsen ragte auf der anderen Seite des weiten Tals, das zu seinen Füßen lag, in die Höhe, doch Takeiwatatsu-no-Mikoto konnte seinen Bogen stärker spannen als jeder andere. Seine Pfeile erreichten den Felsen häufig, doch manchmal schoß er auch vorbei, und die Pfeile fielen dann in eine tiefe Schlucht, die seit jener Zeit Yabuchi, „Pfeilschlucht", genannt wurde. Eines Tages ließ er sich, wie schon oft, von Kihachi, einem stämmigen Mann aus Aso, begleiten. Dessen Aufgabe bestand darin, die verschossenen Pfeile wieder einzusammeln.

Bereits 99 Mal hatte Kihachi den langen Weg zwischen seinem Herrn und dem Felsen zurückgelegt, und er war erschöpft. Als er den hundertsten Pfeil heranfliegen sah, fing er ihn im Flug, steckte ihn sich zwischen die Zehen und ließ ihn mit einem wütenden Fußtritt ein Stück in Richtung des Berges Ojo fliegen. Diese Geste entging seinem Herren nicht, und Takeiwatatsu-no-Mikoto geriet über diese Respektlosigkeit in Zorn. Als Kihachi zu ihm zurückgekehrt war, wollte er ihn unverzüglich töten. Kihachi floh, als er die Absicht seines Herrn erkannte, aber jenem gelang es, ihn einzufangen. Doch der Mann konnte sich aus dem Griff befreien und floh nach Madanose.

Am Fluß Itsugasegawa kam es zu einem erbitterten Kampf zwischen den beiden Männern. Mit Felsblöcken und Baumstämmen schlugen sie aufeinander ein. Schließlich gewann Takeiwatatsu-no-Mikoto die Oberhand, und es gelang ihm, mit seinem Schwert Kihachi den Kopf vom Rumpf zu trennen. Seine Verblüffung war groß, als Kihachi den Kopf, der am Boden lag, ergriff, ihn sich kurzerhand wieder auf den Hals setzte und den Kampf fortführte. Gleiches geschah, als der hohe Herr ihm einen Arm und kurz darauf ein Bein abschlug. Doch Takeiwatatsu-no-Mikoto gab nicht auf und schlug Kihachi in schneller Abfolge Arme und Beine ab. Daraufhin vergrub er sie eilends. Am Ende war nur noch das Haupt des Widerspenstigen übrig, das jedoch unverhofft zum Himmel aufstieg.

Von nun an, so berichtet die Legende, verfluchte der Geist Kihachis Jahr für Jahr die Ernten seines Herrn, und tatsächlich verdarben unverhoffte Fröste während jeder Monsunzeit den Reis. Schließlich bat Takeiwatatsu-no-Mikoto, um der Verzweiflung seiner Bauern ein Ende zu setzen, Kihachi um Vergebung. Dessen Geist willigte darin ein, vom Himmel zurückzukehren und sich im Shimomiya, dem Eistempel, zur Ruhe zu begeben.[171]

Die Geschichte Japans ist voll von kriegerischen Heldentaten, deren Urheber außergewöhnliche Männer waren, die ihresgleichen selbst in Jahrhunderten nicht finden würden. Und dies galt nicht nur für die „Schwertheiligen", wie die märchenhafte Geschichte Kihachis zeigt, eines Mannes mit Herkuleskräften, der in den Kanon der Volksmythen seines Landes eingegangen ist.

Der Samurai, der als Prinz starb

Der Samurai Yoshiteru hatte die Rüstung des Prinzen angelegt, um die Angriffe von dessen Feinden auf sich zu lenken. Auf diese Weise wollte er jenem die Gelegenheit zur Flucht verschaffen. Natürlich kannte er die unausweichliche Folge dieser Tat für sich selbst, aber als der Moment des Opfers gekommen war, empfand er nicht die geringste Reue.

Er kletterte auf den Turm über der zweiten Pforte des Burgwalls, der hoch über dem Burghof aufragte, welcher bereits vom Gegner eingenommen worden war. Um dessen Aufmerksamkeit auf sich zu ziehen, stieß er das Geländer des Fensters, aus dem er sich lehnte, aus seiner Halterung, so daß es nach unten stürzte. Einen Moment lang kam das Schlachtengetümmel auf dem Hof zur Ruhe, und er rief mit Donnerstimme: „Ich bin Prinz Son'un, der zweite Sohn von Kaiser Go-Daigo, des 95. Kaisers seit Jimmu Tennô, des ehrwürdigen Abkömmlings der Göttin Amaterasu Omikami! Kommt und seht! Ihr habt mich besiegt, aber ich selbst werde mich zerstören, um rein ins Jenseits zu gelangen. Seht mich genau an, damit ihr begreift, wie

---

[171] Diese Legende handelt in der sagenhaften Frühgeschichte Japans. Takeiwatatsu-no-Mikoto ist den japanischen Mythen zufolge der Enkel des ersten japanischen Kaisers Jimmu, der von 711 bis 585 v. Chr. gelebt haben soll und seinerseits der Ururenkel der Sonnengöttin Amaterasu gewesen sein soll. Takeiwatatsu-no-Mikoto wurde in der Region um den Vulkan Aso auch als Gottheit verehrt, die die Menschen die Kunst des Ackerbaus lehrte. – Das in dieser Geschichte vorkommende sogenannte „Zerstückelungsmotiv" tritt in den Mythologien verschiedener Ackerbau betreibender Völker der Frühgeschichte auf. – Anm. d. Übers.

ein Kriegsmann sich den Bauch öffnet, wenn sich das Glück von ihm abwendet!"

Er nahm die Rüstung ab und schleuderte sie Stück für Stück den gegnerischen Samurai vor die Füße. Daraufhin zog er sich die engärmelige Weste, die er unter den Eisenplatten getragen hatte, aus. Langsam, mit einem herausfordernden Lächeln auf den Lippen, setzte er seinen Dolch auf die weiße Haut seines Bauches, schnitt ihn, ohne auch nur im mindesten zu zittern, von links nach rechts auf und ließ die Eingeweide nach außen treten. Sterbend nahm er die Spitze seines Schwertes in den Mund und stürzte sich vom Turm. Dies war das Ende des Samurai Yoshiteru, der im Namen seines Herren starb.

Einer gegen alle

Der Krieger trat auf die Brücke, er stand nun allein dem Feind gegenüber und rief mit einer Stimme, die das Herz der Tapfersten erstarren ließ: „Ihr, die ihr weit hinten steht, hört mir zu, und ihr anderen, schaut mich an! Ich bin Tsutsui Jômyô Meishu, der Kriegermönch! Gibt es etwa jemanden in Mii-dera, der mich nicht kennt, den Krieger, der eine Million Männer wert ist? Wer glaubt, würdig zu sein, sich mit mir zu messen, trete vor!"

Auf diese Worte ergriff er seinen Bogen und verschoß mit unglaublicher Schnelligkeit die 24 Pfeile, die sich in seinem Köcher befanden. Wie Blitze fuhren sie in die Reihen der Taira-Krieger, töten zwölf und verwundeten elf weitere. Nun riß er sich plötzlich die Sandalen von den Füßen und sprang barfuß auf die Balken der Brücke. Seine *naginata* mähte fünf seiner Feinde nieder, doch am sechsten zerbrach die Waffe. Achtlos warf er sie beiseite und riß sein schweres *katana* aus der Scheide. Er hieb und stieß mit dem Schwert nach allen Regeln der Schwertkampfkunst, und streckte auf diese Weise noch acht weitere Gegner nieder, bevor er selbst den Tod fand.

Duelle – Herausforderung zum Tod

In alten Zeiten war es Brauch, daß, bevor eine Schlacht zwischen zwei Armeen ausgetragen wurde, die besten Kämpfer beider Parteien einander kühn zum Zweikampf herausforderten. Das Kräftemessen fand auf dem Feld zwischen den einander gegenüberstehenden Truppen statt.

Ein Reiter löste sich aus den Reihen der kaiserlichen Armee und ließ sein Pferd mit viel Geschick in den Raum zwischen den Truppen der Minamoto und der Taira tänzeln, die auf Pfeilschußweite voneinander entfernt Aufstellung genommen hatten. Seine orange Rüstung war teilweise von einem malvenfarbenen Mantel bedeckt. Der Samurai saß in mustergültiger Haltung in seinem Sattel, doch er mußte sich anstrengen, das Temperament seines schwarzen Rosses im Zaum zu halten. Mit mächtiger Stimme rief er: „Ich bin kein bedeutender Krieger, und ihr werdet meinen Namen gewiß nicht kennen. Ich bin Shidara Gorô Saemon-no-jô, Vasall des Lehnsherrn Ashikaga! Ist unter euch, den Vasallen des Herrn von Rokuhara einer, der es wagt, sich mit mir zu messen?"

Aller Augen waren auf den stolzen Reiter gerichtet. Er hatte sein dreieinhalb Fuß[172] langes Schwert gezogen und hielt es in hoher Bereitschaftshaltung vor seinen Helm. Diese provozierende Haltung zeitigte rasch ihre Wirkung, und aus den Reihen der gegnerischen Armee kam ein alter Krieger auf einem haselnußbraunen Pferd mit blauem Sattel- und Zaumzeug geritten. Er trug eine Rüstung mit schwarzen Schnürbändern und einen Helm mit großem Nackenschutz, der aus fünf Lagen bestand. Während er sich Shidara langsam näherte, rief er: „Es mag sein, daß ich ein Narr bin, aber ich diene meinem Herren seit vielen Jahren. Und damit Ihr seht, daß ich ein würdiger Gegner bin, sollt Ihr wissen, daß ich der Familie des Generals Toshihito entstamme, einer Familie, die seit Generationen dem Weg der Krieger treu geblieben ist. Ich, Saitô Genki, bin ein Laienmönch aus Iyo, und ich gehöre der 17. Generation meiner Familie an. Sollte es jemanden geben, der diese Schlacht überlebt, so möge er seinen Söhnen und Enkeln davon berichten, wie treu ich im Kampfe gewesen bin."

Kaum hatte er diese Worte gesprochen, setzte Saitô sein Pferd in Galopp und ritt auf seinen Gegner zu. Die Kämpfer prallten mit solcher Härte auf-

[172] Etwa 1 m. – Anm. d. Übers.

einander, daß beide zu Boden stürzten, wo sie sogleich heftig miteinander zu ringen begannen. Schließlich gewann Shidara die Oberhand und stieß sein Schwert, das er beim Sturz nicht fallengelassen hatte, in Saitôs Leib. Doch diesem gelang es gleichzeitig, drei kurze Stöße mit seinem Schwert von unten nach oben auszuführen, so daß das Blut der beiden, die in gegenseitiger tödlicher Umarmung starben, sich vermischte.

Doch schon sprengte ein Krieger aus den Reihen der Minamoto ins Niemandsland zwischen den Heeren. Er trug eine prächtige Rüstung, die mit chinesischem Damast geschnürt war, und einen Helm, besetzt mit aufgeschmiedeten Pfeilspitzen. Er zog ein Langschwert, das nicht weniger als fünf Fuß[173] maß und legte es sich über die Schulter. In ruhigem Galopp ritt an der vordersten Reihe der gegnerischen Armee entlang. Einzelne Pfeile wurden nach ihm geschossen, aber er schien dies zu ignorieren. Schließlich rief er: „Seit Generationen dient meine Familie den Minamoto, und ihr Ruhm ist nicht unbekannt! Wird es mir endlich gelingen, einen Gegner, der mir gewachsen ist, zu finden, in dieser Gegend, in der man meinen Namen nicht kennt? Ich bin Daiko Jirô Shigenari, Vasall des Lehnsherrn Ashikaga! Wer wagt es, sich mit mir zu schlagen? Mir kam zu Ohren, daß Suyama, der Gouverneur der Provinz Bitchû, und Kôno, der Gouverneur der Insel Tsushima, unter euch seien, und daß die beiden in vergangenen Schlachten einige Heldentaten vollbracht haben sollen!“ Während er diese Worte sprach, zog er fest an den Zügeln seines Rosses, das ungeduldig schnaubte.

„Michiharu ist hier!“ wurde ihm aus der ersten Reihe der Taira-Truppen erwidert. Michiharu war ein Kriegermönch, den die Herausforderung nicht kaltgelassen hatte. Doch Hachiman, der Kriegsgott, hatte anders entschieden: Kaum hatte der Samurai diese Worte gesprochen, kam auch schon ein Reiter aus der zweiten Reihe nach vorn gesprengt. Es handelte sich um Shichirô Michito, den Adoptivsohn des Gouverneurs von Tsushima, der mit der bewunderungswürdigen Kühnheit seiner 15 Jahre die Initiative ergriff. Bevor Michiharu eingreifen konnte, war Shichirô bereits bei Daiko angelangt und griff ihn wütend an. Der große Minamoto-Samurai brachte den Jüngling aus dem Gleichgewicht, ohne ihm jedoch die Ehre zu gewähren, gegen ihn zu kämpfen. „Ich schlage mich nicht mit einem Diener“, sagte er verächtlich. Doch da erblickte er das *mon*, das der junge Krieger trug, ein Quadrat mit

[173] Etwa 1,50 m. – Anm. d. Übers.

doppelten Linien, auf dem die Ziffer „3“ zu lesen war. Dies war das Wappen der Familie Kôno! Unverzüglich hob Daiko den Jüngling aus dem Sattel, indem er ihn am Schulterteil seiner Rüstung ergriff und hieb ihm mit einem ausholenden Schwertstreich beide Beine an den Knien ab. Daraufhin warf er ihn zu Boden, wo er verblutete.

Brüllend vor Wut und vor Schmerz stieß der Gouverneur von Tsushima seinem Pferd die Fersen in die Flanken und stürzte sich auf Daiko. Doch aus den Reihen der Taira drang der Ruf, der sich wie ein Kampfschrei fortpflanzte: „Kôno darf nicht erschlagen werden!“ Und aus Tausenden Kehlen der Minamoto schallte die Antwort: „Daiko darf nicht getötet werden!“ Auf diese Weise begann die Schlacht zwischen den Taira und den Minamoto. Riesige Staubwolken stiegen unter den Hufen der Schlachtrosse auf. Tausende tapferer Samurai verloren an diesem Tag, der nur eine Episode in den endlosen Schlachten zwischen den beiden Klanen darstellte, ihr Leben.

Hasebe Nobutsura – ein würdiger Krieger

Der Samurai Hasebe Nobutsura war ein Offizier der Palastgarde des Prinzen. Er hatte herausgefunden, daß die Soldaten zweier hoher Würdenträger am Hofe, Kanetsuna und Mitsunaga, in der kommenden Nacht den Auftrag hatten, den Prinzen zu entführen. Er riet seinem Herren, die Nacht an einem anderen Ort zu verbringen und es ihm zu überlassen, mit den Angreifern fertigzuwerden. Womit er jedoch nicht gerechnet hatte, war die Truppenstärke, mit der der Gegner seinen Angriff führte. Angesichts der 300 Reiter, die in der Stunde der Ratte[174] auf den Palast zuritten, mußte er begreifen, daß er mit seinem Paradeschwert und seinem mit grünen und gelben Bändern geschnürten Brustharnisch, den er unter seinem *haori* trug, denkbar schlecht für den sich anbahnenden Kampf gerüstet war. Doch ihm blieb nichts übrig, als sich ohne Verzug in den Kampf zu stürzen, nachdem das übliche Ritual wechselseitiger Drohungen und Schmähungen stattgefunden hatte.

Die Angreifer fochten mit Hasebe Nobutsuras Garde. Fünfzehn von ihnen, angeführt von einem riesenhaften Samurai namens Kanetake, der über legendäre Kräfte verfügte, griffen Hasebe persönlich an. Dieser zerschnitt die Bänder,

[174] Etwa Mitternacht. – Anm. d. Übers.

die seine Jagdkleidung zusammenhielten, so daß sie zu Boden fiel, und zog sein Paradeschwert, das trotz aller Verzierungen über eine gute Klinge verfügte. Der Mond in dieser 15. Nacht des 5. Monats schien sehr hell. Unter den mit großer Präzision geführten Schwerthieben Hasebes fielen die Angreifer trotz ihrer Überzahl und ihrer besseren Bewaffnung wie Blätter im Sturm. Kanetake und sein Trupp mußten allesamt ihr Leben lassen. Aber plötzlich brach die Spitze von Hasebes Schwert ab, und der Samurai beschloß, *seppuku* zu begehen. Umsonst suchte er jedoch seinen Dolch. Er war ihm aus dem Gürtel gefallen. Bevor er Zeit hatte, sich zu besinnen, war der Feind schon über ihm. Von einem *naginata*-Stoß am Oberschenkel verletzt, wurde Hasebe überwältigt und gefangengenommen. Man legte ihn in Fesseln und führte ihn nach Rokuhara.

Dort warf man ihn dem Lehnsherren Munenori zu Füßen. Doch er zeigte sich gänzlich unbeeindruckt von der düsteren Aussicht seines offensichtlich unvermeidlichen Endes. „Mir ist nicht bekannt, wo sich der Prinz zur Stunde aufhält", sagte er. „Und selbst wenn ich es wüßte, glaubt Ihr etwa, daß Eure Folter mir entlocken könnte, was zu verschweigen ich beschlossen habe? Wäre mir die Zeit geblieben, mich angemessen zu rüsten und zu bewaffnen und hätte ich eine bessere Waffe als mein Paradeschwert zur Verfügung gehabt – keiner Eurer Männer wäre noch am Leben!" Damit verstummte er, und auch die grausame Folter, der man ihn unterwarf, entlockte ihm kein weiteres Wort.

„Das ist tatsächlich ein Krieger, der soviel wert ist wie tausend andere", raunten unter sich die Samurai der Taira. Munenori ließ den tapferen Mann nicht umbringen, sondern er verbannte ihn nach Hina in der Provinz Hôki. Hasebe schien tatsächlich von den Göttern gesegnet zu sein. Später, als die Minamoto die Macht zurückerobert hatten, schenkte ihm der neue Herr von Kamakura voll Bewunderung ein Lehensgut in der Provinz von Noto.

Minamoto Tametomo – ein Pfeil für ein Schiff

Der größte Bogenschütze, den Japan je kannte, hieß Minamoto Tametomo, der achte Sohn Tameyoshis, eines Bruders von Yoshitomo, des späteren Klanoberhaupts der Minamoto. In den zeitgenössischen Kriegschroniken findet man ihn auch unter dem Namen Chinzei Hachirô Tametomo. Bereits mit 17 Jahren war Tametomo ein Riese mit Herkuleskräften, der einen Bogen stärker zu spannen vermochte als jeder andere. Die Legende berichtet, daß dies auch daran gelegen habe, daß sein linker Arm sechs Zoll[175] *länger als der rechte gewesen sei, und er somit entsprechend längere Pfeile verschießen konnte.*

Gemeinsam mit seinem Vater zog Minamoto Tametomo 1156 in den Hôgen-Krieg. Bereits bei der Verteidigung von Shirakawa-den, der alten Kaiserresidenz, die durch Taira Kiyomori angegriffen worden war, hatte er Gelegenheit, sich durch Glanzleistungen als Bogenschütze auszuzeichnen. In der Schlacht gelang ihm ein außerordentlicher Schuß: Zwei Reiter griffen ihn aus einer Richtung an. Er schoß einen einzigen Pfeil ab, der den ersten durchbohrte, so daß er tot aus dem Sattel stürzte, und noch genügend Durchschlagkraft besaß, in die Rüstung des hinteren Reiters einzudringen und ihn schwer zu verletzen.

Während desselben Krieges fand eine Schlacht im Lager von Kaiser Shôtoku statt. Tametomos älterer Bruder Yoshitomo war während dieser Schlacht zum Feind übergelaufen. Tametomo erinnerte ihn auf seine Weise eindringlich an seine Zugehörigkeit zum Klan der Minamoto, indem er einen Pfeil versandte, der ihm den Helm vom Kopf riß und an den hölzernen Torpfosten des befestigten Lagers nagelte.

Wenig später gewannen die Taira die Oberhand und nahmen Tametomo gefangen. Man durchtrennte ihm die Sehnen des rechten Arms, um ein für alle Mal die Gefahr, die von diesem jungen Krieger ausging, zu beseitigen. Daraufhin wurde er in einem Käfig in die Verbannung auf die Insel Ôshima (Izu) gebracht. Doch Tametomo genas rasch, und dank seines stürmischen Temperaments gelang es ihm, die Insel in seine Gewalt zu bekommen. Schnell weitete er seinen Einflußbereich auch auf die benachbarten Inseln aus, deren aus Bauern und Fischern bestehende Bevölkerung er zum Aufstand gegen die

[175] Etwa 15-20 cm. – Anm. d. Übers.

Taira aufrief. Als die Taira davon erfuhren, beschlossen sie, diesem Treiben endgültig ein Ende zu setzen und entsandten im Jahre 1170 eine Flotte unter dem Kommando von Kudô Shigemitsu, um die Ordnung wiederherzustellen. Tametomo stand am Ufer, als die feindlichen Schiffe sich der Küste näherten. Sobald sie in die Reichweite seines Bogens gekommen waren, begann er die in dichten Reihen aufgestellten Krieger, die auf die Landung warteten, methodisch zu dezimieren. Es heißt, daß einer seiner Pfeile eine Bordwand mit solcher Wucht unter der Wasserlinie traf, daß das Boot sank. Doch Tametomo verfügte nicht über ausreichend Pfeile, um die allzu zahlreichen Feinde davon abhalten zu können, zu landen und das Ufer letztendlich in ihre Gewalt zu bekommen. Er zog sich daraufhin in seine Behausung zurück und verschoß seine letzten Pfeile, von denen jeder tödlich war. Daraufhin setzte er sein Haus in Brand, bevor er sich würdevoll mit dem Kurzschwert den Bauch öffnete.

Minamoto Tametomo. Zeichnung von Kikuchi Yôsai.

Minamoto-no-Tametomo war 31 Jahre, als er sich das Leben nahm. Es heißt sogar, daß er, der einer der größten Helden in der Geschichte der Samurai war, der erste Krieger gewesen sei, der den rituellen Selbstmord des seppuku begangen hat. Allerdings wird dies auch von anderen Kriegern behauptet. Es existiert eine Legende, die davon spricht, daß es Tametomo gelungen sei, von der Insel Ôshima zu fliehen, und daß er auf einem zerbrechlichen Boot die weit im Süden liegenden Ryûkyû-Inseln erreichte. Dort soll er auf der Insel Oniga-jima gelandet sein, wo er in der Folge die Linie des Königsgeschlechts des Archipels gründete.

Takahashi Nagatsuna – tödliche Großmut

Einmal mehr in dem endlosen Krieg zwischen den Minamoto und den Taira trafen deren Armeen in der verheerenden Schlacht von Shinohara in der Provinz von Kaga aufeinander. Die Kampfhandlungen begannen am 21. Tag des 5. Mondes in der ersten Stunde des Drachen. Nach den traditionell üblichen Zweikämpfen auf dem Feld zwischen den einander gegenüberstehenden Heeren entbrannte eine heftige Schlacht. In der Stunde des Pferdes[176] sengte eine unbarmherzige Sonne die erbittert kämpfenden Samurai, deren Rüstungen von Blut und Schweiß getränkt waren. Viele hatten bereits ihr Leben verloren.

Takahashi Nagatsuna befehligte 500 Reiter der Taira. Tatsächlich handelte es sich um Söldner, die sich gegen die 300 berittenen Elite-Kämpfer des Feindes, die ihnen gegenüberstanden, nicht lange würden halten können. Takahashi setzte sein Pferd in Galopp, um ins Hauptlager zurückzureiten und einen Trupp echter Samurai zur Verstärkung zu holen. Plötzlich ritt ein Minamoto-Samurai, der ihm nachgesetzt war und glaubte, leichtes Spiel mit dem vermeintlich Flüchtenden zu haben, gleichauf mit ihm. Die beiden fochten miteinander, und Takahashi erwies sich rasch als hoch überlegen. Er hatte seinen Gegner fest gepackt und hielt mit der anderen Hand das Schwert zum tödlichen Streich erhoben. Er rief: „Sagt mir Euren Namen – ich höre!“

„Ich bin Nyûzen-no-Kotarô Yukishige aus der Provinz von Etchû, und ich bin in meinem 18. Lebensjahr!“ erwiderte der Minamoto hochmütig.

Takahashi erstarrte. Der Anblick dieses jungen und ungestümen Kriegers erinnerte ihn an seinen eigenen Sohn, der im Jahr zuvor im gleichen Alter in einer anderen Schlacht den Tod gefunden hatte. „Geh, ich schenke dir das Leben“, hörte er sich selbst sagen. Er ließ seinen Gegner los und stieg vom Pferd. Er fühlte sich plötzlich müde von all diesen Kämpfen.

Doch Nyûzen war nicht weit weggeritten. Was zählte es schon, daß dieser alte Krieger ihn verschont hatte? Es war Krieg, und er würde seine Chance nutzen! Das Haupt Takahashis würde eine Trophäe sein, die seiner würdig war. Er stürzte sich auf den immer noch in tiefem Nachdenken versunkenen Takahashi und stieß ihm zweimal das Schwert unter das Visier seines Helms. Der alte Samurai fiel zu Boden, doch er besaß noch genügend Kraft, sich

[176] Stunde des Drachen: 7-9 Uhr, Stunde des Pferdes: 11-13 Uhr. Anm. d. Übers.

wieder zu erheben und das Schwert zu ziehen. Obwohl das aus seinen Wunden strömende Blut ihm die Sicht nahm, kämpfte er gegen Nyuzen und drei seiner Getreuen, die diesem zu Hilfe geeilt waren. Schließlich brach er aber unter deren erbarmungslosen Schwerthieben zusammen.

Als Takahashis Freund Musashi-no-Saburôzaemon Arikuni sah, was geschehen war, führte er mit wilden Kampfschreien 300 Taira-Krieger in den Angriff. Doch die Minamoto waren stärker. 500 ihrer Reiter brachten den Ansturm schnell zu Stehen. Arikuni war plötzlich von Feinden umzingelt. All seine Pfeile waren verschossen, und unverhofft brach sein Pferd unter ihm zusammen. Er zog das Schwert, und etliche Minamoto mußten noch sterben, bevor auch er, durchbohrt von sieben oder acht Pfeilen, tot zu Boden stürzte, ohne den feigen Mord an seinem Freund gerächt zu haben.

Saitô Bettô Sanemori – zu Staub zerfallen

Die Schlacht von Shinohara[177] ging ihrem Ende entgegen. Die Taira-Truppen waren an verschiedenen Stellen in Rückzugsgefechte verwickelt. Lediglich Saitô Bettô Sanemori aus der Provinz Musashi wurde nicht müde, mit seinen Reitern immer aufs Neue anzugreifen. Bereits am Morgen war er mit der Gewißheit in den Kampf gezogen, daß dies seine letzte Schlacht sein würde. Aus diesem Grunde hatte er sich besonders sorgfältig darauf vorbereitet. Über einem prächtigen Waffenrock aus rotem Brokat trug er seine Rüstung, die mit grünen Lederbändern geschnürt war. Am Helm war eine Zier in Form einer Hacke angebracht, und sein Schwert war mit goldenen Beschlägen geschmückt. In der Hand hielt er seinen Bogen aus lackiertem Holz, umwunden von Rattan, und über der Schulter hing der Köcher, in dem Pfeile mit weißer und schwarzer Befiederung staken. Er ritt einen Apfelschimmel mit goldverbrämten Sattel.

Als der Minamoto-Krieger Tezuka ihn erblickte, musterte er ihn eingehend und ritt dann auf ihn zu. Er sprach: „Wer auch immer Ihr seid, der Ihr, während die Euren das Weite suchen, allein auf dem Felde geblieben seid, nennt Euren Namen, tapferer Ritter!“

---

[177] Die Schlacht fand im Sommer des Jahres 1183 statt und endete mit einem Sieg der Minamoto. – Anm. d. Übers.

Sanemori ließ sein Pferd wenden und fragte seinerseits: „Und Ihr, wer seid Ihr?"

„Ich bin Tezuka-no-Tarô Mitsumori aus Shinano!"

„Gut, wir sind einander würdig. Doch Ihr müßt akzeptieren, daß ich aus einem ganz persönlichen Grund meinen Namen nicht nennen werde. Wohlan, Tezuka!"

Die beiden Krieger begannen miteinander zu kämpfen. Plötzlich sprengte ein Samurai Tezukas mit seinem Pferd zwischen die Gegner, um seinen Herren zu schützen. Mit einem schräg geführten Schwerthieb erschlug Sanemori den unerwartet hinzugestoßenen Gegner. Auch wenn er hierfür nur einen Augenblick benötigt hatte, so konnte Tezuka die Gelegenheit nutzen, ihn von der Flanke her anzugreifen und ihm das Schwert zweimal unter dem seitlichen Schutz seiner Rüstung hindurch in den Leib zu stoßen. Als Sanemori daraufhin in seinem Sattel wankte, sprang Tezuka zu ihm hinüber und riß ihn mit sich zu Boden. Sanemori war bereits ein alter Krieger, und die vielen Kämpfe des Tages hatten ihn erschöpft. Der Minamoto konnte den am Boden liegenden mit einem weiteren Schwertstreich erschlagen.

Gemäß dem Brauch schnitt er ihm daraufhin den Kopf ab, um ihn dem Herrn von Kiso, Higuchi-no-Jirô Kanemitsu, zu präsentieren. Als dieser das Haupt des Samurai erblickte, rief er aus: „Ach! Das ist doch der tapfere Saitô Bettô Sanemori!"

„Was sagt Ihr da? Sanemori muß doch bereits über 70 Jahre zählen. Seht Euch dieses Haupt an: das Bart- und das Schläfenhaar sind noch ganz schwarz!"

Kanemitsu, der Sanemori einst, als der Krieg sie noch nicht zu Gegnern gemacht hatte, gut gekannt hatte, brach in Tränen aus, als er der Worte gedachte, die ihm der heldenhafte Krieger viele Jahre zuvor gesagt hatte: „Eines Tages, wenn ich älter als 60 sein werde und in den Kampf ziehen muß, werde ich mir die Haare und den Bart schwarz färben lassen. Es wäre zwar dumm, sich in solch einem Alter mit den jungen Kämpfern um einen Platz in den vorderen Reihen streiten zu wollen, aber es wäre doch auch allzu entwürdigend, ganz beiseite treten zu müssen, weil man zu alt geworden ist."

„So ist es also gekommen", dachte der Herr von Kiso traurig. Er ließ das Haupt seines Feindes mit dem größten Respekt waschen. Kanemitsu hatte recht gehabt. Beim Waschen kam die weiße Farbe der Haare des Saitô Bettô Sanemori schnell zum Vorschein. Er ließ den Kopf mit allen Ehren, die eines Helden würdig waren, begraben.

Der Name von Sanemori wurde noch lange in allen Winkeln der nördlichen Provinzen genannt. Aber sein Ruhm war vergänglich, und als die Gebeine dieses überaus tapferen Samurai eins geworden waren mit dem Staub auf der Straße von Koshi, hatten die Menschen ihn vergessen.

Senô-no-Tarô Kaneyasu – für die Ehre und für den Sohn

Senô-no-Tarô, ein Vasall der Taira, lebte in der Provinz von Bitchû. Er war weithin bekannt für seine Stärke und seinen Mut. Eines Tages wurde er durch den Herrn von Kiso gefangengenommen, doch dieser schonte sein Leben. In der Gefangenschaft gelang es ihm, vorzutäuschen, daß er die Seiten gewechselt habe, und so wurde er schließlich freigelassen. Doch kaum war er in seiner Heimat angelangt, rief er etwa 2000 Taira-Krieger zu den Waffen. Schäumend vor Wut befahl der Herr von Kiso, den Gegner zu vernichten und diesmal dessen Anführer nicht zu verschonen.

Die Truppen trafen in einer Gegend, die Sasa-no-Semari hieß, aufeinander, an der Straße, die entlang der Reisfelder von Fukuryû-ji führte. Dort hatte Senô ein befestigtes Lager anlegen lassen, hinter einem Graben, und durch Spanische Reiter[178] und Palisaden geschützt. Die Minamoto führten den Angriff mit 3000 Reitern. Der Kampf dauerte den gesamten Tag. Da das Lager der Taira inmitten überfluteter Reisfelder lag, konnten die Reiter es nicht stürmen und wurden stundenlang durch die in guter Deckung stehenden Bogenschützen der Taira systematisch dezimiert. Doch die Umzingelung wurde zusehends enger. Mitten im Pfeilhagel füllten die Minamoto-Krieger den Graben mit Pferdekadavern und ihren eigenen Leichen auf.

Bei Einbruch der Nacht waren nur noch eine Handvoll der Kämpfer Senôs am Leben, so daß er einen gewaltsamen Ausfall aus dem Lager wagte, um fliehen zu können. Zunächst schien das verzweifelte Manöver zu gelingen, doch die Verfolger blieben den Fliehenden dicht auf den Fersen. Am Ufer des Flusses Hakura versuchten seine Leute, in aller Eile einen Schutzwall aus ihren Schilden zu bauen und mit ihren Pfeilen die Minamoto abzuwehren. Doch es dauerte nicht lange, da waren die letzten Pfeile verschossen, und die überlebenden Taira flohen in Richtung des Berges Midoro. Der Anführer der

[178] X-förmig zusammengebundene, angespitzte Stangen, verbunden durch eine Längsstange.

Verfolger hieß Kuramitsu-no-Narizumi. Er hatte Sêno einst gefangengenommen und dessen Bruder bei jenem Gefecht getötet.

Kuramitsu ritt an die Spitze seines Trupps. Er schmähte die Flüchtenden: „Heda, Senô-no-Tarô Kaneyasu! Welch Feigling, der seinem Feind den Rükken zuwendet! Kehrt um und schlagt Euch!"

Diese Beleidigung brachte Senô, der gerade den Fluß Hakura in Richtung Westen überquerte, dazu, abrupt innezuhalten. Er wartete, bis Kuramitsu, der im Galopp in das Wasser geritten kam, ihn in der Mitte des Flusses erreichte. Die beiden Männer begannen sofort einen unerbittlichen Zweikampf und stürzten gemeinsam ins Wasser. Von beiden Ufern sahen die Männer der Taira und der Minamoto zu, wie ihre Anführer miteinander rangen. Kuramitsu konnte nicht schwimmen, und Senô gelang es, seinen Gegner in der Mitte der Strömung zu halten, bis dieser, der mit dem Ertrinken kämpfte, erschöpft war. Daraufhin stieß ihm Sêno dreimal das Schwert unter die Rüstung. Anschließend schnitt er ihm den Kopf ab. Ohne Zeit zu verlieren, sprang Senô auf das Streitroß seines Gegners und setzte die Flucht fort, gefolgt vom Wutgeheul der Minamoto.

Doch das Schicksal hielt an jenem Tag noch weitere Überraschungen bereit. Wie die meisten seiner Waffengefährten, hatte auch Senôs Sohn, Kotarô Muneyasu, sein Streitroß in der Schlacht verloren. Er war zwar erst 20 Jahre alt, doch von korpulenter Statur, so daß es ihm schwerfiel, mit dem Pferd, auf dem sein Vater ritt, Schritt zu halten. Er hatte bereits seine Rüstung abgeworfen, um schneller rennen zu können, aber er fiel immer weiter zurück. Als Senô dies bemerkte, faßte er einen Entschluß. Es sollte nicht heißen, daß er, der bereits mehr als 60 Jahre zählte, seinen einzigen Sohn im Stich gelassen hätte, nur um sein ohnehin nicht mehr lange währendes Leben zu retten. Er

黒船忠右衛門
一勇齋國芳画

佐野次郎左衛門
市川左團次

海老ざこの十
悴金子
豊国画

道中のまねひ
廣重画

東都三十六景
海晏寺
紅葉
廣重画

布袋市右衛門
豊国画

極印千右衛門
豊国画

誠忠義士傳
勝多真右衛門武堯
應需 一筆菴誌
一勇齋國芳画
堀江町 海老林
廿三

riß sein Pferd herum und galoppierte zu Kotarô, der vollkommen erschöpft und mit blutenden Füßen am Boden hockte und den Feind erwartete.

„Hab Mut, mein Sohn! Da du mir nicht folgen konntest, bin ich gekommen, um mit dir gemeinsam zu sterben."

„Vater, nein! Ich bin zu nichts mehr zu gebrauchen. Lieber will ich mein Leben beenden, als zusehen zu müssen, wie Ihr meinetwegen sterbt! Reitet davon, ich bitte Euch!" Und Kotarô brach vor seinem Vater in Tränen aus, der vom Pferd gestiegen war.

Senô nahm eine breitbeinige Kampfstellung ein. Als die etwa 50 Reiter der Minamoto in Schußweite kamen und mit viel Geschrei den Angriff auf die beiden Männer begannen, verschoß Senô die letzten Pfeile, die ihm noch verblieben waren, Tod und Schrecken unter den Angreifern verbreitend. Schließlich zog er das Schwert. Ohne einen Moment zu zögern, schlug er als erstes den Kopf seines eigenen Sohnes ab, bevor er sich in den Kampf stürzte. Obwohl er noch etliche der Minamoto tötete, konnte er sich gegen deren erdrükkende Übermacht nicht lange behaupten. Die Sieger nahmen die Köpfe von Senô und Kotarô mit sich. Sie wurden auf Pfähle gesteckt und öffentlich zur Schau gestellt. Als der Herr von Kiso sie erblickte, rief er: „Das waren wirkliche Helden! Sie verdienen es, zu den Kriegern gezählt zu werden, von denen jeder tausend andere zählt! Wie traurig, daß ich nichts für solch großartige Samurai tun konnte." Und er ließ sie in allen Ehren beerdigen.

Die ersten zwei Kämpfer am Fluß Uji

Das Aufeinandertreffen von Yoshitsune und Yoshinaka fand am 20. Tag des ersten Monats am Fluß Uji, zwischen Kyôto und Nara statt. Die Brücken über Seta und Uji waren gekappt worden, und Yoshinaka hatte eine Reihe Pfähle in den Flußboden rammen lassen, die durch straff gespannte Seile miteinander verbunden waren, so daß abgerissene Zweige, die im Wasser schwammen, sich darin verfingen. Aufgrund der Schneeschmelze, die in den umliegenden Gebirgen von Hira, Shiga und Nagara eingesetzt hatte, führte der Uji Hochwasser. Dichter Nebel lag über dem Fluß, dessen Wasser tosend durch sein Bett schoß. Plötzlich tauchten die schemenhaften Silhouetten von Reitern am anderen Ufer auf. Die Ankömmlinge zauderten. Sollte man es wagen, die reißenden Fluten zu überqueren, oder sollte man einen langen Umweg in Kauf nehmen?

Zwei stolze Samurai aus der Armee Yoshitsunes lenkten ihre Pferde direkt an den Rand des Flusses, so daß ihre Fesseln vom Wasser umspült wurden. Der eine war Sasaki Shirô, der auf einem robusten Braunen ritt, welcher die stattliche Höhe von vier Fuß und acht Zoll[179] am Widerrist besaß und der auf den Namen Ikezuki („Beißer") hörte. Der andere war Kajiwara-no-Genda, welcher auf Surusumi („Tintenschwarz") ritt, einem kräftigen Rappen. Die beiden unerschrockenen Reiter trieben ihre Pferde an und ritten in den Fluß hinein. Gewiß ging es ihnen auch darum, zu ergründen, ob der Übergang überhaupt möglich war. Doch vor allem war es der Ehrgeiz, der jeden von ihnen trieb, als erster das andere Ufer erreichen zu wollen und sich dadurch den größeren Ruhm zu verdienen. Die am Ufer stehenden Samurai versuchten, durch die Nebelschwaden hindurch zu erkennen, welcher der beiden Samurai das irrwitzige Rennen gewinnen würde. Zunächst gelang es Kajiwara, eine reichliche Pferdelänge Abstand vor Sasaki zu gewinnen.

„Gebt acht!" schrie Sasaki plötzlich. „Der Riemen Eures Sattels scheint sich zu lösen! Ihr solltet ihn festzurren, die Flut ist gefährlich!"

Bei diesen Worten lockerte Kajiwara unverzüglich die Zügel. Er zog die Steigbügel beiseite und beugte sich nach unten, um den Bauchgurt seines Pferdes festzuziehen. Doch es hatte sich lediglich um eine List Sasakis gehandelt, der die Gelegenheit nutzte, um seinen Konkurrenten zu überholen. Als er dies begriff, versuchte Kajiwara seinerseits, Sasaki aufzuhalten. Er rief: „Gebt acht, Sasaki, daß Ihr nicht ins Wasser stürzt! Am Grund des Flusses könnten sich Hindernisse verbergen!" Doch er glaubte selbst nicht daran, daß seine Worte Sasaki aufhalten würden. Dieser war jedoch tatsächlich in diesem Moment auf die von den Taira-Kriegern gespannten Seile gestoßen. Er zog das Schwert und durchtrennte sie, ohne daß er sein Pferd, das bis zur Brust im Wasser stand, dabei anhielt. Daraufhin konnte Ikezuki den reißenden Strom in gerader Linie durchqueren und seinen Reiter sicher ans andere Ufer bringen. Kajiwara erreichte das Ufer als zweiter, jedoch weiter flußabwärts, denn er war ein Stück abgetrieben worden.

Stolz über seinen Sieg erhob Sasaki sich in seinen Steigbügeln und rief den Samurai des Yoshinaka, die in großer Zahl am Ufer standen zu: „Ich, Sasaki Shirô Takatsuna, Nachkömmling des vierten Sohns des Kaisers Uda in der neunten Generation, bin der erste, der zur Schlacht am Fluß Uji angetreten

---

[179] Ca. 1,40 m. Anm. d. Übers.

Kajiwara, Sasaki und Hatakeyama im Fluß Uji. Holzschnitt von Kuniyoshi Utagawa.

ist! Mögen jene, die sich meiner würdig glauben, sich mit mir messen!" Und ohne zu zögern ritt er auf den Feind zu.

Währenddessen führte Hatakeyama Shigetada bereits die ersten Hundertschaften der Reiter Yoshitsunes über den Fluß. Doch noch im Wasser wurde Hatakeyamas Pferd von einem Pfeil mitten in die Stirn getroffen, und der Samurai mußte ans Ufer schwimmen. Dort ließ er sich unverzüglich ein neues Pferd geben. Kaum saß er im Sattel, galoppierte ein Taira-Reiter auf ihn zu. Er ritt einen Apfelschimmel, und sein Sattel war goldverbrämt. „Nenne deinen Namen!" rief Hatakeyama.

„Ich bin Nagase-no-Shigetsuna, Vasall des Herrn von Kiso!"

„So sollst du also mein erstes Opfer sein!" versetzte Hatakeyama. Kaum hatte er diese Worte gerufen, zog er sein Schwert und köpfte den Samurai. Honda-no-Jirô, einer seiner Gefolgsleute, hob das abgeschlagene Haupt auf und befestigte es an seinem Sattelbogen.

Die gesamte Armee Yoshitsunes überquerte nun den Fluß, und nach einer unerbittlich geführten Schlacht errangen sie den Sieg über Yoshinakas Truppen. Yoshitsunes Halbbruder Noriyori gelang es unterdessen, seine Armee bei der Furt von Kugo über den Seta zu führen. Mit vereinten Kräften zogen beide Armeen schließlich gegen Kyôto.

Der Bericht, der alsbald an Minamoto-no-Yoritomo, dem Herrn von Kamakura, gesandt wurde, begann mit den folgenden Worten: „Erster im Kampf am Fluß Uji: Sasaki Shirô Takatsuna! Zweiter im Kampf: Kajiwara Genda Kagesue!"

Minamoto Yoshinaka – der letzte Pfeil in der Schlacht von Awazu

Das Schicksal hatte sich gegen Minamoto Kiso Yoshinaka gewendet. Sein eigener Cousin, Minamoto Yoshitsune, Hauptmann der Truppen seines Halbbruders Minamoto Yoritomo, war gegen ihn ausgesandt worden. Seit Yoshitsunes erfolgreichem Übersetzen über den Fluß Uji war Yoshinaka immer mehr ins Hintertreffen geraten, und schließlich waren ihm nur noch etwa 300 Reiter geblieben. Er entschied sich dafür, sich mit diesem kleinen Trupp den 6000 berittenen Samurai, die gegen ihn zu Felde gezogen waren, zum Kampf zu stellen. Dies sollte als die Schlacht von Awazu in die Geschichte eingehen.

Wie es dem Brauch entsprach, zog Yoshinaka prächtig geschmückt in die Schlacht. Seine Rüstung war mit Damastbändern aus Kara geschnürt, unter der Rüstung trug er roten Brokat, und sein Helm mit dem breiten Nackenschutz war kunstvoll verziert. Er führte ein langes Schwert mit schönen Einlegearbeiten mit sich, und über seine Schultern ragten mit Schwanzfedern von Adlern gefiederte Pfeile hinaus. Er stieg auf sein kraftvolles, robustes Schlachtroß, das den Namen „Brauner Teufel von Kiso“ trug. Im Handumdrehen sahen sich die 300 Samurai Yoshinakas vom Gegner umzingelt. Zwar gelang es ihnen, sich aus der Einkesselung zu befreien, doch ihr Trupp bestand nunmehr nur noch aus etwa 50 Kämpfern, und trotz größter Tapferkeit schmolz ihre Zahl weiter dahin. Allzu zahlreich war der Gegner. Einer nach dem anderen stürzte zu Boden, die Rüstungen von Dutzenden Pfeilen durchbohrt, und schließlich standen bei Yoshinaka nur noch seine Gefährtin Tomoe Gozen und seine vier *shi-ten*, Leibwächter, mit Namen Imai Kanehira, Higuchi Kanemitsu, Tate Chikatada und Nenoi Yukichika, und auch diese starben einer nach dem anderen.

Da das Ende unausweichlich war, schlug Imai Kanehira seinem Herren vor, sich in den Pinienwald von Awasu zurückzuziehen, um dort auf würdige Weise seinem Leben ein Ende zu setzen. Er selbst würde den Feind so lange wie möglich mit den Pfeilen, die ihm noch verblieben waren, zurückhalten. Doch Yoshinaka wollte weiterkämpfen und von der Hand des Feindes fallen. Kaum aber wollte er sein Pferd antreiben, sprang Imai Kanehira an dessen Flanke und griff ihm in die Zügel. Er rief: „Der Träger des Bogens darf in seiner letzten Stunde nicht schwach werden! Welchen Ruhm auch immer er sich in der Vergangenheit erworben hat, sein Name wird für alle Zeiten befleckt sein. Herr, Ihr seid am Ende Eurer Kräfte. Es darf nicht geschehen, daß irgendein unbedeutender Samurai euch tötet. Ihr seid der Herr von Kiso, dessen Heldentaten im ganzen

Reich berühmt sind! Ich flehe Euch an, begebt Euch in diesen Pinienwald!"

Diese Worte überzeugten Yoshinaka, er wendete sein Pferd und ritt zu dem Wald. Hinter ihm kämpfte Kanehira wie ein Löwe, um den Rückzug seines Herrn zu decken. Seine acht letzten Pfeile töteten acht Reiter. Daraufhin zog er sein Schwert und hielt die Gegner mit weiten Schlägen auf Distanz. Obgleich zahlreiche Pfeile auf ihn geschossen wurden, hielt seine Rüstung noch stand. Es war die Stunde der Abenddämmerung.

Yoshinaka galoppierte noch immer auf den Pinienwald zu. Doch ihm blieb das Glück der großen Krieger, seinem Leben selbst ein Ende zu setzen, verwehrt. „Brauner Teufel von Kiso" glitt auf einer dünnen Eisschicht aus, kam vom Weg ab und sank tief in den Morast eines Reisfeldes ein. Es war unmöglich, das Pferd wieder freizubekommen. Yoshinaka wandte sich um, um zu sehen, wie es Kanehira ergangen war. In diesem Moment zog Ishida-no-Jirô Tamehisa einen Pfeil aus seinem Köcher und schoß ihn wohlgezielt unter das Visier von Yoshinakas Helm, und der Herr von Kiso sank tot auf dem Rükken seines Pferdes zusammen. Ishida ritt zu ihm und trennte ihm den Kopf vom Rumpf. Er steckte das Haupt des großen Kriegers auf die Spitze seines Schwertes, um seinen Triumph für alle sichtbar werden zu lassen. Als Kanehira, der noch immer nicht unter den zahllosen Pfeilen der Gegner zusammengebrochen war, dies wahrnahm, beschloß er, sich unverzüglich das Leben zu nehmen, das nunmehr unnütz geworden war. Er nahm die vom Blut des Feindes rote Spitze seines Schwertes in den Mund und ließ sich kopfüber von seinem Pferd fallen. So starb er, durchbohrt vom eigenen Schwert.

Auf diese Weise endete die Schlacht von Awasu und das Leben des Lehnsherren Minamoto Kiso Yoshinaka, der das Alter von 31 Jahren erreicht hatte.

Tomoe Gozen – eine japanische Amazone

Tomoe Gozen[180] war die Gefährtin von Minamoto Kiso Yoshinaka. Sie hatte eine helle Haut, und sie war sehr schön mit ihrem langen Haar, das ihr feingeschnittenes Gesicht umrahmte. Sie war eine vollendete Kriegerin. Es

---

[180] Tomoe Gozen: jpn. Dame Tomoe (ca 1157-1247). Im Heike Monogatari wird sie als eine außerordentliche Kriegerpersönlichkeit geschildert. Sie gehörte zu Minamoto Yoshinakas Führungsstab, und sie soll auch seine Leibwächterin und Konkubine gewesen sein. – Anm. d. Übers.

hieß, daß sie im Kampf tausend Männer aufwog, so groß war ihr Geschick im Umgang mit dem Bogen wie mit dem Schwert, sei es zu Fuß oder auf dem Pferd. Von ihren zahlreichen Heldentaten sprach man bereits in ganz Japan. Auch war sie fähig, selbst die feurigsten Pferde zu zähmen. Wer sie erblickte, mit gezücktem Schwert oder mit dem Bogen in der Hand, spürte, daß sie es selbst mit Göttern und Dämonen aufnehmen konnte.

Tomoe Gozen. Zeichnung von Kikuchi Yôsai.

Während der Schlacht von Awasu im Jahre 1184 zählte sie gemeinsam mit den *shi-ten* Yoshinakas zu den letzten, die noch nicht der Übermacht des Feindes zum Opfer gefallen waren. Yoshinaka forderte sie schließlich dazu auf, das Schlachtfeld zu verlassen und sich zu retten. Es sollte nicht heißen dürfen, daß eine Frau mit ihrem Körper das Leben des Minamoto Kiso Yoshinaka schützte! Nach einigem Zaudern willigte sie ein und bahnte sich einen blutigen Weg durch die gegnerischen Truppen. Onda-no-Hachirô Moroshige aus der Provinz Musashi versuchte, sie mit 30 seiner Samurai aufzuhalten. Doch trotz der Kraft des stämmigen Mannes gelang es ihr, ihn zu packen, ihm den Kopf abzuschlagen und diesen weit von sich zu schleudern. Erst nach diesem letzten Kampf war sie wirklich bereit, der Anordnung ihres Herrn Folge zu leisten. Sie galoppierte davon, doch nachdem Yoshinaka und sein tapferer Gefolgsmann Kanehira gestorben waren, fiel sie in die Hände des Gegners. Sie wurde jedoch begnadigt und lebte fortan bis ans Ende ihrer Tage in einem Tempel.

Die Brüder Kawara

Die Minamoto hatten mit dem Großteil ihrer Truppen im Wald von Ikuta Stellung bezogen. Unter ihnen befanden sich die Brüder Kawara Tarô und Kawara Jirô aus der Provinz Musashi. Die Nacht war hereingebrochen. Der ältere Bruder, Tarô, war fest entschlossen, eine spektakuläre Heldentat zu begehen, damit sein Name nicht der Vergessenheit anheimfallen würde. Er wollte dies auf einfachste Weise erreichen: Das Lager des Feindes befand sich in unmittelbarer Nähe; er würde in seine Verschanzung eindringen und dort einen Kampf liefern, der zwar aussichtslos wäre, von dem man aber noch lange sprechen würde! Auf diese Weise würde er eine Art Selbstmord für den Ruhm und die Ehre der Familie begehen. Tarô wollte allein aufbrechen, um Jirô den sicheren Tod zu ersparen. Doch dieser bestand darauf, seinen Bruder zu begleiten. Die beiden überreichten daraufhin ihren Dienern Botschaften des Lebewohls für ihre Frauen und Kinder und begaben sich zum feindlichen Lager. Ohne zu zögern, kletterten sie über die Befestigung.

Unbemerkt inmitten der Feinde angelangt, rief der ältere der Brüder Kawara plötzlich mit donnernder Stimme, die in beiden Lagern zu hören war: „Hier stehen Kawara Tarô Kisaichi-no-Takanao und sein jüngerer Bruder Jirô Morina aus der Armee der Minamoto. Wir sind die ersten in der Schlacht im Wald von Ikuta!"

Zunächst wollte niemand so recht seinen Ohren trauen, denn es schien die reinste Narrheit aus diesen Worten zu sprechen. Doch die beiden Brüder, die ausgezeichnete Bogenschützen waren, hatten bereits begonnen, die Taira zu beschießen. Es dauerte allerdings nicht lange, bis man einen ebenbürtigen Bogenschützen bei den Taira, Manabe-no-Gorô, herbeigerufen hatte, dem es gelang, einen Pfeil von solcher Durchschlagskraft zu versenden, daß er die Brust Kawara Tarôs vollständig durchbohrte. Jirô eilte zu seinem Bruder, lud sich den Sterbenden auf die Schultern und versuchte, aus dem Lager des Feindes zu fliehen. Doch ein zweiter Pfeil Manabes tötete auch ihn. Man eilte herbei, um den Brüdern die Köpfe abzutrennen. Von ihrer Kühnheit sprach man hinfort bei den Minamoto und bei den Taira, und ihre Namen wurden der Nachwelt überliefert, ganz, wie es der Wunsch Tarôs gewesen war.

Ein unwürdiger Tod

Minamoto-no-Yoshitsune hatte die Seefestung Ichi-no-tani eingenommen. Am Meeresufer, das bereits rot vom Blut war, fanden noch letzte Kämpfe statt. Die Minamoto waren von der steilen Flanke des Gebirges überraschend in das Lager der Taira eingedrungen. Jene Taira-Krieger, die dem unerwarteten Angriff lebend entkommen waren, flohen in großer Hast auf ihre Schiffe, die in Ufernähe vor Anker lagen und mit denen sie nach Yashima zu entkommen hofften. Doch Moritoshi, der Gouverneur von Etchû, hatte sich den Fliehenden nicht angeschlossen. Tatsächlich glaubte er, daß es für die Flucht ohnehin zu spät sei und daß es vorzuziehen sei, dem letzten Ansturm des Feindes entschlossen entgegenzutreten.

Der Minamoto-Samurai Inomata-no-Koheiroku Noritsuna erblickte den tapferen Gouverneur und galoppierte zu ihm. Dies schien ein würdiger Feind für ihn zu sein! Inomata war für seine große Kraft berühmt. Es hieß, daß er mit bloßen Händen ein Hirschgeweih zwischen der ersten und der zweiten Sprosse zerbrechen konnte. Doch auch Moritoshi war ein starker Mann. Er soll fähig gewesen sein, ganz allein ein Schiff aus dem Wasser an Land oder vom Ufer ins Wasser zu ziehen, wofür sonst ein Dutzend Männer vonnöten waren. Es gelang ihm im Handumdrehen, den Angreifer zu Boden zu werfen und ihn mit solcher Kraft zu umklammern, daß es Inomata den Atem nahm. Schon legten sich dunkle Schleier vor seine Augen, doch mit letzter Kraft versuchte er, das Wort an seinen Gegner zu richten: „Haltet inne“, brachte er hervor, „damit ich Euch meinen Namen nenne. Kennt Ihr nicht den Brauch? Was nutzt Eurem Ruhm ein Haupt ohne Namen?“

„Ich bin der Gouverneur von Etchû, Moritoshi, von den Taira! Und wie ist Euer Name?“

„Ich bin Inomata-no-Koheiroku Noritsuna aus Musashi!“ keuchte der Minamoto. Und er fuhr mühsam fort: „So seht doch, Eure Partei ist geschlagen. Ihr könnt weder Ehre noch Belohnungen für den Kopf eines Feindes erwarten. Verschont mich, und ich werde meinen Herren bitten, Euch und die Euren, die noch am Leben sind, gleichfalls zu schonen.“

„Hört auf mit dem Geschwätz!“ rief der Taira-Krieger verwirrt. „Glaubt Ihr, Moritoshi würde dem Wort eines Minamoto trauen? Und Ihr, würdet Ihr etwa dem Wort eines Taira Vertrauen schenken?“

Er hob sein Schwert, um Inomata zu enthaupten, doch dieser unternahm einen letzten Versuch, sein Leben zu retten: „Wie könnt Ihr jemanden töten, der sich Euch ergeben hat?“

Moritoshi beschloß, ihn am Leben zu lassen, und ließ ihn sich erheben. Daraufhin setzten sich beide Seite an Seite auf einen kleinen Damm am Rande eines Reisfeldes. Plötzlich kam in schnellem Galopp ein Minamoto-Samurai dahergeritten. „Das ist Hitomo-no-Shirô, ein Freund“, sagte Inomata. „Beunruhigt Euch nicht.“

Moritoshi beobachtete den Näherkommenden dennoch mit Argwohn. Doch demjenigen, der neben ihm saß und den er zuvor entwaffnet hatte, brachte er kein Mißtrauen entgegen. Aber Inomata stürzte sich plötzlich mit einem lauten Schrei auf ihn und schlug den Überraschten mit den Fäusten gegen die Rüstung, so daß dieser das Gleichgewicht verlor. Der Gouverneur von Etchû fiel rückwärts zu Boden, und als er versuchte, wieder auf die Beine zu kommen, entriß der Minamoto ihm das Schwert und stieß es ihm in den Körper, bevor er ihm den Kopf abschlug. Erst in diesem Augenblick erreichte Hitomo-no-Shirô die beiden. Damit dieser seinen Sieg bestätigen konnte, pflanzte Inomata Moritoshis Haupt auf die Spitze seines Schwertes, hob es in die Höhe und rief: „Ich, Inomata-no-Koheiroku Noritsuna habe mit meinen Händen denjenigen, den man wie einen Dämon fürchtete, den Gouverneur von Etchû, Moritoshi, Vasall der Taira, getötet!“

Auf diese Weise hatte der tapfere Krieger der Taira sein Leben verloren, und die erbärmliche Tat Inomatas sollte hinfort zu den bekanntesten Geschehnissen jenes Tages zählen.

Der Weg des Schwertes und der Poesie

Viele der großen Anführer der Taira starben bei der Schlacht von Ichi-no-tani. Einer von ihnen war Tadanori, der Gouverneur von Satsuma, der während des Angriffs der Minamoto den Westflügel der Taira-Truppen befehligte. Als sich die Taira geordnet vom Schlachtfeld zurückzogen, rief ein berittener Samurai der Minamoto, Okabe-no-Rokuyata Tadazumi, ihn an und forderte ihn auf, zu sagen, wer er sei. Tadanori war des Gemetzels müde und wollte auf die Herausforderung des Gegners, der hinter ihm ritt, nicht reagieren. Er wandte sich, während er sein Pferd weitertraben ließ, kurz in seinem Sattel um und sagte: „Ein Freund.“

Doch der Minamoto hatte Zeit genug gehabt, die Zähne Tadanoris sehen zu können, die einem Brauch der Taira gemäß geschwärzt waren. Er setzte sein Pferd in Galopp, um ihn einholen zu können. Er versuchte, den Gouverneur aufzuhalten. Doch dieser war ein geübter Schwertkämpfer, und er versetzte Rokuyata zwei Schwerthiebe, die zwar an dessen Rüstung abglitten, ihn jedoch vom Pferd warfen. Ein dritter Streich traf ihn im Fallen. Der Gouverneur von Satsuma hob bereits sein Schwert, um dem Minamoto einen letzten, tödlichen Hieb zu versetzen, doch in diesem Moment kam, gerade zur rechten Zeit, ein Gefolgsmann Rokuyatas und schlug Tadanori den Arm am Ellbogen ab.

Als der Taira-Krieger das Blut in Stößen aus seinem Arm spritzen sah und er fühlte, wie ihn mit dem Blut die Lebenskräfte verließen, versuchte er, sich noch die Zeit für ein Gebet zu Buddha zu verschaffen. Mit seinem gesunden Arm packte er Rokuyata und schleuderte ihn weit von sich. Daraufhin wandte er sich gen Westen und sprach zehn Mal den heiligen Namen aus. Doch er konnte sein Gebet nicht vollenden, denn Rokuyata hatte sich inzwischen aufgerappelt, war hinter ihn getreten und schlug ihm mit einem Schlag den Kopf ab.

Am Köcher des Gouverneurs war ein Stück Papier befestigt. Darauf war folgendes Gedicht zu lesen: „Rast unter den Blüten. Von der Nacht ward ich überrascht, und ich suchte Schutz unter dem Blätterdach dieser Bäume. Ihre Blüten werden für diese Nacht meine Gastgeberinnen sein."

Als Rokuyata die Unterschrift Tadanoris las, begriff er, wem er gerade das Haupt abgeschlagen hatte. Als er seinen Sieg über den großen Krieger und Dichter verkündete, gab es nicht einen Samurai, ob Minamoto oder Taira, der keine Tränen vergoß.

Verrat und Treue

Die folgende Geschichte ereignete sich während des Gempei-Krieges, des Bürgerkrieges zwischen den Klanen der Minamoto und der Taira. Yoritomo hatte beschlossen, seinen Halbbruder Yoshitsune aus dem Weg zu räumen. Seine Schergen verfolgten hartnäckig und unerbittlich den Mann, dem außer einer Handvoll Gefolgsleute, die bereit waren, sich für ihn zu opfern, niemand mehr geblieben war.

Zu ihnen zählte auch der Samurai Tadanobu, der für seine Meisterschaft im Umgang mit Waffen berühmt war. Der Anführer der Verfolger, Kagehira, war ebenfalls ein Samurai von reinstem Geblüt. Die beiden waren einander bereits begegnet, als die Feindschaft zwischen Minamoto-no-Yoritomo und Minamoto-no-Yoshitsune noch nicht offen ausgebrochen war.

Damals hatte eine Schlacht stattgefunden, bei der Yoshitsune, der die Truppen Yoritomos anführte, einen glanzvollen Sieg über die Taira errungen hatte. Tadanobu und Kagehira hatten dabei Seite an Seite gekämpft. Nach der Schlacht gab es eine Siegesfeier. Beide standen am Feuer, eine Sakeschale in der Hand. Kagehira, der ein hünenhafter Krieger war, musterte die grazile Gestalt Tadanobus von oben herab. Plötzlich rief er, von Wohlwollen übermannt, das aus den gemeinsam bestandenen Gefahren erwachsen war, aus: „Ich muß Euch etwas gestehen! Meine Geliebte war eines Tages die Eure geworden. Ich war sehr eifersüchtig, und ich habe damals geschworen, daß ich fortan mehr Siege in Kämpfen als Ihr davontragen würde. Doch heute habe ich begreifen müssen, daß dies nicht möglich ist!“

„Ihr irrt Euch, edler Kagehira“, erwiderte Tadanobu mit einer Verbeugung. „Ich weiß, daß Ihr weit größere Ehren als ich errungen habt. Jeder Samurai wird dies bestätigen.“

Nachdem sie gemeinsam eine letzte Schale Sake geleert hatten, lud Kagehira Tadanobu ein, ihn nach Kyôto zu begleiten, wo sich das Hauptquartier seines Herrn Minamoto-no-Yoritomo befand. Doch Tadanobu lehnte das Angebot ab. Er erklärte, daß sein Platz sich an der Seite seines eigenen Herrn, Minamoto-no-Yoshitsune, befände, was auch immer geschehen möge. Nachdem die beiden Samurai sich noch einmal ihrer gegenseitigen Wertschätzung versichert hatten, trennten sie sich.

Wenig später entsandte Yoritomo seine Männer, damit sie Yoshitsune verfolgten, auf dessen militärische Erfolge er allzu eifersüchtig geworden war. Letzterer verdankte es der außerordentlichen Tapferkeit seiner letzten Samurai, daß er bislang allen Fallen, die ihm seine Gegner gestellt hatten, entronnen war und alle Hindernisse hatte überwinden können. Yoshitsune und seine Krieger befanden sich auf dem Weg nach Norden, wo sie sich Schutz in der Provinz von Ôshû erhofften. Doch in den zahlreichen Scharmützeln war ihr Trupp auf ein kleines Häuflein zusammengeschmolzen. Nach reiflichem Überlegen faßte Tadanobu einen Entschluß. Er wandte sich an Yoshitsune: „Herr, meine Männer sind dezimiert worden, und die Truppen Eures Bruders sind uns dicht auf den Fersen. Es gibt nur noch eine Möglichkeit: Tauscht Eure Rüstung mit der meinigen, und ich werde die Verfolger in die Irre führen, während Ihr nach Norden entkommen könnt!"

Yoshitsune widersetzte sich dieser Idee zunächst vehement, die nichts anderes als die Selbstaufopferung eines seiner treuesten Gefährten bedeutete. Doch dieser bestand auf seinem Vorschlag: „Aber Herr, Ihr müßt überleben! Mein Leben hat nicht die geringste Bedeutung. Flieht, damit Ihr Eure Kräfte sammeln und zurückkehren könnt, um Euren Bruder zu schlagen. Was mich betrifft: Ich weiß, daß mir nur wenig Hoffnung bleibt. Aber ich bitte Euch, bekümmert Euch nicht darüber!"

Vor Yoshitsunes Augen legte sich einen Moment ein Schleier aus Traurigkeit. Schweren Herzens, doch dankbar und voll Bewunderung für den Edelmut seines Getreuen willigte er ein, und er übergab Tadanobu seine rotlackierte Rüstung. Dieser legte sie an, stieg auf sein Pferd und entfernte sich in schnellem Galopp. Er ritt direkt auf die Verfolger zu durchbrach ihre Reihen nach einem wilden Kampf. Ohne eine Atempause einzulegen, setzte er seinen Ritt in Richtung Kyôto fort, das im Süden lag. Kurz vor der Stadt gelang es ihm, die Verfolger abzuschütteln, die nach wie vor davon überzeugt waren, daß es sich bei dem tollkühnen Reiter um niemand anderen als Yoshitsune handelte.

Nach Anbruch des nächsten Tages wurde Kyôto in Alarmzustand versetzt. Die Morgendämmerung hatte gerade begonnen, als Kagehira rasch seine Rüstung anlegte und seine Geliebte verließ, um das Kommando über die Durchsuchungsaktion zu übernehmen. Kagehira setzte eine hohe Belohnung aus, um die Suche nach dem vermeintlichen Yoshitsune voranzubringen. Er beteiligte sich persönlich am Durchkämmen mehrerer Stadtteile, in der Zeugen einen Reiter in roter Rüstung gesehen zu haben behaupteten. Nachdem Kagehira seine Geliebte verlassen hatte, erblickte diese plötzlich einen schattenhaft wirkenden Mann an der Tür ihres Hauses, der aus mehreren Wunden blutete und sich nur noch mit Mühe auf den Beinen halten konnte. Sie stieß einen Entsetzensschrei aus, doch mit einem Mal erkannte sie Tadanobu, der den Weg zur Behausung seiner früheren Geliebten wiedergefunden hatte.

„Ich bin ich selbst und kein Geist", sagte er schließlich. „Kannst du mich für ein paar Stunden verstecken?"

„Aber gewiß, mein lieber Tadanobu. Du bist hier in Sicherheit."

Voll Vertrauen und zu Tode erschöpft sank Tadanobu schnell in tiefen Schlaf. Aber die Frau eilte unverzüglich zu Kagehira. Als dieser schließlich starr vor Staunen vor Tadanobu stand, der schutzlos auf seinem Lager lag und schlummerte, sagte sie: „Töte ihn, schnell!"

„Aber das ist doch der Samurai Tadanobu", murmelte Kagehira ungläubig. Daraufhin wandte er sich langsam zu der Frau um und versuchte, im Halbdunkel ihren Blick zu finden. „Ihr habt einen edlen Samurai verraten, der einst Euer Geliebter war und der Euch sein Vertrauen geschenkt hat. Warum?"

„Um Euch zu Gefallen zu sein." Sie zögerte einen Augenblick, bevor sie fortfuhr. „Und wegen der Belohnung."

„Deine Belohnung wird darin bestehen, daß ich dein Leben schone, trotz der Tat, die du begangen hast", sagte er mit Verachtung in der Stimme.

„Aber er ist doch dein Feind! Es ist deine Pflicht, ihn zu töten!"

„Du mußt mir nicht sagen, was meine Pflicht ist. Deine Pflicht jedoch wäre es gewesen, ihm zu entkommen zu helfen oder an seiner Seite zu sterben!"

„Aber... deine Befehle..."

„...betrafen ausschließlich den Herrn Yoshitsune! Ich habe nichts in Bezug auf diesen edlen Samurai angeordnet."

Daraufhin verließ Kagehira in aller Eile das Haus und entließ seine Garden, die bereits Stellung bezogen hatten, mit der Begründung, daß es sich um einen falschen Alarm gehandelt habe. Doch die Frau benachrichtigte unverzüglich die Behörden der Stadt, die sogleich zweihundert Männer in Waffen aussandten, um die Zuflucht Tadanobus zu umzingeln. Doch dieser war inzwischen erwacht, und bevor sie ihn ergreifen konnten, war er aufgesprungen und kämpfte mit der Wut eines verletzten Löwen. Er tötete die Frau, die die Schergen zu ihm geführt hatte und erschlug mit seinem Schwert 16 der Männer. Die anderen, von seinen tödlichen Schwertstreichen verängstigt, flohen Hals über Kopf aus dem Haus. Sie hielten es jedoch umstellt, während sie auf Verstärkung warteten.

Von dem Lärm angezogen, der aus dem Haus seiner Geliebten drang, als die ersten Sonnenstrahlen die Dächer Kyôtos berührten, kam Kagehira herbeigeeilt. Er glaubte seinen Augen nicht zu trauen, als er Tadanobu erblickte, der auf das Dach geklettert war, von wo aus er die Häscher schmähte, die um das Haus herum standen. Er hörte ihn rufen: „Was seid ihr doch für Feiglinge! Über einen echten Samurai herzufallen, wagt ihr nur, wenn dieser schläft! Jetzt bin ich wach, wer von euch will nun zu mir kommen und hier sterben?"

Unten standen einige Bogenschützen, die die Augen gesenkt hatten und deren Bögen in ihren Händen zitterten. Es herrschte ein großes Schweigen.

„Ich sehe schon", fuhr Tadanobu fort, „es wäre mir ein Leichtes, einen nach dem anderen von euch zu töten, bis die Klinge meines *katana* stumpf geworden ist. Aber ich will euch nicht die geringste Möglichkeit geben, euch eines

Tages damit brüsten zu können, einen Samurai getötet zu haben. Seht mir also gut zu, ihr lächerlichen Gestalten, und erfahrt, wie ein echter Krieger stirbt!"

Inzwischen war die Sonne höher gestiegen, und in ihrem strahlenden Licht kniete Tadanobu nieder und stieß sich ohne zu zaudern sein Kurzschwert in den Bauch, und mit großer Würde vollführte er *seppuku* gemäß der reinsten Tradition.

Kagehira ließ den Mann, den er so außerordentlich geschätzt hatte, während seines Sterbens keinen Moment aus den Augen. Schließlich brachte er den Leichnam zu seinem Herren Yoritomo und berichtet ihm, was sich zugetragen hatte. Daraufhin ordnete dieser an, daß die sterblichen Überreste dieses Feindes mit allen Ehren, wie sie einem echten Samurai zukamen, beerdigt würden.

Dôjô-Geschichten

Die Lektion des Banzo

Er hieß Matajurô, und er wollte ein großer Schwertkampfmeister werden. Nachdem er lange nach einem geeigneten Lehrer gesucht hatte, klopfte er eines Tages an die Tür des berühmten Banzo, eines Schwertmeisters, der seinesgleichen suchte. Respektvoll trug er sein Anliegen vor: „Wie lange dauert es, bis ich ein Meister sein kann? Vorausgesetzt natürlich, Ihr gestattet mir, von heute an stets bei Euch weilen zu dürfen.“

„Zehn Jahre“, meinte der alte Meister lakonisch.

„Aber – ich kann unmöglich so lange bleiben!“ rief Matajurô verblüfft aus. „Mein Vater ist schon alt, und ich muß daran denken, daß ich eines Tages heimkehren muß, um mich um ihn zu kümmern. – Nehmen wir einmal an, daß Ihr mich wirklich sehr hart üben laßt. Wie lange würde es dann dauern?“

„Dreißig Jahre“, lautete die Antwort.

„Wie bitte? Jetzt sind es schon dreißig Jahre? Aber Ihr habt mich mißverstanden! So sagt doch, wie lange würde es dauern, wenn ich mich dafür pausenlos abrackern würde?“

„Siebzig Jahre. Mit soviel Hast und Eile wirst du nur sehr langsam Fortschritte machen können.“

Darauf sagte Matajurô, der zu begreifen begann, nichts mehr. Von diesem Moment an war er ein stiller Diener, der sich über den härtesten häuslichen Aufgaben, die Banzo ihm auferlegte, verausgabte. Lange Zeit berührte er kein Schwert, und es wurde in seiner Gegenwart kein Wort über das Kämpfen verloren. Drei Jahre lang ereignete sich nichts Neues für ihn. Matajurô gab jedoch nicht auf, und er ließ sich seinen Wunsch, endlich mit der Praxis des Schwertkampfes zu beginnen, nicht anmerken.

Eines Tages aber versetzte Banzo ihm ohne jede Ankündigung plötzlich einen heftigen Schlag mit dem *bokken* auf den Kopf. Dies setzte sich an den folgenden Tagen fort. Die Hiebe kamen aus allen Richtungen und immer völlig unverhofft. Auf diese Weise mußte er viele Schläge einstecken, doch nach einigen Wochen hatte er gelernt, sich mit der Leichtigkeit einer Katze zu bewegen, immer bereit, in jedem Moment den hinterhältigen Schlägen seines

Meisters auszuweichen. Daraufhin murmelte Banzo einige Worte, die seine Zufriedenheit zum Ausdruck brachten, und er erteilte ihm die erste Lektion im Schwertkampf. Und eines Tages war Matajurô selbst zu einem großen Schwertkampfmeister geworden.

Von dieser berühmten „Dôjô-Geschichte" gibt es verschiedene Varianten. Sie wird in Kampfkunstkreisen sowohl Japans als auch Chinas erzählt. Das gleiche gilt für die folgende Geschichte.

Satori

Ein junger Samurai, der bereits ein großer Meister im Umgang mit dem Schwert war, litt darunter, daß er in seiner Heimatprovinz keinen einzigen Gegner seines Formats mehr finden konnte. So trat er eines Tages die große Reise durch Japan, sein *musha-shugyô*, an. Doch schon bald eilte ihm der Ruf der Unbesiegbarkeit voraus, und alle Übungsstätten für den Schwertkampf verschlossen vor ihm ihre Pforten, wenn er sich dem Ort näherte.

In Kyôto endlich gelang es ihm, ein *dôjô* zu finden, dessen Tür offenstand. Aber der Herr des Ortes, ein alter Mann mit weißem Haar, erklärte ihm, daß auch hier leider kein Gegner, der ihm gewachsen wäre, zu finden sei. Wütend forderte der Samurai daraufhin den alten Meister heraus. Dieser nickte langsam und ergriff dann, ohne ein Wort zu verlieren, einen Bambusstock. Er ging ohne zu zögern direkt auf den jungen Mann zu, dem gerade noch genug Zeit blieb, sein Schwert zu ziehen. Zur größten Überraschung gelang es dem Samurai nicht, den Alten mit seinem Schwert auch nur zu berühren, und dies, obwohl er es kraftvoll und mit großem Geschick führte. Damit nicht genug, wurde er selbst immer wieder von dem Bambusstock getroffen. Der Alte schlug zwar nicht sehr heftig zu, aber die Schläge schmerzten dennoch. Schließlich war der Samurai am Ende seiner Kräfte, so daß er um Gnade schrie und den Meister anflehte, ihn zu seinem Schüler zu machen. Denn dessen einzigartige Technik zu erlernen, erschien in diesem Moment als erstrebenswertestes Ziel auf Erden.

Der Alte willigte schließlich ein und führte den neuen Schüler zu seiner Hütte, die sich in den Bergen befand. Dort wies er ihn unverzüglich in seine Aufgaben ein: Holzhacken, Wasserholen, Saubermachen und den Gemüsegarten hegen. Doch von der Kunst des Schwertkampfes war keine Rede.

Nachdem er einige Monate lang duldsam seine Pflichten erfüllt hatte, konnte der junge Mann nicht mehr an sich halten und rief wütend aus: „Ich habe darum gebeten, Unterricht im Schwertkampf zu erhalten, und nicht, Hausdiener zu werden!"

„Oh!" rief der alte Mann, als wäre er zutiefst überrascht. „Und wann wollt Ihr damit beginnen?"

„Sofort natürlich!"

„Gut, gut", sagte der Meister und schlug ihn plötzlich hart mit seinem *bokken* auf den Kopf. Von diesem Tag an konnte der Samurai keinen Frieden mehr finden, keinen ruhigen Augenblick. Immer und immer wieder griff der Alte ihn mit seinem *bokken* an, und immer kamen die Schläge völlig überraschend für den jungen Mann. Monate vergingen auf diese Weise. Schließlich, in einer regnerischen Nacht, hockte der Meister ins seiner Hütte vor einem großen Eisenkochtopf, in dem er Reis garte.

„Meister", sprach sein Lehrling ihn an, „ich habe endlich gelernt, Euren Schlägen auszuweichen. Seit drei Monaten habt ihr mir keinen Schlag mehr versetzen können. Wann werden Ihr beginnen, mich das wahre Geheimnis Eurer Technik zu lehren?"

Ohne sich umzudrehen antwortete der alte Mann dem hinter ihm Stehenden lakonisch: „Ihr seid noch nicht bereit."

Diese Worte versetzten den ohnehin gereizten Samurai in größte Wut. Er ergriff mit einer flinken Bewegung sein *bokken* und versuchte, es mit aller Kraft auf den Kopf des Alten zu schmettern. Doch dieser, der nach wie vor mit dem Rücken zu seinem Angreifer am Boden hockte, wehrte den Schlag wie beiläufig ab, indem er den Topfdeckel über seinen Kopf hob.

Dies führte den Schüler unmittelbar zum Satori, zur inneren Erleuchtung. Er hatte das Geheimnis der wahren Kampfkunst begriffen. Es lag in der Spontaneität. Und zum ersten Mal begriff er das unvergleichlich freundliche Wesen seines Lehrers und die wahre Meisterschaft, die dieser erreicht hatte.

Bei dem alten Meister soll es sich um den großen Tsukahara Bokuden in seinen letzten Lebensjahren gehandelt haben. Es kann nicht ausgeschlossen werden, daß es sich so verhält. Leider wurde der Name des jungen Samurai nicht überliefert. Zwar gibt es eine zählebige Legende, die besagt, daß es sich um den berühmten Miyamoto Musashi gehandelt habe, aber dies kann durch einfachen Vergleich der Lebensdaten der beiden „Schwertheiligen" ausgeschlossen werden.

Unreife

Eines Tages gingen einige Schüler des bereits betagten Meisters Tsukahara Bokuden in den Straßen von Kyôto spazieren. Als sie an einem Pferd vorbeigingen, das mit seinem Zaumzeug festgebunden war, trat dieses verängstigt nach hinten aus und wieherte. Die Umstehenden wichen erschrocken zurück. Einer der Schüler war dem Pferd jedoch so nahe, daß ihn die Hufe normalerweise unausweichlich getroffen hätten. Aber mit Leichtigkeit gelang es ihm, dem Tritt des Pferdes mit einem Sprung auszuweichen, und dabei stieß er einen kraftvollen *kiai* aus. Die Umstehenden applaudierten seiner Geistesgegenwart und seinem Geschick, und schnell wurde die Begebenheit in der ganzen Stadt bekannt. Nur der berühmte Bokuden, so sprach man, konnte Leute so ausbilden. Doch als man dem Meister diese Geschichte erzählte, seufzte er bloß. Seine Schüler, von seiner Reaktion enttäuscht, fragten ihn, warum er sich nicht freue. Er antwortete: „Wie schade. Ich dachte, er wäre schon weiter. Ich habe mich offensichtlich geirrt. Er hat noch nicht genügend trainiert."

„Wie das? Er hat doch großes Geschick bewiesen!"

„So versteht ihr also meine täglichen Anweisungen? Hättet ihr den Geist der Kampfkünste begriffen, dann wärt ihr gar nicht erst in Gefahr geraten. Jemand, der wirklich fortgeschritten ist, hätte einen Umweg um das Pferd gemacht."

Als man dem Schüler die Worte des Meisters zutrug, schämte er sich und wagte es lange Zeit nicht mehr, ihm unter die Augen zu treten.

Mutekatsu-ryû

Einst reiste Bokuden in Begleitung eines Schülers nach Kyôto. Auf dem Weg dorthin mußten sie den Biwa-See überqueren, Japans größtes Binnengewässer. Sie bestiegen in Yabashi-no-ura eine Fähre, die sie nach Otsu bringen sollte. Unter ihren Mitreisenden befand sich ein offenkundig angetrunkener Samurai, der eine Flasche Sake in der Hand hielt. Die anderen Reisenden waren beunruhigt und drängten sich instinktiv aneinander. Lediglich Bokuden schien nichts davon mitzubekommen und ließ seinen Blick unbekümmert auf den Wellen ruhen.

Der trunkene Samurai vermochte sich nicht länger zurückzuhalten und begann, sich lautstark mit seinen Fähigkeiten im Schwertkampf zu brüsten. Zufrieden, seine Mitreisenden auf diese Weise eingeschüchtert zu haben, wandte er seine Aufmerksamkeit schließlich Bokuden zu, der ihn als einziger noch nicht einmal eines Blickes gewürdigt hatte. Er forderte ihn auf, eine Demonstration seiner Fähigkeiten zu geben. Bokuden nahm sich Zeit, bevor er ruhig auf die Herausforderung antwortete: „Das ist doch peinlich. Ihr seid betrunken."

„Ich bin Kajiwara Ryûmon, Meister im *Shindô Musô-ryû*", schrie der Samurai, der sich unmittelbar vor Bokuden aufgebaut hatte. „Und ich bin noch stärker, wenn ich getrunken habe!"

„Das ist wirklich allzu gefährlich – ein Narr mit einer scharfen Klinge", sagte Bokuden, ohne die Stimme zu heben.

„Das reicht! Verteidige dich, wenn dir dein Leben lieb ist!"

Bokuden stieß einen tiefen Seufzer aus und blickte sein Gegenüber zum ersten Mal direkt an.

„Gut, wenn das so ist, dann soll es so sein. Aber es ist besser, wenn wir uns auf der kleinen Insel dort vorn schlagen. Die Fähre ist zu klein, und es sind zu viele Leute hier."

„Wie du willst! Welches ist dein Kampfstil?"

„Er ist nicht sehr bekannt. Ich nenne ihn *Mutekatsu-ryû*, weil man in ihm ohne Schwert gewinnt."

„Ha! Willst du damit sagen, daß du mich mit bloßen Händen besiegen kannst?"

Bokuden lächelte, ohne ihn aus den Augen zu lassen. Kajiwara kratzte sich den Kopf und fragte: „Nun, wenn dem so ist, warum trägst du dann zwei Schwerter?"

„Ich verwende sie nur, um meine eigenen egoistischen Wünsche zu besiegen."

Als die Fähre das Ufer der Insel fast erreicht hatte, sprang der vor Ungeduld brennende Samurai ins Wasser und watete an Land. Dort wartete er mit irrem Blick darauf, daß Bokuden ihm folgte. Doch in dem Moment, als alle dachten, er würde von Bord springen, ergriff dieser ein Ruder und stieß die Fähre kraftvoll zurück. Als der allein auf der Insel zurückgebliebene Samurai begriff, daß er zum Narren gehalten worden war, stieß er ein Wutgeheul aus.

„Nun, Kajiwara-san, habt Ihr begriffen? Das ist die echte Technik des *Mutekatsu-ryû*. Es ist die Lehre davon, wie man siegt, ohne etwas zu tun. Es tut mir wirklich leid für Euch!"

Die Passagiere brachen in unbändiges Gelächter aus, während Kajiwara noch lange seine Wut hinausbrüllte. Er sollte nie erfahren, daß Bokuden ihm auf diese Weise das Leben gerettet hatte.

Diese Episode, so humorvoll sie sein mag, birgt auch eine philosophische Erkenntnis in sich, welche die gleiche ist, wie die des Zenbuddhismus: Das höchste Ziel der Kampfkünste besteht demnach darin, zu siegen ohne zu kämpfen, was durch den Zustand der Absichtslosigkeit, des leeren Geistes (mushin) erreicht wird. Letztendlich, und auch dies wird in der Geschichte angedeutet, geht es beim Weg der Kampfkünste darum, das eigene Ego zu besiegen. Der Zenmeister Takuan Sôhô[181] *(1573-1645) war der erste, der dies in klare Worte faßte. Seine Lehren beeinflußten im übrigen wesentlich die Entwicklung des Shinkage-ryû*[182]*, welcher die Idee des mutô, „ohne Schwert", enthält.*

Der Krötenmann

In einer Chronik aus Kashima wird von einem Kampf Bokudens berichtet, den er im Alter von bereits 79 Jahren gegen den Chinesen Chin Shukei ausgefochten hat. Jener trug den Spitznamen „Krötenmann", da sein Körper außergewöhnlich geschmeidig war und es ihm daher möglich war, sich niederzukauern, tief geduckt zum Gegner zu schleichen und aus dieser Stellung heraus unmittelbar emporzuspringen und einen Schlag gegen den Kopf des Gegners zu führen. Er kämpfte grundsätzlich nur mit dem echten Schwert, und niemals schonte er das Leben eines Besiegten.

[181] Siehe Fußnote 63 auf S. 100 f.

[182] Über den Shinkage-ryû, siehe Mabuni, Kenei: Leere Hand – Vom Wesen des Budô-Karate. Chemnitz: Palisander 2007, S. 75.

Bokuden, der auch Meister im Umgang mit der Lanze war, begab sich mit seinem *yari* in Position und zielte einfach auf die Stirn des Chinesen, ohne sich im geringsten durch dessen Manöver des schleichenden Annäherns in tiefer Stellung beunruhigen zu lassen. Als sich Chin Shukei entsprechend seiner Gewohnheit sprunghaft nach oben streckte, machte Bokuden nur eine leichte Bewegung mit dem linken Handgelenk. Dann ließ er sein *yari* los, das dem Chinesen tief in den Schädel gefahren war, mitten zwischen die Augen.

Die drei Söhne des Tsukahara Bokuden

Meister Bokuden bekam eines Tages Besuch von einem anderen *kenjutsu*-Meister. Die beiden kamen auf Bokudens Söhne zu sprechen, und der Meister wollte seinem Gast demonstrieren, welchen Meistergrad diese in ihrer Kunst bereits erreicht hatten. Zu diesem Zweck ersann er eine raffinierte Prüfung. Er plazierte oberhalb einer geschlossenen Schiebetür eine schwere Vase. Beim Öffnen der Tür würde das Gefäß aus dem Gleichgewicht kommen und auf den Kopf dessen, der den Raum betreten wollte, fallen. Nachdem er dies getan hatte, ließ er sich ruhig gegenüber seinem Besucher nieder und rief seinen ältesten Sohn.

Die Tür hatte gerade begonnen, sich zu öffnen, da langte eine Hand durch die Öffnung und ergriff die Vase. Daraufhin betrat der Erstgeborene den Raum, die Vase an den Körper gepreßt, schloß die Tür und grüßte die Anwesenden.

„Dies ist mein erster Sohn, der schon gute Fortschritte gemacht hat und der sich nun auf dem Weg zur Meisterschaft befindet."

Der Gast bestätigte dies mit einem Kopfnicken.

Der zweite Sohn wurde gerufen. Er betrat ohne zu zögern den Raum, aber es gelang ihm im letzten Moment, der herunterfallenden Vase auszuweichen und sie aufzufangen.

„Hiermit stelle ich Euch meinen zweiten Sohn vor. Er hat noch nicht sehr viel gelernt, aber er macht jeden Tag Fortschritte."

Der Gast lächelte zustimmend.

Nachdem er die Vase wieder über der Tür aufgestellt hatte, rief Meister Bokuden seinen dritten Sohn herbei. Dieser betrat den Raum sehr schnell, und die Vase fiel ihm auf den Kopf. Doch bevor der Gegenstand den Boden erreicht hatte, hatte der Sohn, obgleich halb bewußtlos durch den Schlag, sein Schwert gezogen und die Vase entzweigeschlagen.

Bokuden seufzte. „Hier seht Ihr meinen jüngsten Sohn. Er hat noch viel zu lernen."

Der Gast des Meisters lächelte voll Nachsicht.

Dies ist eine sehr bekannte Dôjô-Geschichte, welche die drei Stufen der Meisterschaft bezüglich einer Technik und der Wahrnehmung von Gefahren illustriert. Es gibt davon zahlreiche Varianten, darunter jene, durch die sich der Regisseur Kurosawa in seinem Film „Die sieben Samurai" inspirieren ließ, als er die Szene der Auswahl der Krieger für die Verteidigung des Dorfes drehte. Es ist allerdings nicht sicher, ob der Meister, dessen Prüfungsmethode den realen Kern dieser Geschichte darstellt, tatsächlich der große Tsukahara Bokuden war.

Rettung eines Kindes

Es war einst üblich, daß Samurai, vor allem aber Rônin, die herrenlosen Krieger, durch Japan reisten. Sie suchten auf ihren Wanderungen Schwertkampfschulen und Burgen auf, wo sie andere Kämpfer herausforderten oder selbst herausgefordert wurden, um auf diese Weise ihre Fertigkeiten in den Kampfkünsten zu vervollkommnen. Dieses Streben nach Vollendung kostete nicht wenige von ihnen das Leben. Die Praxis des „fahrenden Ritters" wurde als musha-shugyô bezeichnet. Viele von ihnen gründeten schließlich eine eigene Schule, ryû, und sie beriefen sich dabei mitunter auf die wundersame Unterstützung durch einen Tengu oder einen Gott, der ihnen begegnet war, während sie sich eine Zeitlang zu asketischen Übungen in einen Bergtempel oder eine Höhle zurückgezogen hatten.

Eines Tages begab es sich, daß der große Samurai Kamiizumi Ise-no-Kami auf seinem Weg durchs Land einem Zenmönch mit rasiertem Schädel begegnete. Die beiden beschlossen, gemeinsam das vor ihnen liegende Gebirge zu überqueren. Als sie das nächste Dorf erreichten, wurden sie auf recht unterschiedliche Weise empfangen.

„Ein Samurai! Wir sind gerettet!" rief ein Mann, der am Wegesrand stand.

Eine Frau jedoch brach bei ihrem Anblick in Tränen aus. „So sagt diesem Krieger doch, er solle sich entfernen, bevor mein Sohn getötet wird!" rief sie.

Man klärte die überraschten Ankömmlinge schnell auf. Ein gefährlicher Räuber hatte ein fünfjähriges Kind als Geisel genommen und sich im Innern eines Hauses verbarrikadiert, um das sich mittlerweile das ganze Dorf versammelt hatte. Die Bauern waren außer sich. Sie wußten nicht, was sie unternehmen sollten. Aus dem Haus drang das Weinen des Kindes, vermengt mit kehligen Wutschreien des Räubers.

„Bringt mir eine Schale Reis", sagte der Samurai, nachdem er sich rasch einen Überblick über die Situation verschafft hatte. Man brachte ihm das Gewünschte. Daraufhin ergriff er sein Rasiermesser und begann, sich vor den verblüfften Dorfbewohnern den Schädel kahlzurasieren. Sich den *chonmage*, den Haarknoten, der den Stolz eines Samurai ausmachte und der sein Statussymbol war, abzuschneiden, stellte eine Handlung dar, die ein Krieger üblicherweise nur ein einziges Mal in seinem Leben ausführte, und zwar dann, wenn er den Entschluß gefaßt hatte, sich von der Welt zurückzuziehen, um Eremit oder Mönch zu werden. Aus diesem Grund begriff zunächst niemand, was vor sich ging. Schließlich bat Kamiizumi Ise-no-Kami den Mönch, seinen Wegbegleiter, ihm sein safranfarbenes Gewand zu überlassen. Er übergab ihm seine Schwerter und bat ihn, darauf achtzugeben. Dies geschah ohne alle überflüssigen Erklärungen. Der Samurai, der in seinem Mönchskleid als solcher nicht mehr zu erkennen war, begab sich nun langsamen Schrittes zu dem Haus, in dem sich der Räuber mit seiner Geisel verschanzt hatte.

„Bleib stehen! Keinen Schritt weiter, oder der Junge ist tot!" schrie eine schrille Stimme hinter der Holztür.

„Ich bitte dich, so beruhige dich doch. Ich bin nur ein armer Mönch, und ich habe etwas Reis für das Kind mitgebracht, von seiner Mutter. Es muß doch Hunger haben. Wenn der Junge etwas gegessen hat, wird er gewiß weniger weinen."

Ein langes Schweigen folgte, während dessen nur das Schluchzen des Kindes zu hören war. Schließlich sagte die Stimme aus dem Haus: „Gut. Komm und stelle die Schale an den Eingang, ganz langsam, und dann geh wieder fort."

Das ganze Dorf war starr vor Spannung. Der falsche Mönch kam der Aufforderung nach, auf die natürlichste Weise der Welt. Er zögerte ein wenig, als er begann, wieder umzukehren. Es war nur ein leichtes Zaudern, das niemand wahrgenommen hatte. Er wußte, daß alles verloren sein würde, wenn die Tür sich öffnete und er zu weit von ihr entfernt wäre. Es würde keine zweite Chance geben.

Doch wie er vermutet hatte, war der Räuber selbst ausgehungert, und der Duft des warmen Reises verfehlte nicht seine Wirkung. Langsam begann sich die Tür zu öffnen, und eine Hand wurde sichtbar, die nach der Reisschale griff. Mit einem Satz war der Samurai bei der Tür. Mit einer blitzschnellen Bewegung packte er das Handgelenk, zog den Räuber aus dem Haus und brach ihm das Genick. Daraufhin holte er das Kind und brachte es seinen wie versteinert dastehenden Eltern.

Bald darauf konnte man zwei Männer mit rasiertem Schädel sehen, die ihren Weg durch das Gebirge mit größter Gelassenheit fortsetzten.

Diese bekannte Geschichte, die von dem großen Meister des Schwertkampfes Kamiizumi Ise-no-Kami Nobutsuna handelte, inspirierte den Filmregisseur Akira Kurosawa bei der Schaffung eines der Charaktere in seinem berühmten Film „Die sieben Samurai". Sie ist in dem Werk „Honcho Bugei Shoden" zu finden, einer Geschichte der japanischen Kriegskünste, verfaßt zwischen 1711 und 1715.

Der Teemeister und der Samurai

Rikyû[183] war einer der ersten japanischen Meister der Teezeremonie, *cha-no-yu*. Eines Tages hatte er einige Freunde und hochrangige Samurai zu einer Zeremonie eingeladen. Unter den Gästen befand sich auch Toyotomi Hideyoshi,

---

[183] Sen-no-Rikyû (1522-1591) war zunächst der Teemeister Oda Nobunagas und nach dessen Tod der Teemeister Toyotomi Hideyoshis.

der zu jener Zeit die rechte Hand Oda Nobunagas war. Einer der Anwesenden bemerkte, daß trotz der langen und äußerst komplizierten Handlungsfolge, die unaufhörlicher Konzentration bedurfte, die Bewegungen Meister Rikyûs von Anfang bis Ende derartig präzise und klar waren, daß es keine Möglichkeit geben würde, ihn währenddessen überraschend anzugreifen, d. h., der Meister schien keinerlei „Öffnung“ für solch einen Angriff zu bieten. Zwar wußte der Samurai, daß Rikyû keinerlei Ausbildung in den Kampfkünsten genossen hatte, doch von seinem eigenen Gedanken angetan, beschloß der Samurai, diesen Eindruck zu überprüfen. Er wollte versuchen, den Teemeister mit dem Ende seines Fächers zu berühren, sobald er eine Öffnung feststellen würde.

Gegen Ende der Teezeremonie hatte der Samurai das Gefühl, daß diese Gelegenheit sich gleich ergeben würde, und er bereitete sich auf seinen „Angriff“ vor. Doch in eben diesem Augenblick wandte der Teemeister ihm seine Augen zu, lächelte und beglückwünschte den erstaunten Toyotomi Hideyoshi dazu, einen Krieger in seinen Diensten zu haben, der sich durch solch große Zurückhaltung und Mäßigung auszeichnete.

Der Teemeister und der Rônin

Ein berühmter Teemeister, Kôzô Tajima, wurde eines Tages von einem skrupellosen Rônin zu einem Duell herausgefordert, der darauf spekulierte, durch einen leichten Sieg über den berühmten Mann selbst zu Ruhm zu gelangen. Eine derartige Herausforderung abzulehnen, hätte den Verlust der Ehre bedeutet. Der Meister bereitete sich daher auf seinen Tod vor, als handelte es sich um die selbstverständlichste Sache auf der Welt. Schließlich klopfte er an die Tür eines Nachbarn, der ein Meister der Schwertkampfkunst war, und bat, daß er ihn lehre, wie man auf gute Weise stirbt.

„Euer Wunsch ist sehr löblich“, sagte der Schwertmeister, „und es wird mich glücklich machen, Euch helfen zu können. Doch ich bitte Euch, mir zuvor eine Schale Tee zu bereiten.“

Tajima war sehr froh darüber, noch einmal – und gewiß zum letzten Mal – seine Kunst ausüben zu können. Schon bald war er vollkommen in den Bann des Rituals der Teebereitung geraten, und er vergaß ganz und gar, was ihn in Kürze erwartete. Der Schwertmeister war von der großen Ausgeglichenheit, die der Teemeister selbst in solch einer ausweglosen Situation an den Tag legte, tief beeindruckt. Nach einer Weile sagte er: „Es ist nicht erforderlich, daß ich Euch die Kunst des Sterbens lehre. Die Konzentration Eures Geistes ist so groß, daß Ihr es getrost mit jedem Meister des Schwertes aufnehmen könnt. Wenn Ihr diesem Rônin gegenübertretet, der Euch herausgefordert hat, stellt Euch einfach vor, Ihr würdet einem Gast Tee bereiten. Grüßt ihn höflich. Legt daraufhin Euer Überkleid ab, faltet es sorgsam und legt Euren Fächer darauf, genauso, wie Ihr es gerade getan habt. Zieht dann Euer *katana* und hebt es über den Kopf. Seid darauf vorbereitet, damit zuzuschlagen, sobald Euer Gegner sich auf Euch stürzt. Konzentriert Euch einzig und allein auf diese Geste."

Tajima dankte dem Schwertmeister und verabschiedete sich von ihm. Daraufhin begab er sich an den Ort, der für die Begegnung – und für seinen Tod – vorgesehen war. Er hielt sich aufs genaueste an die erhaltenen Ratschläge, und er konzentrierte sich darauf, sich vorzustellen, daß er einem Freund Tee bereiten würde. Schließlich hob er das Schwert über den Kopf. Doch nichts geschah. Der Rônin spürte, daß er es plötzlich mit einer ganz anderen Persönlichkeit als erwartet zu tun hatte. Er konnte nicht die geringste Öffnung in der Haltung des Mannes entdecken, die es ihm erlaubt hätte, anzugreifen. Tajima wirkte wie ein makelloser Monolith, er hatte keine Furcht und zeigte nicht die geringste Schwäche. Zutiefst erschüttert warf der Rônin sein *katana* zu Boden, kniete vor dem Teemeister nieder und bat ihn um Vergebung für sein ungehöriges Verhalten.

Die Ehre des Kage Genshirô

Onizuka Budayu, Meister des *Shinkage-ryû*[184] und Hauptausbilder der Samurai des Lehnsherrn Kai Yoriyasu, war außer sich. Dieser Rônin, der in der Mitte seines *dôjô* stand, war gerade dabei, seinen besten Schüler vorzuführen. Dabei wirkte er eher schwächlich und schien von großer Sanftmut erfüllt zu sein. Doch er kämpfte mit außerordentlicher Meisterschaft. Onizuka fühlte, wie im ein Schauer den Rücken hinablief. Dieser Kage Genshirô würde seinen guten Ruf ruinieren! Wenn sein Meisterschüler Watanabe Umando besiegt würde, bliebe ihm nichts übrig, als selbst die Herausforderung anzunehmen.

Kage Genshirô hatte an die Tür seines *dôjô* geklopft. Niemand wußte, wo er hergekommen war. Ganz bescheiden, wie es schien, hatte er darum gebeten, in der Kunst des Schwertkampfes unterwiesen zu werden. Er hatte sich als Anhänger des Stils *Mumei Fushin-ryû* bezeichnet, eines Stils, von dem niemand je etwas gehört hatte. Onizuka hatte daraufhin Watanabe Umando beauftragt, den Ankömmling mit dem *bokken* zu prüfen.

Kage stand an seinem Platz mit einer völlig natürlichen Haltung. Die Spitze seiner Waffe zeigte zum Boden. Er hielt die Augen halb geschlossen, als ginge ihn der Kampf nichts an. Doch Onizuka verfügte über genügend Erfahrung, um spüren zu können, daß dieser unbekannte Rônin eine große geistige Kraft ausstrahlte, daß er über eine Konzentrationsfähigkeit verfügte, die nichts Gutes für Watanabe verhieß, welcher, in klassischer Bereitschaftshaltung, umsonst nach einer Lücke in der Deckung Kage Genshirôs suchte. Onizuka mußte an die Ruhe im Auge eines Zyklons denken. Watanabe stieß plötzlich einen *kiai* aus, bewegte sich dabei ein wenig und versuchte, den besten Winkel für einen Schlag auszumachen. Doch Kage reagierte nicht einmal mit einem Blinzeln. Schließlich konnte der Meisterschüler des *dôjô* die Spannung, die sich aufgebaut hatte, nicht mehr ertragen, und er stürzte sich auf seinen Gegner. Doch unverzüglich wurde er nach vorn aus dem Gleichgewicht gebracht, und sein *bokken* zerbrach mit einem trockenen Krachen. Niemand unter den Zuschauern konnte danach sagen, ob Kage sich dabei überhaupt bewegt hatte.

---

[184] *Shinkage-ryû* bedeutet „neue Schatten-Schule" und ist eine traditionelle Schule des japanischen Schwertkampfes. Sie wurde durch Kamiizumi Ise-no-Kami Nobutsuna (1508-1577) gegründet.

Als Onizuka daraufhin mehr über den Mann und seinen Kampfstil erfahren wollte, erklärte Kage, daß es der Wunsch seines verstorbenen Meisters gewesen sei, daß er Schüler in diesem *dôjô* würde. Zwar argwöhnte er, daß der Rônin irgendwelche verborgenen Absichten hegte, aber nichts deutete darauf hin, daß Kage etwas Böses im Schilde führte, weder ihm selbst gegenüber noch gegenüber seinem *dôjô*. Onizuka nahm ihn also bei sich auf. Kage bedankte sich mit angemessener Höflichkeit, und von diesem Tag an trainierte er mit großem Eifer die Techniken, die der Schwertmeister lehrte. Doch jeden Abend verließ er das *dôjô*, um erst am nächsten Morgen wiederzukehren, und niemandem gelang es, herauszufinden, wo er seine Nächte verbrachte. Kage ließ sich darüber nichts entlocken.

Später erfuhr man jedoch, worin die nächtlichen Abenteuer des Rônin Kage Genshirô bestanden. Tatsächlich war er ins *dôjô* Onizukas gekommen, um einen triftigen Grund vorweisen zu können, sich in der Nähe der Burg des Lehnsherrn Kai Yoriyasu aufzuhalten. Jener hatte einen üblen Ruf. Man wußte zum einen, daß er die Gewohnheit hatte, Frauen mit Gewalt auf seine Burg zu bringen. Die letzte Frau, die er auf seine Burg gebracht hatte, hieß Kumiko, und er hatte sie aus Edo entführt. Seit einiger Zeit schon lebte sie nun bei ihm. Zum anderen gründete sich sein schlechter Ruf darauf, daß er großes Vergnügen daran fand, sein Schwert an unglücklichen Reisenden zu erproben, die nachts auf den Straßen seines Lehens unterwegs waren.

Eines Nachts hatte Yoriyasu sich wieder einmal mit einigen seiner Männer an einem Waldrand auf die Lauer gelegt. Ihnen gegenüber befand sich ein Sumpf, in den er die Opfer seiner Missetaten zu werfen pflegte. Er beobachtete, wie sich die schmale Silhouette eines Mannes, der einen breitkrempigen Hut trug, näherte. Als sich der nächtliche Wanderer auf seiner Höhe befand, zog Yoriyasu sein *katana* und führte einen Schlag aus, mit dem er sein Opfer köpfen wollte. Doch der schattenhafte Mann wich mit beunruhigender Leichtigkeit aus und befand sich plötzlich hinter ihm. Ein kraftvoller Fußtritt ließ Yoriyasu der Länge nach in den Sumpf fallen. Seine Männer sahen verdutzt zu, wie der geheimnisvolle Reisende sich den Hut zurechtrückte und langsam seinen Weg fortsetzte, als wäre nichts geschehen. Daraufhin eilten sie zu ihrem Herrn, um ihn aus dem Wasser zu ziehen. In der folgenden Nacht legte sich Yoriyasu erneut am selben Ort auf die Lauer. Wenig später lag er wieder mit dem Gesicht nach unten im Modder. Bebend vor Wut, die Kleidung triefend vom fauligen Wasser, befahl er seinen Männern, alle Rônin, die sich auf seinen Ländereien verbargen, ausfindig zu machen. Auf diese Weise gelangte die Nachricht von den unerhörten nächtlichen Begebenheiten zu Ohren Onizukas, der nicht lange brauchte, um zu begreifen, wer dahinter steckte.

„Was genau bezweckst du mit deinen Vorführungen?" fragte er Kage Genshirô unverblümt.

Dieser versuchte erst gar nicht zu leugnen und erwiderte: „Ich möchte einfach auf der Burg angestellt werden, und daher wollte ich dem Burgherrn beweisen, daß ich über einiges Geschick verfüge."

Onizuka begab sich daraufhin zu Yoriyasu und legte Fürsprache für seinen Schüler ein. Dieser war zwar noch immer verärgert, gab aber schließlich zu, daß er für einen solch exzellenten Kämpfer durchaus Verwendung als Leibwächter hätte. Und so trat der Rônin Kage Genshirô noch am selben Abend seinen Dienst auf der Burg an.

Eines Abends öffnete sich lautlos die Tür zum Schlafgemach des Lehnsherren, und ein schwarzgekleideter Ninja betrat den Raum. Yoriyasu erwachte, aber bevor er reagieren konnte, hatte der Ninja ihm bereits einen heftigen Faustschlag versetzt, so daß er sich wie ein Wurm zusammenkrümmte und reglos liegenblieb. Die neben ihm liegende Frau erwachte durch das Geräusch des Schlags und richtete sich verängstigt auf. Der Ninja starrte sie an, ohne etwas zu sagen.

„Wer seid Ihr?" brachte die Frau schließlich hervor.

„Ihr habt Eure Familie verraten und Euren Vater und Euren Verlobten verlassen, um in Wollust zu leben! Solch eine Frau, wie Ihr es seid, hat das Recht zu leben verwirkt."

Kumiko erkannte die Stimme und fiel vor dem Schwarzgekleideten auf die Knie. Mit flehender Stimme rief sie: „Ihr seid... Ich bitte Euch, verzeiht mir! Nein!" Abrupt brach ihre Stimme ab. Mit einer fließenden, präzisen Bewegung hatte der Ninja sein Schwert gezogen, die Frau mit den langen schwarzen Haaren enthauptet und das Schwert wieder in die Scheide gleiten lassen. Lange betrachtete der Ninja den reglos vor ihm liegenden Körper und den dunklen Fleck, der sich langsam auf dem *tatami*[185] ausbreitete. Entschlossen wandte er sich schließlich um und verließ den Raum. Er verschwand so lautlos, wie er gekommen war, und niemand hatte bemerkt, was im Schlafgemach des Burgherrn vorgefallen war.

---

[185] *Tatami*: jpn. Matte aus Reisstroh.

Später, es war noch immer tiefste Nacht, klopfte Kage Genshirô an die Tür von Meister Onizuka. Dieser stellte keine Fragen, sondern lauschte, ohne die geringste Überraschung zu zeigen, den Worten des Rônin. „Ich habe gerade Kumiko getötet, die Frau, mit der ich hätte leben sollen, nachdem ich von einer dreijährigen Reise durchs ganze Land zurückgekehrt wäre. Doch bald schon nach meinem Aufbruch folgte sie Kai Yoriyasu, verführt von seinem hohen Rang. Ihr Vater, der niemand anders als mein Sensei im *Mumei Hushin-ryû* war, ist vor Kummer darüber, seinen Namen entehrt zu sehen, gestorben. Verzeiht mir, daß ich Euer *dôjô* benutzt habe, um mich in der Umgebung der Burg niederlassen zu können und Rache üben zu können. Nun, da es vollbracht ist, muß ich den Ort rasch verlassen. Ich danke Euch für Eure Gastfreundlichkeit, Meister."

Mit diesen Worten verneigte sich Kage, und Onizuka erwiderte den Abschiedsgruß. Als er den Rônin mit der Dunkelheit verschmelzen sah, dachte er, daß es ein Jammer sei, daß ein Mann von solch hohem Wert von nun an gezwungen sein würde, im Verborgenen zu leben, immer auf der Flucht vor den Behörden des ganzen Landes.

Tatsächlich hat man nie wieder etwas von Kage Genshirô gehört. Und auch der Stil des Mumei Fushin-ryû, der zuvor als Zweig des Ôma-ryû, einer der Schulen des kenjutsu, bekannt war, ist zusammen mit diesem Rônin verschwunden. Die Geschichte hat sich im Jahre 1602 zugetragen. Sie wurde in den Annalen der Schwertschule Onizukas aufgezeichnet.

Feindliche Schwingungen

Eines Tages ging Yagyû Munenori in seinem Garten spazieren. Ein junger Schüler lief in gebührendem Abstand hinter ihm her und trug sein Schwert. Plötzlich geschah etwas Eigenartiges. Der Meister war bei einem blühenden Kirschbaum stehengeblieben und beobachtete, wie sich die Blüten im Hauch des Frühlingswindes bewegten. In diesem Moment huschte dem Schüler unvermittelt ein Gedanke durch den Kopf: „Mein Meister mag ja sehr wohl der Größte in der Kunst des Schwertkampfes sein, aber jetzt, da er nur für die Blüten Augen hat, könnte man ihm mit Leichtigkeit von hinten einen Schlag versetzen." Plötzlich drehte sich Munenori abrupt um und spähte in den Hintergrund des Gartens, als ob er dort jemanden suchen würde. Er ging ein Stück nach rechts, dann nach links und blieb schließlich mit rätselhaftem Gesichtsausdruck stehen. Seine anderen Schüler, die ihn von der Tür des *dôjô* aus beobachtet hatten, kamen näher, da sie durch sein seltsames Verhalten beunruhigt waren.

„Ist alles in Ordnung, Meister?“ fragte einer von ihnen.

„Gewiß, gewiß. Ich weiß nicht, was mich überkommen hat. Ich bin verwirrt! Ich habe gerade so etwas wie feindliche Schwingungen wahrgenommen. Ich habe mich überall umgeschaut, aber es war niemand zu sehen. Ich verstehe das nicht, meine Sinne täuschen mich sonst nie! Aber es war wirklich niemand im Garten, außer diesem jungen Mann“, sagte er, wobei er kurz zu dem Schwertträger blickte. „Nicht einmal ein Hund.“

Bei diesen Worten begriff der junge Schüler, was geschehen war. Er warf sich seinem Meister zu Füßen und erklärte, welch schlechter Gedanke ihm durch den Kopf gegangen war. Schließlich bat er um Verzeihung.

„Das ist es also“, sagte Munenori sanft lächelnd. Er hatte sich wieder entspannt. „Jetzt ist alles klar!“ Und ohne sich noch einmal umzuwenden, begab er sich ins *dôjô*.

Yagyû Munenori[186] *war einer der größten Meister des Schwertkampfes in der gesamten japanischen Geschichte. Er soll eine außerordentliche Feinfühligkeit besessen haben und eine außergewöhnliche Gabe für Vorahnungen.*

Das Geheimnis der Schwertkampfkunst

Eines Tages kam ein *hatamoto*-Samurai[187] des Shôguns, der ein großer Meister im Umgang mit der Lanze war, zu Yagyû Munenori und bat ihn, daß er ihn in seine Kunst des Schwertkampfes einführen möge, die weithin berühmt war. Seine eigenen Kenntnisse auf dem Gebiet der Kampfkünste verschwieg er jedoch. Nachdem Munenori ihn lange schweigend gemustert hatte, sagte er:

---

[186] Yagyû Tajima-no-Kami Munenori (1571-1646).

[187] *Hatamoto*: jpn. Bannerleute der Daimyô und des Shôguns. Sie gehörten der Schicht der Samurai an. Aus ihnen rekrutierte sich die persönliche Garde ihrer Herren. Ab 1603 waren sie unmittelbar dem Shôgun unterstellt, und kein Daimyô besaß mehr Befehlsgewalt über sie. – Anm. d. Übers.

„Ihr selbst seid bereits ein Meister. Welches ist der Name Eurer Schule?"

„Es tut mir leid", stammelte der überraschte Samurai. „Aber ich schwöre, daß ich tatsächlich noch nie den Umgang mit dem Schwert geübt habe!"

„Versucht nicht, mich zu hintergehen. Mein Auge hat sich noch nie getäuscht."

„Glaubt mir, es ist wahr, was ich sage! Ich habe wirklich keinerlei Kenntnisse in der Schwertkampfkunst!"

„Nun gut", seufzte schließlich Yagyû Munenori. „Ihr scheint aufrichtig zu sein. Dennoch – Ihr müßt dann auf einem anderen Gebiet ein Meister sein."

Der Samurai dachte nach und sagte schließlich: „Für mich gilt nur eines: Als ich Leibwächter des Shôguns wurde, wurde mir plötzlich bewußt, daß ich keine Angst mehr vor dem Tod haben durfte. Dieses Problem hat mich jahrelang beschäftigt, bis zu dem Tag, an dem ich beschloß, mich hierdurch nicht mehr beunruhigen zu lassen."

„Aha!" rief Munenori. „Das ist es also. Ich habe also richtig wahrgenommen. Denn die wahre Kunst des Schwertkampfes besteht darin, keine Angst vor dem Tod zu haben. Ich habe bereits viele Hundert Schüler gehabt, aber keiner von ihnen hat diesen Zustand je erreicht. Ihr hingegen seid dorthin gelangt! Ihr bedürft meiner Unterweisung nicht. Ihr seid bereits ein Meister."

Schwerter und Fliegen

Ein Mann saß in einer kleinen Gastwirtschaft und verzehrte ruhig sein Mahl. Vier Fliegen umschwirrten ihn ohne Unterlaß, aber er schien dieser Belästigung keine Aufmerksamkeit zu schenken. Drei Krieger, denen die Rauflust ins Gesicht geschrieben stand, betraten den Raum. Sofort fiel ihr Blick voll Gier auf die beiden wunderbar gearbeiteten Schwerter, die der Mann in seinem Gürtel trug. Derartige Schwerter stellten ein kleines Vermögen dar. Große Zufriedenheit breitete sich auf ihren Gesichtern aus. Dieser Mann würde gegen drei Gegner keine Chance haben, und die Schwerter würden ihnen gehören.

Sie setzten sich an einen Nachbartisch und begannen sofort, mit lauter Stimme abschätzige Bemerkungen über den einsamen Krieger zu machen, dessen ärmliche Kleidung genug Anlaß für gehässige Bemerkungen gab. Auf diese Weise wollten sie ihn zu einem Kampf provozieren. Nachdem der Mann noch immer keinerlei Reaktion zeigte, wurden sie immer dreister mit ihren Worten.

Da hob der Mann langsam die Stäbchen, mit denen er seinen Reis gegessen hatte, und mit vier raschen und präzisen Bewegungen fing er mit ihnen mühelos die vier Fliegen, die nicht aufgehört hatten, ihn zu umkreisen. Danach legte er die Eßstäbchen behutsam auf den Tisch.

Miyamoto Musashi mit zwei *bokken*. Nach einem Holzschnitt von Utagawa Kuniyoshi.

Die Männer, die versucht hatten, ihn herauszufordern, hatte er mit keinem einzigen Blick gewürdigt. Es folgte ein Moment völliger Stille, worauf die Männer hastig die Schenke verließen und sogar auf ihr Wechselgeld verzichteten. Der Gedanke, um ein Haar mit dem Schwert eines Mannes, der einen solch eindrucksvollen Beweis seiner Meisterschaft geliefert hatte, konfrontiert worden zu sein, hatte sie zutiefst erschreckt. Erst einige Zeit später sollten sie erfahren, daß jener, der sie auf solch geschickte Weise verschont hatte, der berühmte Miyamoto Musashi gewesen war.

Das Reiskorn

Als Miyamoto Musashi einst für einige Tage bei einem Freund zu Gast war, stellte sich ihm ein Mann namens Aoki vor und bat ihn, Unterricht bei ihm nehmen zu dürfen. Musashi musterte den Mann und fragte ihn, ob er es gewohnt sei, mit dem *bokken* zu kämpfen, den dieser in seinem Reisegepäck mit sich führte. Aufrichtig bestätigte Aoki, daß das Holzschwert tatsächlich seine Lieblingswaffe sei und daß er es in den Zweikämpfen nutze, die er auf seinen Reisen durch das Land immer wieder provozierte.

Musashi erhob sich mit einer raschen Bewegung und rief einen der Söhne seines Gastgebers herbei. Er nahm ein Reiskorn und legte es dem Jungen auf den Haarknoten. Er zog das Schwert und nahm einen genau bemessenen Abstand zu dem Knaben ein. Er hob die Waffe über den Kopf, schlug kurz zu und steckte das Schwert wieder in die Scheide. Aoki hatte die Szene schweigend beobachtet, ohne daraus klug werden zu können. Musashi ging nun zu dem Jungen und nahm das, was vom Reiskorn übrig war, legte es in seine Hand und zeigte es Aoki. Sein Schwert hatte es in zwei Hälften geschnitten, ohne daß auch nur ein Haar des Knaben von der Klinge berührt worden war. Er sah Aoki fest in die Augen und sagte: „Tatsächlich gestattet es mir mein Geschick, viele Dinge zu tun, aber ich schlage mich nie unvorsichtig oder ohne Zweck. Das ist meine erste Lektion."

Unzählige „Dôjô-Geschichten" ranken sich um den kenshi Miyamoto Musashi. Sie mögen reine Phantasieprodukte sein, doch trotz einer gewissen Naivität, die manchen von ihnen anhaftet, sind es großartige Geschichten, die auf die Praktizierenden der Kampfkünste von einst und von heute beflügelnd wirken. Dies gilt für Praktizierende des Schwertkampfes wie für die anderer Kampfkünste, denn Musashis Lehren wenden sich an alle. Die beiden Geschichten, die hier wiedergegeben wurden, sind besonders charakteristisch für das hohe Niveau an Effektivität, das der Mensch, der am Ende des Weges angelangt ist, erreichen kann. Aus ihnen spricht ebenfalls eine hohe moralische Tugend, wie sie den echten Kriegern zu eigen ist.

Andere Geschichten um Miyamoto Musashi sind offenkundig frei erfunden, wie z. B. jene, die von einer Begegnung zwischen ihm und Tsukahara Bokuden berichtet, denn beide lebten nachweislich in unterschiedlichen Epochen. Andere Anekdoten halten sich hartnäckig, wie beispielsweise jene, die besagt, Musashi habe Sasaki Kojirô[188] aus dem Grund getötet, das jener seinen Vater ermordet habe. Doch Miyamoto Munisai starb bereits im Jahre 1590, und Sasaki Kojirô war zu jener Zeit höchstens vier Jahre alt bzw. – anderen Quellen zufolge – noch nicht einmal geboren. Somit zählt auch dies offenkundig zum Reich der Legenden.

---

[188] Siehe S. 157 ff.

III

Ninja – Die Schattenkrieger

„Mugei-mumei“ – kein Stil, kein Name.
Ninja-Regel

Meuchelmörder und Spione

Die Ninja waren Krieger im japanischen Mittelalter, die darauf spezialisiert waren, heimlich bei Feinden einzudringen und Auftragsmorde zu begehen. Das *kanji*[189] *nin* steht für „heimlich“, „verborgen“, und das *kanji ja* bzw. *sha* bezeichnet eine Person, die durch das zuvor Genannte charakterisiert wird. Bei leicht veränderter Schreibweise lassen sich die Schriftzeichen auch als *shinobi-no-mono* lesen, was eine andere gebräuchliche Bezeichnung für die Ninja ist. Die Ninja führten ihre Missionen im Auftrag der miteinander um die Macht in Japan streitenden Klane durch. Zunächst, seit den ersten Jahrhunderten der japanischen Geschichte, lebten sie als freie und unabhängige Männer in geschlossenen Kommunen im Gebirge. Später wurden sie zu Söldnern, die entweder einzeln oder als ganze Kommune in den Dienst eines Herren traten. Diese oft ganz in Schwarz gekleideten „Schattenmörder“ oder „Krieger der Nacht“ waren aufgrund ihrer höchst ungewöhnlichen Kampfmethoden sehr gefürchtet. Doch zugleich wurden sie verachtet. Angesiedelt am untersten Ende der sozialen Rangfolge galten sie als *hinin*, „Nicht-Menschen“. In den Augen der Samurai waren sie geradezu verhaßt. Wurden sie gefangengenommen, so folterte und tötete man sie gnadenlos und auf schreckliche Weise. Man häutete sie bei lebendigem Leibe, warf sie in kochendes Wasser oder pfählte sie.

Dabei vollbrachten die Ninja wahre Wunder, wenn es darum ging, Informationen über den Gegner zu sammeln, die hinteren Linien des Feindes zu destabilisieren oder Morde inmitten von stark bewachten Festungen zu begehen. Gleich den Samurai, den im Feudalsystem „anerkannten“ Kriegern, nahmen auch sie an allen Kämpfen teil und waren in sämtliche Intrigen verwickelt. Obgleich stets mißachtet, waren sie an allen wichtigen Umschwüngen in der japanischen Geschichte beteiligt, wenn auch stets im Geheimen und in der Anonymität.

Die Herausbildung dieses Kriegertypus geschah allmählich und im Verborgenen und erstreckte sich über eine Zeit von fünf Jahrhunderten. Die Wie-

[189] *Kanji*: Chinesische Schriftzeichen, wie sie in der japanischen Schrift verwendet werden. Parallel zu den *kanji* werden in der japanischen Schrift auch die Silbenschriften *hiragana* und *katakana* gebraucht. – Anm. d. Übers.

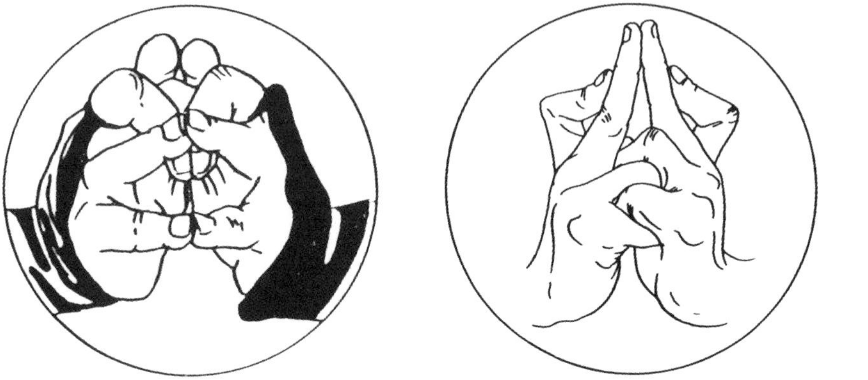

Mudra-Handhaltungen.

ge der Ninja waren die Berge in der Umgebung der Kaiserstadt Kyôto. Die ersten Ninja gab es bereits während der Heian-Ära (794-1185). Tatsächlich rekrutierten sie sich aus Yamabushi oder Gyôja, in den Bergen lebenden kriegerischen Mönchen oder Eremiten, sowie Shugenja oder Sennin, Mystikern und Asketen aus dem Gebirge. Ihnen gesellten sich viele aus der Gesellschaft Ausgestoßene zu. Sie waren aufs engste mit der Natur verbunden, deren Kräfte sie sich nutzbar machten. Dies geschah in Gestalt einer Synthese aus buddhistischer Praxis, Shintô-Mystik und magischen Handlungen, die aus den esoterischen Lehren des Shugendô[190] und des Shingon stammten. Eine besondere Rolle spielte dabei Kenntnis und Gebrauch magischer Gesten und Laute, Mudren und Mantren. Auf diese Weise wurden die Ninja zu einer eigenständigen Organisation, und parallel dazu entwickelte sich auch das *ninjutsu*, die Kampftechniken der Ninja, zu einem komplexen System. Dabei flossen alle möglichen Techniken, die in der Welt des klassischen japanischen Kriegertums gebräuchlich waren, ein. Ihre Körperbeherrschung war geradezu akrobatisch,

[190] *Shugendô*: jpn. „Weg des Wissens durch Askese". Volksglaube, in den chinesischer Taoismus und japanisches *Shintô* und *Mikkyo* eingeflossen ist. Die Wurzeln sind im esoterischen *Tendai-shû-* und *Shingon-shû*-Buddhismus zu finden. *Shugendô* beruht auf der Praxis der Askese, wie sie durch den Shingon-Mönch Shôbô (Rigen Daishi) (832-909) festgelegt wurde. Das *Shugendô* entwickelte sich vor allem ab dem 12. Jahrhundert bei den Hijiri und den Yamabushi, asketischen Bergmönchen. Zu den Askesetechniken zählten Bergsteigen, Meditation und Übungen unter eiskalten Wasserfällen (z. B. Beten, Meditation, *mudra*-Handhaltungen, Kampftechniken). Über die Yamabushi gelangten Kenntnisse aus dem *Shugendô* ins *ninjutsu*. – Habersetzer, R. u. G.: Encyclopédie des Arts Martiaux. Paris: Amphora 2004.

und sie wußten vollendet mit Waffen aller Art umzugehen. Nach und nach wurden den Ninja übernatürliche Fähigkeiten zugesprochen. Man behauptete, sie könnten auf Wasser laufen, an der Zimmerdecke gehen, nach Belieben erscheinen oder verschwinden und ihr Äußeres verändern. Zahllose Legenden und Mythen wurden um sie gesponnen. Sie galten als unbesiegbar. Wenn es hieß, ein Ninja sei in der Nähe, konnte dies die Menschen bereits in Angst und Schrecken versetzen. Die berühmtesten Anführer unter den Ninja kamen aus den Regionen um die Städte Iga (Provinz Iga) und Kôka (Provinz Ômi).

Es gibt zahlreiche Ninja-Geschichten. Ihre Einzelheiten sind jedoch unmöglich zu überprüfen, da die Tatsachen untrennbar mit Mythen und Legenden verwoben sind. Hinzu kommen Aberglaube, Übertreibungen, Verfälschungen und Verwechslungen, wie sie für die dunklen Zeitalter der japanischen Geschichte charakteristisch sind. Kursierten solche Geschichten in den Städten, so wurden sie zwangsläufig durch deren Bewohner, die kaum etwas über die offensichtlichsten Naturvorgänge wußten, verfälscht. Auf dem Lande hingegen herrschten Analphabetentum und Unwissenheit, was naive Leichtgläubigkeit zur Folge hatte.

Wer in einen Kampf mit diesen Teufeln in Menschengestalt, als welche die Ninja oft betrachtet wurden, überlebte und davon berichten konnte, war hoch angesehen. Es ist verständlich, daß dabei manches hinzugefügt und übertrieben wurde, um in gutem Licht dastehen zu können. Manchmal begaben sich Ninja persönlich und unerkannt an den Ort des Geschehens zurück und bestätigten und ergänzten die Berichte der anderen Zeugen, um ihre Taten in den Augen der Allgemeinheit noch großartiger erscheinen zu lassen.

Trotz allem gibt es verschiedene Berichte über Taten von Ninja in der Geschichte des japanischen Mittelalters, die vollkommen authentisch sind und korrekt überliefert wurden, auch wenn häufig die Namen der Helden unbekannt geblieben sind. Dabei handelt es sich um bestimmte Taten dieser „unsichtbaren Krieger“, die oft unvorhersehbare Folgen für die politische Geschichte des Landes mit sich brachten.

Aus dem Dunkeln – Teil 1

Zensaburô Shiota war ein Samurai dritter Klasse und stand im Dienst des Lehnsherrn Tomonaga, der auf der Burg Takashima residierte. Die Nacht war hereingebrochen, und Zensaburô war auf dem nördlichen Teil des äußeren Burgwalls als Wache eingesetzt worden, direkt oberhalb des Wassergrabens. Einige Meter von ihm entfernt, unter dem Blattwerk der Bäume, die zu seiner Rechten standen, hielt sich Konishi Hashiba auf. Beide stammten aus der Stadt Kumamoto, die weit im Süden des Landes lag, und sie verband eine lange Freundschaft. Zensaburô war froh über die Gegenwart seines Freundes zu dieser Stunde, auch wenn ihm der Grund hierfür noch nicht bewußt war. Die Nacht war warm, und die drückende Luft machte ihm das Atmen schwer. Nur eine leichte Brise, die die Pinienzweige hinter und unter ihm wiegen ließ, brachte ein wenig Linderung. Er ging ein Stück auf der Mauer entlang und entfernte sich so von Konishi Hashiba, der, eine reglose Silhouette im Mondschein, am Ende des Rundwegs auf sein *yari* gestützt stand.

Ein sonderbares Gefühl, das er nicht deuten konnte, beschlich Zensaburô Shiota. Irgend etwas war seltsam an diesem Abend. War es vielleicht der Gedanke daran, daß Spähtrupps herausgefunden hatten, daß die Truppen Kuroemons sich sammelten und einen Zusammenschluß mit den Streitkräften des Daimyô Takezawa planten, der selbst gerade dabei war, im Osten Truppen zu mobilisieren? Die Festung von Takashima spielte im gegenwärtigen Konflikt eine strategische Rolle und würde sich im Zentrum der Kampfhandlungen befinden. Bald würde der Himmel sich rot färben von Bränden, und rot würde auch das Wasser des Suwa-Sees vom Blut der Gefallenen. Doch Zensaburô war sich sicher, daß seine innere Unruhe eine andere Ursache hatte. Die Aussicht auf Kämpfe ließ ihn eher aufleben. Allein, daran zu denken, verursachte wohlige Schauer, die seinen Rücken hinabrieselten. Er würde bereit sein, seinen Herrn zu verteidigen. Er war hervorragend im Umgang mit Waffen ausgebildet worden, und er hatte bereits oft Gelegenheit gehabt, dies unter Beweis zu stellen. Manch Gegner war seinem *katana* bereits zum Opfer gefallen. Seine Rüstung wies zahlreiche Kampfspuren auf, die sich allesamt auf der Vorderseite befanden. Es war für ihn selbstverständlich, daß er ohne Zögern bereit wäre, für seinen Meister zu sterben, denn die Aussicht auf den Tod war von frühester Jugend an die Gewißheit des wahren Samurai. Schon seit langem gab es nichts mehr, was Zensaburô Shiota hätte schrecken können. Alles was geschehen mußte, würde geschehen. Alles war Karma. Er blieb stehen und lauschte aufmerksam in die Dunkelheit hinein. Nichts als das Quaken der Frösche im Wassergraben war zu vernehmen. Und doch, irgend etwas ging vor sich, das sein Herz auf unerklärliche Weise schneller schlagen ließ.

Plötzlich wurde ihm der Grund seiner Unruhe bewußt, und instinktiv schloß er die Hand um den Schwertgriff. Es war die Geschichte, die Uchida Kanjurô im Wachlokal erzählt hatte, kurz bevor Zensaburô sich zum Wachdienst auf den Wall begeben hatte. Uchida hatte davon gesprochen, daß möglicherweise Ninja im Dienst von Kuroemon in die Festung eindringen würden und daß die Wachen von Takashima aus diesem Grund verstärkt worden seien. Noch nie hatte Zensaburô einen Ninja zu Gesicht bekommen. Der Gedanke, sich auch mit dem stärksten Gegner im offenen Kampf zu messen, konnte ihn nicht schrecken. Doch Ninja waren keine Menschen. Man sagte, daß sie Dämonen seien, die von überall her auftauchen konnten, aus den unerwartetsten Richtungen. Sie sollten fähig sein, auf dem Wasser zu laufen und wie Adler durch die Lüfte zu fliegen. Sie sollten geräuschlos morden und dabei unbekannte Waffen verwenden. Zensaburô wollte lachen, um den Bann zu brechen, den seine Gedanken geschaffen hatten, doch es gelang ihm nicht. Auch schien die Nacht ihm noch wärmer und drückender geworden zu sein. Aber andererseits: Waren das nicht alles dumme Legenden, Ammenmärchen? Sollten die Ninja doch versuchen, Takashima anzugreifen, sie würden schon sehen, auf was sie sich da einließen!

Doch es half nichts, daß Zensaburô sich selbst Mut zuredete. Er fühlte plötzlich, wie ihm kalter Schweiß auf die Stirn trat. Es war offensichtlich, daß er das erste Mal seit sehr, sehr langer Zeit Angst hatte. Er duckte sich unwillkürlich und wandte sich um. Er versuchte, die in ihm aufsteigende Panik niederzuhalten. Aber es half alles nichts, er war sich nunmehr sicher, daß irgend etwas in seiner Umgebung nicht stimmte. War nicht gerade ein erstickter Laut aus dem Burggraben gedrungen? Er lauschte, konnte aber nur das Quaken der Frösche vernehmen. Doch schien ihm auf einmal, daß es einen Moment lang unterbrochen gewesen war, wodurch auch immer. Aber er war sich seiner Wahrnehmung nicht sicher. Vielleicht hatte ihm seine Phantasie einen Streich gespielt. Er hockte sich nieder, näherte sich dem Rand des Walls und spähte in die Tiefe. Doch dort war nichts zu sehen als die Oberfläche des trüben Wassers im Graben, teilweise von Seerosen bedeckt, die im Mondschein schimmerten. Nichts regte sich.

Er erhob sich wieder, richtete das linke Schulterteil seiner Rüstung, das verrutscht war. Nervös zog er die Klinge seines *katana* ein Stück aus der Scheide. Es ließ sich nicht leugnen: Er, der unerschrockene Samurai fürchtete sich. Zensaburô ahnte, daß die Nacht seiner Wache sehr lang dauern würde. Immer mehr Erinnerungen an schreckenerregende Legenden, die er in ferner Vergangenheit über die verborgene Welt der Ninja vernommen hatte, wurden in ihm wach und ließen in ihm ein kaum noch zu beherrschendes Gefühl namenlosen Schreckens aufsteigen.

Diese Geschichte wird auf Seite 369 fortgesetzt.

Die Schlacht bei der Burg des „Weißen Phönix"

Vorspiel

Oda Nobunaga[191] war der zweite Sohn des Daimyô Oda Nobuhide und er wurde zu einer der bedeutendsten Persönlichkeiten des mittelalterlichen Japans. In der zweiten Hälfte des 16. Jahrhunderts war es ihm nach und nach gelungen, sein Gesetz im ganzen Lande durchzusetzen. Im Jahre 1562 wandte sich Kaiser Ôgimachi an den in vielen Schlachten erprobten Heerführer, der sich bereits einen großen Ruf als Kriegsherr erworben hatte, und verlangte von ihm, daß er den unaufhörlichen Bürgerkriegen, die das Land zermürbten, ein Ende setzen möge. Oda akzeptierte, und seine Mission führte ihn allmählich immer weiter voran auf dem Weg zur Macht im Lande. Im Jahre 1571 besiegte er die gefürchteten Mönchskrieger vom Berg Hiei. Seine Erfolge waren so groß, daß der Shôgun Ashikaga Yoshiaki sich schließlich eifersüchtig gegen ihn wandte. Doch Oda besiegte auch ihn, und im Jahre 1573 war die Herrschaft der Ashikaga gebrochen.

Die großen Feudalherren im Lande, die ihm die wachsende Macht neideten, fielen einer nach dem anderen. Der letzte von ihnen war Takeda Katsuyori, der Sohn des großen Takeda Shingen. Sein gesamtes Heer wurde in der Schlacht von Nagashino im Jahre 1575 ausgelöscht.[192] Oda verdankte diesen Sieg sowohl seinen Arkebusieren als auch den geschickten Aktionen der mit ihm verbündeten Ninja aus der Provinz Iga[193]. Diese hatten mit großer Effektivität an all seinen Machenschaften teilgehabt. Doch genau dies ließ Oda fürchten, daß ihn die Ninja eines Tages verraten würden. Allzu viel hatte er ihnen auf seinem Weg zur Macht bereits zu verdanken. Oda stand kurz davor, zum ersten Mal in der Geschichte Japans ein unter einer Zentralmacht vereinigtes Land zu schaffen. Er war der Ansicht, daß der Klan der Ninja von Iga im Bündnis mit ihm zu mäch-

---

[191] Oda Nobunaga (1534-1582).

[192] Siehe S. 117 ff.

[193] Iga war eine Region in Zentraljapan, östlich von Kyôto, deren Hauptstadt Ueno war. Das Iga-Ueno genannte Gebiet war Heimstatt einer großen Gemeinschaft von Ninjakriegern, auch Iga-mono genannt. Hier lebten die Ninja-Klane der Hattori, der Momochi und der Ôe, die sich durch einen besonders hohen Organisationsgrad auszeichneten. Ihre größten Konkurrenten waren die Ninja aus der Region Kôka. Aus der Provinz Iga stammten in ganz Japan berühmte und gefürchtete Ninja-Anführer, wie z. B. Togakure Daisuke, Hattori Hanzô oder Momochi Sandayu.

Oda Nobunaga. Holzschnitt von Utagawa Kuniyoshi (Ausschnitt).

tig geworden war. Dieser schien auf dem besten Wege zu sein, sich zu einem eigenständigen Staat im Staate zu entwickeln, wie dies zuvor bei den berühmten Kriegermönchen vom Berg Hiei der Fall gewesen war. Oda beschloß, zunächst auf Distanz zu ihnen zu gehen. Aber um auch die leiseste Möglichkeit ausschließen zu können, eines Tages durch sie erpreßt zu werden, wollte er sie schließlich in einer offenen Schlacht vernichten. Mit 46 000 Mann fiel er in die Provinz Iga ein und kesselte die Armee der Ninja ein, 4 000 bis an die Zähne bewaffnete Kämpfer. Die Entscheidungsschlacht fand in der Umgebung von Hakuhô-jô, der „Burg des weißen Phönix" statt. Sie ragte über der Ortschaft Iga-Ueno auf. Die Festung und ihre Umgebung waren der Rückzugsort der Ninjagemeinschaft der „Schwarzen Spinnen", die zu vernichten Oda gekommen war.

Schon seit einer Woche tobten erbitterte Kämpfe. Trotz ihrer außerordentlichen Tapferkeit hatten die eingekesselten Ninja bereits an Boden verloren. Immer enger zog sich der Kreis um Hakuhô-jô zusammen. Der 3. November

1581 sollte zum Tag der Entscheidung werden. In den Tagen zuvor war viel Regen gefallen, und ein eisiger Wind vom Biwa-See verhieß bereits einen strengen Winter. Tiefhängende graue Wolken zogen über den Himmel.

Das lange Warten

Der Ninjakrieger Sanji fröstelte. Sein *shinobi-shozoku*[194] war vollgesogen wie ein Schwamm mit schmutzigem, übelriechendem Wasser. Sein Kettenhemd konnte nicht den geringsten Schutz gegen die allgegenwärtige Feuchtigkeit bieten. Auch die schwarze Kapuze war durchnäßt, und immer wieder rann ihm Wasser in die Augen und trübte ihm den Blick. Eine Woche dauerten die Kämpfe bereits an, und die ganze Zeit schon mußte er in den Gräben auf der Lauer liegen, die auf der Fläche unterhalb der am wenigsten befestigten Seite der Burg Hakuhô angelegt worden waren. Doch da es unaufhörlich geregnet hatte, stand darin bereits das Wasser. Die Festung, die hoch über der Stadt Iga-Ueno aufragte, war die letzte Zuflucht des Klans der „Schwarzen Spinnen", gegen den die Truppen Oda Nobunagas aufmarschiert waren. Gemeinsam mit mehreren hundert weiterer Ninja bildete Sanji einen lebendigen Schutzwall vor den Mauern der Burg.

Sanji beobachtete aufmerksam einen Reiter in bunter Rüstung, der einen kleinen Trupp Samurai an den Rand der Ebene geführt hatte, die von Fallgruben

---

[194] *Shinobi-shozoku*: jpn. Die generell an ihre Umgebung angepaßte Kleidung der Ninja. In der Regel handelte es sich um gewöhnliche Alltagskleidung, in der ein Ninja im normalen Leben nicht auffiel. Auf Missionen, in denen es darum ging – meist in der Nacht – in Häuser oder Festungen einzudringen, bestand die Kleidung für gewöhnlich aus dunklem Stoff (schwarz, blau oder grau), oder sie war weiß, wenn der Ninja sich in einer winterlichen Landschaft unauffällig fortbewegen wollte. Das bei solchen Gelegenheiten getragene *shinobi-shozoku* bestand aus einer Jacke und einer Hose, die an den Knien und an den Knöcheln eingeschnürt war, sowie aus einer Kapuze oder einer Kapuze mit Augenschlitzen, die die Stirn und die untere Gesichtshälfte verdeckte. Mitunter verhüllte ein Ninja auch das Gesicht, indem er sich ein Stoffband (*tengugui*, eine Version des *hachimaki*-Stirnbands, von jpn. *tenugui*, Handtuch), um den Kopf mit (einfacher) Kapuze wickelte und nur die Augen freiließ. Um Angst zu erzeugen, konnte er auch eine Maske tragen. Er trug Schuhe mit hohen Schäften (*tabi* – jpn. Strumpf; *tabi* konnten aber auch über eine verstärkte Sohle verfügen und als Schuhe getragen werden) und je nach Mission mit flexiblen oder harten Sohlen. Die Jacke des Ninja hatte zahlreiche Taschen, in denen er Waffen oder Einbruchswerkzeug mit sich führen konnte. Unter der Jacke konnte er auch eine biegsame Rüstung (Kettenhemd) tragen. In einer offenen Schlacht, wie z. B. bei Hakuhô-jô, trug er eine normale Kriegerrüstung (*yoroi*). – Habersetzer, R. u. G.: Encyclopédie des Arts Martiaux. Paris: Amphora 2004.

und Hindernissen für die Pferde übersät war. Die Samurai waren so nah, daß er das Weiße in ihren Augen erkennen konnte. An der Art, wie der Anführer des Trupps das vor ihm liegende Gebiet musterte und an den sparsamen Gesten, mit denen er seinen Leuten Zeichen gab, erkannte Sanji, daß er mißtrauisch war. Offensichtlich war er ein erfahrener Kriegsmann. Doch dies würde ihn vermutlich nicht davor bewahren, an diesem Tag den Tod zu finden, an dem alles darauf hindeutete, daß es zum entscheidenden Gefecht kommen würde. Sanji wischte mit dem Handrücken Wassertropfen weg, die sich schon wieder an seinen Wimpern gesammelt hatten. Der Graben, in dem er hockte, war von einem Gitter bedeckt, das durch Grasbatzen getarnt war. Würde die Tarnkunst der Ninja sie auch dieses Mal vor dem Untergang bewahren? Plötzlich durchlief ihn ein Schauder der Gewißheit, daß der schneidige Samurai mit der prächtigen Helmzier ihm direkt vom Tod gesandt worden war. Auch ein Ninja war seinem Karma machtlos ausgeliefert. Doch das zählte nicht. Er war darauf vorbereitet, zu sterben. Der Tod war der lebenslange treue Begleiter jedes Ninja.

In welche Richtung er auch blickte, überall häuften sich die Leichen von Freund und Feind. Auch zahlreiche Verletzte lagen auf dem Feld. Man hatte versucht, die verwundeten Ninja in die Burg zu bringen, damit sie nicht dem grausamen Feind in die Hände fielen, aber der Druck von Seiten der Truppen Nobunagas war zu groß geworden, so daß man viele von ihnen hatte aufgeben müssen. Das Todesröcheln derer, die nicht mehr stark genug waren, sich selbst umzubringen, drang in Sanjis Ohren. Er hoffte, daß ihm das Schicksal erspart bleiben würde, in Gefangenschaft zu geraten, wie es Dutzenden der Seinen in den letzten Tagen widerfahren war. Sie alle waren im Lager der Samurai auf gräßlichste Weise gefoltert und schließlich noch lebend in kochendes Wasser geworfen worden, als Schauspiel für die Krieger Nobunagas. Es war ein großes Glück, in diesem Krieg mit der Waffe in der Hand sterben zu können.

Er tat einen tiefen Atemzug, um seine Energie zu sammeln. Seine Hand schloß sich fest um den Griff seines Lederschilds. In der Rechten hielt er eine Streitaxt, deren Rücken einen Zoll breit war. Mit ihr würde er seine Stellung und sein Leben bis zuletzt verteidigen. In geringer Entfernung verbargen sich seine Kameraden Kosuke, Kado, Akira und viele andere, die mit ihm zusammen die letzte Verteidigungslinie des Klans der Ninja von Iga bildeten, der vom treulosen Oda Nobunaga verraten worden war.

Ein dumpfes Grollen riß ihn aus seinen Gedanken. Er spähte durch den Spalt in der Abdeckung seines Verstecks, der ihm einen weiten Blick ermöglichte.

Der Angriff hatte begonnen. Die Reiter Nobunagas strömten in kleinen Trupps auf die Ebene vor der Burg. Sie schienen sorgsam darauf zu achten, mögliche Fallen zu umgehen. Jemand mußte die Ninja verraten haben, denn die Samurai hätten eigentlich nichts davon wissen dürfen, daß das Gelände so sorgfältig auf ihren Angriff vorbereitet worden war. Doch jetzt war nicht die Zeit, über solche Dinge nachzugrübeln. In Wurfweite eines *shuriken*[195] brachen die Hufe von Pferden des Gegners in den Boden ein, und Roß und Reiter stürzten in die Fallgruben, an deren Grund angespitzte Pfähle auf sie warteten. Als hätte sich die Hölle aufgetan, tauchten plötzlich überall schwarzgekleidete Gestalten auf. Sie stießen wilde Schreie aus und hieben mit ihren Waffen auf die Angreifer ein. Die farbenprächtigen Rüstungen der Samurai färbten sich mit Blut, und immer wieder stürzten Reiter in Fallgruben, als würde die Erde sie verschlingen.

Auch Sanji sprang aus seinem Unterstand, als der Anführer des kleinen Samuraitrupps, den er beobachtet hatte und dem es bisher gelungen war, alle Hindernisse zu umgehen, sich unmittelbar vor ihm befand. Als der Boden sich plötzlich vor ihm öffnete, stieg das Pferd und warf seinen überraschten Reiter ab, der hilflos sein langes *katana* schwenkte. Noch während der Reiter stürzte, versetzte ihm der Ninja einen Hieb mit der Streitaxt. Schlamm spritzte auf, als der sterbende Samurai schwer auf dem Boden aufschlug. Neben ihm hatte Kosuke seine schwere Sichel gegen einen Reiter gehoben, der umsonst versuchte, mit seiner Hellebarde den Ninja zu treffen. Ein furchtbarer Hieb spaltete den Samurai in seinem Sattel, und sein Streitroß, das sich seiner Last ledig fühlte, sprang über die Grube, in der der Ninja gelauert hatte und suchte das Weite. Akira, der sich zur Linken Sanjis befand, hatte weniger Glück gehabt. Bei seinem Versuch, aus dem Versteck zu springen, hatte ein langer Pfeil mit Gänsefedern am Schaft ihm den Hals durchbohrt.

Nachdem auf diese Weise die offene Schlacht ausgebrochen war, beschleunigten sich die Ereignisse. Ungeachtet aller Gefahren verstärkten die Reitertruppen Nobunagas, unterstützt durch Tausende *ashigaru*[196], die unter lautem Kriegsgeschrei von den bewaldeten Hängen herbeigeströmt kamen, den Druck auf die Ninja. Die Ninja, deren dunkle Gewänder von Schlamm befleckt waren, kämpften wie Dämonen, hieben, stachen und schnitten mit ihren Waf-

[195] *Shuriken*, auch *shaken*: jpn. mit Spitzen versehene Wurfgeschosse aus Metall. Die bekanntesten von ihnen sind die sogenannten Wurfsterne.

[196] *Ashigaru*: jpn. Fußsoldaten, Infanteristen.

fen, so daß zahllose Samurai leblos in den Schlamm stürzten. Doch das Kräfteverhältnis war allzu unausgewogen. Bereits eine Woche lang hatten die zahlenmäßig stark unterlegenen Ninja aus Iga den Berufskriegern, die es gewohnt waren, sich in offenen Schlachten zu schlagen, standgehalten. Den Ninja hingegen war diese Kampfweise fremd.

Sanji schleuderte seine letzten *shuriken* auf den Gegner. Schnell und präzise erfolgten seine Würfe, und nicht einer verfehlte sein Ziel. Doch der letzte Fußsoldat, dessen Kehle er auf diese Weise durchbohrte, hatte ihn packen können und riß ihn mit sich zu Boden. In den Augen des Sterbenden sah er das Spiegelbild eines anderen Soldaten, der seine Waffe erhoben hatte, um seinen Kameraden zu rächen. Plötzlich von bleierner Müdigkeit befallen, versuchte er nicht einmal mehr, sich zur Wehr zu setzen und das zu verhindern, was die Götter beschlossen hatten. In den letzten Augenblicken seines Lebens dachte er an den kleinen Tadayoshi, seinen Sohn, der nun ohne seinen Vater zu einem Ninja heranwachsen würde, und er dachte seltsamerweise an den Winter, der dieses Jahr wohl vorzeitig die Landschaft mit Schnee bedecken würde. Die goldfarbenen Bänder, die die grünlackierten Platten der Rüstung des Mannes, den er zuletzt getötete hatte, zusammenhielten, waren das letzte, was er wahrnahm, bevor sich die undurchdringlichen Wolkenschleier des Todes vor seine Augen legten.

Trügerischer Sieg

Nach über einer Woche des Kampfes um die Burg Hakuhô hatte die übermächtige Armee Oda Nobunagas die listenreichen Ninja besiegt. Tausende teilten das Schicksal Sanjis. Weniger Glück hatten jene, die verletzt waren und denen es nicht gelang, ihrem Leben selbst ein Ende zu bereiten. Sie wurden gefangengenommen, gefoltert und bei lebendigem Leibe gekocht.

Einige Dutzend von ihnen konnten jedoch Odas Häschern entkommen. Zu ihnen zählte einer ihrer ehrgeizigsten Anführer, Sandayu Momochi[197], auch bekannt als Tanba-no-Kami und als Nagato Fujibayashi. Ihm gelang, verkleidet als Bauer, die Flucht in die Provinz Kii. Aus Wut darüber ließ Nobunaga die Burg Takiguchi-jô, eine der drei Residenzen Sandayus, niederbrennen. Auch Hattori Hanzô, ein anderer großer Anführer der Ninja, hatte fliehen können. Er sollte in der Geschichte des Reiches der Aufgehenden Sonne noch eine ganz besondere Rolle spielen.

Trotz seines erfolgreichen Feldzuges war es Oda Nobunaga nicht gelungen, die Ninja und ihren Geist auszurotten. Die Überlebenden des Gemetzels ließen ihr Wissen und ihre Fähigkeiten jenen Kriegsherren im Lande zugute kommen, die bereit waren, sie aufzunehmen und ihnen hinter den Mauern ihrer Burgen Schutz vor Verfolgungen zu gewähren. Die bis dahin geheimen Techniken des *ninjutsu* gelangten auf diese Weise in die Welt des *bujutsu*. Viele Kampfkunstschulen übernahmen in der Folge die Kampftechniken der Ninja in ihr Repertoire. Die Schlacht bei Hakuhô-jô hätte den Untergang des *ninpô*[198] bedeuten können, tatsächlich verbreitete sich das Wissen der Ninja des Iga-Klans in der Folge im ganzen Land.

Der Titel des Shôguns, den Oda Nobunaga zeit seines Lebens angestrebt hatte, blieb ihm verwehrt. Ein Jahr nach dem überwältigenden Sieg über die einst mit ihm verbündeten Ninja aus Iga wurde er auf der Burg Honnô-ji, seiner Residenz in Kyôto ermordet. Die Tat wurde durch Akechi Mitsuhide, einem General, der zu seinen engsten Vertrauten zählte, begangen. Toyotomi Hideyoshi, Odas rechte Hand, rächte ihn. Er tötete Akechi, bevor es diesem gelungen war, Odas Position einzunehmen, was das Ziel der Mordtat gewesen war.[199]

Verglichen mit den Feldzügen, die Oda Nobunaga bei seinem Versuch, Japan zu vereinigen, gegen die Kriegermönche vom Berg Hiei und schließlich auch die der Sekte Ikkô-ikki führte, stellte sein Feldzug gegen die Ninja der Provinz Iga, wie auch das Massaker, mit dem dieser endete, historisch gesehen nur eine Episode dar. Die

---

[197] Sandayu Momochi war ein Ninjaanführer (*jônin*), dem es lange Zeit gelungen war, seine Feinde zu täuschen, indem er drei unterschiedliche Identitäten angenommen hatte. Jede seiner drei Persönlichkeiten lebte an einem anderen Ort und hatte sogar jeweils eine Familie gegründet. Er wurde auch als „Mann mit den drei Gesichtern" bezeichnet. Siehe S. 354 f.

[198] *Ninpô*: jpn. „Weg des *nin*". *Ninpô* ist die um das geistige Konzept des *dô* (oder *pô*) erweiterte Kampfkunst des *ninjutsu*, analog zu *budô* und *bujutsu*.

[199] Siehe S. 131 ff.

Ikkô-ikki beispielsweise besaßen die Festung Ishiyama Honganji in Ôsaka als nahezu uneinnehmbaren Rückzugsort. Oda hatte mehr als zehn Jahre benötigt, bis er die gefürchteten Kriegermönche in der Mitte des Jahres 1580 endgültig besiegt hatte.

Die Geschehnisse des Feldzuges gegen die Ninja im Jahr darauf wurden fast ausschließlich in Ninjakreisen überliefert. Die in der Erzählung beschriebenen eine Woche dauernden Kämpfe fanden im November 1581 in der Gegend der Ortschaft Iga-Ueno zwischen den Samurai Odas und dem berühmten ortsansässigen Ninja-Klan statt. In jener Gemeinschaft wurden sie unter dem Namen „Schlacht bei Hakuhô-jô" überliefert. Tatsächlich ist diese Bezeichnung historisch nicht völlig gerechtfertigt, und sie hat sich auch erst eine Zeitlang nach den blutigen Ereignissen eingebürgert. Dennoch wurde sie aufgrund der Tradition für die Erzählung beibehalten. Bei Iga-Ueno befand sich zum Zeitpunkt der Schlacht ein befestigtes Lager, das von recht einfacher Bauart war. Es war die Basis mehrerer Tausend Ninjakrieger. Nach dem Sieg durch Odas Truppen wurde diese primitive Festung vollständig zerstört. Im Jahre 1585 wurde am selben Ort durch Takigawa Katsutoshi eine echte Burg erbaut (jô, shiro). Sie erhielt den Namen Hakuhô-jô, „Weißer Phönix". Es ist vorstellbar, daß dieser Name bewußt gewählt wurde als Kontrast zur Bezeichnung des besiegten Ninja-Klans, „Schwarze Spinnen".

Die neue Burg war nach dem Tode Odas erbaut worden, der 1582 ermordet worden war. Sie war dazu bestimmt, die Region, die nun unter der Herrschaft des Kampaku Toyotomi Hideyoshis stand, unter strenger Kontrolle zu halten. Somit stellte die Festung einen Überwachungsposten dar, durch den gewährleistet werden sollte, daß der „Klan der Schattenkrieger" der Region von Iga-Ueno nicht wiedererstehen konnte.

Die aus Holz gebaute Burg Hakuhô-jô wurde ab ca. 1608 durch Tôdô Takatora[200] *befestigt und ausgebaut. 1612 wurde der Wehrturm (tenshu) der Festung jedoch durch einem Taifun zerstört. 1935 wurde Hakuhô-jô schließlich rekonstruiert und der Wehrturm aus Holz wiedererrichtet. Heute ist die Burg Standort eines Ninja-Museums.*

---

[200] Tôdô Takatora (1556-1630) war ein Daimyô der Azuchi-Momoyama-Zeit. Er stieg aufgrund seiner Fähigkeiten vom einfachen Fußsoldaten (*ashigaru*) zum Daimyô auf. In der Schlacht von Sekigahara (1600) war er zunächst einer der Oberbefehlshaber Toyotomis, doch er wechselte noch während der Schlacht die Seiten und lief zu Tokugawa Ieyasu über. Tôdô Takatora war auch für seine herausragenden Fähigkeiten als Architekt von Burgen berühmt. Er soll am Bau von ca. 20 Festungen beteiligt gewesen sein.

Hattori Hanzô, Wegbereiter der Tokugawa

Hattori Hanzô[201]*, ein Ninja vom Iga-Klan, hatte mit einigen seiner Getreuen das Massaker von Hakuhô-jô überlebt. Er schwor, sich an Oda Nobunaga für dessen Verrat zu rächen. Tatsächlich bedeutete der blutige Tag des 8. November 1581 eine tiefgreifende Wende in seinem abenteuerreichen Leben.*

Herbst 1581

Als der Morgennebel sich lichtete, wurde einen Augenblick lang die schlanke Silhouette eines Reiters vor dem Horizont sichtbar. Doch schon im nächsten Moment war sie mit den Bäumen, die den Fluß säumten, verschmolzen. Der einsame Reiter war darin geübt, sich in der Landschaft zu verbergen, und er hatte guten Grund, nicht gesehen werden zu wollen. Hattori Hanzô, Anführer der Ninja vom Iga-Klan, war in seinem Leben schon oft tödlicher Gefahr entronnen. Und auch diesmal hatte er sich dafür entschieden, überleben zu wollen. Gemeinsam mit einigen seiner treuesten Offiziere hatte er das Schlachtfeld verlassen, als er begriff, daß die Niederlage nicht mehr abzuwenden war.

Die Frage, die Hattori sich nun stellte, war, wer von den Kontrahenten Odas am meisten der Fähigkeiten der Ninja von Iga bedurfte. Der Stern Nobunagas schien unaufhörlich zu steigen und die endgültige Eroberung der zentralen Macht im Lande durch ihn nur noch eine Frage der Zeit zu sein. Sich mit irgendeinem Daimyô verbünden zu wollen, der mit dem neuen Meister in Kyôto verfehdet war, wäre sicherer Selbstmord gewesen. Hanzôs Rachedurst war groß, aber es mangelte ihm an Leuten, um erfolgreich gegen Oda vorgehen zu können. Für den Augenblick schien es ihm sinnvoller, sich in Vergessenheit geraten zu lassen und geduldig auf einen günstigen Augenblick zu harren. Ninja konnten sehr geduldig sein. Niemand, auch kein Oda Nobunaga, würde ungestraft den Klan der Ninja aus Iga auszulöschen versuchen.

Der Mann, der über den Hals seines Pferdes gebeugt war, ließ ein tiefes Grollen aus seiner Kehle aufsteigen, Ausdruck unauslöschlichen Hasses und grimmiger Entschlossenheit. Langsam und fast vollkommen lautlos gesellten

[201] Hattori Hanzô (1541-1596).

sich ihm weitere Reiter bei, als wären sie aus dem Nichts aufgetaucht, die letzten seiner heldenhaften Gefährten. Er wußte, daß sie, die gleich ihm das Massaker von Hakuhô-jô überlebt hatten, nur auf einen Wink von ihm warteten, um sich für den schändlichen Verrat Odas zu rächen.

Doch tatsächlich glichen sie nur noch Schatten von Kriegern, so maßlos erschöpft, daß sie sich nur noch mit Mühe auf ihren abgekämpften Pferden hielten. Sie hatten schier endlos galoppieren müssen, um den hartnäckigen *hatamoto*-Samurai des Siegers entkommen zu können. Die eine Woche anhaltenden Kämpfe waren nicht spurlos an ihnen vorübergegangen. Ihre Kettenhemden waren zerrissen, die Helme geborsten, und die Waffen, die sie mit sich führten, kaum noch brauchbar. Keiner war unverletzt geblieben. Doch das alles zählte nicht. Sie hatten überlebt, und mit den ersten Sonnenstrahlen, die durch den Morgennebel drangen, schienen ihnen neue Kräfte zuzuströmen. Die letzten Ninja des Hattori Hanzô hatten sich um ihren Anführer geschart. Dieser ergriff mit seiner von verkrustetem Blut bedeckten Hand den schartigen Schaft seines *yari*, hob ihn empor und wies mit seiner Spitze in die Richtung, in die der Trupp seinen Ritt fortsetzen würde. Daraufhin stieß er seinem Streitroß mit unerwarteter Heftigkeit die Fersen in die Flanken, so daß das Tier sich vor Schmerz und Schreck aufbäumte, bevor es in Richtung der Ebene zu galoppieren begann.

Frühjahr 1582

Der schwarzgekleidete Mann schien direkt aus der Mauer getreten zu sein. Seine Silhouette war unvermittelt im Schein der Lampe, die am Mittelbalken der kleinen Herberge hing, aufgetaucht. Hattori Hanzô, der an einem Tisch saß, lächelte in sich hinein. Außer ihm hatte zweifelsohne niemand den Ankömmling bemerkt, obgleich dieser den Raum durch die Tür betreten hatte. Meisterhaft hatte der Ninja es verstanden, sich nahezu unsichtbar im Dämmerlicht fortzubewegen. Sein Gewand hüllte ihn vollständig ein, nur die Augen waren sichtbar. Hattori Hanzô hatte diesen abgeschiedenen Ort, der am Ende eines tief ins Gebirge eingeschnittenen Tals lag, für das Treffen ausgewählt. Hier war man vor unliebsamen Überraschungen sicher. Auf seinen Wink setzte sich der Ankömmling zu ihm und zog mit flinker Bewegung ein Bambusrohr aus seinem Umhang. Hattori ließ es unverzüglich in den Ärmel seines eigenen Gewandes gleiten. Mit Flüsterstimme tauschten beide einige Worte, woraufhin sich der *chunin*[202] erhob und ebenso unauffällig verschwand, wie er gekommen war.

Hattori vergewisserte sich der Herkunft der Botschaft, indem er seinen Daumen leicht über das Wachs, mit dem das kleine Rohr versiegelt war, gleiten ließ. Seine Hoffnung war in Erfüllung gegangen. Sein Tastsinn verriet ihm, daß es sich um das Siegel des Generals Tokugawa Ieyasu handelte, eines Vasallen Oda Nobunagas. Ohne die Botschaft gelesen zu haben, wußte er auch schon über den Inhalt Bescheid. Es handelte sich um einen Hilferuf Ieyasus, des Gouverneurs der Provinz Suruga, der in Sakai durch die Truppen Akechi Mitsuhides bedrängt wurde, welcher am 2. Juni 1582 seinen Herrn, Oda Nobunaga, ermordet hatte. Als Ieyasu von dem Mord erfuhr, hatte er unverzüglich einen bewaffneten Trupp zusammengestellt, um sich dem Kampf gegen Mitsuhide anzuschließen. Auch Toyotomi Hideyoshi, ein anderer Kriegsherr, der seinen Meister Nobunaga rächen wollte, führte seine Truppen, die soeben noch an der erfolgreichen Belagerung der Burg von Takamatsu[203] teilgenommen hatten, gegen Mitsuhide. Doch in der Provinz Ise, durch die Tokugawa Ieyasu zog, wimmelte es von Banditenhorden und von Truppen, die mit dem Verräter Mitsuhide verbündet waren. Unverhofft war der Jäger zum Wild geworden. Da sein Trupp sehr klein war, sah er sich gezwungen, die Bedingungen Hattori Hanzôs zu akzeptieren, der aus der Ferne seinen Zug durch Ise verfolgt hatte. Hattori hatte begriffen, daß die Schwierigkeiten Ieyasus ihm selbst phantastische Möglichkeiten für einen Handel boten. Indem er gewährleistete, daß der General durch die feindlichen Linien hindurchschlüpfte, um so seine Burg von Okazaki erreichen zu können, eine uneinnehmbare Festung in der Provinz Mikawa, würde ihm in aller Form schriftlich eine wichtige Position auf Lebenszeit zugesichert werden. In seiner schier ausweglosen Lage blieb Tokugawa Ieyasu keine Wahl, als auf die Bedingungen Hattoris einzugehen. Dieser fühlte sich wie in einen Traum versetzt. Er, der mit knapper Not dem Massaker des vergangenen Herbstes entronnen war, würde endlich seine Rache erhalten. Zwar war Nobunaga bereits tot, aber er würde mit seinem Ninja-Klan in die engste Umgebung des Generals Tokugawa aufsteigen, eines der ehemaligen Verbündeten Nobunagas, dessen Samurai ebenfalls an

---

[202] In der Hierarchie der Ninja war der *jônin* der Anführer und der *chunin* sein Gehilfe. Daraufhin folgten die *genin*, die einfache Befehlsausführende waren.

[203] Siehe „Der spektakuläre Selbstmord des Shimizu Muneharu, S. 125.

der Schlacht in der Ebene von Hakuhô teilgenommen hatten. Es war höhere Gerechtigkeit, daß das Schicksal Tokugawas und seiner Samurai nun in seiner Hand lagen. Hattori knüpfte an die politische Zukunft des Generals viele Hoffnungen für sich und seine Ninja.

Lange saß Hattori Hanzô mit geschlossenen Augen an dem Tisch und genoß das Gefühl des Triumphs. Daraufhin erhob er sich, legte ein Geldstück auf den Tisch und begab sich zum Ausgang. Dort blieb er einige Augenblicke reglos stehen. Schließlich schloß er die Tür hinter sich. Dies war das Zeichen für seinen *chunin*, der in einiger Entfernung gewartet hatte und daraufhin in der Nacht entschwand, um die Krieger Hattoris zu sammeln. Die Operation, Tokugawas Truppen durch die feindlichen Linien zu schleusen, hatte begonnen.

Für die Ninja aus Iga war es eine eher einfache Aufgabe. Hattori befahl einem Dutzend seiner Leute, im Lager des Feindes Verwirrung zu stiften, noch bevor die abendlichen Biwakfeuer gelöscht worden waren. Hierfür wendeten sie die Methode des *suigetsu-no-jutsu*, „Mond im Wasser“ an: Mit Hilfe von *nage-teppo*[204], *metsubishi*[205] und von mit explosiven Spitzen ausgestatteten *ya*[206] verursachten sie solch einen Lärm und solch ein Durcheinander (*hyakurai-ju*), daß die Samurai Mitsuhides an einen massiven Angriff auf ihre Stellung glaubten. Mit lediglich 20 weiteren seiner Ninja und noch einmal 20 als Flankenschutz unternahm Hattori Hanzô mit dem für ihn überaus kostbar gewordenen Tokugawa Ieyasu den Durchbruch durch die Linien des Gegners. Um mögliche Verfolger zu bremsen, ließ er *tetsubishi*[207] in dem engen Durchgang streuen, den seine Männer auf dem Weg, der mit zahlreichen Fallen gespickt war, sorgfältig ausgekundschaftet hatten. An der Küste von Ise, die sie schon bald erreichten, wartete bereits ein Schiff auf sie. Auf diese Weise konnte der General Tokugawa Ieyasu die Bucht überqueren und sich vor den Truppen Mitsuhides in Sicherheit bringen, der bereits geglaubt hatte, ihn in der Falle zu haben. Sie erreichten ohne Schwierigkeiten die Festung von Okazaki, wo ihnen keine Gefahr mehr drohte. Die Mission der Ninja war erfüllt, und Tokugawa stand tief in der Schuld von Hattori Hanzô.

---

[204] *Nage-teppo*: jpn. leergeblasene Eierschalen, die mit Explosivstoffen gefüllt wurden.

[205] *Metsubishi*: jpn. Blendpulver.

[206] *Ya*: jpn. Pfeil.

[207] *Tetsubishi*: jpn. „Eisenrhombus“, sternförmig miteinander verbundene Metallspitzen, die auf den Boden geworfen wurden, damit die Pferde sich daran die Hufe verletzten.

Aus dem Arsenal der Ninja: Wurfhaken, *shuriken*, *tetsubishi*

Triumph

Nur wenige Tage später traf die Armee General Hideyoshis allein auf die Truppen Mitsuhides. Am 2. Juli 1582 kam es bei Yamazaki zur offenen Schlacht. Hideyoshi siegte, doch Akechi Mitsuhide gelang die Flucht. Er kam allerdings nicht weit. Im Dorf Ogusuru wurde er von aufständischen Bauern gefangengenommen und erschlagen. Auf Befehl Hideyoshis wurde sein Leichnam gekreuzigt und dann den wilden Tieren zum Fraß überlassen. Doch der Kopf des Mörders von Oda Nobunaga war zuvor nach Kyôto geschickt worden, um dort in den Ruinen von Honnô-ji zur Schau gestellt zu werden, der Residenz Nobunagas, in der dieser am 21. Juni dem Verbrechen Mitsuhides zum Opfer gefallen war.

Hideyoshis Triumph war vollkommen, und seine Rolle als Rächer Nobunagas machte ihn zu dessen natürlichem Nachfolger als neuer Herr Japans. Da sein Nebenbuhler Tokugawa Ieyasu, statt mit seinem Feldzug gegen Mitsuhide Erfolg zu haben, auf seine Burg hatte fliehen müssen, ergriff Hideyoshi unverzüglich die politische Initiative. Tokugawa mußte seine Machtgelüste vorerst zügeln. Doch das Manöver des Ninja Hattori Hanzô zu seinen Gunsten sollte sich in der Folge als hervorragende politische Investition erweisen.

Toyotomi Hideyoshi starb im Jahre 1598. Im Ergebnis zahlreicher Intrigen und Kämpfe gelangte Tokugawa Ieyasu schließlich im Jahre 1603 an die Macht. Er wurde der erste einer langen Stammfolge von Shôgunen, die Japan bis zum Jahre 1868 regieren sollten, als die Ära des japanischen Mittelalters endgültig beendet wurde.

Die Wahl, die Hattori Hanzô 21 Jahre zuvor getroffen hatte, war die richtige gewesen. Zwar erlebte Hattori den höchsten Triumph Tokugawas nicht mehr mit, da er bereits 1596 starb, aber der künftige Shôgun hatte nie vergessen, was er ihm und seinen Gefolgsleuten schuldig war. Zudem begriff er schnell, was für einen Vorteil er aus den außerordentlichen Fähigkeiten des Anführers der Ninja aus Iga ziehen konnte. Er ernannte ihn zum General, und bis an sein Lebensende waren Hattori und seine Ninja verantwortlich für die Sicherheit Tokugawa Ieyasus. Hattori wurde zudem zu seinem wichtigsten Berater in militärischen Fragen. Außerdem leistete er ihm gute Dienste bei der Abwehr von Ninja-Agenten, die im Dienste der Feinde Tokugawas standen.[208]

Indem der Ninjaanführer Hattori Hanzô den General Tokugawa Ieyasu vor den Truppen des Akechi Mitsuhide gerettet hatte, hatte er den Lauf der Geschichte des Reiches der Aufgehenden Sonne verändert. Doch niemand wird je erfahren, ob nicht Hattori zunächst auf diskrete Weise dafür gesorgt hatte, daß Tokugawa in jene mißliche Lage geraten war, aus der nur er ihm hatte heraushelfen können. Wer weiß schon, was der einfallsreiche Geist eines Ninja für Schliche ersinnen kann?

Alle in dieser Geschichte enthaltenen Ereignisse sind historisch belegt, auch wenn in der offiziellen Geschichtsschreibung darüber nichts zu finden ist. Viel Geduld und Mühe waren vonnöten, um aus hier und da verstreuten Informationen das Gesamtbild entstehen zu lassen.

---

[208] Es heißt auch, daß Hattori Hanzô sich durch großen technischen Erfindungsreichtum ausgezeichnet haben soll. So wird ihm die Konstruktion eines Bootes, das zur Abwehr von Ninja-Unterwasserbooten (*ryû-o-sen*) vorgesehen war, zugeschrieben. Dieses Boot (*maruhabune*) soll am Heck mit einem Wasserrad ausgerüstet gewesen sein, dessen Blätter aus Stahl bestanden, mit denen die U-Boote zerstört werden sollten. – Laut Turnbull gehört dies allerdings ins Reich der Märchen und Legenden; diesem Autor zufolge gilt es als äußerst unwahrscheinlich, daß Ninja-Unterwasserboote tatsächlich existiert haben. – Turnbull, S.: Ninja. Die wahre Geschichte der geheimnisvollen japanischen Schattenkrieger. Stocker-Schmid, Dietikon-Zürich: 2007, S. 115 ff.

Post für Takamatsu-jô

Vorspiel

Die Geschichte der künstlichen Überschwemmung der Burg von Takamatsu im Jahre 1582 ist berühmt. Die Begebenheit ist Gegenstand des Kapitels „Takamatsu-jô no mizu zeme“ in dem 1625 erschienenen Werk „Shinsho Taikôki“. Die Schrift ist ein Bericht über die Taten des großen Toyotomi Hideyoshi, der 1585 Kampaku wurde. Zu der Zeit der Belagerung von Takamatsu fungierte Toyotomi als rechte Hand Oda Nobunagas. In dessen Auftrag führte er ohne Unterlaß Feldzüge in ganz Japan. Er belagerte die Festungen seiner Feinde, und eine nach der anderen mußte schließlich vor seiner Übermacht kapitulieren. Auf diese Weise gelangte er im April 1582 zur Burg Takamatsu, die sich in der Provinz von Bitchû in der an der Inlandsee gelegenen Region von Okayama befand. Die Festung war ein Hindernis auf dem Weg der Zerschlagung des Klans von Môri Terumoto, dessen Vasall Shimizu Muneharu, der Herr der Burg, war.

Nachdem die Belagerung sich als unerwartet langwierig herauszustellen begann, entwickelte Hideyoshi einen teuflischen Plan. Die Burg lag auf einer kleinen Anhöhe in einem Tal und war von ausgedehnten Sümpfen umgeben. Er beschloß, die Burg vollständig von der Außenwelt abzuschneiden, indem er einen Stausee anlegen ließ. In kaum zwei Wochen errichteten Tausende seiner Soldaten sowie Bauern aus der Umgebung einen gewaltigen Damm aus Steinen, Sand und Holz, der den Fluß Ashimori staute. Schnell stieg nun das Wasser um den Hügel, auf dem die Burg errichtet worden war. Takamatsu-jô sollte nach dem Willen Hideyoshis in den Wassermassen untergehen.[209]

Ende Mai kam es zu heftigen Regenfällen. Tag und Nacht stürzte Wasser vom Himmel und ließ den künstlichen See immer weiter anschwellen. Takamatsu-jô wirkte wie ein riesiges Floß in der Mitte des Gewässers, an dessen Ufern die Truppen Hideyoshis ihre Lager eingerichtet hatten. In einiger Entfernung, am Berg Sarutake, lagerte die Streitmacht von Môri Terumoto, der jedoch zu spät seinem Vasallen zu Hilfe geeilt war. Mit ihm waren auch die Truppen seiner Onkel Kikkawa Motoharu und Kobayakawa Takakage. Doch

---

[209] Diese Geschichte – aus anderer Perspektive erzählt – ist auch Gegenstand der Erzählung „Der spektakuläre Selbstmord des Shimizu Muneharu“, siehe S. 125.

in der Festung, in der es von Schlangen und Ratten wimmelte, die vor den Fluten geflohen waren und überall nach Nahrung suchten, dachte niemand auch nur einen Augenblick lang ans Aufgeben. In dieser festgefahrenen Situation beauftragte der Daimyô Môri Terumoto seine Ninja damit, sich in die Burg einzuschleichen und auf diese Weise Kontakt mit seinem Vasallen Shimizu Muneharu herzustellen. Die Begebenheit ist historisch verbürgt, nur die Namen der unauffälligen Ninjakrieger sind fiktiv, da sie nicht überliefert wurden. Aber auf den Schultern dieser anonymen Helden lastete die Verantwortung für das Geschick tausender tapferer Männer in der Festung, die bereit waren, für ihren Herren in den Tod zu gehen.

Durch feindliches Gewässer

„Ninja! Niiiinjaaa!" Das Geschrei der Samurai am Ufer vermischte sich mit dem Geräusch der Wellen und war bald gar nicht mehr zu hören, als Jubei sich wie ein Stein in das kalte Gewässer sinken ließ. Er fühlte den Druck des Wassers wie einen schweren Panzer. Das Lager war alarmiert worden, aber niemand wußte, wo der Ninja sich befand. Das Wasser war das Element, mit dem er am besten vertraut war. Das war auch der Grund gewesen, warum gerade er für diese Mission ausgewählt worden war, die er, wie es schien, wohl allein zu Ende bringen mußte. Er vertrieb die Gedanken an Iori und Ôkubo aus seinem Geist, seine Männer, die er lange Zeit persönlich ausgebildet hatte. Die Schreie, die die feindlichen Fackelträger, die jede Nacht mit ihren Barken auf dem See von Takamatsu patrouillierten, ausgestoßen hatten, verhießen nichts Gutes für die beiden. Es war vielleicht möglich, daß Iori, der ein hervorragender Schwimmer war, hatte entkommen können, aber Ôkubo würde wohl nie ein alter Ninja werden.

Jubei vollführte einen schnellen Wechselschlag mit den Füßen, so daß sein Körper wieder in Richtung der Wasseroberfläche getrieben wurde. Den Kopf nach hinten gebeugt, konnte er nun durch ein kurzes Bambusrohr atmen. Sein Körper stand dabei senkrecht und völlig reglos im Wasser, was durch eine spezielle Atemtechnik, die jeder Ninja beherrschte, ermöglicht wurde. Nicht der kleinste Wellenschlag würde seine Anwesenheit verraten. Jubeis Lage wurde jedoch erschwert durch einen wasserdichten Lederbeutel, den er an seinen Körper gepreßt hielt und der einige kurze Waffen enthielt, vor allem jedoch die Botschaft, die er den Belagerten in der Festung um jeden Preis zu überbringen hatte. Auch befand er sich zu nah am Staudamm, dort, wo sich das alte Bett des Flusses Ashimori befand. Dieser ergoß sich nach wie vor ohne Unterlaß in den Stausee, so daß eine starke Strömung existierte. Zudem war der Fluß durch die steten Regenfälle der letzten Tage stark angeschwollen. Immer weiter wurde der Ninja in Richtung der Staumauer, die durch Hideyoshis Männer bewacht wurde, abgetrieben. Er beschloß, unter Wasser in nördliche Richtung zu schwimmen, wo sich in etwa 100 Metern Entfernung der Weg, der einst zur Burg geführt hatte, befand. Er kannte die Topographie des überschwemmten Geländes ausgezeichnet. Er wußte, daß es leichter sein würde, sich entlang des mit Steinen befestigten Weges unbemerkt der Burg zu nähern. Problematisch würde dabei jedoch der teilweise dicht unter der Wasseroberfläche liegende Untergrund des ehemaligen Sumpflandes, der den Weg säumte, sein. Jubei schöpfte ein letztes Mal mit Regenwasser durchsetzte Luft durch sein Bambusrohr, bevor er sich in die Waagerechte begab und sich von der gefährlichen Staumauer entfernte.

Die Mission

Wenige Stunden zuvor hatte Jubei mit tief geneigtem Haupt auf dem *tatami* gestanden, während sein Herr, Kikkawa Motoharu, das Zelt wieder verließ, in das die Ninjakrieger gerufen worden waren. In gebührendem Abstand hinter ihm standen Iori und Ôkubo, seine Untergebenen. Die drei Ninja aus Iga zählten zu den wenigen, die die Schlacht bei der Burg des „Weißen Phönix“[210] im November des Vorjahres überlebt hatten. Die Mission, die ihnen hier anvertraut werden sollte, würde von größter Bedeutung für den Ausgang der Belagerung von Takamatsu-jô sein. Er war sehr dankbar für diese Gelegenheit, denn ein Sieg der Belagerer unter dem Kommando Hideyoshis würde auch einen Triumph für Oda Nobunaga bedeuten, dessen Verrat so viele aus dem Klan der Ninja aus Iga zum Opfer gefallen waren. Er würde sein Leben dafür geben, um Nobunaga einen Strich durch die Rechnung machen zu können.

Natürlich war ihm der Inhalt der Botschaft, die er dem Burgherrn von Takamatsu zu überbringen hatte, unbekannt. Der Brief steckte in einem hohlen

[210] Siehe S. 323.

Bambusrohr, das abgedichtet und versiegelt war. Nachdem Motoharu das Zelt verlassen hatte, erklärte ihnen der Anführer seiner Samurai, wo sich im einzelnen die Lager und die Beobachtungspunkte des Gegners befanden, die um jeden Preis gemieden werden mußten. Er teilte ihnen auch mit, daß sich im feindlichen Lager ebenfalls Ninja befanden, mit denen sie unter Umständen konfrontiert werden dürften. Auf keinen Fall durften die Ninja den Leuten Hideyoshis lebend in die Hände fallen. Falls es nicht ihnen gelänge, die Botschaft zu überbringen, müßten sie diese zerstören und sich anschließend das Leben nehmen.

Mit einem stummen Kopfnicken bedeutete der Anführer der Ninja sein Einverständnis. Ihm genügte, was ihm mitgeteilt worden war. Ein Ninja stellte keine Fragen. Falls er Antworten benötigte, würde er sie sich mit eigenen Mitteln beschaffen. Die drei Männer grüßten den Samurai und verließen das Zelt, wo die Nacht, ihr engster Verbündeter, sie zu verschlucken schien. Niemand außer dem Lehnsherren und seinem obersten Samurai wußte von ihrer Anwesenheit, und niemand sah, wie sie das Lager verließen. Der Auftrag lautete, die Botschaft in der folgenden Nacht zu überbringen, selbst wenn der Mond scheinen sollte, der derzeit zu drei Vierteln voll war.

Iori und Ôkubo würden im Nordosten des Stausees für Unruhe sorgen, um die feindlichen Samurai abzulenken. Zwar war der Weg zur Burg aus Nordosten sehr lang, aber dieser Teil des Sees war verhältnismäßig flach. Es gab zahlreiche Hügel, die noch aus ihm herausragten und entlang derer die Fortbewegung einfacher und weniger riskant sein würde als die Annäherung an die Burg aus nordwestlicher Richtung. Die Gefahr lauerte vor allem an den Ufern, die hell beleuchtet waren durch die Biwakfeuer der Truppen Hideyoshis und seiner Verbündeten Hashiba Hidekatsu und Ukita Naoie, der ein Verräter an den Môri war. Darüber hinaus gab es mehrere Barken mit flachem Boden, auf denen Bogenschützen und Arkebusiere unaufhörlich den See kontrollierten. Iori und Ôkubo wußten, daß ihr Manöver nur dann Erfolg haben würde, wenn der Gegner sie entdeckte. Auf diese Weise würden sie seine Kräfte auf sich ziehen. Es war ein wohlkalkuliertes Risiko, das sie eingehen würden. Immerhin bestand eine kleine Chance, daß sie am Ende doch noch die Burg erreichten.

Jubei war sich sicher, daß das Ablenkungsmanöver erfolgreich sein würde. Er, der Träger der kostbaren Botschaft, würde sich unterdessen vom Nordwesten her, zwischen dem alten Flußbett der Ashimori und dem überschwemmten Weg ins Wasser begeben. Der Abstand zur Burg war vergleichbar mit dem aus nordöstlicher Richtung, aber der Untergrund war sumpfiger und schlammiger. Aus diesem Grund war das Wasser, immer aufs Neue aufgewühlt von der Strömung, sehr trübe und ein Schwimmer darin nur schwer zu entdecken. Er hatte bewußt einen schwierigen Weg gewählt, da man nicht damit rechnen würde, daß jemand versuchen würde, auf ihm zu den Eingeschlossenen zu gelangen. Nur jemand, der wußte, daß ein erfahrener Ninja in solch einem Fall in den größten Schwierigkeiten auch die größte Chance erblicken würde, hätte das Manöver durchschauen können.

Die drei Ninja warteten die Stunde der Ratte ab. Die Nacht war sehr dunkel, man konnte keine zwei Schritte weit sehen, so dicht fiel der Regen. Jubei lächelte einen Augenblick lang, obwohl der Wind ihm die Tropfen ins Gesicht peitschte. Das Wetter hätte für ihr Vorhaben nicht günstiger sein können, der Himmel mit seinen tiefhängenden Wolken war ihr Verbündeter. Alles war bereit. Jeder trug nur wenige Waffen bei sich, um an Gewicht zu sparen. In einigem Abstand zu den Lagerfeuern der Môri-Truppen führten die Ninja ein letztes Mal mit größter Konzentration *kuji-kiri* aus, magische Gesten der verschränkten Hände, mit denen sie kosmische Kräfte auf sich lenkten, die ihnen Unverwundbarkeit und Erfolg schenken würden. Das *kuji goshin hô* genannte Ritual des *ninpô* wurde begleitet von einigen Lauten, die voll Kraft waren und zugleich kaum hörbar. Die Ninja waren nun frei von allen Zwängen, die Raum und Zeit auferlegten, sie befanden sich bereits an einem anderen Ort. Sie zogen ihre Masken über die Gesichter, so daß nicht das geringste Stück Haut verräterisch im Feuerschein schimmern konnte. Daraufhin tauschten sie einen letzten Blick und trennten sich. Wie Geister verschmolzen sie mit der Nacht, als hätten sie nie existiert.

Lautloser Tod

Mit leichten Wechselschlägen der Beine, die Arme eng am Körper anliegend, bewegte sich Jubei auf der schlammigen Oberfläche des Wassers voran. Den Rucksack hatte er auf dem Rücken befestigt, so daß ein Beobachter ihn für ein Schlammklumpen gehalten hätte. Er war geübt darin, lange Zeit mit angehaltenem Atem zu schwimmen. Er war sogar fähig, seinen Herzschlag zu kontrollieren.

Plötzlich erblickte er vor sich eine dunkle Masse. In letzter Sekunde konnte er seinen Instinkt, sofort abzutauchen, unterdrücken. Dies hätte einen Wirbel verursacht, der womöglich zu seiner Entdeckung geführt hätte. Er zwinkerte mit den Augen, die durch Schlamm verkleistert waren. Vor ihm befand sich die Silhouette einer großen Barke, auf der eine Art Bollwerk, ebenfalls aus Holz, aufgebaut war. Es handelte sich offenbar um einen der schwimmenden Türme, die die Zimmerleute Hideyoshis konstruiert hatten, um die Burg mit einem zusätzlichen Gürtel, der mit Arkebusieren besetzt war, zu umgeben. Die Schützen hatten die Aufgabe, auf jeden Kopf, der auf dem Burgwall sichtbar wurde, zu schießen. Jubei hatte die Türme weiter im Osten vermutet. Doch er sagte sich, daß zu dieser vorgerückten nächtlichen Stunde auf der offenkundig fest verankerten Barke nur einige schlafende Wachen zu erwarten seien, die seine Gegenwart nicht bemerken würden.

Tatsächlich wäre es für den Wachtposten, der im Halbschlaf ein Geräusch zu hören geglaubt hatte, besser gewesen, er hätte tief geschlafen. Er beugte sich über den Rand der Barke, um ins Wasser zu spähen. Plötzlich schoß ihm aus dem dunklen Naß ein stählerner Stachel entgegen, der ihm mit tödlicher Präzision die Halsschlagader durchtrennte, bevor er auch nur einen Laut hätte ausstoßen können. Mit einem erstickten Gurgeln sank er nach vorn. Jubei versuchte, den fallenden Körper aufzufangen, doch er konnte nicht verhindern, daß ein klatschendes Geräusch entstand, als der Tote ins Wasser glitt, laut genug, um seine Kameraden zu wecken.

Der Ninja schmiegte sich an die Bordwand des Bootes und wartete, daß ein weiteres Besatzungsmitglied nachsah, was geschehen war. Er erblickte über sich einen Kopf, und die Spitze einer Lanze glitt suchend über die Wasseroberfläche. Jubei zog kraftvoll an der Lanze, so daß der Mann nach vorn gezogen wurde, und mit einem Dolchstoß tötete er auch diesen Gegner, der gleichfalls ins schlammige Wasser stürzte. Mit einem kraftvollen, schnellen Aufschwung, der ihm trotz seiner wassergetränkten Kleidung gut gelang, schwang er sich auf das Achterheck der Prahm. Ohne auch nur einen Augenblick zu zögern, schleuderte er drei *shuriken* in Richtung der Gestalt des dritten Besatzungsmitgliedes, das sich auf ihn stürzen wollte, doch mitten in der Bewegung tot zusammenbrach. Jubei hatte Glück gehabt, denn um besser schlafen zu können, hatte der Mann seine Rüstung abgelegt, und die Wurfsterne konnten sich auf diese Weise tief in seinen Brustkorb bohren. Er verharrte einen Augenblick und lauerte, ob noch von irgendwoher eine weitere Gefahr drohte. Als nichts geschah, zog er mit flinken Bewegungen die drei Wurfgeschosse aus der Brust des Gegners, bevor er sich wieder behutsam ins Wasser gleiten ließ.

Er mußte nicht mehr weit schwimmen, bis seine Füße auf schlammigen Untergrund stießen, der offensichtlich den Rand des zur Festung führenden Weges darstellte. Er drehte sich im Wasser auf den Rücken und befestigte den Lederbeutel vor der Brust. Er mußte nur noch dem Verlauf des unter ihm liegenden Wegs folgen und sich dabei so vorsichtig wie möglich in dem flachen Wasser, das teilweise von schwimmenden Pflanzen bedeckt war, fortbewegen. Jubei kam jetzt besser vorwärts, allerdings störte ihn der heftige Regen, der ihm ins Gesicht fiel, außerordentlich.

Er schloß für einen Moment die Augen, um sich zu sammeln. Das rettete ihm das Leben. Mit seinem sechsten Sinn spürte er plötzlich, daß ihm unmittelbare Gefahr drohte. Ohne Zweifel handelte es sich um eine Todesschwingung, *sakki*. Sein Körper reagierte blitzschnell, obwohl Jubei weder etwas gesehen noch gehört hatte, was eine Gefahr hätte anzeigen können. Er drehte sich im Wasser zur Seite, genau in dem Moment, indem eine stählerne Klinge die Wasseroberfläche an der Stelle durchdrang, an der er sich im Bruchteil einer Sekunde zuvor befunden hatte. Wer jedoch konnte ihm mitten in der Nacht an dieser Stelle aufgelauert haben? Jubei sprang auf. Er konnte sicher stehen, das Wasser reichte ihm nur bis zur Taille. Noch bevor die vor ihm stehende dunkle Gestalt einen zweiten Angriff begann, hatte er begriffen, wer sein Gegner war. Der Anführer der Samurai Kikkawa Motoharus hatte ihn gewarnt, daß auch Hideyoshi Ninja in seinen Diensten hatte. Dieser gegnerische Ninja war offenbar ebenfalls auf den Gedanken verfallen, daß diese unwirtliche Nacht eine gute Gelegenheit für eine kühne Tat in Takamatsu-jô bieten könnte. Jubei duckte sich und sprang auf seinen Gegner zu, der seinen Dolch im selben Augenblick nach vorn stieß. Die Klinge traf ins Leere, doch Jubeis mit einer Eisenkralle[211] bewehrte Faust traf mit furchtbarer Gewalt den Unterleib des Angreifers, so daß dieser wie eine Gliederpuppe ins Wasser stürzte. In diesem Moment war sich Jubei erst sicher, daß es wirklich ein Ninja war, den er getötet hatte. Niemand sonst hätte den gräßlichen Schmerz beim Aufreißen des Bauches ertragen können, ohne einen Todesschrei auszustoßen. Ihm blieb nicht die Zeit, sich umzudrehen, um die an einer Kette hängenden Sichel, *kusarigama*,

[211] In ihrer mit zahlreichen Taschen ausgestatteten Kleidung trugen Ninja verschiedene Waffen mit sich, die sie der Situation entsprechend blitzschnell auswählen und einsatzbereit machen konnten. – Anm. d. Übers.

aufhalten zu können, die ein zweiter aus der Dunkelheit aufgetauchter Ninja nach ihm schleuderte. Doch es gelang ihm, der tödlichen Waffe auszuweichen. Er führte seinerseits einen Fauststoß nach vorn aus, traf jedoch ins Leere. Sein kostbarer Lederbeutel, den er noch immer vor der Brust trug, behinderte ihn zwar beim Kämpfen, doch ein Stoß seines Gegners wurde durch ihn aufgefangen, der Jubei ansonsten hätte töten können. Der zweite Ninja versuchte, ihm die Kette um den Hals zu wickeln, aber Jubei hatte seine mit Eisenkrallen bewehrte Hand zwischen Kette und Hals bringen können, so daß ihm die Kette nicht die Kehle abschnürte. Jubei täuschte vor, sich ungeschickt zu wehren, so daß der andere glaubte, ihn bereits in seiner Gewalt zu haben. Um die vom Schlamm glitschige Kette fester greifen zu können, lockerte der Angreifer für einen Augenblick seinen Griff. Dies war die entscheidende Sekunde, die Jubei nutzte, um seinem Gegner den *shuriken*, den er mit der freien Hand hatte ergreifen können und den er nun fest in seiner Faust hielt, so daß er zwischen den Fingern hervorragte, mitten ins Gesicht zu stoßen. Er fühlte, wie sein Gegenüber in sich zusammensank. Er drückte den Sterbenden unter Wasser und hielt ihn dort eine Weile fest, bevor er seinen Körper wieder freigab.

Kaum, daß er selbst aus dem Wasser wieder auftauchte, regnete es plötzlich Pfeile auf ihn, die direkt aus dem Himmel zu kommen schienen. Seine Mission hätte hier, am Fuße des Hügels, auf dem sich die Burg Takamatsu-jô erhob, ein jähes Ende gefunden, hätte er nicht unverzüglich Schutz im Holzgerüst eines alten Wagens gefunden, dessen Aufbauten wie ein Skelett aus dem Wasser ragten. Die Bogenschützen standen auf dem Burgwall, er konnte ihre Rufe hören. Man hielt ihn für einen Ninja, der, wie die beiden, die er gerade getötet hatte, gekommen war, um Shimizu Muneharu zu töten und so die Insassen der Festung zur Übergabe zu bewegen. Doch er war nicht gewillt, Opfer einer Verwechslung zu werden. Mit lauter Stimme rief er „Môri!“ Die Männer auf dem Wall ließen daraufhin den Burgherrn rufen, der befahl, ein Seil hinabzulassen. Bald darauf las Shimizu im Schein einer Fackel die Botschaft seines Lehnsherren. Er begab sich schließlich wieder ins Innere der Burg und verfaßte eine Antwort, die er Jubei übergeben ließ. Dieser stellte keine Fragen, nicht einmal, ob den Insassen der Festung vielleicht etwas bekannt sei über das Geschick seiner Kameraden Iori und Ôkubo. Er hoffte nur, daß es ihm gelingen möge, seinem Herrn die Antwort zu überbringen und ihm Bericht zu erstatten über den Verlauf der Mission. Durch eine winzige, verborgene Ausfallpforte verließ er die Burg und ließ sich wieder ins Wasser gleiten.

市川海老蔵
一勇斎国芳画
今川橋
赤松

忠臣蔵
二段目

卅四

はみどん
松本幸四郎
豊国画

仁木弾正
豊国画

Nachspiel

Es gelang Jubei, noch vor dem Morgengrauen das Lager der Môri zu erreichen. Niemals sollte er etwas über den Inhalt der Botschaften, die er überbracht hatte, erfahren. Er würde auch weiterhin Aufgaben erfüllen, ohne daß man es ihm dankte. Es war das ungeschriebene Gesetz für alle Ninja, alle Risiken tragen zu müssen, ohne je zu Ruhm und Ehren zu gelangen. Wie könnten auch Taten, die grundsätzlich durch Verstohlenheit, Verborgenheit und äußerste Verschwiegenheit geprägt waren, in aller Öffentlichkeit anerkannt werden?

Doch in den Berichten über die Belagerung von Takamatsu-jô wurde der Inhalt der Schriftstücke, die Jubei unter Einsatz seines Lebens in dem Bambusrohr in die Burg und zurück befördert hatte, überliefert. Die Botschaft Môri Terumotos an seinen Vasallen Shimizu Muneharu lautete: „Mit größtem Bedauern muß ich Euch darüber in Kenntnis setzen, daß mir die Umstände es nicht gestatten, etwas für Euch zu unternehmen. Ich schlage vor, daß Ihr Euch Nobunaga ergebt und auf das beste hofft."

Die Antwort Shimizus an seinen Lehnsherren lautete: „Ich habe die Absicht, das Schicksal dieser Burg zu teilen. Niemals, unter keinen Umständen, kann ich ein Feind der Môri werden."

Diese Antwort war nicht das, was Môri Terumoto sich erhofft hatte. Doch am 4. Juni 1582 entschied Shimizu, Toyotomi Hideyoshis Forderungen nachzukommen. Er würde sich öffentlich vor den versammelten Truppen von Freund und Feind das Leben nehmen und dafür die Aufhebung der Belagerung seiner Burg erreichen. Alle Parteien konnten so ihr Gesicht wahren: Shimizu Muneharu, Môri Terumoto und auch Toyotomi Hideyoshi. Der Ninja Jubei aber hatte seine Mission erfüllt, und vielleicht war der glimpfliche Ausgang der Belagerung nicht zuletzt seinem heimlichen Wirken zu verdanken.

Ninja-Anektdoten

Der Ninja und die Wiesel

Sandayu Momochi war einer der großen Ninjaanführer in der Provinz Iga. Dieser „Mann mit den drei Gesichtern“ besaß drei Residenzen, und um seinen verschiedenen Identitäten Glaubhaftigkeit zu verleihen, lebte er an jedem dieser Wohnsitze mit einer anderen Familie zusammen. Seine Häuser waren labyrinthisch angelegt, und es gab zahlreiche Ausgänge, die nur ihm bekannt waren. Eines seiner Häuser steht noch heute in Iga-Ueno, und man kann die vielen bestens getarnten Zugänge, die Sandayu nutzte, um unbemerkt ins Innere zu gelangen oder es zu verlassen, bewundern. Es heißt, daß es ihm nach der Schlacht bei der Burg vom „Weißen Phönix“, in der die Ninja durch Oda Nobunagas Streitmacht dezimiert worden waren, gelungen war, in die Provinz Kii zu entkommen. Doch später kehrte er in sein Haus in Iga-Ueno zurück, in dessen Nähe sich auch sein Grab befindet.

Zu seinen Feinden zählte kein Geringerer als der große Takeda Shingen, der Herr von Kai. Sandayu Momochi war es gewohnt, daß man versuchte, ihn umzubringen. Er verdankte es seiner unaufhörlichen Wachsamkeit, seiner Schläue und seiner vollendeten Beherrschung des *ninpô*, daß er allen Anschlägen auf sein Leben bislang entronnen war. Er schlief niemals zweimal hintereinander am selben Ort, und sein Schlaf war so leicht, daß er beim leisesten Geräusch erwachte.

Eines Tages entsandte Takeda den erfahrenen Ninja Hajika-no-Jubei, damit er Sandayu töte. Jubei gelang es, bis zu dessen Schlafgemach vorzudringen. Sandayu schien tief zu schlummern. Er schnarchte, und von Zeit zu Zeit änderte er den Rhythmus seines Schnarchens, wie dies bei echten Schnarchern der Fall zu sein pflegt. Jubei blieb jedoch mißtrauisch und kam dem Schläfer nicht zu nahe. Er hatte einen Plan, mit dem er Sandayu überrumpeln würde, ob er nun tatsächlich schlief oder nicht. Er öffnete einen Sack, in dem er ein Dutzend Wiesel gefangen gehalten hatte, die er zuvor ausgehungert hatte. Die Tiere eilten unverzüglich zum Lager des Schlafenden, während Jubei sich darauf vorbereitete, mit seinem Blasrohr einen Pfeil auf Sandayu zu schießen, sobald dieser sich aufrichteten würde, um die aggressiven Raubtiere abzuwehren. Doch Jubei erlebte eine Überraschung. Mit einem Sprung war Sandayu auf den Beinen und schleuderte aus der Bewegung heraus den

Inhalt eines Sackes, den er bereitgehalten hatte, auf den Eindringling, der sogleich von oben bis unten mit Rattenkot bedeckt war. Als die Wiesel den Geruch des Kots wahrnahmen, stürzten sie sich unverzüglich auf Jubei und verbissen sich in seinem Körper. Die Bißwunden waren so tief, daß er daran verblutete.[212]

Der betrogene Ninja

Im Alter von über 60 Jahren war Sandayu Momochis Ruf als Meister des *ninjutsu* in der ganzen Provinz unübertroffen. Noch immer war er muskulös und beweglich und hatte sich einen frischen Geist bewahrt. Er besaß eine junge Gemahlin, deren Name Oshiki lautete und die sich durch große Schönheit auszeichnete.

Eines Tages stellte sich Goemon Ishikawa, der Sohn eines Samurai niedrigen Ranges, bei ihm vor. Er war intelligent, willensstark, ehrgeizig und begabt, und er wollte nicht in die Fußstapfen seines bescheidenen Vaters treten. Er hatte sein Heimatdorf verlassen, um Abenteuer zu erleben. Er besaß bereits einige Grundkenntnisse im *ninjutsu* und bat Sandayu, von ihm als Schüler aufgenommen zu werden. Der alte Meister fand Gefallen an ihm und lehrte ihn alle Geheimnisse seiner Kunst. Dazu zählte auch die Kunst, Frauen zu verführen, die dazu dienen sollte, sich Informationen zu verschaffen.

Goemon erwies sich als sehr gelehriger Schüler, denn es dauerte nicht lange, bis er die Ehefrau seines Meisters verführte, mit der zusammen er eines Tages durchbrannte. Was aus der schönen Oshiki wurde, ist nicht überliefert, aber Goemon sollte mit einem tollkühnen Streich Berühmtheit in ganz Japan erlangen. Mit Hilfe der Ninjakünste, die er bei Sandayu Momochi erlernt hatte, gelang es ihm, sich in die schwerbewachte Festung von Ôsaka einzuschleichen und dort den Schatz von Toyotomi Hideyoshi zu rauben! Doch Goemon wurde schließlich gefangengenommen und dazu verurteilt, bei lebendigem Leibe in kochendes Wasser geworfen zu werden.

---

[212] In vielen Geschichten über die Ninja werden Tiere, die für den Angriff dressiert worden waren, erwähnt, darunter Affen, Ratten, Hunde und Wölfe. Diese Technik ist unter der Bezeichnung *ninpô-inubue* bekannt.

Die wiedergefundene Ehre der Ninja des Totsuka-Klans

Der Herr von Kuwana hatte allen Grund, stolz auf die Verteidigungsanlagen seiner Burg zu sein. Selbst ein Ninja würde sich nicht einschleichen können, ohne Alarm auszulösen. Er hatte Vorkehrungen treffen lassen, damit die Festung sich in eine wahre Mausefalle für jeden Tollkühnen verwandelte, der es wagte, in sie einzudringen. Im Garten liefen massige Kampfhunde frei herum, es gab Falltüren, Gruben, die sich unter bestimmten Bohlen verbargen, sowie Zwischendekken. Ein Gästepavillon war von einem Garten umgeben, der durch ein raffiniertes System aus Gräben und Schleusen im Handumdrehen von allen Seiten von Wasser geflutet werden konnte. Auf diese Weise wurde einem Eindringling der Rückweg versperrt, und der Auslösemechanismus der Anlage sorgte zugleich dafür, daß die Bogenschützen der Burg alarmiert wurden. Im dem Bewußtsein, daß solche Wunderwerke ihn schützten, konnte der Burgherr einen ruhigen Schlaf haben. Sein Bettlager befand sich im übrigen genau in der Mitte seines Schlafgemachs, denn auf diese Weise konnte er vor dem Einschlafen noch einen Blick auf die wundervolle Malerei werfen, mit der er die hölzerne Decke des Raumes hatte verzieren lassen. Es gab tatsächlich nicht den mindesten Grund zur Unruhe. Die Zahl der Anschläge, die auf seine Person bereits verübt worden waren, stimmte genau mit der Zahl der Skelette, die in den Sammelgräbern der Festung oder in der Tiefe der Burggräben vermoderten, überein.

Er ahnte jedoch nicht, daß Totsuka Jirô bereits seit langer Zeit einen Racheplan gegen ihn schmiedete. Bereits als Kind hatte Jirô seinen Vater verloren, einen Ninja, der das Unmögliche versucht hatte und dabei von den Wachen der Burg gefangengenommen worden war. Man hatte ihn bei lebendigem Leibe gehäutet und in Stücke gerissen. Seitdem lebte Jirô nur noch für seine Rache. Er war in der Umgebung der Festung aufgewachsen, und selbst, wenn er spielte, achtete er aufmerksam darauf, zu welchen Zeiten und auf welche Weise die Wachablösung stattfand, prägte sich Entfernungen und Abmessungen ein und versuchte, die Schwachstellen der Verteidigungsanlagen erkennen. Eines Tages erhielt er unverhofft Hilfe in Gestalt des jüngsten Sohnes des Herrn von Kuwana. Dieser schloß Freundschaft mit ihm und nahm ihn regelmäßig mit auf die Burg. Niemand hielt die Kinder davon ab, in allen Räumen zu spielen, keiner ahnte, wer dieser Junge in Wirklichkeit war. Der Sohn des Burgherren erklärte ihm eines Tages sogar voll Stolz die Funktionsweise der Falle, in die Jirôs Vater einst geraten war.

Doch es kam der Tag, an dem Totsuka Jirô am Ende des Tages die Burg nicht verließ. Er nutzte einen Augenblick der Unaufmerksamkeit seines Freundes aus, um sich zu verbergen. Dieser glaubte, daß sein Spielgefährte einfach unbemerkt nach Hause gegangen sei.

Jirô hatte sich unter eine Treppe gekauert und wartete in seinem dunklen Versteck den Anbruch der Nacht ab. Daraufhin schlich er durch die Räumlichkeiten der Burg. Da ihm inzwischen sämtliche Fallen bestens bekannt waren, war es ihm ein Leichtes, in die Deckenkonstruktion zu klettern und dort bis zum Schlafgemach des Burgherren zu gelangen. Er begab sich genau über das Zentrum des Raumes und begann nun, mit aller Sorgfalt seine Rache vorzubereiten. Er bohrte ein winziges Loch in das Holz der Decke und konnte im Halbdunkel erkennen, daß er sich senkrecht über dem Herrn von Kuwana befand, der auf dem Rücken lag und mit offenem Munde schnarchte. Jirô zog ein Seidenfadenknäuel aus seiner Tasche und ließ den langen Faden durch das Loch nach unten gleiten. Daraufhin nahm er ein Glasfläschchen und tröpfelte etwas Flüssigkeit auf den Anfang des Fadens. Das Gift rann durch das Loch, den Faden entlang, bis es schließlich in den Mund des Schläfers tropfte. Der Herr von Kuwana starb röchelnd und unter gräßlichen Zuckungen. Jirô blieb nichts weiter zu tun, als den Faden wieder einzuholen. Erst am frühen Morgen wurde der Tod des Burgherren entdeckt, und es herrschte große Verwirrung. Jirô konnte ohne Schwierigkeiten aus der Festung entkommen. Man vermutete zwar, daß ein Ninja den Herrn getötet hatte, doch niemand konnte sich erklären, auf welche Weise ihm dies gelungen war.

Verhängnisvolles Können

Komori Mataemon war ein erfahrener Ninja. Eines Tages durchquerte er das feindliche Gebiet der Provinz von Bingo. Er hatte wichtige Botschaften zu überbringen. Um unauffällig reisen zu können, hatte er sich als Bettelmönch (*komusô*) verkleidet.

Die Krieger des Herren von Bingo befanden sich im Alarmzustand, seit ihnen ein Ninja in die Hände gefallen war, wodurch sie wußten, daß eine feindliche Operation im Gange war. Sie patrouillierten auf allen Straßen der Provinz und überprüften jeden Reisenden. Als einer von ihnen des vermeintlichen *komusô* ansichtig wurde, hob er blitzschnell seine Lanze und setzte sie ihm an die Brust. Unter normalen Bedingungen wäre Komori einer solchen Bedrohung mit einem Sprung nach hinten ausgewichen. Doch der Ninja wußte, daß der andere eine solche Reaktion erwartete, und dank seiner außerordentlichen Selbstbeherrschung blieb er ruhig stehen. Der Krieger lächelte nun, aber um sich vollkommen davon zu überzeugen, daß sein Gegenüber tatsächlich ein Mönch sei, bat er ihn, ihm seinen Segen zu erteilen. Komori kannte sämtliche Verhaltensweisen, die mit einer bestimmten Verkleidung in Zusammenhang standen, und so fiel es ihm nicht schwer, den Wunsch des Wächters zu erfüllen. Dieser sah nun keinerlei Grund mehr, mißtrauisch zu sein, und ließ ihn die Straßensperre passieren.

Im nächsten Dorf befand sich die letzte Wache der Krieger aus Bingo. Gerade als Komori dort anlangte, kam ihm ein Ochsengespann entgegen. Irgend etwas erschreckte plötzlich die Tiere, so daß sie durchgingen und direkt auf ihn zurannten. Komori wich der Gefahr aus, indem er mit einem gewaltigen Satz über die Tiere hinwegsprang. Als die Wachmannschaft an der Straßensperre sah, mit welcher Gewandtheit der vorgebliche Mönch reagiert hatte, stürzten sie sich unverzüglich auf ihn und erschlugen den Ninja, den nur noch wenige Schritte von der Freiheit getrennt hatten.

Das Flammenmeer

Fuma Kotarô war ein Ninja, der auf Aktionen auf dem Wasser, *fuma-kainin*, spezialisiert war. Er hatte den Tokugawa schon so viel Ärger bereitet, daß der Shôgun um jeden Preis seiner habhaft werden wollte, tot oder lebendig. Eine regelrechte Treibjagd auf Kotarôs Ninja, die ungestraft vor den Küsten der Inlandsee kreuzten und immer wieder Angriffe ausführten, wurde in Gang gesetzt. Eigens zu diesem Zweck wurde eine Flottille, deren Schiffe mit kleinen Kanonen ausgerüstet war, erbaut. Es heißt, daß Hattori Hanzô mit der Angelegenheit beauftragt worden sei. Als die Krieger des Shôguns die Barken der Ninja ausfindig gemacht hatten, nahmen sie sie unverzüglich unter Beschuß. Die Flottille rückte in einer Linie vor, und eine Barke nach der anderen wurde durch die Kanonenkugeln in Brand geschossen. Nur eine einzige blieb verschont. Sie befand sich außer Schußweite und war unentdeckt geblieben.

Nachdem auch die vermeintlich letzte Barke des Gegners getroffen worden war, ließen die Männer des Shôguns ihrem Jubel freien Lauf. Ohne sich die geringsten Sorgen zu machen, überließen sie einige Minuten lang ihre Schiffe dem Wind und den Wellen. Als sie bemerkten, daß sie langsam, aber sicher in Richtung der noch immer brennenden Trümmer der feindlichen Boote getrieben wurden, versuchten sie, sich vom Ort der Schlacht zu entfernen. Doch kein einziges Steuerruder ließ sich mehr bewegen! Sie begriffen, daß sie lebendigen Leibes auf ihren Schiffen verbrennen würden, wenn sie an Bord blieben. Alle Besatzungen sprangen ins Wasser, um schwimmend der Gefahr zu entkommen. Doch auf den Wogen schwamm eine Ölschicht, die bereits an einigen Stellen Feuer gefangen hatte, und plötzlich schien das ganze Meer in Flammen zu stehen.

Fuma Kotarô, der auf der abseits schwimmenden Barke, die unbemerkt geblieben war, stand, beobachtete kaltblütig, wie sämtliche Seeleute des Shôguns den Feuertod fanden. Seine Männer hatten gute Arbeit geleistet. In nur wenigen Minuten, während derer die Schiffsbesatzungen sich im Siegestaumel befunden hatten, hatten die Ninja die Steuerruder aller Schiffe des Feindes ausgehängt, so daß sie nicht mehr brauchbar waren. Danach hatten sie die kleinen Ölsäcke entleert, die sie mit sich führten und waren zurückgekehrt. Keinem Ninja war etwas geschehen, sie waren rechtzeitig ins Wasser gesprungen, als der Beschuß begonnen hatte. Die verbrannten Barken würde man schnell ersetzen können.

Ninja-seppuku

Kakei Jûzô war ein mit allen Wassern gewaschener Ninja. Doch bei einer seiner Missionen wurde er von den Männern Tokugawa Ieyasus gefangengenommen. Sein Ende war unausweichlich, er würde unter schrecklichen Foltern sterben. Doch zur Überraschung aller fügte sich der Ninja nicht, wie es üblich war, schweigend in sein Schicksal, sondern bat darum, sich nach Art der edlen Samurai selbst töten zu dürfen. Er erklärte seinen Wunsch damit, daß seine Familie einem Samurai-Klan angehöre. Verwundert ob des ungewöhnlichen Ansinnens erteilte der Shôgun ihm die Erlaubnis dazu.

Dem Brauch gemäß öffnete Kakei Jûzô sich mit einem Dolch den Bauch und sank in einer Blutlache in sich zusammen, ohne einen einzigen Klagelaut ausgestoßen zu haben. Da es sich jedoch nicht um einen echten Samurai handelte, erwies man ihm nicht die Ehre, ihn anschließend zu enthaupten, sondern warf ihn wie ein Stück Aas in den Burggraben. Es dauerte nicht lange, da erblickten die entsetzten Wachen den Ninja, der doch vor ihren Augen gestorben war, plötzlich auf dem Burgwall, bevor er wie ein Schatten mit der Dunkelheit der Nacht verschwand. Doch es war kein Gespenst, dessen sie ansichtig geworden waren. Der schlaue Ninja hatte unter seiner Jacke einen kleinen Fuchs getragen, den er kurz zuvor getötet hatte, und dessen Blut und Eingeweide waren es, die die Zeugen seines vorgeblichen *seppuku* gesehen hatten. Kakei Jûzô ging in die Geschichte seiner Provinz als großartiger Schauspieler ein, der sich sein Leben durch einen meisterhaften Bluff erspielt hatte.

Verräterische Insekten

Kirigakure Saizô hatte den Auftrag, den Lehnsherren Kinoshita Tokichiro auszuspionieren. Ohne das leiseste Geräusch zu verursachen, kroch er unter den Holzfußboden von dessen Gemach. Plötzlich spürte er ein höchst unangenehmes Jucken in der Schulter. Bevor er begriff, was geschah, war er von einer Wolke aggressiver Stechmücken umgeben, die ihn durch die Bohlen hindurch gewittert hatten und durch Lücken im Fußboden zu ihm geflogen waren. Das ungewöhnliche Verhalten der Insekten erregte die Aufmerksamkeit eines Wächters Kinoshitas. Er stieß seine Lanze durch den Bodenbelag hindurch, und die Waffe nagelte den Ninja am Untergrund fest, ohne ihn jedoch zu töten. Die anderen Wächter kamen herbeigeeilt, und Saizô wurde gefangengenommen.

Tatsächlich retteten die verräterischen Mücken dem Ninja sogar das Leben, anstatt, wie zu erwarten gewesen wäre, seinen Tod herbeizuführen. Denn während Saizô auf seiner Mission in der Burg unterwegs war, war auch ein anderer Ninja, ein Doppelagent namens Takiguchi Yasuke, in die Festung eingedrungen, und sein Auftrag lautete, Saizô zu töten. Indem dieser gefangengenommen und in Kinoshitas Gefängnis geworfen wurde, wurde er vor seinem Mörder bewahrt. Der Mordplan des Doppelagenten wurde aufgedeckt. Als Kirigakure Saizô dies erfuhr, schwor er Kinoshita Tokichiro die Treue und stand von nun an loyal in seinen Diensten.

Eine uneinnehmbare Festung

Die wichtigste Herausforderung, mit der sich die Ninja immer wieder konfrontiert sahen, bestand darin, unbemerkt in eine feindliche Festung einzudringen. Im Vergleich dazu waren alle anderen Aufgaben für diese außerordentlich gut ausgebildeten Männer geradezu ein Kinderspiel.

Die Festung von Suwa galt als uneinnehmbar, und sie war dafür berühmt, daß es nicht möglich war, unbemerkt in sie einzudringen. Letzteres beruhte darauf, daß sie über einen Wehrturm verfügte, von dem aus man alles, was sich auf den Wällen der Burg ereignete, sehr gut beobachten konnte. Es gab keine Möglichkeit, unbemerkt von den Wachtposten die Befestigungsmauern zu überwinden. Doch Kato Tanzo, ein Ninja aus Iga, war ein ehrgeiziger Mann, und er war fest entschlossen, das Unmögliche zu vollbringen und in die Burg von Suwa einzudringen. Er hatte lange Zeit damit verbracht, die Pläne der Festung zu studieren und schließlich einen Schwachpunkt in ihrem Verteidigungssystem entdeckt. Der Wehrturm saß an einer Stelle auf der Mauer auf, und diese Stelle am Fuße des Turms war von diesem aus nicht einsehbar. In einer mondlosen Nacht an den großen Bruchsteinen der steilen Festungsmauer emporzuklettern stellte kein Problem für Kato dar. Als er sich direkt unter dem ersten hölzernen Überbau befand, der über der Mauer hervorsprang, ruhte er sich einen Moment aus. Dieser Überbau war ein Rundweg, der in bestimmten Abständen nach außen mit schweren Flügeltüren versehen war. Dies ermöglichte es den Bogenschützen der Burg, im Falle eines Angriffs aus dem Wehrgang heraus ihre Pfeile zu verschießen.

Zu dieser Stunde waren die Türen verschlossen. Wie ein riesiges schwarzes Insekt hockte Kato unter dem hölzernen Aufbau. Geduldig bohrte er, ohne dabei ein Geräusch zu verursachen, ein kleines Loch in die über ihm befindliche Bohle. Daraufhin schob er einen Stab durch die entstandene Öffnung, der sich oberhalb der Bohle in mehrere Abschnitte entfaltete und auf diese Weise eine stabile Verankerung bewirkte. Die vier Wachtposten, die auf dem Rundweg patrouillierten, ahnten nichts davon, was sich unter ihren Füßen abspielte. Ohne Zeit zu verlieren, wiederholte der Ninja die gleiche Operation ein Stück weiter. Daraufhin verknüpfte er die Seilstücken, die sich am unteren Ende der Stäbe befanden, mit festem Tauwerk, so daß eine stabile hängende Plattform entstand. Auf ein kurzes Signal hin lösten sich vier weitere Ninja aus dem Dunkel des äußeren Burggrabens und kletterten denselben Weg wie zuvor ihr Anführer bis zu der unter dem Wehrgang hängenden Plattform aus Tauwerk. Dort mußten die fünf Männer nur noch darauf warten, daß die ahnungslosen Wachen am Morgen die Flügeltüren öffneten. Nachdem dies geschehen war, waren die fünf Ninja im Handumdrehen in die Burg eingedrungen. Auf diese Weise gelang es Kato Tanzo, dem Ninja aus Iga, sich der uneinnehmbaren Festung von Suwa zu bemächtigen.

Auf der Richtstatt

Über einen Ninja, dessen Name nicht überliefert wurde, wird die folgende Geschichte erzählt. Er war bei einer Mission gefangengenommen worden und wurde nun zu seiner Hinrichtungsstätte geführt, einen Innenhof, der ringsumher von hohen Mauern umgeben war. Man hatte ihm als einziges Kleidungsstück ein langes Tuch aus Baumwolle gelassen, das er um die Hüften gewickelt trug. In dem Augenblick, als die Wachen ihm die Hände binden wollten, riß er sich los, sprang zur Seite und entledigte sich des Baumwolltuches. Er hatte auf dem Marsch zur Richtstatt in das Tuch uriniert und warf nun ein Ende des nassen Tuches bis über die Mauerkante, um daran mit der Schnelligkeit eines Affen emporzuklettern. Auf dem Mauerkranz angelangt, verharrte er einen Moment, stieß einen gellenden Triumphschrei aus und verschwand aus den Augen der verblüfften Zuschauer.

Gejagt von den Ninja des Oda Nobunaga

Uesugi Terutora Kenshin, Daimyô von Echigo und der große Gegner von Takeda Shingen,[213] befand sich auch im Krieg mit Oda Nobunaga. Letzterer, fest dazu entschlossen Japan zu vereinigen, hegte tiefen Groll gegenüber jedem,

[213] Siehe „Aufstieg und Fall des Klans der Takeda", S. 104.

der sich seinen Ambitionen entgegenzustellen wagte. Der auf Unabhängigkeit bedachte Uesugi Kenshin hatte allen Grund, den mit Oda verbündeten Ninja größtes Mißtrauen entgegenzubringen.[214] Uesugi hatte zahlreiche Vorsichtsmaßnahmen ergriffen. So hatte er selbst eine Gruppe von Ninja unter dem Befehl von Kasumi Danjo in seine Dienste genommen.

Eines Nachts gelang es Odas Ninja, in Kenshins Burg einzudringen. Doch Kasumi hatte dies bemerkt, und mit drei seiner Männer durchsuchte er die Festung nach den Eindringlingen. Als die Leibwächter Uesugi Kenshins am Ende eines Ganges plötzlich einen verdächtig wirkenden Schatten erblickten, stürzten sie sich auf ihn. Doch es handelte sich um eine improvisiert Puppe, die die Ninja Odas aufgestellt hatten, um die Aufmerksamkeit von Kasumis Leuten in die falsche Richtung zu lenken. Während letztere zu der Attrappe eilten, ließen jene, die sich wie schwarze Spinnen an die Deckenbalken geklammert hatten, einen tödlichen Regen aus *shuriken* auf die Leibwächter des Daimyô herabregnen.

Da er nicht wußte, ob in der Burg bereits Alarm ausgelöst worden war, eilte Ukifune Kenpachi, der Anführer der durch Oda entsandten Ninja, in das Schlafgemach des Herrn von Echigo, ohne Zeit damit zu verlieren, sich um die leblos am Boden liegenden Gestalten von Kasumi und seinen Leuten zu kümmern. Doch ihm blieb keine Gelegenheit, den Befehl Oda Nobunagas, Uesugi Kenshin zu töten, auszuführen, denn unerwartet tauchte die Gestalt eines hochgewachsenen und breitschultrigen Mannes vor ihm auf. Es war Kasumi Danjo, der unverletzt geblieben war und sich lediglich totgestellt hatte, während seine drei Ninja tatsächlich ums Leben gekommen waren. Er stürzte sich auf Kenpachi und renkte ihm die Arme aus, bevor er ihm das Genick brach.

Kenshin war Kasumi sehr dankbar für seine Geistesgegenwart, die ihm das Leben gerettet hatte. Doch es dauerte nicht lange, da entsandte Oda Nobunaga einen weiteren Ninja mit außergewöhnlichen Fähigkeiten nach Echigo, Ukifune Jinnai. Dieser war von zwergenhaftem Wuchs. Er maß nicht mehr als einen Meter und war in der Lage, sich lange Zeit zusammengekauert in einem Tonkrug aufzuhalten. Auf diese Weise war er auf die Burg gelangt und wartete nun geduldig auf eine günstige Gelegenheit, seinen Auftrag auszuführen. Er

[214] Diese Ereignisse spielten sich einige Jahre vor dem Feldzug Oda Nobunagas gegen die Ninja aus Iga ab.

wählte die Latrinen der Burg als Ort für seine Tat. Dort klammerte er sich von unten an die Bretter, die diese abdeckten. Lange Zeit verharrte er in dieser äußerst unbequemen Lage, bis Kenshin sich schließlich ohne das geringste Mißtrauen allein an diesen Ort begab. Der Ninja spießte ihn von unten her mit seinem Schwert auf. Die Leibwächter Kenshins, durch seine Schmerzensschreie alarmiert, eilten herbei, nur um Zeuge seines Todeskampfes zu werden. Sein einfallsreicher Mörder wurde nie gefunden. Tatsächlich hatte er sich nach vollbrachter Tat in die Masse der Fäkalien fallen lassen, wo er durch ein Holzrohr, das er vorsorglich mit sich geführt hatte, atmete und solange in aller Seelenruhe an diesem Ort verharrte, bis die Suche nach ihm aufgegeben worden war. Auch später sollte er noch mehrfach Gelegenheit haben, diese als *tsuchigumo* bezeichnete Technik einzusetzen. Sein kleiner Wuchs gestattete ihm immer wieder, sich an den ungewöhnlichsten Orten zu verstecken und sich von dort auf die vollkommen überrumpelten Opfer zu stürzen.

Die Falle

Sarutobi Sasuke[215] war einer der berühmtesten Ninja Japans. Er war ein Meister des Kampfes mit der bloßen Hand. Vor allem aber beherrschte er akrobatische Techniken, die an die Gewandtheit von Affen erinnerten. Dies war das Ergebnis jahrelangen beharrlichen Trainings. Es heißt, daß er es sogar vorzog, in den Bäumen zu leben. Tagsüber kletterte er behende durchs Astwerk und nachts suchte er sich darin einen Schlafplatz, um die Eigenschaften des Tieres, das er sich zum Vorbild genommen hatte, noch besser verinnerlichen zu können. Zudem war Sarutobi Sasuke fähig, auch der schnellsten Klinge eines Schwertes auszuweichen, ja sogar Pfeilen, die auf ihn abgeschossen wurden. Wurde er eingekreist, so sprang er mit einem gewaltigen Satz über die Köpfe derer, die ihn bedrohten. War er wieder einmal einer solchen Gefahr entronnen, pflegte er in dämonisches Gelächter auszubrechen, bevor er entfloh. Es fällt nicht schwer, sich die ohnmächtige Wut derart zum Narren gehaltener Krieger auszumalen. Selbst eine Gruppe, die aus hervorragend ausgebildeten Kämpfern bestand, schien gegen diesen Ninja machtlos zu sein.

---

[215] Sarutobi war der Spitzname des Ninja. Er setzt sich aus den Begriffen Affe (*saru*) und Sprung (*tobi*) zusammen.

Sein Herr, der beim mächtigen Tokugawa Ieyasu, dem künftigen Shôgun Japans, in Ungnade gefallen war, beauftragte ihn, dessen Burg auszuspionieren, denn er hatte erfahren, daß dort geheime Pläne gegen ihn geschmiedet wurden. Es stellte kein Problem für Sarutobi dar, in die Höhle des Löwen einzudringen. Doch die Wächter Tokugawas waren auf der Hut und spürten die Anwesenheit des Ninja. Systematisch durchsuchten sie die Festung nach dem Eindringling. Dies war für Sarutobi keine ungewöhnliche Situation. Immer wieder entzog er sich dem Zugriff seiner Verfolger. Um aus der Burg zu entkommen, mußte er die Festungsmauer überwinden. Mit Leichtigkeit überwand er alle Hindernisse und kletterte auf die Mauerkrone. Er sprang auf der anderen Seite hinab, wo sich die äußeren Gartenanlagen befanden. Doch unverhofft gab der Boden unter ihm nach, und Sarutobi spürte, wie eine eiserne Kralle sich um sein Fußgelenk schloß. Er war direkt in eine Falle gesprungen, die für wilde Tiere, welche mitunter durch die Gärten streiften, errichtet worden war. Seine Lage war verzweifelt. Er sah, daß die Wächter mit ihren Fackeln herbeieilten. Mit beispielloser Entschlossenheit griff er zu seinem scharfen Dolch. Er führte einen präzisen, kraftvollen Schnitt durch sein Fußgelenk aus. Mit Hilfe der Schnur, an der sein Schwert befestigt war, fertigte er eine behelfsmäßige Aderpresse. Unter unvorstellbaren Qualen vollendete er die Selbstamputation. Doch es war ihm nicht gelungen, die Blutung vollkommen zu stillen, und er fühlte, daß ihm für die Flucht nicht mehr genug Kräfte geblieben waren. Aber er würde seinen Feinden nicht lebend in die Hände fallen und seinen Herrn womöglich unter der Folter verraten. Auf seinem gesunden Bein stehend, empfing er die Wächter mit lauten Verwünschungen. Doch in dem Moment, als sie ihn erreicht hatten, durchtrennte er sich ohne das geringste Zögern die Halsschlagader. Um sich an ihm zu rächen, warfen die wütenden Männer den Leichnam des Ninja in den Burggraben.

Sarutobi Sasukes Tod sollte schwerwiegende Folgen für die Seinen haben. Für die Sicherheit in der Festung war nämlich niemand anders als der berühmte Ninjaanführer Hattori Hanzô verantwortlich. Als man ihn vom Tod des feindlichen Ninja unterrichtete, entwarf er unverzüglich einen raffinierten Plan. Er verbot seinen Männern, darüber zu sprechen, daß sie den Leichnam bereits in den Burggraben geworfen hatten und ließ in der Burg das Gerücht verbreiten, daß der Eindringling seinen Verfolgern entkommen sei und sich im Innern der Festung verberge. Er sorgte für großen Tumult, und seine Leute durchkämmten unaufhörlich alle Winkel der Burg. Um die Anwesenheit des

Ninja noch glaubhafter erscheinen zu lassen, ließ er sogar einige seiner eigenen Männer auf die Art, wie Sarutobi zu töten pflegte, umbringen. Tatsächlich war Sarutobi nicht allein gekommen, und seine Gefährten, vom Erfolg seiner Mission überzeugt, beschlossen sich zurückzuziehen. Hattori Hanzôs Leute, die selbst Ninja waren, verfolgten sie unauffällig bis in ihr Lager, das sie unverzüglich überfielen. Aufgrund des Überraschungsmoments gelang es ihnen, die feindlichen Ninja vernichtend zu schlagen.

Der junge Toyotomi Hideyoshi. Holzschnitt von Yoshitoshi Tsukioka.

Vogel im Regen

Der Kampaku Toyotomi Hideyoshi soll die Ninja-Technik „Vogel im Regen“ vollendet beherrscht haben. Es wird berichtet, daß er sie bereits im Alter von 15 Jahren erfolgreich eingesetzt habe.[216]

Der junge Hideyoshi schlug seinem Meister Hachisuka Koroku eine Wette vor. Er würde ihm binnen acht Tagen sein Schwert stehlen, ohne dabei erwischt zu werden. Während der ersten Tage geschah nichts. Koroku trug das Schwert unaufhörlich an seinem Körper, Tag und Nacht. Die Wette war gewagt, denn das *katana* galt als die „Seele des Samurai“, und es sich stehlen zu lassen wäre eine außerordentliche Schande gewesen. Am siebenten Tag fiel heftiger Regen. Koroku, der noch immer auf der Hut war, vernahm plötzlich von draußen das charakteristische Geräusch von Regentropfen, die auf einen geölten Regenschirm fielen. Sein Schüler kam also durch den Garten geschlichen, und der Regen verriet ihn! Froh darüber, ihn ertappt zu haben, eilte

[216] Es ist zwar möglich, daß es sich um eine nach dem Tode Hideyoshis geschaffene Legende handelt, aber ob nun tatsächlich er selbst es war, der diesen ebenso einfachen wie erfolgreichen Streich ausgeführt hat oder ein uns unbekannter Ninja spielt letztendlich keine große Rolle.

er auf die Veranda und rief, daß Hideyoshi aufgeben könne, denn er wisse, daß er im Garten sei. Doch plötzlich sah er, daß das Geräusch von einem Regenschirm kam, der in der Nähe einer steinernen Laterne am Boden lag. Er begriff sofort, daß er hereingelegt worden war, aber es war zu spät. In seiner Freude, Hideyoshi im Garten aufgespürt zu haben, hatte er sein Schwert auf dem Bett liegen lassen. Er wandte sich um und sah, wie der Jüngling ihm mit schelmischem Lächeln sein Schwert entgegenstreckte.

Seit jenem Tag ist die Technik des „Vogels im Regen" im *ninjutsu* ein Synonym für Ablenkungsmanöver. Man muß den Gegner geschickt davon überzeugen, daß man eine bestimmte Handlung vornehmen würde und dann das Gegenteil des Erwarteten tun.

Der Schwertdieb

Auch in der folgenden Geschichte geht es um den Diebstahl eines Schwertes. Yaemon, ein Ninja aus der Provinz Iga, wettete mit seinem Freund, dem Samurai Kôka, daß er ihm am hellichten Tag, in der Mittagsstunde, das Schwert stehlen würde. Dies würde am Tag eines großen Festes auf dem Tempelvorplatz geschehen. An besagtem Tage begab sich Kôka zum Tempel, um, wie es üblich war, seinen religiösen Pflichten nachzukommen. Sein Schwert preßte er dabei fest an seinen Körper. Yaemon würde schon sehen, daß ein Samurai sich sein Schwert nicht stehlen ließ!

Unterwegs begegneten sich die beiden. Yaemon trug einen weiten Strohmantel von der Art, wie ihn die Reisenden des Handelsweges von Tôkaidô zu tragen pflegten, um sich vor Regen zu schützen. Er grinste den Samurai an, blickte zu dessen Schwert und zwinkerte schelmisch mit den Augen. Der Ninja setzte seinen Weg in die entgegengesetzte Richtung zum Tempel fort und betrat schon bald eine Hütte, die sich auf abschüssigem Gelände etwas außerhalb vom Dorf befand. Kôka, der sehr unruhig war, da die Stunde des angekündigten Diebstahls nahte, schlich ihm hinterher und warf einen heimlichen Blick in die Hütte. Er sah niemanden darin, aber er entdeckte alsbald die Silhouette eines mit einem Strohmantel und Strohhut bekleideten Mannes, der auf dem Hügel oberhalb der Hütte saß und das Dorf zu betrachten schien.

Kôka war beruhigt und begab sich leichten Schrittes zum Tempel. Es war fast Mittag. Er reihte sich in die Schlange der Gläubigen ein, die einer nach dem anderen an der Hanfschnur zogen, die von einem Balken herabhing, und auf diese Weise die Tempelglocke betätigten. Auf diese Weise sollte die Aufmerksamkeit der Götter angezogen werden. Als er an der Reihe war, kündigte ein Trommelwirbel die Mittagsstunde an. Er hatte die Wette gewonnen!

Glücklich darüber, daß es Yaemon nicht gelungen war, ihn zu überrumpeln, und auch ein wenig dankbar den Göttern gegenüber, zog er mit beiden Händen an der Glockenschnur. Plötzlich erblickte er neben sich eine hinfällige Alte, die ihn breit angrinste und zu seiner größten Verwunderung ein Schwert, das viel zu groß in ihren Händen wirkte, schwenkte. Es war sein eigenes Schwert! Wie war diese Bettlerin dazu gekommen? Er hatte sie schon vorher gesehen. Sie hatte bei einem Pfeiler in der Nähe der Glocke auf dem Boden gekauert und schien geschlafen zu haben. Er war verwirrt, und geriet noch mehr außer Fassung, als die hutzlige Alte vor seinen Augen immer größer wurde, bis schließlich kein anderer als Yaemon vor ihm stand und ihm boshaft zuzwinkerte. Dieser erklärte ihm, daß keinerlei Magie im Spiel gewesen sei. Kôka war lediglich Opfer seiner Sinneswahrnehmungen geworden. Die Gestalt im Strohmantel, die auf dem Hügel gesessen hatte, war ein Gehilfe Yaemons gewesen. Sie hatten in der Hütte die Kleider getauscht, und er war, verkleidet als Bettlerin, zurück zum Tempel geeilt. Dort hatte er einfach den Moment ausgenutzt, in dem Kôka in seiner Freude, die Wette gewonnen zu haben, für einen Moment unaufmerksam geworden war, und so hatte Yaemon buchstäblich in letzter Sekunde die Wette gewinnen können.

Mugei-mumei

Zu den Ninja, die zu Berühmtheit gelangten, zählten auch Sampo Jinzai, der eine außerordentliche Gabe besaß, jegliches Gift aufspüren zu können, Kasumi Rosuke, dessen Einfallsreichtum immer wieder neue Listen entsprangen, Hachizuka Tenzô, der sich wie ein Maulwurf in der Erde verbergen konnte, Shimotsuge Kizaru, der die Gaben der Affen und der Vögel in sich zu vereinen schien und für den die Gesetze der Schwerkraft nicht zu gelten schienen sowie Yamada Yaemon, ein Meister der Tarnung, den niemals ein Mensch zu Gesicht bekam, da er sich mit unglaublicher Geschwindigkeit an seine Umgebung anpassen konnte. Von anderen großen Ninja wurde nichts überliefert, weder Namen noch Taten, denn sie waren vollendete Meister der Verborgenheit. Mugei-mumei – kein Stil und kein Name.

Aus dem Dunkeln – Teil 2

Fortsetzung der Erzählung von Seite 320.

Zensaburô Shiota hörte seinen eigenen Pulsschlag in den Ohren dröhnen. Er schämte sich seiner Angst. Es war dumm, sich zu fürchten. Niemand würde den mit Wasser gefüllten Burggraben durchqueren können, ohne Wellen zu verursachen, was er im Mondschein würde sehen können. Und daß jemand die senkrechte, 15 Meter hohe Mauer aus großen Bruchsteinen erkletterte, war ebenso unvorstellbar.

Der Schrei eines Nachtvogels ließ ihn zusammenfahren. Abrupt drehte er sich um, bereit, das Schwert zu ziehen, den Mund weit offen, als wollte er schreien. Er sah nichts, aber er fühlte das *sakki*, die Welle tödlicher Energie, die sich aus dem Dunkeln gegen ihn richtete. Doch woher kam die Gefahr? Die Anspannung war kaum noch zu ertragen. Wenn sie tatsächlich da waren, so sollten sie sich endlich zeigen! Wie würden sie aussehen, die schwarzen Dämonen? Man erzählte sich viel über sie, aber von denen, die ihnen wirklich begegnet waren, gab es nur wenige, die danach noch am Leben waren. Aber dennoch, es waren Wesen aus Fleisch und Blut, daran gab es keinen Zweifel. Und da sie sterblich waren, hatte er, der unerschrockene und erfahrene Samurai Zensaburô Shiota, nichts zu fürchten. Er mußte nur die Herrschaft über sich selbst wiedergewinnen, die Furcht, die ihm das Herz zusammenzudrükken schien, endlich abschütteln. Seine Augen verfolgten den ruckhaften Flug einer Fledermaus, bis eine Wolke den Mond verdunkelte. Er verfluchte die Wolke, die ihm jede Sicht nahm. Schweiß perlte ihm von den Schläfen. Kein einziger Laut war zu hören. Die Stille schien sich bis in seinen Kopf hinein auszubreiten. Er hatte das Gefühl, den Verstand zu verlieren. Er mußte etwas unternehmen, die anderen alarmieren, damit sie mit Laternen kamen und alles nach Eindringlingen absuchten. Doch die Furcht, einen falschen Alarm auszulösen und dadurch seine Ehre zu verlieren, ließ ihn noch einen Moment zögern.

Plötzlich hörte er den Klang einer auf Stein fallenden Schwertklinge. Er wollte zu dem Ort eilen, an dem er Konishi Hashiba zurückgelassen hatte, den er nicht mehr sehen konnte. Er vernahm ein schabendes Geräusch an den Steinen direkt unterhalb der Stelle, an der er sich befand, und er wußte mit einem Mal, daß er sterben würde, und zwar im nächsten Augenblick. Eine Metallkette wickelte sich um seine Füße. Er schwankte und versuchte verzweifelt, das Gleichgewicht wiederzufinden. Eine zweite Metallkette umschlang seinen Hals in dem Moment, als er zu Boden stürzte. Das Blut hämmerte in seinen Schläfen, und die Sinne begannen ihm zu schwinden. Schemenhaft nahm er wahr, wie ein schwarzgekleideter Mann sich über ihn beugte. Er versuchte zu schreien, um seine Kameraden zu warnen, aber seiner Kehle entrang sich kein Laut, und er spürte, wie ein großes Dunkel von ihm Besitz ergriff. Inmitten der alles beherrschenden Finsternis traten plötzlich in rascher Folge Bilder seines Lebens vor sein inneres Auge. Sein letzter Gedanke galt dem Herrn von Takashima, der vielleicht in dieser Nacht seine Burg und sein Leben verlieren würde, weil er, Zensaburô Shiota, versagt hatte. Schließlich gab sein Körper jeden Widerstand auf, und wie auf einer sanften Woge glitt sein Geist ins Reich der Schatten.

Anhang

Glossar

Ashigaru: Fußsoldaten bäuerlicher Herkunft (etymol. „leichte Füße").
Bakufu (oder *Shôgunat*): Militärregierung, deren Sitz seit 1185 Kamakura war. Der Begriff bezeichnet das Hauptquartier eines Heerführers im Feld (etymol. „unter dem Zelt").
Bô: Langstock, Länge ca. 1,60-2,80 m.
Bokken (oder *boku-tô*): Holzschwert für das Training.
Budô: Gesamtheit der japanischen Kampfkünste.
Bujutsu: Kampftechniken. *Bujutsu* ist der Vorläufer des *budô*.
Buke: Militäradel.
Bushi: Krieger.
Bushidô: Weg des Kriegers, Moralkodex.
Chô: Längeneinheit, ungefähr 110 m.
Daimyô: Regionalfürst.
Daishô: Schwertpaar, bestehend aus einem langen Schwert (*katana*) und einem Kurzschwert (*wakizashi*). Es zu tragen, war Privileg der Samurai und äußeres Zeichen ihres Rangs.
Dôjô: Trainingsraum für Kampfkünste.
Edo: Alter Name für Tokio.
Gempuku: Zeremonie für den Eintritt ins Erwachsenenalter. Für den Heranwachsenden bedeutete das *gempuku* auch eine Namensänderung.
Giri: Pflicht, Gefühl des Gehorsams gegenüber einem Höhergestellten.
Go: Brett-Strategiespiel mit Spielsteinen.
Gokumon: Brauch, der darin bestand, die nach einer Schlacht abgetrennten Köpfe der Feinde zu zählen und zu Hügeln aufzustapeln.
Hachimaki: Stoffstreifen, der um die Stirn gebunden wurde, um den Schweiß aufzufangen.
Hachiman: Gott des Krieges und Gottheit des Klans der Minamoto. Minamoto Yoshiie (1041-1108) wurde als „Hachiman tarô", Erstgeborener des Hachiman, angesehen, und seine Nachkommen waren stolz darauf, während ihrer Kämpfe den Namen dieses Vorfahren auszurufen.
Hagakure: Text, der als Bibel des Samuraigeistes angesehen wird.
Hakama: Weite Hose, Hosenrock.
Haori: Prunkweste mit weiten Ärmeln, die über dem Hakama getragen wurde.
Harakiri: Volkstümliche Bezeichnung für den rituellen Selbstmord durch Bauchaufschneiden (etymol. „den Bauch aufschneiden"), ebenfalls bekannt unter der gehobeneren Bezeichnung *seppuku*.
Hatamoto: Samurai der persönlichen Garde des Shôguns (etymol. „unter dem Banner").

Inrô: Kleines lackiertes Holzkästen, das von Adligen am Gürtel getragen wurde. Es diente dazu, Medikamente oder das Siegel zu transportieren, mit welchem Dokumente nach ihrer Unterzeichnung versiegelt wurden. Dieses Kästchen war reich verziert.

Jimbaori: Ärmellose Weste, die die Samurai über der Rüstung trugen.

Jite: Lanze mit kreuzförmiger Spitze.

Junshi: Ritueller Selbstmord von Samurai, die ihrem Herrn in den Tod folgen wollten. Das *junshi* wurde 1663 durch das Shôgunat verboten.

Kaishaku-nin: Gehilfe beim *seppuku*, ab Mitte des 17. Jahrhunderts. Seine Rolle bestand darin, den *seppuku* Begehenden zu enthaupten, nachdem dieser sich den Bauch entsprechend dem Ritual geöffnet hatte, um ihm einen langen Todeskampf zu ersparen.

Kama: Sichelförmige Waffe.

Kami: Geist, Gottheit in der Shintô-Religion.

Kampaku: Höchster Titel, der durch den Kaiserhof zwischen 882 und 1868 demjenigen verliehen wurde, der den Kaiser selbst vertrat. Kampaku war nur ein Ehrentitel, seit die Klane der Taira und der Minamoto an die Macht gelangt waren, aber er blieb den ursprünglichen Familien des hohen Adels vorbehalten. Eine einzige Ausnahme wurde im Jahre 1585 zugunsten von Toyotomi Hideyoshi gemacht.

Karma: Schicksal, Bestimmung.

Katana: Das längere der beiden Schwerter des Samurai. Klingenlänge ca. 67 cm.

Kenjutsu: Die Techniken des Schwertkampfes.

Kiai: Kurzer Schrei, der eine entscheidende Kampftechnik begleitet, um die größtmögliche geistige und physische Energie in die Handlung zu legen.

Koku: Die Einkommen einer Domäne wurden in Scheffeln Reis bemessen. Ein *koku* entsprach der Reismenge, von der ein Mann sich ein Jahr lang ernähren konnte, d. h., ungefähr 180 Liter.

Kusari-gama: Kurze Waffe, die aus einer Sichel, an der eine Kette angebracht ist, besteht.

Menpo: Am Helm angebrachter Gesichtsschutz.

Mon: Wappen.

Musha-shugyô: Reise, die ein Samurai oder ein Rônin unternahm, um seine Kampftechniken bei verschiedenen Kampfkunstmeistern zu vervollkommnen und sich in Duellen zu bewähren.

Nambanjin: „Barbaren aus dem Süden“, eine Bezeichnung für die aus Indien kommenden portugiesischen Seefahrer.

Naginata: Hellebarde bzw. Lanze, die mit einer gekrümmten Klinge ausgestattet war.

Ninja: Spion, Söldner, der damit beauftragt war, das Gebiet des Feindes zu infiltrieren und „im Schatten“ zu spionieren und zu morden.

Ometsuke: Beobachter und Beauftragter des Shôguns.

Ro: Kleine ebenerdige Feuerstelle in ländlichen Haushalten. Sie bestand aus einer flachen quadratischen Grube, die zur Hälfte mit Asche gefüllt war, auf welcher das Feuer brannte.

Rônin: Ehemaliger Samurai, der zum „fahrenden Ritter“ wurde, da er keinen Meister mehr hatte (etymol. „Wellenmann“).
Sake: Reiswein.
Samurai: Höhere Kriegerklasse, die selbst in mehrere Unterklassen aufgeteilt war.
Sashimono: Standarte, die an einem Stab am Rücken der Rüstung befestigt war, und auf der sich das *mon* eines Kriegers befand.
Satori: Erleuchtung, inneres Erwachen gemäß den Lehren des Zenbuddhismus.
Seppuku: Vornehme Bezeichnung für den Suizid durch Bauchaufschneiden (*harakiri*).
Shidô: Weg des Edelmanns, Vorläufer des *bushidô*.
Shintô: Weg der Götter, älteste Religion Japans.
Shi-ten: Bezeichnung für die vier Samurai, die die Leibwache eines Lehnsherren bildeten. Während Schlachten bildeten sie einen lebenden Schutzwall um ihn, und oft fanden sie gemeinsam mit ihm den Tod. Diese Funktion, die eine große Ehre bedeutete, war ausschließlich Samurai aus wenigen großen Kriegergeschlechtern vorbehalten.
Shôgun: Militärdiktator, der Herr Japans, der im Namen des Kaisers handelte. Dieser Titel wurde ursprünglich vorübergehend für bestimmte Missionen einem Krieger, der Klanoberhaupt war, verliehen, damit er das Kaiserreich gegen innere und äußere Unruhen verteidige (Seii Taishôgun – „Oberbefehlshaber mit dem Auftrag, die Barbaren zu unterwerfen“). Die Funktion wurde im Lauf der Zeit zu einem dauerhaften Titel, und bis 1868 war der Shôgun der faktische Machthaber im Land (etymol. „General“).
Shoya: Dorfvorsteher.
Taikô: Titel, den Toyotomi Hideyoshi 1592 annahm, als er den Titel des Kampaku auf seinen Neffen und Adoptivsohn Hidetsugu übertrug.
Tantô: Dolch.
Tatami: Dicke Matte aus gepreßtem Reisstroh, das traditionell den Boden japanischer Zimmer bedeckte. Die einzelnen *tatami* maßen etwa 1 mal 2 Meter.
Tengu: Geisterwesen, die in Wäldern und Gebirgen hausen sollen, halb Mensch, halb Vogel, manchmal auch von menschlicher Gestalt mit langer Nase. Man schrieb ihnen großes Wissen auf dem Gebiet der Kampfkünste, vor allem dem der Schwertkampfkunst zu, von dem sie bestimmte Menschen profitieren ließen.
Tennô: Der Kaiser von Japan.
Tessen: Eiserner Kampffächer.
Tôkaidô: Sehr verkehrsreiche Handelsstraße, die Kyôto mit Edo (Tokio) verband. Auch die 15 Provinzen der japanischen Ostküste werden so bezeichnet.
Wakizashi: Kürzeres der beiden Schwerter des Samurai. Länge ca. 30-65 cm.
Wakô: Japanische Piraten.
Yamabushi: Kriegermönch.
Yamato: Das alte japanische Kaiserreich während der ersten Jahrhunderte unserer Zeitrechnung.
Yari: Lanze.

Die historischen Provinzen Japans

1 Mutsu
2 Dewa
3 Shimotsuke
4 Hitachi
5 Shimousa
6 Kazusa
7 Awa (Kantô)
8 Musashi
9 Kôzuke
10 Sado-Inseln
11 Echigo
12 Etchû
13 Hida
14 Mino
15 Shinano
16 Kai
17 Sagami
18 Izu
19 Suruga
20 Tôtômi
21 Mikawa
22 Owari
23 Noto
24 Kaga
25 Echizen
26 Ômi
27 Yamashiro
28 Iga
29 Ise
30 Shima
31 Yamato
32 Kii
33 Wakasa
34 Tango
35 Tamba
36 Settsu
37 Kawachi
38 Tajima
39 Harima
40 Awaji
41 Izumi
42 Inaba
43 Mimasaka
44 Bizen
45 Bitchû
46 Bingo
47 Hôki
48 Izumo
49 Iwami
50 Aki
51 Suô
52 Nagato
53 Sanuki
54 Awa (Shikoku)
55 Tosa
56 Iyo
57 Tsushima-Inseln
58 Iki-Inseln
59 Buzen
60 Bungo
61 Chikuzen
62 Chikugo
63 Hizen
64 Higo
65 Hyûga
66 Ôsumi
67 Satsuma
68 Oki-Inseln

Während der Meiji-Zeit wurde Japan administrativ neu gegliedert und die 68 Provinzen durch 47 Präfekturen (einschließlich Hokkaidô und Ryûkyû-Inseln) ersetzt. Dieser Umwandlungsprozeß war im Jahre 1885 abgeschlossen.

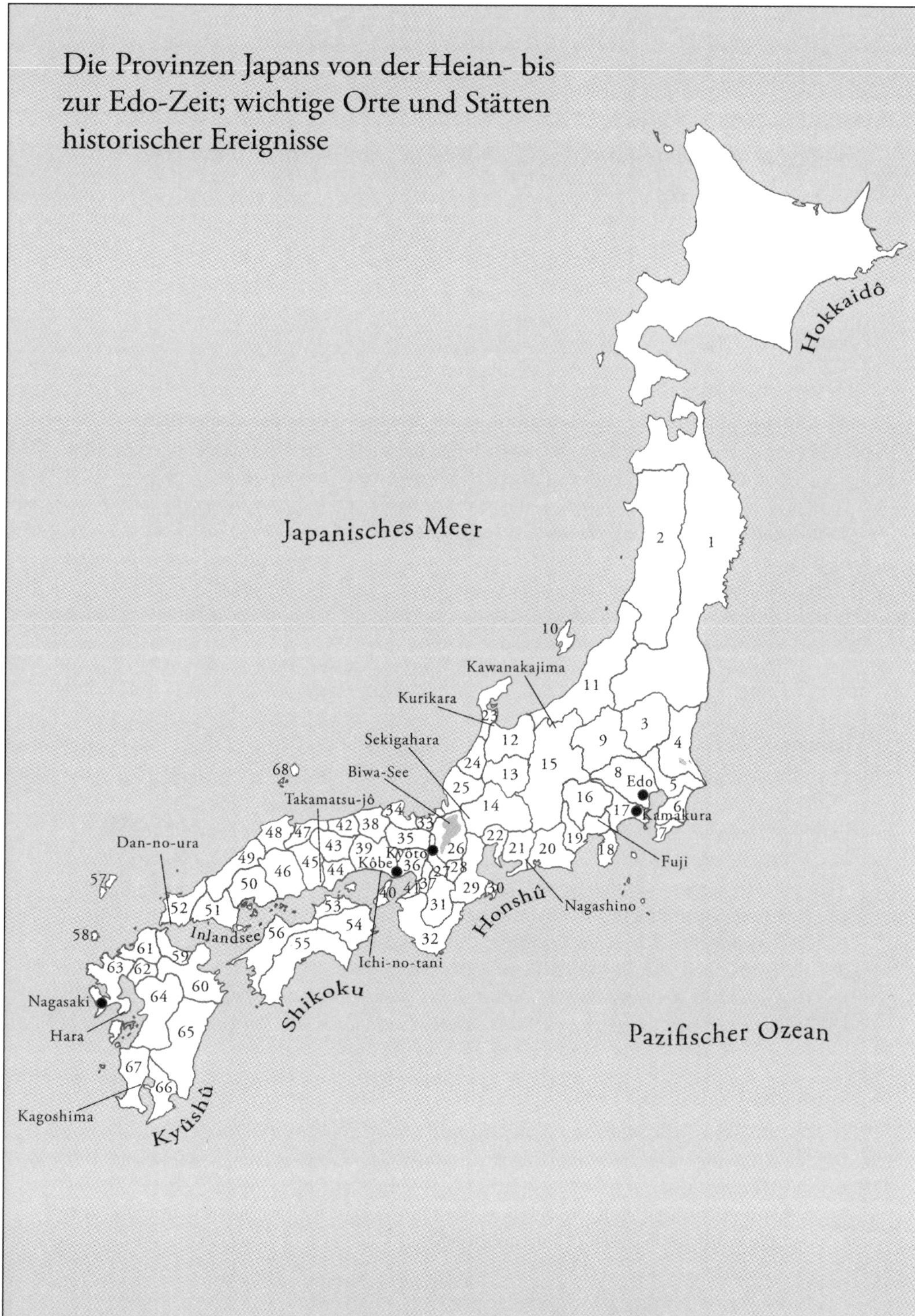

Die Provinzen Japans von der Heian- bis zur Edo-Zeit; wichtige Orte und Stätten historischer Ereignisse

Zeittafel

Übersicht über die wichtigsten Epochen und Ereignisse der japanischen Geschichte. Die kursiv geschriebenen Ereignisse sind Gegenstand der Erzählungen in diesem Buch.

Asuka-Zeit (552-710)

Suiko-Zeit (552-645)

Hakuhô-Zeit (645-710)

Nara-Zeit (710-794)

Heian-Zeit (794-1185)

10. und 11. Jahrhundert: Herausbildung und Strukturierung der Kriegerkaste

1156-1158: Hôgen-Rebellion, in deren Folge es zu erbitterter Rivalität zwischen den Samurai-Klanen der Taira und der Minamoto (Genji) kam.

1159-1181: *Diktatur von Taira-no-Kiyomori in Kyôto, nach der Dezimierung des Minamoto-Klans im Bürgerkrieg der Heiji-Ära.*

1180-1185: *Wiederaufstieg des Minamoto-Klans, neue Kriege während der Jishô- und der Bunji-Ära gegen den Taira-Klan.*

1185: *Yoshitsune, vom Klan der Minamoto, trägt in der Schlacht von Dan-no-Ura den entscheidenden Sieg über die Taira davon.*
Vorherrschaft der Minamoto und Gründung des ersten Bakufu in Kamakura durch den siegreichen Minamoto-no-Yoritomo.

Kamakura-Zeit (1185-1333)

1189: *Nachdem er lange Zeit von seinem Bruder verfolgt worden war, begeht Yoshitsune nach der Schlacht am Fluß Koromo gemeinsam mit Benkei Selbstmord.*

1192: *Anerkennung des ersten offiziellen Militärregimes durch den Kaiser (Minamoto-no-Yoritomo wird zum Seii Taishôgun, „Oberbefehlshaber, beauftragt mit der Unterwerfung der Barbaren", ernannt).*

1274: Erster Versuch einer Invasion durch die Mongolen.

1281: Zweiter Versuch einer Invasion durch die Mongolen. Japan wird durch die „göttlichen Winde" (Kamikaze) gerettet.

1331: *Go-Daigo, der neue Kaiser, wird durch Kusunoki Masashige unterstützt.*

1333: *Triumph der kaisertreuen Kräfte, Wiederherstellung der kaiserlichen Macht zugunsten von Go-Daigo und Sturz des Bakufu von Kamakura.*

Muromachi-Zeit (1333-1573)

1336: *Ashikaga Takauji nimmt Kyôto ein und schlägt Go-Daigo in die Flucht.*

1336: *Niederlage und Selbstmord von Kusunoki Masashige in der Schlacht am Fluß Minato.*

1336-1392: Spaltung des Kaiserreiches, Zeitalter der getrennten Kaiserhöfe des Nordens und des Südens (Namboku-chô).

1338: Ashikaga Takauji gründet in Muromachi den zweiten Bakufu.
1490-1600: Zeitalter der „streitenden Reiche", eine Periode von verheerenden Bürgerkriegen und Anarchie (Sengoku jidai).
1543: Einführung der ersten Feuerwaffen durch die Portugiesen.
1489-1571: *Leben des Tsukahara Bokuden, eines Genies des Schwertkampfes.*
1543-1575: *Aufstieg und Niedergang des Takeda-Klans.*
1568: Einzug von Oda Nobunaga in Kyôto und Übernahme der Herrschaft in Japan durch die großen Lehnsherren.

Azuchi-Momoyama-Zeit (1573-1603)

1575: *Entscheidende Rolle der Feuerwaffen in der Schlacht von Nagashino.*
1582: *Belagerung der Burg von Takamatsu und Selbstmord von Shimizu Muneharu.*
1592-1593: Erster Invasionsfeldzug nach Korea.
1597-1598: Zweiter Invasionsfeldzug nach Korea, der nach dem Tode von Toyotomi Hideyoshi abgebrochen wurde.
1600: Schlacht von Sekigahara und feierliche Bestätigung der Macht Tokugawa Ieyasus.
1603: Gründung des dritten Bakufu in Edo (Tokio). Verleihung des Titels eines Shôgun, des höchsten Würdenträgers, an Tokugawa Ieyasu. Beginn des lehnsherrlichen Zentralismus.

Edo- bzw. Tokugawa-Zeit (1603-1868)

1610: *Beginn der Abenteuer des Rônin Yamada Nagamasa.*
1615 Schlacht bei der Burg von Ôsaka, Niederlage des Toyotomi-Klans.
1617: Beginn der systematischen Christenverfolgung in Japan.
1636-1638: *Aufstand der Christen von Shimabara, angeführt von Amakusa Shirô.*
1584-1645: *Leben des Miyamoto Musashi, eines Genies des Schwertkampfes.*
1703: *Rache und anschließender Selbstmord der 47 Rônin von Akô.*
1716: Herausgabe des Hagakure, eine dem „Weg des Kriegers" (*bushidô*) geweihte Schrift.
1853: Ankunft von Commodore Perry, der den Zugang nach Japan mit seinen amerikanischen Schlachtschiffen erzwang.
1868: *Sturz des Bakufu von Edo und Machtübernahme durch den jungen Kaiser Mutsuhito, der den Entschluß faßte, sich des Shôguns zu entledigen. Wiederherstellung der kaiserlichen Macht in Tokio.*

Meiji-Zeit (1868-1912)

1871: *Entmachtung der Daimyô und Einrichtung der Präfekturen.*
1873: *Einführung des Gesetzes über die Wehrpflicht, die Grundlage der neuen kaiserlichen Armee.*
1876: *Verbot des Tragens von Schwertern für die Samurai (haitôrei-Edikt), und Abschaffung aller Privilegien der alten Kriegerkaste.*
1876: *Ende des Aufstands der Satsuma-Samurai, dessen Anführer Saigô Takamori war.*
1889: Verabschiedung der japanischen Verfassung.

1895: Militärischer Sieg Japans über China.
1905: Militärischer Sieg Japans über Rußland.
1912: Tod des Meiji-Kaisers und Selbstmord (*junshi*) des Generals Nogi Maresuke.

Taishô-Zeit (1912-1926)

Shôwa-Zeit (1926-1989)

1944: Einsatz der Kamikazeflieger im Pazifik-Krieg.
1945: Atombombenabwürfe auf Hiroshima und Nagasaki, Okkupation Japans durch die US-Amerikaner unter Mac Arthur.
1946: Kaiser Hirohito erklärt sich als „nicht göttlich" und bricht damit mit der Tradition, die seit dem Jahre 622 v. Chr. den japanischen Kaiser zum Nachkommen der Sonnengöttin Amaterasu erklärte.
1970: Selbstmord des Schriftstellers Mishima Yukio durch traditionellen *seppuku* als Zeichen des Protests gegen den Verlust der traditionellen Werte in seinem Land.

Heisei-Zeit (seit 1989)

Die Heisei-Zeit wird mit dem Tode des Kaisers Akihito enden.

Bibliographie

In den Text des vorliegenden Buches sind zahlreiche Quellen eingeflossen. Zu den wichtigsten zählen die folgenden:

Papinot, Edmond: Historical and Geographical Dictionary of Japan. Tokyo: C. Tuttle 1972.

Morris, Ivan: The Nobility of Failure. Tokyo: C. Tuttle 1975.

Sansom, George: History of Japan. Tokio: C. Tuttle 1974.

Draeger, Donn: Ninjutsu, the Art of Invisibility. Tokyo: Lotus Press 1977.

Soulié de Morand, Georges: Le Trésor des Loyaux Samuraïs. Histoire des 47 Ronins d'après les anciens textes du Japon. Paris: L'Edition d'Art 1927.

Mabire, Jean und Breheret, Yves: Les Samouraï. Paris: Balland 1971.

Turnbull, Stephen: The Samurai. A military history. New York: Macmillan Publishing Co. 1977.

Ratti, Oscar und Westbrook, Adele: Secrets of the Samurai. Tokyo: C. Tuttle 1973.

Est Orient. Tokyo: East Publications Inc. Ausgaben ab 1966.

Budo Magazine. Paris. Sammlung historischer japanischer Dokumente in französischer Übersetzung. Roland Habersetzer war zwischen 1970 und 1973 Chefredakteur dieser Zeitschrift.

Der japanische Farbholzschnitt

Seit Tokugawa Ieyasu im Jahre 1603 Shôgun des nunmehr vereinigten Landes war, herrschte Frieden in Japan. In den großen Städten des Landes wie Edo, Kyôto und Osaka begann sich in der Folge ein Stadtbürgertum herauszubilden, und damit brach die Blütezeit einer Literatur und einer Kunst an, die das alltägliche Leben in einer fließenden, vergänglichen Welt (*ukiyo*) zu ihrem Gegenstand hatten. Ab der Mitte des 17. Jahrhunderts wurde unter *ukiyo* vor allem die Welt der Eleganz, der modischen Vergnügungen verstanden. Die *ukiyo-e* sind die Bilder des *ukiyo*. Der Begriff umfaßt den japanischen Farbholzschnitt, aber auch Gemälde.

Anfänglich stellten die Holzschnitte Illustrationen der *ukiyo*-Literatur dar. Hishikawa Moronobu (ca. 1618-1694) aus Edo war der erste Künstler, der neben Buchillustrationen auch Einzeldrucke seiner Zeichnungen anfertigen ließ, zumeist in Bilderfolgen, die unterschiedliche Aspekte des städtischen Lebens darstellten. Wie auch bei all seinen Nachfolgern waren seine Holzschnitte durch kraftvolle Farben geprägt. Allerdings konnte der Bildhintergrund bis in die 2. Hälfte des 18. Jahrhunderts aus drucktechnischen Gründen nur ornamenthaft angedeutet werden.

Seit Ende des 17. Jahrhunderts spielten im *ukiyo-e* erotische Themen (*shunga*) und die Darstellung von *kabuki*-Schauspielern und -Schauspielszenen eine große Rolle.

Suzuki Harunobu (1725-1770) war der erste, der dank der verbesserten Vielfarbendrucktechniken in der Lage war, auch Hintergründe geometrisch und farblich frei zu gestalten. Mit ihm wurde der Farbholzschnitt aus Edo landesweit berühmt. Gegen Ende des 18. Jahrhunderts fanden zunehmend auch Naturdarstellungen Eingang in die Welt der *ukiyo-e*. Besonders Katsushika Hokusai (1760-1849) brachte die Naturmalerei im Farbholzschnitt zu einem ersten Höhepunkt.

Als Meister des Theaterholzschnitts gilt Utagawa Toyokuni (1769-1825). Seine Bühnenszenen zeichnen sich durch starke Suggestivkraft aus.

Andô Hiroshige (1797-1858) war der erste Meister, der direkt nach der Natur malte. Durch die Darstellung von jahreszeitlichen Stimmungen, Wetterphänomenen und unterschiedlichen Tageszeiten wirken seine Holzschnitte außerordentlich naturnah. Europäische Künstler wie van Gogh und die Impressionisten schätzten die *ukiyo-e*, vor allem aber die Holzschnitte Andô Hiroshiges, sehr hoch. Vincent van Gogh malte beispielsweise zwei Gemälde nach Holzschnitten von Hiroshige.

Utagawa Kuniyoshi (1798-1861) und Utagawa Kunisada (1786-1865), beides Schüler von Toyokuni, zählten zusammen mit Hiroshige zu den Großmeistern der Edo-Holzschnittkunst um die Mitte des 19. Jahrhunderts. Besonders Kuniyoshi gilt als hervorragender und origineller Zeichner, der auch vor kühnen Perspektiven und ungewöhnlichen Licht- und Schattenwirkungen nicht zurückschreckte. Als letzter großer Meister des *ukiyo-e* gilt Yoshitoshi Tsukioka (1839-1892), ein Schüler Kuniyoshis.

Die Meister führten detaillierte Tuschezeichnungen als Vorlage aus. Die eigentliche

Herstellung des japanischen Farbholzschnittes oblag jedoch Zunfthandwerkern, die in der Regel anonym blieben. Auf den Drucken waren üblicherweise lediglich die Signatur des Künstlers und das Siegel des Verlegers enthalten. Ab ca. 1845 finden sich jedoch zunehmend auch Marken von Plattenschneidern darauf. Zusätzlich sind auf den Holzschnitten auch Zensurmarken und Datumsstempel.

Die Künstler einer Schule nahmen oft den Namen ihres Meisters an. So ist beispielsweise Utagawa Kunisada II Schüler von Utagawa Kunisada, und Utagawa Hiroshige II Schüler und Nachfolger Andô Hiroshiges. Manche *ukiyo-e*-Meister trugen auch verschiedene Künstlernamen.

Mit der Meiji-Restauration und der damit verbundenen Öffnung des Landes gegenüber dem Westen begann der Niedergang des *ukiyo-e*. An seine Stelle trat zunehmend vor allem die Kunstrichtung des *sôsaku hanga*, der sowohl durch neuartige Sujets als auch dadurch gekennzeichnet war, daß der Künstler nunmehr alle Produktionsschritte selbst ausführte – die Zeichnung, den Schnitt und den Druck.[217]

Der Suwa-See in der Provinz Shinano. Holzschnitt von Katsushika Hokusai.

[217] Die Ausführungen zu den Farbholzschnitten beruhen zum großen Teil auf Hempel, R.: Ukiyo-e, Meisterwerke des japanischen Holzschnittes aus dem Kupferstich-Kabinett Dresden. New York: Japan Society, Inc. und Dresden: Kupferstich-Kabinett Dresden 1995.

Der Großteil der in diesem Buch dargestellten farbigen Abbildungen sind Reproduktionen von japanischen Farbholzschnitten aus der Sammlung Brühl, Schloß Lichtenwalde. Trotz sorgfältiger Recherchen konnten nicht von allen Holzschnitten Künstler und/oder Titel bzw. Gegenstand ermittelt werden:

Seite(n)	Künstler	Titel / Gegenstand – Kommentar
81	Andô Hiroshige (1797-1858)	Gruppe von Samurai vor einer Schenke.
82/83	Utagawa Kuniyoshi (1798-1861)	Der Kampf zwischen Minamoto-no-Yoshitsune und Benkei im Mondschein auf der Gojo-Brücke.
84/85	Utagawa Kokunimasa (1874-1944)	Minamoto-no-Yoritomo im Kampf gegen seine Feinde.
86/87	Utagawa Yoshikazu (tätig ca. 1850-1870)	Nagashima no kassen. – Schlacht von Nagashima, 1574. Oda Nobunagas Feldzug gegen die Ikkô-ikki-Kriegermönche.
88	Utagawa Toyokuni (1769-1825)	Samurai mit *tessen*.
185	Utagawa Kuniyoshi	Szene aus dem *kabuki*-Schauspiel Date Kurabe Okuni. Yoemon, verkleidet als Bauer, tötet Kasane mit einer Sichel am Kinu-Fluß.
186	Utagawa Toyokuni	Szene aus einem *kabuki*-Stück.
187	k. A.	k. A.
188/189	Utagawa Kunimaru (1794-1829)	Szene aus einem *kabuki*-Stück.
190	k. A.	Szene aus einem *kabuki*-Stück.
191	k. A.	Szene aus einem *kabuki*-Stück.
192	Utagawa Kunisada II (1823-1880)	Am Ufer des Meeres hält ein Samurai seinen besiegtem Gegner mit einem Fuß am Boden.
273	Utagawa Kuniyoshi	Pfeife rauchender Samurai. – Nachdem Ende des 16. Jahrhunderts Portugiesen Tabak nach Japan gebracht hatten, erfreute sich das Rauchen auch unter Samurai zunehmender Beliebtheit. Daran konnte auch ein Verbot des Shôguns (aufgrund der damit verbundenen Brandgefahr) im Jahre 1609 nichts ändern.
274	Toyohara Kunichika (1835-1900)	k. A.
275	Utagawa Toyokuni	Szene aus einem *kabuki*-Stück.
276	Andô Hiroshige	Reisekolonne, *ashigaru* und Standarten.

Seite(n)	Künstler	Titel / Gegenstand – Kommentar
277	Utagawa Hiroshige II (1829-1869)	Begegnung im herbstlichen Park.
278/279	Utagawa Kunisada (1786-1865)	Otokodate fangen auf einem Steg Glühwürmchen. – Otokodate waren Mitglieder von Schutzbünden wehrhafter Bürger und Rônin gegen Übergriffe durch räuberische Samurai niederen Rangs. Der Glühwürmchenfang zählte zu den liebsten Freizeitbeschäftigungen im Japan der Edo-Zeit.
280	Utagawa Kuniyoshi	Katsuta Shinemon Taketaka, einer der 47 Rônin aus dem Stück „Chûshingura“, mit Laterne, Stocklanze und zwei Schwertern.
345	Utagawa Kunisada	Der Schauspieler Ichikawa Ebizo in einer Rolle.
346 oben	Andô Hiroshige	k. A.
346 unten		Ergreifung von Dämonenkindern.
347 oben	Utagawa Kunisada	Berittener Samurai und Kurtisanen.
347 unten		Hata reitet mit seinem Lieblingshund zum Auskundschaften des feindlichen Lagers.
348	Utagawa Toyokuni	*Kabuki*-Schauspieler.
349	Suzuki Harunobu (1703-1770)	Mit *naginata* bewaffneter Samurai springt von einem Boot auf ein anderes.
350/351	k. A.	k. A.
352	Utagawa Toyokuni	Der Ninja-Zauberer Nikki Danjo verwandelt sich aus einer Ratte in einen Menschen zurück.

k. A. – keine Angabe.

Inhaltsverzeichnis

Mabuni Kenei: Leere Hand – Vom Wesen des Budô-Karate

Das Lebenswerk eines Großmeisters des Karatedô

Budô ist der Weg der traditionellen japanischen Kampfkünste. Mabuni Kenei ist diesem Weg bis heute durch nahezu acht Jahrzehnte gefolgt. Er gehört zu den letzten Meistern, die bei den Gründervätern des modernen Karatedô in die Lehre gegangen sind. Der Sohn und Erbe Mabuni Kenwas, des Gründers des Shitô ryû, ist im Lauf seines Lebens zu einem tiefen Verständnis vom Wesen des Karate als Budô-Kampfkunst gelangt. Auf lebendige, fesselnde Weise versteht er es, dem Leser dieses außerordentlich komplexe und vielschichtige Wissen nahezubringen. Dies geschieht in Form von Lebenserinnerungen, technischen Erläuterungen, historischen und philosophischen Ausführungen, Legenden und anekdotischen Begebenheiten aus dem Leben berühmter Samurai und Budôka (u. a. Meister des Schwertkampfes, des Aikidô, des Okinawa-te und des Karate).

Mabuni Kenei, Träger des 10. Dan, wurde 1918 auf Okinawa, dem Ursprungsort des Karatedô, geboren. Als Sohn eines der bedeutendsten Karateexperten in der Geschichte der Kampfkünste lernte er in seiner Jugend viele der großen Meister des Budô kennen, so z. B. Miyagi Chôjun, Motobu Chôki, Konishi Yasuhiro, Fujita Seiko und Funakoshi Gichin. Im Alter von 34 Jahren übernahm er den Vorsitz des Shitô ryû. Noch heute, im hohen Alter, hält er regelmäßig Lehrgänge in verschiedenen Teilen der Welt, in denen er authentisches Karatedô vermittelt.

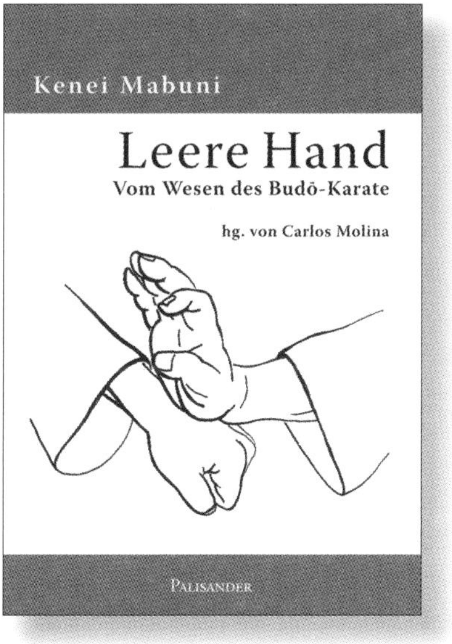

Kenei Mabuni
Leere Hand – Vom Wesen des Budô-Karate
Aus dem Japanischen von Bernd Winter
Herausgegeben von Carlos Molina
256 Seiten mit 100 Abbildungen
1. Auflage 2007
ISBN 978-3-938305-05-8
19,80 €

John Okute Sica: Das Wunder vom Little Bighorn

Erzählungen aus der Welt der alten Lakota

John Okute Sica (1890-1964) war ein Lakota-Indianer aus dem Stamme Sitting Bulls. Seit frühester Kindheit faszinierten ihn die Überlieferungen aus der Zeit, als die Indianer Nordamerikas noch in Freiheit lebten, und die er aus dem Munde derer, die Seite an Seite mit dem großen Häuptling Tatanka Iyotanka (Sitting Bull) gelebt und gekämpft hatten, erfuhr.

Dieses Buch enthält die gesammelten Erzählungen des Autors – authentische Berichte über das Leben und die Kämpfe seiner Vorfahren sowie Legenden und Mythen seines Stammes.

John Okute Sica lebte in Wood Mountain, Kanada, dem Ort, an dem Sitting Bull mit seinem Stamm fünf Jahre lang vor der Verfolgung durch die US-Armee Zuflucht gefunden hatte.

Das Manuskript stammt aus dem Nachlaß der Indianerbuchautorin Liselotte Welskopf-Henrich, die Okute in ihrem Roman „Nacht über der Prärie" ein literarisches Denkmal gesetzt hat.

Das Buch wird von der indianischen Künstlerin Margaux Allard (White Swallow Woman), einer Enkeltochter des Autors, illustriert.

Auf den folgenden Seiten ist eine kurze Erzählung aus dem Buch wiedergegeben.

John Okute Sica
Das Wunder vom Little Bighorn
Erzählungen aus der Welt der alten Lakota
Vorwort von Liselotte Welskopf-Henrich
Aus dem Englischen von Frank Elstner
Illustrationen von Margaux Allard
ca. 150 Seiten
Erscheint im 1. Halbjahr 2009
ISBN 978-3-938305-10-2

Custers Untergang

Am Vorabend von Custers Untergang hatten die Sioux zum Klang der Trommeln bis in den frühen Morgen hinein getanzt. Es war ein Siegestanz, und die Lieder, die sie sangen, sagten Custers Schicksal voraus.

Wenige Tage zuvor war es zu einer unverhofften Begegnung zwischen Crazy Horse, der sich mit einigen seiner Krieger auf der Jagd befunden hatte, und Langhaar (General Custer) und seiner Truppe gekommen. Custers Leute waren auf dem Weg, die wilden Sioux des Westens gefangenzunehmen oder zu vernichten.

Damit die Frauen und Kinder seines Stammes nicht in Gefahr gerieten, mußte Crazy Horse sich dem Kampf stellen. Im Getümmel rief der berühmte Häuptling seinen Kriegern zu: „Kameraden, heute ist ein schöner Tag zum Sterben!“ Doch sie kämpften mit großem Geschick und entkamen Custers Soldaten. An diesem Tag sah Crazy Horse das Schicksal seines Feindes voraus.

Am Tag von Custers Untergang standen die Sioux spät auf. Sie waren noch immer müde und erschöpft von der nächtlichen Feier. Dicht aneinandergedrängt standen die Ponys bei den Zelten. Außer einem einzigen Kind, das spielte, war niemand auf den Beinen. Eine solche Stille herrschte in dem großen Lager, als wären die Zelte in Wahrheit Gräber. Selbst die Winde schienen irgendwo am Fettgrasfluß, dem Little Bighorn, zu schlummern. Die Häuptlinge blieben im Ratszelt. Keiner von denen, die ein Amt innehatten, ging seinen Aufgaben nach. Nicht ein einziger Kundschafter war ausgesandt worden, und dabei war der halbe Vormittag schon vergangen. Selbst von den immer wachsamen Ängstlichen unter den Stammesmitgliedern hatte niemand sich dazu aufgerafft, auf die Späherhügel zu steigen und nach Gefahr Ausschau zu halten. Es schien, als wäre ein träger, sorgloser Tag für alle Welt angebrochen.

In der Mittagsstunde kam ein Reiter auf einem schweißnassen, dampfenden Pferd im Galopp herbeigeritten. Er brachte das Tier vor einem Tipi zum Stillstand. Brauner Adler, der Reiter, wies in Richtung Westen. Dann rief er: „Der weiße Mann, der weiße Mann greift an!“ Wie ein Lauffeuer pflanzte sich sein Ruf von einem Ende des Lagers zum anderen fort.

Das Lager belebte sich wie ein angestochenes Hornissennest. Travois-Ponys zogen ihre Lasten mit großer Eile davon. Selbst, als sie die Furt erreichten, verlangsamten sie ihr Tempo nicht. Staubfahnen hingen in der Luft und markierten die Spur der fliehenden Familien. „Custer und Reno kommen, aber die Mütter und die Kinder müssen am Leben bleiben, auch wenn uns heute Flammenwände bedrohen. Das Leben, die Liebe und die Pflicht zählen mehr als Ehre und Ruhm. Wer werden nicht versagen“, schien das Herz jedes Kriegers zu rufen.

Zuerst griff General Reno das Lager Sitting Bulls an, um die Sioux in Richtung der Truppen General Custers zu treiben, die das andere Ende des Tals versperren sollten. Doch noch bevor Langhaar seine Männer auf dem Grund, der ihr Grab werden sollte, positioniert hatte, kamen die Sioux gleich einem Wolfsrudel herbeigeeilt. Als Langhaar schließlich Stellung bezogen hatte, war das Gebiet um ihn herum von berittenen Kriegern besetzt. Leise und flink waren sie herbeigeeilt und hatten Langhaar und seine Kämpfer vollständig umzingelt. Langhaar blickte in die Richtung, in der Reno stand, aber dieser ließ sich nicht blicken. Die unheilvolle Stille, die herrschte, ließ selbst die tapfersten Herzen erbeben.

Plötzlich erscholl von weiter unten Crazy Horses Signal, ein Kriegsruf. Es war ein seltsamer, unheimlicher kurzer Gesang, den der Häuptling viermal wiederholte. Langhaar vernahm die Worte, aber er vermochte sie nicht zu verstehen. Dennoch muß er ihre Bedeutung erahnt haben. „Verschont ihn nicht!" hatte Crazy Horse gerufen.

Daraufhin ließ Langhaar das Signal zum Angriff blasen, und die Schlacht begann. Sie war schrecklich, seltsam, unglaublich und kurz. Es war kein Sioux zu sehen, auf den Custers Männer hätten schießen können, und dennoch regnete es Pfeile auf sie, und gelegentlich wurde eine Muskete auf die Soldaten abgefeuert. Custer sandte seine Männer in Gruppen aus, um die verborgenen Sioux anzugreifen, aber jeder dieser kleinen Trupps wurde in einem furchtbaren Gemetzel vernichtet. Sobald die Trupps den Rückzug antraten, verfolgten sie die Sioux im dichten Staubnebel, um in Pfeilschußweite zu ihnen zu gelangen. Die Sioux nahmen jedem Soldaten, der gefallen war, sofort das Gewehr, den Säbel und die Munition ab.

Die Staubwolken, die Custer umgaben, waren nunmehr so dicht, daß die Sioux hinein- und herausreiten konnten wie Schwalben. Ihre schrillen Schreie durchdrangen die Luft. Custer entschied sich für einen Durchbruch. Dreimal versuchten seine Leute, die Umzingelung zu durchbrechen, und dreimal scheiterten sie. Nach dem dritten Versuch war keiner der Kavalleristen des Generals mehr am Leben.

Der Staub fiel gleich einem Theatervorhang zu Boden. Der Alptraum war vorüber. Nur die Siegesschreie der Sioux gellten durch die Luft, während sie die Körper der Toten plünderten und ihrer Kleidung beraubten.

Von den umliegenden Hügeln aus konnten die Frauen und Kinder weiße Flekken auf dem Grund sehen, der das Schlachtfeld gewesen war. Eine Frau namens Rote Maid wies auf die Flecken und sagte zu ihrem Sohn: „Das sind die nackten Körper der weißen Soldaten, die gekommen sind, um uns zu töten."

„Als sie gekommen sind, waren sie nicht nackt", entgegnete der kleine Junge.